"Quite simply, this book is a must-have for any serious MFC developer."
—Dean McCrory, MFC Development Lead

MFC Internals(1)

based on the MFC 6.x

세창

MFC Internals (1)

초판 발행 / 2002년 4월 10일
4 쇄 발행 / 2008년 9월 15일

저 자 / GEORGE SHEPHERD / SCOT WINGO
편역자 / 김 진
발행인 / 이 방 원
발행처 / 세창미디어
주소 / 서울 서대문구 냉천동 182 냉천빌딩 4층
전화 / (02) 723-8660
팩스 / (02) 720-4579
E-mail / sc1992@empal.com
Homepage / www.scpc.co.kr
신고번호 제300-1998-3호

정가 28,000원

잘못 만들어진 책은 바꾸어 드립니다.

ISBN 978-89-5586-007-8 94560
978-89-5586-006-1 94560(전3권)

번역을 마치고

MFC *Internals*

드디어 MFC Internals(이하 원서)의 번역서를 출간한다. 내가 이 원서를 처음 만난 것은 1998년이다. 정말로 우연히 이 책을 만났다. 그로부터 이 책은 나와 4년이란 시간을 함께 해 왔다. 문득 이 원서를 번역하고 싶다는 생각에 번역을 하기 시작했다. 원서는 MFC 4.0의 source code에 근거한다. 나는 모든 source를 일일이 비교해 가며 2001년 4월 출시된 Visual. Net beta 2 안에 존재하는 Visual C++ 7.0 내의 MFC source code에 맞추었다. 하지만, 그것은 그리 어려운 작업이 아니었다. 사실 MFC 4.0의 source code와 Visual C++ 7.0 내의 MFC source code는 거의 다르지 않았다. 놀랍지 않은가. MFC는 거의 변화 없이 단지 몇 개의 새로운 library와 class만 추가되며 version up이 된 것이다.

그리고 2002년 4월, 드디어 이 책을 세상에 내놓는다. 하지만, 이 책의 전부를 세상에 내놓지는 못했다. 1장~7장을 지금 이렇게 내놓지만, 나머지 장은 언제 나올지 아직 미정이다(각 장은 독립되어 있으므로 나머지 장을 몰라도 내용을 이해하는 데 큰 문제가 되지 않는다). 물론 나머지 장도 번역을 마쳤다. 왜 나머지 장을 출판하지 않는지 궁금할 것이다. 그저 개인사정이라고만 알아 줬으면 좋겠다.

혹시 이 책을 서점에서 읽고 있는가? 이 책을 사기 전에 꼭 알아두어야 할 것이 있다.

i) 이 책은 초보자가 보기에는 다소 부담스럽다. 적어도 MFC를 어떻게 사용하는지 알고 있어야 한다. 만약 기초부터 다지기를 원한다면 주위를 살펴보라. MFC 사용방법에 대한 책이 얼마든지 있을 것이다. 이 책은 MFC source code를 분석하고 MFC가 어떻게 구현되었는지 설명해 준다. 따라서 단지 MFC를 사용하여 간단한 프로그램을 작성할 독자에게는 별 도움이 되지 않을 것이다.

ii) MFC 내에서 message map이 어떻게 구현되고, document/view구조가 어떻게 구성되었는지 궁금하지 않은가? 만약 궁금하지 않다면, 이 책을 구입할 필요가 없다.

iii) Visual C++를 사용하여 debugging 작업을 해본 적이 있는가? 아마 여러분은 MFC source code 중간에 위치하곤 했을 것이다. 그리고 혹시 이런 생각을 하였는가 : '뭐야! MFC source code잖아. 그냥 넘어가자!'. 만약 그렇다면, 이 책은 여러분에게 별 도움이 되지 못할 것이다.

앞의 글을 읽고 너무 기분 나빠하지 않길 바란다. 단지 난 이 책을 꼭 필요한 사람만이 사길 원하고 끝까지 봐주길 원할 뿐이다. 그저 책장에서 장식용으로 사용되는 것을 원치 않는다.

이 책을 구입한 독자들에게 web site를 통해서 끝까지 책임지고 싶다. 혹시 잘못된 점이나 자세한 설명이나 필요한 부분이 있으면 www.iamkimjin.com에 꼭 글을 남겨주기 바란다. 가능한 한 꼭 답변을 해주겠다.

이 책이 출간되기까지 도움을 준 사람들에게 감사의 말을 전한다. 특히 이 책의 감수를 맡아준 나의 사랑하는 현진이에게 정말로 고맙다. 그 동안 옆에서 내 짜증 들어주느라 고생 많았다. 앞으로 잘 해 줄게. 너무 너무 현지니를 사랑한다. 그리고 3장의 번역을 맡아준 이경명 친구에게도 너무 고맙다. 술 사 줄게.^^

또한, 이 책의 출간에 대한 전반적인 조언과 도움을 주신 세창출판사 이방원 사장님, 이 책의 저작권에 대한 계약을 해주신 임길남 상무님, 이 책의 편집을 맡아 주신 김명희 과장님 감사합니다. 그 외 세창출판사 직원 모두에게 감사합니다. 무엇보다도 이 세상에 나를 낳아 주신 사랑하는 나의 어머니에게 감사합니다.

마지막으로, 이 책을 읽는 독자 여러분!!! 만약 여러분이 MFC 전문가가 되길 원한다면, 반드시 이 책의 내용을 알고 있어야 한다. 꼭 이 책이 아니어도 좋다. 어찌되었건 여러분은 이 책을 피해갈 수 있을지라도, 이 책의 내용을 피해갈 수는 없다. 그것만은 확실하다.

2002. 3.

편역자 씀

추천의 글

MFC 1.0이 1990년에 첫선을 보인 후, Microsoft Foundation Classes는 수많은 복잡한 문제들을 해결하면서 발전해 왔다. MFC에는 수많은 기교와 기술, 그리고 놀라운 매력이 존재한다. 여러분이 MFC의 도사가 되길 원한다면, 여러분은 엄청난 인내와, 엄청난 시간, 그리고 엄청난 code를 읽고 쓸 준비가 되어 있어야 한다.

물론, Visual C++는 MFC library를 설명하는 참고문과 개념적인 정보를 제공한다. 또한, 다른 많은 MFC 관련 서적들은 MFC를 사용하여 Windows 응용프로그램을 생성하는 방법에 대해 잘 설명해 주고 있다.

어찌 되었건, 그것들은 MFC를 사용하는 방법에 초점이 맞추어져 있다: 무엇을 호출하고, 무엇을 재정의(override)하고, 어떻게 MFC의 특징을 사용하는가에 대한 설명. 하지만, 진정한 MFC 전문가라면 MFC의 구현 방법에 대해서도 알고 있어야 된다는 것이 나의 생각이다.

왜냐하면, 어차피 모든 질문에 대한 최종 해답은 MFC의 source code에서 찾을 수밖에 없기 때문이다.

내가 MFC를 공부할 때 처음 사용했던 방법은 MFC source code를 살펴보는 것이었다: 필요하기도 했지만, 그것이 나의 천성이기도 하다. 나는 MFC가 외부에 발표되기 전(MFC alpha version)에 MFC 설계팀에 합류하였다. 이 시기에는 어떠한 MFC 문서도 존재하지 않았다. 하지만, 나는 MFC 문서가 부족하다고 하여 전혀 불평하지 않았다. 왜냐하면, 나는 MFC의 모든 것이 어떻게 돌아가는지를 알고 싶었기 때문이다. 난 항상 다음과 같은 질문을 마음에 새겨 두었다 : 어떻게 MFC는 Windows message에 반응하여 C++ member function을 호출하는가? 어떻게 MFC는 예외 처리(exception handling)를 구현하였는가? 이 시기에 Microsoft C++는 compiler 내에서 예외 처리(exception handling)를 지원하지 않았다. 따라서 나는 그 해답을 찾기 위해 MFC source code를 살펴보았다. 하지만 모든 사람들이 MFC source code를 살펴보아야만 하는 걸까? 모든 사람들이 그렇게 많은 시간을 소비해야 하는 걸까? 물론 그렇지 않다.

MFC *Internals*

이 책은 MFC source code에 무엇이 있는지 여러분에게 인도해 줄 것이다. 이 책에서 Scot와 George는 중요한 MFC source code를 일일이 분석하여 설명을 덧붙이는 열정을 보였다. 나는 이 책을 모두 읽어보았고 나의 생각을 몇 가지 적어 놓았다. 분명히 이 책은 다른 책들이 가지고 있는 내용을 반복하지 않는다. 즉, 이 책은 어떻게 MFC를 사용하는가가 아니라 어떻게 MFC가 구현되었는가에 대한 내용을 담고 있다. 이 책의 많은 부분들이 다음과 같이 시작한다: 다음 선언은 문서화된 member function은 생략하였다. 따라서 우리는 문서화되지 않은 구현 부분에 대해서 자세히 살펴볼 것이다. 문서화되지 않은 구현 부분은 어떤 class에 대하여 품었던 한계와 의문에 대해 여러분에게 시원스레 설명해 줄 것이다. 또한, 이러한 지식은 여러분의 응용프로그램 제작시에도 훌륭하게 적용해 볼 수 있을 것이다.

저자는 모든 흥미 있는 사항에 대하여 설명하지는 않는다. 저자는 독자에게 흥미 있는 질문을 던지고, 그것의 해결은 이 책을 읽는 독자들에게 맡겼다. 독자는 그 질문을 해결하는 과정에서 더 많은 주제와 더 많은 기술을 습득하게 될 것이다.

간단히 말해, 이 책은 진정한 MFC 개발자에게 반드시 필요한 책이다. 나는 이 책을 Microsoft에서 근무하는 개발자, QA(Quality Assurance), 강사, 그리고 MFC를 처음 시작하는 초보자뿐만 아니라 MFC를 어느 정도 다루는 중급자 모두에게 추천한다.

Dean D. McCrory

머리말

Scot Wingo : 우선 나의 책에 관심을 보여주어서 매우 고맙게 생각한다. 이 책을 쓰는 데 많은 도움을 준 Claire Horne와 Dean McCrory에게 매우 감사하다.
특히, 이 책을 집필하는 동안 나에게 정신적인 도움을 준 나의 강아지 Mack에게 무척 고맙다.
마지막으로, 나의 부모님, 1203 Belle Mead에 사는 주민 여러분, 내가 즐겨 먹던 음료수 회사 직원 여러분(Coca-Cola 회사), MFC 설계팀 여러분, 그리고 함께 이 책을 집필한 George에게 고맙다는 말을 전하고 싶다.

George Shepherd : 내가 소프트웨어 관련 서적이나 프로그래밍 관련 서적을 읽을 때마다, 작가는 다음과 같은 감사의 글을 남겼다 : 내가 이 책을 쓰는 동안 홀로 지냈던 나의 아내에게 고맙다. 나는 이러한 감사의 글이 멋있기는 하지만 다소 유치하다는 생각을 했다. 그러나 지금은 생각이 달라졌다. 내가 이 책을 집필하는 동안 엄청난 인내심을 보인 나의 아내 Sandy에게 진심으로 고맙다. 또한, Sandy는 이 책을 꼼꼼히 읽어 주고 교정해 주기도 했다. 이제부터 그녀의 은혜에 보답할까 한다.
내가 동물원에 못 가는 이유를 이해해 주었던 나의 아들 Teddy에게 고맙다.
OLE에 대해서 설명해 주었던 Don Box에게 고맙다. 이 책을 번역하도록 도와준 Kirtland에게 고맙다. 이 책의 출판사인 Addison-Wesley사에 나를 추천해 준 Andrew-Schulman에게 고맙다. 이 책의 출판에 도움을 준 Jeff Duntemann에게 고맙다. 나에게 용기를 준 Oakley 출판사 직원들과 J.D.Hildebrand에게 고맙다. 이 책의 편집을 맡았던 Addison-Wesley 출판사의 Claire Horne에게 고맙다. 이 책의 기술적인 조언을 아끼지 않았던 Dean McCrory에게 고맙다. 좋은 아이디어를 충고해 준 나의 형제에게도 고맙다. 항상 최선을 다해야 한다고 말씀해 주신 나의 부모님에게 감사한다. 마지막으로, 이 책을 함께 집필한 정열이 넘치는 파트너인 Scot Wingo에게 고맙다.

차 례

5장 모든 길은 CObject로 통한다

소 개

MFC에 대한 또 다른 책을 가지고 있는가? 과연 그 책들은 무엇을 이야기하고 있는가? 서점에 가서 C++ 이나 Windows 코너를 둘러 보았다면, Visual C++이나 Microsoft Foundation Classes(이하 MFC)에 대한 많은 책을 보았을 것이다. 그 책들 중 대부분은 wizard code-generation tool과 MFC의 기본에 대해서만 다루고 있다. 바로 그 점이 다른 책들과 구별되는 이 책의 특징이다. 이 책은 MFC의 내부(Internals)에 대한 설명을 다루고 있다. 그럼, MFC가 어떻게 구성되어 있고, 화면 뒤에서 MFC가 어떻게 동작하는지 살펴보도록 하자.

1. MFC의 내부 구조를 왜 알아야 하는가

MFC의 내부 구조를 왜 알아야 하는가? 그 질문에 대한 대답을 얻기 위해 전형적인 MFC 프로그램[주1] 시나리오를 살펴보도록 하자. AppWizard를 사용하여 몇 개의 버튼을 누르면, 아마도 여러분은 수(십)분 내로 Multiple Document Interface(이하 MDI)와 Object Linking and Embedding(OLE), floating toolbar, status bar, printing, print preview, about box를 지원하는 Windows 응용프로그램을 만들 수 있을 것이다. 그리고 그 응용프로그램에 여러 기능을 추가/변경하여 새로운 응용프로그램을 만들어 낼 수 있을 것이다(예를 들어, GIF, BMP image를 보는 Viewer 따위). 하지만, 여러분은 곧 이런 의문에 부딪칠 것이다. MFC는 문서의 목록을 어디에서 유지/관리하는가? 어떻게 file open 대화 상자(dialog Box)에 어떻게 새로운 문서의 종류를 추가시킬 수 있는가? MFC 관련 문서를 살펴보아도 이에 대한 대답은 그리 자세히 나와 있지 않다. 다행스럽게도 Microsoft(또는 MS)는 library와 함께 source code를 제공한다. 따라서 우리는 MFC가 어떻게 구현되었는지 살펴볼 수 있다. 하지만 불행하게도 그 source code가 어마어마하게 거대하며, 또한 주석이 거의 없는 header file(확장자 .H)과 source file(확장자.CPP)이다. 천재가 아닌 한, 이를 분석하고 이해하는 데에는 아마도 몇 달은 걸리 것이다. 여러분이 프로그램을 작성하는 도중, MFC의 내부를 접하게 되는 몇 가지 경우에 대하여 살펴보도록 하자.

1) 응용프로그램과 프로그램 : 이 책에서는 응용프로그램이란 용어와 프로그램이란 용어를 혼용하여 사용한다. 물론 두 용어의 의미는 이 책에서는 똑같다.

- 응용프로그램을 debug 과정에서 종종 MFC source code 사이에 위치하는 경우가 있다. 이때 여러분은 매우 낯설고 문서화되지도 않은 많은 class들을 접하게 된다.
- MFC의 많은 class들은 단지 파생물(derivation)(주2)을 생성하기 위해 사용되어진다. 즉, 그 class의 instance(주3)를 직접 생성할 수 없고, 파생물에 의해서만 instance를 생성할 수 있다. 이 과정에서 상위 class의 여러 member function을 override하기 위해 virtual function을 사용하게 된다(예를 들어, CDialog를 파생할 때, OnInitDialog( )를 재정의(overload)하는 과정에서, 반드시 첫 줄에 CDialog::OnInitDialog( )를 호출하거나, 또는 CDialog::OnInitDialog( )와 똑같은 기능을 구현해야 한다. 분명히 전자를 선택하고 이를 이해하는 것이 더 나을 것이다). 문제는 MFC의 문서화가 그리 잘 정리 되어 있지 않다는 데 있다.
- MFC의 OLE는 거의 완벽하다. 하지만 여러분이 이(OLE)를 확장하려 한다면, OLE의 안정성은 떨어지게 된다. 또한, 자신만의 COM을 정의하길 원한다면, 여러분은 직접 OLE source code를 구현해야 한다. 따라서 여러분은 OLE source code의 내부를 이해하고 있어야 한다.

2. 구원자로서의 MFC Internals

MFC가 자질구레한 사항을 숨기고 Windows(주4) code의 기능을 정리했을지라도 그 내부를 알아야 하는 필요성을 제거하지 못했다. 상업적인 프로그램을 만들기 위해, 단순한 대화 상자를 뛰어 넘는 그 무언가를 만들길 원한다면, MFC가 어떻게 동작하는지 알고 있어야 한다. 또한 MFC 내부는 계속 변하고 있으며, 매우 불분명하고, 문서화되지도 않았다. 그러므로, 이 책은 여러분이 MFC를 이해하는 데 큰 도움을 줄 것이다.

우리는 개발자에게 유용한 정보를 제공하기 위해 MFC source code를 샅샅이 뒤졌다. 이 책은 흥미있을만한 많은 정보를 제공한다 : 문서화되지 않은 class, utility, member function, member data, C++ technique, 유용한 coding technique. 물론 각 class의 동작원리와 상호관계도 함께 설명한다. 이 책에서 제공하는 핵심기술과 위기파악능력으로 인해서 개발자는 자신의 MFC 프로그램에서 발생하는 여러 문제를 쉽고 빠르게 해결할 수 있을 것이다.

---

2) derivation : 사전적인 의미로는 유래, 유추, 파생(물)로 번역되어 질 수 있다. 즉, 상위 class를 상속받아 새로운 class를 정의하는 과정을 의미한다. 이 책에서는 파생 또는 파생물로 번역한다.

3) instance : 사전적인 의미로는 실체 또는 실체화로 번역되어 질 수 있다. Object(객체화 또는 객체)와 거의 유사한 의미로 사용된다. 하지만 본 역자도 두 단어간의 차이를 정확히 모르겠다. 어찌되었건, 이 책에서는 번역하지 않고 그냥 영문으로 사용하도록 한다.

4) Windows와 window는 서로 다른 의미로 사용된다. Windows는 Microsoft에서 만든 운영체제(Operating System, OS)를 의미하고, window는 여러분이 화면상에서 볼 수 있는 하나 하나의 창(window)을 의미한다. 부디 혼동하지 마시길.^^;;

3. 이 책은 누구를 위한 책인가

이 책은 MFC(version 2.0 또는 그 이상의 version)를 사용하기로 결정한 진정한 Windows 개발자에 의해서 씌여졌다. 이 책은 독자들에게 2가지 지식을 가지고 있길 요구한다.

i) C++에 대해서 충분히 이해하고 있어야 한다. MFC는 C++ class library로 구성되어 있다. C++code와 구문(syntax)을 읽을 수 있고, object-oriented programming(이하 OOP)에 대한 기본 개념을 이해하고 있어야 한다.

ii) 보여주는 관점에서의 Windows에 대한 기본 개념을 가지고 있어야 한다. 즉, windows handles, messages, device contexts, rectangles 등의 이해를 필요로 한다.

4. 어떻게 이 책을 이용하는가

이 책은 Windows 95 계열(주5)과 Windows NT 계열(주6) 환경에서의 32-bit MFC version 6.x에 주안점을 맞추었다.(주7) 만약 6.x 이하 version에 대해서 주의할 필요가 있을 경우에는 이를 설명하겠다.

이 책을 통해서 MFC의 표준 문서에서 누락된 중요한 개념에 대해서 자세히 설명할 것이다. 문서화되지 않은 class의 특징과 member function 등을 설명하면서 그것들이 어떻게 응용프로그램에서 사용될 수 있는지 설명하겠다.

1장 ~ 8장은 Windows Graphical User Interface class와 이를 지원하는 class에 주안점을 맞추었으며, 9장~14장은 OLE에 대해서 다루고 있다. 마지막으로, 15장에서는 단일 주제로 다루지 않았던 향상된 MFC 구조를 설명한다.

이 책의 전체적인 구성은 매우 융통성이 있다. 이 책은 처음부터 끝까지 읽어 볼 수도 있고, 참조 형태로 사용되어 질 수도 있다. MFC source code를 살펴본 적이 없다면, 부록 A "A Field Guide to MFC Source Code"를 보라. MFC 의 구조와 핵심 줄기를 볼 수 있을 것이다.

MFC 프로그램 초급자라면, 다른 장을 읽기 전에 1장. 2장, 5장을 먼저 보길 권유한다. 1장은 MFC의 overview를 보여주고, 2장은 MFC가 어떻게 Windows에 encapsulation(주8)되었는지를 보여주며, 5장의 대부분의 MFC class의 최상위 class인 CObject를 설명한다.

---

5) Windows 95 계열 : Windows 95, Windows 98, Windows ME.
6) Windows NT 계열 : Windows NT, Windows 2000.
7) 이 책은 본 역자에 의해서 2001년 4월에 발표된 .Net beta2내의 Visual C++ 7.0에 맞추어 다시 편집하였다. 그렇다면 MFC version은 7.0일까? 글쎄...^^;; 현재 MFC는 공식적으로 6.x까지 발표되었다. 어찌되었건, 이 책에서는 2001년 4월에 출시된 Visual C++ 7.0내에 존재하는 MFC version을 MFC 6.x로 표현한다. 물론 불만이 많은 독자들도 있겠지만, 너그러운 마음으로 받아들이시길 바란다.^^

MFC 프로그램 중급자라면, 1장~5장을 살펴본 후 자신이 관심 있는 장을 살펴보길 권유한다. 예를 들면, MFC document/view 구조에 대해서 알고 싶으면 7장을 살펴보면 된다.
마지막으로, MFC 프로그램 고급자라면 자세히 알지 못하는 내용만 살펴보면 된다.

5. 주의해야 할 점

이 책에서 보여주는 많은 부분을 Microsoft가 문서화하지 않은 이유가 있다. 계속해서 MFC는 변하고 있기 때문이다. 사실 이 책을 쓰는 중간에도 MFC의 변화에 맞춰 여러 장을 교정해야만 했다. 여러분이 프로그램을 작성하던 중, MFC 내부 기능 중 한 가지를 사용했다면 반드시 주석을 써 주던지, #ifdef를 사용하라. 새로운 MFC version이 그 기능을 제공하지 않을 수 있다. 예를 들어, 예전 MFC version에서는 view/document 리스트를 document template에서 관리했었으나, MFC 4.0 이상에서는 CDocManager에서 관리한다.

6. 저자와의 연락

저자는 가장 사실적이고 적절한 정보를 제공하기 위해서 최선을 다 해오고 있다. 이 책의 문제점, 제안, 또는 특정 주제에 대해서 토론을 하고 싶다면, http://www.unx.com/~mfc_internals을 방문하든지 의견을 보내달라. 이 사이트에는 이 책의 최신 교정본과 다른 MFC관련 사이트를 링크할 수 있다. Internet을 사용할 수 없다면 전자 메일(mfc_internals@unx.com)을 사용하여 의견을 보내달라. 가능한 한 빨리 답장을 보내주겠다.(주9)
바로 지금, 미래를 향해 도전하라!
역자 또한 이 책에 대하여 최선을 다 하고 싶다. 따라서 이 책에 대하여 더 많은 이야기를 하고 싶다면, www.iamkimjin.com 을 방문하길 바란다.

8) 객체 지향 프로그램(Oriented Object Programming)의 기본 개념으로, 나중에 1.2.2에서 간단히 설명한다. encapsulation은 때로는 은닉화라 번역된다. 하지만 은닉화란 단어는 encapsulation의 의미를 오히려 축소시킨다고 역자는 생각한다. 따라서 이 책에서는 번역 없이 그냥 영어로 사용한다.
9) 위의 site는 없어진지 꽤 됐다. 역자가 책을 처음 접한 1998년 8월이었다. 그 때도 이 site는 접속되지 않았다. 무슨 이유에서일까?

1장 MFC 개관

MFC 설계자의 의도를 이해하기 위해서는 MFC framework[주1]에 대해서 전반적으로 살펴봐야 한다. 여러분은 MFC framework를 이해함으로 해서 더욱 MFC를 깊게 알게 될 것이다. 이번 장에서는 상위 수준(high-level)의 MFC를 전반적으로 살펴보고, MFC의 역사를 살펴본다. 또한 객체 지향 프로그래밍(Object-Oriented programming: OOP)의 기본 개념과 MFC 설계 목표에 대해서도 설명한다. 만약 여러분이 OOP에 대해서 익숙하다면, "1.6 Application Frameworks과 MFC"로 건너뛰어도 좋다.

1.1 객체 지향 프로그래밍에 대한 몇 가지 배경 지식

최근에는 소프트웨어 패키지들이 하나의 객체로서 프로그램 내에 사용되어지는 경향이 있다. 어떤 것은 객체 지향적이고, 어떤 것은 그렇지 않다. MFC는 완벽히 객체 지향적이다. MFC를 이해하기 위해서는 반드시 OOP의 기본 지식이 필요하다.[주2] 이번 절(section)에서 OOP의 배경 지식과 개념에 대해서 설명한다.

구조화된 설계/분석/프로그래밍은 70년 중반과 80년대 후반을 거쳐서 매우 필수적인 요소가 되었다. 대부분의 사람들은 전산학 관련 서적을 통해서 배웠을 것이다. 이 방법은 수많은 시스템을 설계하는 데 큰 도움을 주었고 오늘날도 사용되고 있다. 그러나 소프트웨어가 점점 커지고 애매모호해짐에 따라 구조화 기술은 허점을 드러냈다. 그 기술이 쓸모 없다는 것이 아니라, 더욱 복잡하고 거대한 시스템을 구축하기 위해서는 새로운 기술과 아이디어가 필요함을 의미한다. 구조화 기술을 사용할 수 없었던 현실세계의 문제를 OOP통해서 모델링할 수 있다. 결과적으로, 개발자들은 거대하고 복잡한 시스템을 관리하기 위해서 객체 지향적인 설계/분석/프로그래밍을 선택하게 되었다.

1) framework : 1.5 절을 참조하기 바란다.
2) abstraction, encapsulation, inheritance, polymorphism, modularity에 대한 기본 개념에 대해 이해하고 있어야 함을 의미한다.

1.2 OOP에서 사용되는 용어들

OOP를 설명하는 일반적인 용어들은 abstraction(추상화), encapsulation, inheritance(상속성), polymorphism(다형성), modularity이다. 프로그래밍 언어가 객체 지향적이라고 불리기 위해서는 앞의 용어들의 특징을 모두 가지고 있어야 한다. 각각의 개념에 대해서 자세히 알아 보도록 하자.

1.2.1 Abstraction(추상화)

관찰자의 시점에서 Abstraction(추상화)은 어떠한 객체를 다른 객체와 구분짓게 하는 필수적인 특징이다. Abstraction는 객체 내부의 자세한 구현은 무시한 채, 외관만으로 객체를 바라본다. Abstraction는 class의 기능과 동작을 표현하는 계약과 규약을 정의한다. 어떤 객체의 적당한 Abstraction을 결정하는 일은 객체 지향 설계의 핵심 사항이다.

1.2.2 Encapsulation

Encapsulation은 하나의 단일체 안에 data와 code를 결합하는 기능이다. Abstraction과 Encapsulation은 상부상조한다. Encapsulation 없이 현실 세계에서 어떻게 Abstraction을 정의할 수 있겠는가. C++에서는 Encapsulation된 단일체를 계층(class)이라 부른다. 이상적으로는 객체의 구현 부분(implementation)을 모르고도 객체를 사용할 수 있다. 또한, 구현 부분을 외부에 노출하는 것은 오히려 그 단일체의 복잡성만을 더욱 증가시키는 결과를 초래한다.
하지만, OOP는 이상적이지는 않다. Grady Booch(Object-Oriented Analysis and Design의 저자)는 이렇게 말했다. "실질적으로, 어떤 class의 진정한 의미를 알기 위해서는 구현 부분을 공부해야 할 때가 자주 있다. 특히 문서화가 부족할 경우에는…."

1.2.3 Inheritance(상속성)

Inheritance(상속성)는 이미 존재하는 class에서 또 다른 class를 파생해내는 기술이다. Inheritance는 이미 존재하는 code에 새로운 기능을 추가시킨 class를 만들어 냄으로써 class들이 계층적으로 구성되게 해준다. C++에서는 어떤 class에서 또 다른 class를 아주 쉽게 파생(derivation)해 낼 수 있다.

1.2.4 Polymorphism(다형성)

Polymorphism(다형성)은 글자 그대로 "여러 모습을 가지고 있음"을 의미한다. OOP에서의 Polymorphism의 의미는 계층을 이루는 class들간에(즉, 상위 class와 하위 class간에) 함수 이름을 공유한다는 의미이다.

예를 들어, 도형을 그리는 class가 있다고 가정하자. 각각 도형은 자신만의 모양을 그리는 함수가 있을 것이다. 각각의 도형은 "그리다(draw)"라는 동작은 똑같지만, 원 도형은 원을 그릴 것이고, 사각형 도형은 사각형을 그릴 것이다. "그리다"라는 동작이 각 도형의 특징에 맞게 그려지는 것이 Polymorphism의 한 예라 할 수 있다. C++에서는 Polymorphism(다형성)은 가상 함수(virtual member function)에 의해서 구현되어진다. 가상 함수는 컴파일 시에 함수 포인터가 정해지는 것이 아니라, run-time시에 정해진다. 가상 함수에 대한 호출은 run-time시에 결정되므로, Polymorphism은 C++에서만 존재한다(표준 C에는 없다).

1.2.5 Modularity

class가 시스템의 구성 요소이지만, 홀로 전체 시스템을 구성하기에는 충분치 않다. 시스템의 구조를 정의하기 위해서는 class들을 module로 묶어주는 것이 필요하다. module은 복잡한 시스템을 다루기 위해서는 필수적이다(특히, 거대한 시스템). class들을 module별로 분류하는 것은 무척 어렵다. 잘 묶어진 module은 유사한 기능들과 사용자의 요구를 만족하는 최소한의 interface만 제공한다.

1.3 일상 속에서의 객체

객체는 특징(attribute)과 동작(behavior)을 가지고 있다.(주3) 우리가 매일 사용하는 컴퓨터를 하나의 객체로 보자. 컴퓨터는 특징과 동작을 가지고 있다. 컴퓨터의 내부는 매우 복잡하더라도 사용자는 그것을 염려할 필요는 없다. 사용자와 컴퓨터 사이에는 abstraction층이 존재한다. 컴퓨터의 자세한 구현은 컴퓨터 상자 안에 안전하게 감추어져 있다. 이를 가리켜 그 컴퓨터가 encapsulation되었다고 한다. 사용자는 컴퓨터에게 간편하게 message를 전달할 수 있다(예를 들어, 전원을 켜거나, 키를 누르거나, 마우스를 움직인다). 그러면 컴퓨터는 동작으로 반응한다(부팅이 된

3) 쉽게 말해, 특징(attribute)은 member data를 의미하며, 동작(behavior)은 member function을 의미한다.

다든지, 문자를 화면에 보여 주든지, 마우스 커서를 움직인다). 또한, 지금의 컴퓨터는 과거의 컴퓨터가 가지고 있던 특징과 동작을 이어받고 있다. 그러므로 계층적이기도 하다. 예를 들어 지금의 펜티엄 컴퓨터는 80x86에서부터 이어져 왔다. 이와 마찬가지로 새로운 컴퓨터는 예전의 컴퓨터로부터 특징과 동작을 이어받을 뿐 아니라 새로운 특징을 추가시켜 간다. 오늘날의 컴퓨터는 비록 구현은 각각 다를지라도 공통된 동작을 가지고 있다. 이것은 Polymorphism으로 알려졌다. IBM-PC와 Macintosh-PC는 같은 특징과 동작을 가지고 있지만, 각각의 구현은 자기만의 방법이 있다. 예를 들어, 마우스의 움직임에 반응한다는 것은 같지만, 각각 움직이는 방법은 틀릴 것이다. 이것은 움직임에 있어서의 다형성(Polymorphism)의 한 예이다.
마지막으로, 컴퓨터는 여러 개의 또 다른 객체로 이루어졌다 : CPU, 디스크 드라이버, 디스플레이 어댑터 등등. 이것들은 모든 하나의 객체이다. 하나의 컴퓨터는 분리된 객체로 이루어진 module로 생각할 수 있다. 이것이 modularity의 한 예이다.

1.4 객체(Object)와 C++

소프트웨어적인 관점에서 보면, 객체란 자신이 해야 할 동작을 알고 있는 데이터이다. 또한 객체는 데이터와 그 데이터와 관련된 함수를 묶어주는 방법이기도 하다. 실세계에서는 객체란 abstraction으로 다루어질 수 있다. 다른 말로 표현하면, 객체란 특성(attributes), 동작(behaviors), 그리고 명확하게 정의되는 interface를 가지고 있다.
예를 들어보자. 우리는 지금 사람의 이력(履歷)을 다루는 작은 C 프로그램을 만든다고 가정하자. 가장 먼저 구조체를 정의한다.

```
typedef  struct _PERSON[25] {
    char   szname[25];
    int    nAge;
} PERSON;
```

다음으로 PERSON을 조작하는 함수를 정의한다.

```
void SetData( PERSON *pPerson, char *pszName, int nAge);
void ShowData(PERSON *pPerson);
```

여기서 어떤 일이 벌어지고 있는지 주목하길 바란다. 한편에서는 Person의 data를 정의하고 있고, 다른 한편에서는 그 data를 조작하는 함수를 정의하고 있다. 이들은 분명 개념적으로 분리되어 있다. C++은 이렇게 분리된 data와 function을 한 곳으로 통합하는 방법을 제공한다 : C++

class. class는 data와 function을 함께 묶는다는 점만 제외하면 표준 C의 구조체(structure)와 매우 유사하다.
Person 구조체는 다음과 같은 class로 정의될 수 있다.

```
class Emplyee : public Person {
    char m_szOccupation[25];
public :
    void SetData(char *pszName, int nAge, char *pszOccupation);
    vitural void ShowData( );
}
```

함수가 class의 일부가 되었음에 주목하자. SetData( )와 ShowData( )를 class의 member function[주4]이라 부른다.[주5]
data와 function을 묶어주는 기능을 encapsulation이라 부른다. 이는 OOP의 필수적인 특징이다.
일단 class정의하고 member function을 구현하였으면, data를 초기화시키고 보여주는 방법은 다음과 같다.

```
main( )
{
    Person person;
    person.SetData( "Sam", 218);
    person.ShowData( );
}
```

이것이 C++의 전부는 아니다. 또한, C++은 이미 존재하는 class에서 새로운 class를 파생해 낼 수 있다. 따라서 그 파생된 class는 이미 선조(ancestor) class가 가지고 있는 데이터와 함수를 같은 이름으로 가지게 된다. 이 특징을 상속성(inheritance)이라 한다. 이 특징도 OOP의 필수적인 특징이다. 예를 들어, 신상 관리 프로그램을 만든다고 가정하자. Person class의 특징(member data)과 동작(member function)을 그대로 사용하고, "occupation"이라는 특징을 추가하는 Employee class를 파생한다. C++에서는 Person class를 상속받아 쉽게 Employee class를 만들 수 있다.
여기서의 핵심은, Employee class가 Person class를 상속받고, m_szOccupation을 추가하였다는 점이다. 이것은 상속성(inheritance)의 생생한 예이다.

---

4) 또한 안에 있는 데이터들은 member data라 부른다. 하지만 JAVA에서는 member function을 method라 부르며, member data를 property라 부른다. OOP관점에서 본다면 JAVA에서 불려지는 호칭이 맞다.

5) C++에서는 구조체(struct)도 함수를 가질 수 있다. struct와 class의 차이점은 변수(member data)와 함수의 default visibility가 다른 데 있다. struct는 public이며, class는 private이다. 참고로 default visibility란 class나 struct에 선언되어 있는 함수나 변수에 대한 기본적인 접근 권한을 의미한다.

Employee class의 데이터를 보여주는 새로운 방법이 있음을 주목하자. m_szOccupation은 Person class의 ShowData( )로는 보여줄 수 없다. 따라서 Employee class는 m_szOccupation를 보여줄 수 있도록 ShowData( )를 재정의(override)(주6)해야 한다. 이것이 바로 다형성(polymorphism)의 한 예이다. 좀더 자세히 설명하면, 상위 class인 Person과 하위 class인 Employee가 같은 ShowData( )라는 같은 이름의 함수를 공유하고 있으며, 각 class들은 자신의 동작에 맞게 그 함수를 구현하고 있다.

물론 Employee class는 file형태로 어딘가에 저장되어 있어야 한다. 바로 여기서 modularity라는 개념이 나온다. C++에서는 header file과 source file을 이용하여 modularity가 구현될 수 있다. C++ class를 이해하는 데 필요한 class의 정의와 추가적인 정보는 header file에 공개되어 있다. 실질적인 구현은 source file에 담겨져 있다. 예를 들어, Employee class에 대한 정의는 EMPLOYEE.H에 있고, 실질적인 구현은 EMPLOYEE.CPP에 담겨져 있어야 한다.

위의 예제에서는 abstraction, encapsulation, inheritance, polymorphism, modularity를 단순하게 보여주고 있지만, 바로 그 기본 개념이 객체 지향의 핵심이다.

1.5 왜 OOP를 사용하는가

소프트웨어를 개발하는 데 있어서 OOP기술을 사용하면 보다 현실 세계에 가깝게 시스템을 구축할 수 있다. 현실 세계는 스스로 판단하고 서로 의사를 나누는 존재들로 이루어져 있다(종업원들이 함께 일하고 있는 회사처럼). 객체가 프로그램 내에서 하는 일이 바로 그것이다. 각각의 객체들은 자신의 일을 잘 다룰 줄 알고 서로 협동한다. 그리하여 공통된 목표에 도달한다. 진정한 객체 지향 언어인 C++(C보다 더 좋은 C를 의미하지는 않는다)를 이용한 객체 지향 기술의 적용도를 향상시킬 뿐만 아니라 유지/보수를 용이하게 한다. 이렇게 객체 지향적으로 설계한 framework는 매우 독립적이기 때문에, 거대하고 복잡한 프로그램이나 시스템을 구축하는 동안 만날 수 있는 많은 위험을 줄여 준다.

application frameworl(주7)이란 응용프로그램을 만들기 위해 제공되어지는 잘 가공되어진 서비스를 의미한다.

---

6) override : 가능하면 이 책에서는 영어를 그대로 사용하려 한다. 문맥상 한글이 자연스러울 경우에만 "재정의" 또는 "치환"이라고 번역한다.

7) 이 책에서는 MFC를 application framework 또는 줄여서 framework라 호칭하기도 한다.

1.6 Application Framework와 MFC

MFC란 Microsoft의 Windows 운영 체제(Operating System)에서 사용할 수 있도록 응용프로그램을 만들기 위해 잘 다듬어진 application framework이다.
Microsoft Software Development Kit(이하 SDK)의 문서는 전적으로 Windows Application Programming Interface(이하 API)로 표현되어 있다. Microsoft의 문서는 매우 깔끔하며 정보를 찾기에도 쉽게 구성되어 있다. 그러나 그 문서는 어떤 API가 중요하며, API가 어떻게 구성되어 있는 지는 보여주고 있지 않다. 이를 보충하듯이 MFC는 OOP의 원리를 사용하여 Windows API를 논리적으로 잘 묶어 주고 있다.

1.6.1 자그마한 지난 이야기

1989년, Microsoft는 Application Framework technology development group(이하 AFX group)을 설립하였다. 이는 Windows 프로그램 개발자를 위해서 C++로 이루어진 객체 지향 툴을 만들 의도였다("AF"는 발음상 그리 대단하다는 느낌을 주지 않는다. 그래서 "X"를 추가시켰다. 고로 "X"는 별 의미가 없다). 이 그룹의 회원들은 다방면의 지식을 가지고 있었을 뿐만 아니라, Microsoft에서 개발자로서의 경험도 가지고 있는 사람들이었다. 어떤 사람은 응용프로그램을 위한 common components를 구현하고 설계하던 사람이었고, 또 어떤 사람은 Windows 운영 체제를 관리하던 팀원이기도 했다. 물론, 다른 응용 분야에서 일하던 사람도 참가하였다. 이 그룹은 개발자들이 보다 향상된 GUI 프로그램을 작성할 수 있도록 가장 최근의 OOP기술만을 사용하여 개발 툴과 라이브러리를 제공하는 것을 원칙으로 했다.
불행하게도 초기의 원시 application framework는 Windows 운영 체제와 아무런 관련이 없었다. 몇 년이 지난 후 AFX그룹은 완전한 자신만의 window system(주8)을 포함하는 application framework를 완성하였다. 그러나 AFX그룹은 이 framework를 사용하여 프로그램을 만든다는 것은 너무 어렵고, 복잡하다고 판단했다. Sinofsky 보고서에 의하면, AFX그룹은 이 초기 application framework를 폐기 처분하고 그들의 원칙을 바꾸기로 결정했다. 그들의 원칙을 읽어보면 "개발자가 C++기반의 범용적인 class를 사용하여 응용프로그램을 작성할 수 있도록, AFX는 강력한 객체 지향적인 방법론을 제공한다"(이 때쯤에, 첫번째 Windows 운영 체제라 할 수 있는

8) Microsott의 Windows 운영 체제를 의미하는 것이 아니라, 창(window)을 관리하는 system을 의미한다. 이 system은 다음과 같은 기능을 가지고 있다 : graphics subsystem, custom control architecture, object database, generalized container hierarchy, garbage collection scheme.

Windows 3.0이 출시되었다). AFX그룹은 Windows 개발자에게 보다 단순하며, 고급스럽고, 기술적으로 유연성(flexibility)이 있는 framework를 제공하는 데 초점을 맞추었다. 또한 이것은 Windows환경으로 가는 미래의 길을 제공한 것이기도 했다.

1.6.2 MFC 설계 목표

AFX그룹은 새로운 framework을 설계하기 위한 5가지 우선 사항을 두었다.

1) 객체지향기술과 C++를 사용하여, 실 세계에서 사용 가능한 응용프로그램을 발표한다.
2) 프로그램 초보자 및 전문가를 위해, Windows 프로그램 개발을 간소화시킬 수 있는 application framework를 발표한다.
3) Windows에 대한 기존의 지식을 계속해서 사용할 수 있도록 한다.
4) 가장 최근의 Windows 기술(주9)을 이용하여 거대한 규모의 응용프로그램을 작성할 수 있도록, 개발자를 위한 토대를 마련한다.
5) 가능한 한 application framework를 빠르고 작게 설계한다.

① 실 세계에서 사용 가능한 응용프로그램의 발표

객체지향기술과 C++를 사용하여 개발된 응용프로그램을 발표하면서, AFX그룹은 새로운 프로그램 개념을 정의하기보다는 이미 Windows에서 사용되어진 객체지향 프로그램을 더욱 확장하고 표준 C++의 특징을 사용하기로 결정했다. C++은 매우 복잡한 언어이기 때문에, AFX그룹은 MFC를 사용하는 모든 사람이 C++의 권위자(guru)(주10)가 아닐 것이라고 생각하였다. 따라서 AFX그룹은 C++언어의 모든 것을 사용하기보다는 C++의 일부 개념만을 사용하여 MFC를 구현하였다. 어찌 되었건, 개발자는 아무런 제한 없이 모든 C++의 특징을 사용할 수 있다.

② Windows API의 간소화

Windows 프로그램 개발을 간소화시킬 수 있는 application framework를 만들기 위해서, AFX그룹은 API함수를 논리적인 단위로 묶기로 결정했다. 이렇게 함으로써, C++ class의 특징(상속성, 다형성)을 살릴 수 있었다. 예를 들어, 어떤 class는 device context와 관련된 모든 함수로 구성되었다.

---

9) OLE(Object Linking and Embedding), ODBC(Open Database Connectivity) 따위….
10) guru : 힌두교의 교도사. 지도자, 권위자(http://www.codeguru.com/ 를 방문해 보라…^^;;)

또한, AFX그룹은 보다 쉬운 개발환경을 제공하기 위해서 strong-typing(주11)과 data-encapsulation 특징을 사용하기로 결정했다. 예를 들어, 모든 window message는 2개의 인자(parameter)를 사용한다 : WPARAM 과 LPARAM message에는 여러 가지 값(주12)이 담겨져 전달될 수 있다(pointers, POINT struct, window handle). message의 인자를 받기 위해서 C/SDK 프로그램 개발자는 적당한 type으로 인자를 바꾸어야 한다. 이것은 일반적으로 typecasting(주13)에 의해서 이루어진다. MFC는 encapsulation된 인자를 개발자의 의지(인자를 어떤 자료형으로 바꿀지)에 맡기므로, 넘어온 인자를 원래의 자료형으로 바꿀 수 있다. 또한, 컴파일러 수준에서 올바른 인자가 함수로 전달되는지 확인해 볼 수 있다. 마지막으로, MFC는 Windows 프로그램의 복잡한 사항들을 안전하게 감춘다(즉, MFC는 window class의 등록 과정 및 window procedure와 message routing이 처리되는 과정을 개발자의 시야에서 감춘다).

③ Windows에 대한 기존 지식의 사용

AFX그룹은 Windows를 새롭게 만들기보다는 기존의 Windows 특징을 사용하기로 결정했다. 전문가들이 다시 배워야 되는 경우를 최소화하기 위해, 기존의 API함수의 이름을 그대로 사용하여 class를 구성하였다. 따라서 SDK를 사용하여 만들어진 프로그램을 MFC로 바꾸는 작업이 쉬워졌다. 사실 SDK 프로그램을 MFC 프로그램으로 바꾸어 주는 작업은 필요 없다. MFC는 low-level C를 그대로 재사용할 수 있다. "Programming Windows"에 관련된 책들이 있다면 버리지 않아도 된다. 그 책들은 MFC를 사용할 때 매우 유용하다.

④ 개발자를 위한 토대 다지기

Windows API는 마치 산 아래로 구르는 눈덩이와 같다. 구르면 구를수록 새로운 것들이 모이게 된다. Microsoft는 기존의 API에 새로운 API(OLE 2.0, ODBC)를 추가시키고 있다. Windows NT의 출현은 새로운 32-bit API를 가지고 왔다. framework가 새로운 API를 지원하지 않더라도, MFC는 그 API를 충분히 받아들일 수 있도록 설계되었다. 새로운 API의 등장은 개발자에게 새로운 지식의 습득을 요구하지만, MFC는 class를 사용하여 API의 자세한 사항을 encapsulation함으로써 그 부담을 줄였다. 예를 들어 MFC내에서 OLE를 사용하고 싶을 때는, 단지 OLE-enable

---

11) strong-typing : "Conception of Program Language, Sebesta 저"에 의하면 compile시나 runtime시에, 변수의 type과 관련된 error를 항상 검출해 낼 수 있으면 그 언어는 strong-typing하다라고 정의되어 있다. 참고로, C와 C++과는 strong-typing하지 않다(예를 들어, union type은 type 검사를 하지 않는다).
12) pointers, POINT struct, windows handle 따위가 message에 담겨져서 전달되어질 수 있다.
13) typecasting : 자료형을 바꾸는 연산
예 :
```
int n = 31;
char ch = (char)n ;
```
참고로, typecasting 은 함수 선언 및 강력한 변수 선언의 장점을 해치며, 잠재적인 에러의 원인이 된다.

을 선택해줌으로써 몇천 줄을 줄일 수 있다.

⑤ 빠르고 작게 설계하기

AFX그룹은 framework가 작고 빠르길 원했다. MFC의 최초 목적은 (1) 단지 20K의 메모리만을 사용하여 framework가 사용 가능하도록 하고,(주14) (2) MFC에 의해서 개발된 응용프로그램이 C/SDK로 개발된 프로그램보다 느리지 않도록 하는 것이었다. 그 목적은 MFC의 전반적인 설계와 구현에 중대한 영향을 미쳤다. 많은 가상 함수와 데이터를 가지고 있는 class library는 응용프로그램을 느리게 한다. 속도를 빠르게 하고 크기를 작게 하기 위해서, AFX그룹은 window message를 다룰 수 있는 새로운 방법을 개발하였다.

1.6.3 첫번째 발표

1992년, Microsoft는 MFC version 1.0을 발표하였다.(주15) MFC 1.0 안에는 Windows 응용프로그램 개발을 위한 60개 이상의 class들이 포함되어 있었을 뿐만 아니라, 일반적인 목적의 class들(주16)이 포함되어 있었다. 이 class들은 매우 최적화되어 적은 메모리를 요구하였고 수행 속도도 빨랐다. MFC 1.0은 아주 새로운 상위 수준(high-level)의 abstraction 제공했다기보다는 Windows API를 작으면서 효과적인 C++ code로 표현하는 데 그 목적이 있었다.

1.6.4 아직 충분하지 않다

MFC 1.0은 비판과 함께 큰 환영을 받았으며, Windows 환경에서의 표준 application framework로서 인정받았다. 그러나 이 세상에 완벽한 것은 없다. AFX그룹은 많은 개발자들에게서 MFC 1.0에 대한 건설적인 의견을 받았다. 그들이 받은 수백 가지의 제안 중에서, 다음 버전(MFC 2.0)의 발표 때에는 새로운 2가지 특징을 추가시키기로 결정했다 : (1) 상위 수준의 구조(high-level architecture)와 (2) 잘 가공된 component.

AFX그룹은, MFC 1.0보다 Windows 개발 환경을 더욱 간소화시키기 위해, 상위 수준의 구조와 잘 가공된 component를 추가시켰다. 이 추가로 인해 user-interface 지침(주17)을 따르는

14) 오타일까? 메모리를 20K만 사용한다는 것이 가능할까? 글쎄…--;;
15) MFC version 1.0에는 C/C++ version 7.0과 Windows NT에서 사용되는 SDK를 포함되어 있다.
16) time, string, collection, file, persistent storage, memory management, exception, diagnostic와 관련된 class.
17) Microsoft'의 application interface design guide.

Windows 응용프로그램을 만드는 것이 매우 쉬워졌다. 또한 이 추가에는 유명한 프로그램에서 대부분 사용되고 있는 공통의 특징(주18)들이 포함된다. MFC 구조는 개발자에게 일반적인 프로그램을 더욱 확장하고 보완할 수 있는 기회를 제공한다. 하지만, MFC 2.0은 개발자가 항상 상위 수준의 구조를 사용하기를 강요하지는 않는다. 개발자는 여전히 하위 수준(lower level)에서 framework를 제어할 수 있으며, Windows API를 직접 제어할 수도 있다.

AFX그룹이 상위 수준의 구조를 설계하면서, Windows의 미래의 방향을 항상 염두에 두었다. Windows는 OLE 2.0기반의 객체 지향적인 OS로 계속 발전할 것이다. MFC 2.0이 발표될 당시에 비록 OLE 2.0이 발표되지는 않았지만, OLE 2.0의 구조는 자연스럽게 기존의 MFC 구조와 잘 조화를 이루도록 설계되어 있다.

또한, AFX그룹은 몇 가지 추가적인 제약을 고려하였다: 호환성(compatibility)과 이식성(portability). MFC 1.0으로 제작된 프로그램에 MFC 2.0의 새로운 기능을 사용하고 싶다면, MFC 1.0에서 사용했던 code를 아무런 변경 없이 그대로 MFC 2.0에서 사용하면 된다. Windows 3.1기반에서 MFC 2.0로 제작된 프로그램을 Windows NT/Win32에서 수행하기 위해서는 단지 MFC 2.0 32-bit version에서 다시 컴파일 하면 된다.

1993년 4월, Microsoft는 MFC 2.0을 위한 Visual C++ 1.0을 선 보였다. Windows NT의 발표에 따라, Windows NT 기반의 MFC 2.1을 위한 Visual C++ 1.0을 선 보이기도 했다. 두 버전은 구현상에 약간의 차이는 있지만, 명백히 같은 특징은 가지고 있다. MFC 2.0은 대부분의 Windows API와 OLE 1.0을 이루어졌다. 여기에는 100개의 class와 60,000줄의 표준 C++ 코드가 있다. MFC 1.0보다 향상된 일반적인 목적의 class를 포함하고 있다. 하지만, MFC 2.0의 주된 특징은 새로운 응용 구조와 상위 수준의 abstraction이다. 새로운 응용 구조 class는 Windows의 공통된 특징(주19)을 표준화하여 제공한다. 상위 수준의 abstraction은 일반적인 UI(User Interface) 요소(주20)를 제공한다.

1.6.5 지금 우리는 어디에 있는가

1993년 말, Microsoft는 OLE 2.0과 ODBC를 추가한 MFC 2.5와 Visual C++ 1.5를 발표하였다. 1994년 말에는 안정된 thread를 지원하는 MFC 3.0을 발표하였다. 1995년에는 MAPI(Messaging Application Programming Interface)과 WinSock를 추가시킨 MFC 3.1을 발표하

18) toolbar, status bar, print preview, context-sensitive help 따위….
19) document와 view, printing, command processing 따위….
20) toolbar, status bar, print preview, context-sensitive help 따위….

였다. 1995년 말, Microsoft는 VC++ 4.0과 함께 MFC 4.0을 발표하였다. 혁신적인 개발환경의 향상과 소프트웨어의 재사용을 가능케 하는 데 초점을 맞추었다. 그 후 Microsoft는 Visual C++ 5.0을 발표하고, 1998년 Visual C++ 6.0이 발표하였다. Visual C++ 5.0내의 MFC version은 4.x였지만, Visual C++ 6.0내의 MFC version은 6.0으로 널뛰기하였다(중간에 MFC 5.x가 없는 이유는 Visual C++과 MFC version을 맞추려는 Microsoft의 음모가 아닐까: 마치 MS IE의 version이 Netscape version에 맞추기 위해 널뛰기 했듯이). 또 Microsoft는 2000년에는 Visual Studio .Net 2 beta내에 Visual C++ 7.0 beta version을 발표하였다(그 말많던 C#과 함께).

이러한 과정 속에서 MFC는 Windows 프로그램을 위한 C++의 주된 개발 환경이 되었다. 이것이 MFC를 배워야 되는 이유이다. 이 책은 많은 것을 여러분에게 안겨줄 것이다.

1.7 MFC 한번 훑어보기

MFC를 깊게 공부하는 처음 여정은 각 class들이 어떻게 구성되었는지를 살펴본 후, 그들 간의 상호 작용을 넓게 살펴보는 것이다. MFC는 거대하다. MFC는 대부분의 Windows API를 encapsulation화하였고, 강력한 application framework를 제공한다. MFC는 몇 가지로 분류할 수 있다. 외관상으로 5가지 목록으로 분류한다.

1) 일반적인 목적의 class(General-purpose class) : window class, dialog box class, device context class 따위…
2) Windows API를 포장(wrap)하는 class.
3) Application framework class : message pump, printing, on-line help, document/view architecture 따위…
4) High-level abstraction : toolbar, splitter windows, status lines 따위…
5) Operating System Extension : OLE, ODBC, MAPI, WinSock 따위….

1.7.1 General-Purpose Class

Windows의 application framework을 떠올려 볼 때, 가장 먼저 생각나는 class들은 window class, application class, control class일 것이다. 그러나 MFC는 visual element(button, checkbox, …)나 application framework의 요소와는 전혀 관계없는 여러 잡다한(또는 일반적인)

class들을 제공한다. 바로 이 잡다한 class들은 MFC에서 없어서는 안 된다. MFC는 이 class들이 없으면 거의 아무 일도 할 수 없다. 이 class들은 framework를 더욱 잘 수행되도록 해 준다. 이 class에는 CObject, exception-handling class, collection class, dynamic string, file class, date/time class 그리고 여러 class들이 포함된다.

① CObject: 거의 모든 MFC class의 어머니

많은 class 라이브러리에서는 대부분의 다른 class를 파생(derivation)하는 abstract class를 하나 또는 둘 둔다. MFC도 마찬가지다. CObject로부터 파생되어진 class는 여러 가지 기능들을 상속받는다. 이러한 기능들은 매우 최적화되어 있으며, 파생되는 방법에 따라 사용 가능할 수도 있고 사용 불가능할 수도 있다.

이런 편리한 기능들을 제공하기 위해서 MFC class는 CObject의 다양한 기능을 사용한다.

- CArchive는 CObject와 함께 객체의 영속성(persistence)를 처리한다.
- CDumpContext는 진단 함수(diagnostic function)[주21]에서 사용된다.
- CRuntimeClass는 CObject에서 파생된 모든 class와 관계되며, 그 class에 대한 정보[주22]를 가지고 있다.

② 예외를 처리하는 Class

exception(예외)은 응용프로그램이 제어권(control)을 잃었을 때[주23] 발생한다. MFC는 예외(exception)를 처리할 수 있는 exception-handling class를 제공한다. MFC 함수는 응용프로그램을 보호하기 위해서 예외를 exception handler에게 던진다(throw).

MFC는 아래와 같이 exception handler class를 정의해 놓았다.

- CException – 예외 상황 처리의 기본 class.
- CArchiveException – serialization[주24]시 발생하는 예외를 처리한다.
- CFileException – file 연산이 수행 동안 발생하는 예외를 처리한다.
- CMemoryException – memory 예외를 처리한다.
- CNotSupportException – 프로그램이 지원하지 않는 기능을 수행하려 할 때 발생한 예외를 처리한다.

---

21) 객체에 대한 정보를 사용자에게 보여준다. 주로 debug할 때 사용된다.
22) runtime-identification, serialization(즉, persistence), diagnostic function, dynamic object creation 따위….
23) 예를 들어, memory 부족이나 입/출력 error가 발생했을 때.
24) 이에 대해서는 5장에서 Serialize를 배울 때 자세히 다룬다.

- COleException – OLE client나 OLE server에 대한 예외를 처리한다.
- CDBException – Database를 처리하는 동한 던져진 예외를 처리한다.
- CResourceException – Windows resource를 읽는 것을 실패했을 때 던져진 예외를 처리한 다.
- CUserException – 응용프로그램에서 정의한 예외를 처리한다.

③ Memory 진단(Diagnostics)

CMemoryState는 memory checkpoint를 설정해 둠으로써, 응용프로그램에서의 memory의 누수(leak)를 쉽게 추적해 볼 수 있게 해주며, memory checkpoint를 질의하고 제어할 수 있는 member function을 제공한다.

④ Collection Class

collection class는 객체의 묶음을 관리한다. 모든 MFC의 collection class는 collection이 포함한 각 요소를 추가, 삭제, 환원 그리고 반복하여 collection을 살펴볼 수 있는 기능을 제공한다. linked list를 관리하거나 동적으로 크기가 변화하는 기능을 구현하고 싶다면, 아래 열거되어 있는 MFC collection class를 이용하여 처리할 수 있다.

배열(array)로써 구현된 collection class.

- CByteArray – byte의 배열.
- CWordArray – word 값의 배열.
- CDWordArray – double word 값의 배열.
- CPtrArray – pointer의 배열.
- CObArray – CObject로부터 파생된 객체의 배열
- CStringArray – CString 객체의 배열.
- CUintArray – unsigned integer의 배열.

Linked List로서 구현된 collection class.

- CObject – CObject로부터 파생된 객체의 linked list.
- CPtrList – pointer의 linked list.
- CStringList – CString 객체의 linked list.

또한 MFC는 map[(주25)]이라고 알려진 collection class를 제공한다. map은 두 객체를 연계(map)

25) map : 때론 dictionary라 불린다. 이 책에서는 연계라는 용어를 사용하여 번역한다.

시켜 주는 역할을 한다. 이것은 어느 한쪽을 통해서 또 다른 한 쪽을 쉽게 찾아볼 수 있게 한다. 예를 들어, 숫자와 숫자의 영문 표기법으로 된 사전을 만든다고 가정할 때, 숫자의 영문 표기법과 연계(map)를 이루는 숫자를 표현하기 위해 word-to-string map을 사용할 수 있다.

MFC에서 지원하는 map은 아래와 같다.

- CMapPrtToWord – pointer와 word의 map.
- CMapPtrToPtr – 두 pointer의 map.
- CMapStringToOb – string과 CObject로부터 파생된 객체의 map.
- CMapStringToPtr – string와 pointer의 map.
- CMapStringToString – 두 string의 map.
- CMapWordToOb – word와 CObject로부터 파생된 객체의 map.
- CMapWordToPtr – word와 pointer의 map.

⑤ 동적 String

C를 사용해 본적이 있다면, 문자열과 관련된 함수(주26)를 사용하면서 매우 당혹했던 적이 있을 것이다. 그렇다면 MFC의 동적 string인 CString을 사용해 보라. CString class의 사용은 매우 간편할 뿐만 아니라, 기본적인 string 연산 기능(주27)들을 제공한다.

⑥ File Class

MFC의 file class는 file 입/출력(I/O)을 encapsulation한다.

- CFile은 표준 binary file I/O를 다룬다.
- CStdioFile은 buffered file I/O를 다룬다.
- CMemFile은 memory file을 다룬다. 마치 memory file은 disk에 존재하는 것처럼 행동하는 binary file이지만, 사실 그것들은 memory에 존재하고 있다.

⑦ Time과 Time span class

CTime과 CTimeSpan은 응용프로그램 내에서 시간을 쉬게 다루도록 해준다. CTime은 시간을 표시하며, 현재의 시간을 알아 낼 수 있는 member function을 제공한다. 또한 시간을 문자열로도 바꿀 수 있으며, 시간의 특정 요소(초, 분, 시, 일, 달, 연)를 추출할 수도 있다. 물론, 시간에 대한

---

26) strlen( ), strcat( ), strcpy( ), strstr( ) 따위.
27) string concatenation, string comparison, string assignment 따위.

덧셈, 뺄셈, 비교, 할당 연사자를 제공한다.
CTimeSpan은 시간을 초 단위로 표시한다. 따라서, 시간의 경과를 보여주는 데 편리하다. CTimeSpan는 초로 표시된 시간에서 여러 요소(주28)를 추출할 수 있다. 물론, 시간에 대한 덧셈, 뺄셈, 비교, 할당 연사자를 제공한다.

⑧ 기타 Class

Windows에서 사용하는 구조체를 class형태로 포장(wrap)한 일반적인 목적의 class가 있다.

- CPoint – POINT 구조체를 포장한다.
- CSize – SIZE 구조체를 포장한다.
- CRect RECT 구조체를 포장한다.

1.7.2 Windows API를 Class로 포장(wrap)(주29)하기

MFC가 해낸 중요한 한 가지는 매우 복잡한 Windows API를 잘 포장(wrap)하고 있다는 점이다. Window API class는 Windows에서 사용되는 Windows 객체(주30)를 encapsulation하고 있다. 이것은 매우 어렵지만 MFC는 해냈다. 여기에 Window API와 관련된 MFC class를 나열하였다. 어떤 class들은 high-level 구조와 깊은 관련이 있지만, 또 어떤 것들은 독립적으로 사용되어질 수 있다.(주31)

① 응용프로그램 안의 Class : CCmdTarget. CCmdUI, CWinThread, 그리고 CWinApp Class

표준 C/SDK 응용프로그램에서는 message queue에서 message를 가져오고 이를 window procedure(주32)로 다시 보내기 위해서 WinMain( )를 사용한다. 사용자에 의해서 만들어진 message handler는 message를 처리하는 case문이 있다. 여기서 처리되지 않는 message는 DefWindowProc( )에서 처리된다.
MFC는 이러한 message 처리 과정을 message mapping이란 개념을 사용하여 처리하였다. message mapping은 CCmdTarget과 CWnd내에 구현되어 있다. message mapping이란 어떤 event가 발생했을 때, 그 event를 처리해 주는 어떤 class 내의 member function과 연계시켜 주

28) 초, 분, 시, 일, 전체 초, 전체 분, 전체 시간, 전체 일 따위.
29) wrap : 이 책에서는 포장이라는 용어를 사용하여 번역한다.
30) Windows에서 사용하는 객체를 의미한다(예를 들어 device contexts 따위…). OOP에서의 object와 혼동하지 말기 바란다.
31) 보통의 C/SDK에서도 사용되어 질 수 있음을 의미한다.
32) 또는 message handler라고도 불린다.

는 것이다. CCmdTarget class로부터 파생된 class는 message를 처리할 수 있는 message mapping을 가지고 있다. 따라서 CCmdTarget-derived class(주33)는 여러 member function을 사용하여 message를 처리할 수 있다.

CCmdUI class는 user-interface(menu, checkbox 따위)의 상태를 변경시켜주는 여러 가지 방법들을 제공한다. 예를 들어 menu의 상태를 자동으로 변경시켜주기 위해서 Windows API인 EnableMenuItem( )를 사용하는 대신에 CCmdUI class는 command target(주34)에게 message를 보낸다. 즉, menu의 어떤 항목을 선택했을 때 MFC는 응용프로그램 안의 command target에게 command update message를 보낸다. command target에 그 message를 처리할 수 있는 message mapping이 있다면, MFC는 menu항목을 나타내는 CCmdUI 객체의 pointer를 command target에게 보낸다. 그러면, command target는 그 pointer를 이용하여 menu의 상태를 변경된다.

CWinThread는 MFC 응용프로그램 내에서 수행되는 thread를 제공한다. 이전의 MFC thread는 안정되지 않았지만, MFC 3.0 이후의 thread는 안정되었다. CWinThread는 2가지 서로 다른 thread를 제공한다 : worker thread와 user-interface thread(이에 대해서는 10장을 배울 때까지 잠시 미루어 두자).

C/SDK에서의 응용프로그램의 핵심인 message loop는 다음과 같다.

```
while( GetMessage( LPMSG)&msg, NULL, 0, 0 )) {
     /* Check for menu accelerator message */
     if ( !TranslateAccelerator( hWndMain, hAccel, &msg)) {
          TranslateMessage((LPMSG) &msg);
          DispacheMessage((LPMSG) &msg);
  }
}
```

CWinThread는 이러한 message loop를 encapsulation화 시킨다. 이것이 바로 MFC내에서 WinMain( )을 찾을 수 없는 이유이다. 표준 WinMain( )을 사용하여 구현되어진 프로그램은 CWinThread와 MFC를 사용하여 거의 표현될 수 있다.

CWinThread로부터 파생된 CWinApp는 사용자의 편의에 따라 초기/종료 처리를 재정의(override)할 수 있다.

CWinApp는 CWinThread로부터 파생되었기 때문에 member function인 Run( )을 사용할 수 있다.

33) CCmdTarget-derived class : CCmdTarget에서부터 파생된 class를 의미한다. 이 책에서는 이런 표현을 자주 사용한다.
34) message를 처리하는 객체(또는 target object라고도 불린다).

② 동기화(Synchronization) Class

multi-thread 프로그램을 단순화하기 위해, MFC에는 다양한 종류의 Win32 synchronization(동기화)의 기능을 제공하는 class가 있다.

- CSyncObject – synchronization class의 base class.
- CCriticalSection – 하나의 객체에 단 하나의 thread만이 접근 가능하도록 해주는 synchronization class.
- CSemaphore – 하나의 객체에 하나 이상의 thread가 동시에 접근 가능하도록 해주는 synchronization class.
- CMutex 하나의 객체에 한번에 하나의 thread가 접근 가능하도록 해주는 synchronization class.
- CEvent – 어떤 event가 발생했을 때, 응용프로그램에게 그 event를 알려주는 synchronization class.
- CSingleLock – synchronization object를 잠그기(lock) 위해서, thread-safe[주35] class의 member function에서 사용된다.
- CMultiLock – synchronization object 배열 안에 존재하는 하나 이상의 synchronization object를 잠그기(lock) 위해서, thread-safe class의 member function에서 사용된다.

③ 그 외 Class

다음은 응용프로그램에서 널리 쓰이는 2개의 class이다.

- CCommandLineInfo – 응용프로그램이 시작될 때 command line을 분석(parse)한다.
- CWaitCursor – 화면상에 wait cursor(보통, 모래 시계 모양)를 보여준다. 아주 긴 처리 과정이 필요한 연산을 수행할 때 사용된다.

④ CWnd: 모든 window의 어머니

CWnd는 CCmdTarget으로부터 파생되었다. 따라서 message를 처리할 능력을 가지고 있다. 여러분이 예상할 수 있듯이, 모든 window[주36]는 CWnd에서부터 파생되어진다. CWnd 내부를 살펴보면, window의 handle을 분명히 발견할 수 있을 것이며(HWND m_hWnd), 일반적으로 window

35) thread-safe: 여러 개의 thread가 동시에 어떤 resource에 접근해도 서로 아무런 문제를 일으키지 않을 때 이를 thread-safe하다고 한다.

36) dialog box, control, frame window 따위….

를 다루는 API함수[주37]를 접할 수 있을 것이다. 물론, CWnd 내부에는 MFC에서 제공하는 새로운 함수들이 들어 있다.

④-1 Frame Window

보통, frame window는 응용프로그램 내에서 massage를 받는 첫번째 window이다. CFrameWnd는 SDI(Single Document Interface) 응용프로그램의 main window로서 제공된다. CMDIFrameWindow은 MDI(Mmltiple Document Interface) 응용프로그램의 main window로서 제공되고, CMDIChildWnd는 MDI 응용프로그램의 child window로서 제공된다.

④-2 CWnd의 파생물: Dialog와 Control

CWnd는 Windows내에 존재하는 모든 visual interface object의 요람이다. CDialog와 모든 control은 CWnd에서 파생된다. 따라서 CWnd의 파생물들은 정규 window가 가지고 있어야 할 모든 기능을 가지고 있을 뿐만 아니라, 자신에게 맞는 특별한 기능을 가지고 있다. 예를 들어, CListBox는 표준 window 기능 외에도 list box를 채우는 기능, 선택된 item을 알아 내는 기능, 특정 item을 선택하는 기능 등을 가지고 있다.

④-3 Dialogs

MFC의 dialog box는 CDialog를 통해서 제공된다. 여러분은 CDialog를 사용하여 modal dialog box나 modeless dialog box를 생성할 수 있다. 또한 MFC는 Windows common dialog(공용 대화 상자)를 encapsulation하는 class 집합을 제공한다.[주38] common dialog는 대부분의 응용프로그램에서 거의 비슷한 모양을 가진다. MFC에서 common dialog를 위한 class는 다음과 같다.

- CFileDialog – directory(또는 folder)에서 file을 선택할 때 사용한다.
- CColorDialog – 어떤 color를 선택할 때 사용한다.
- CFontDialog – font를 선택할 때 사용한다.
- CPrintDialog – 프린터 및 인쇄의 설정을 선택할 때 사용한다.
- CFindReplaceDialog – 찾기(search)와 바꾸기(replace) 기능을 선택할 때 사용된다.

---

37) ShowWindow( ), MessageBox( ), MoveWindow( ) 따위.
38) MFC는 비슷한 성격을 가지는 class들을 집합 형태로 잘 분류하였다. 이것은 OOP의 특징 중 하나인 modularity라 볼 수 있다.

④-4 Dialog Data Exchange(DDX)와 Validation(DDV)

보통 여러분이 C/SDK 프로그램 안에서 사용되는 dialog를 작성할 때, 아마 여러분은 다양한 control의 초기화 및 control에서 data를 수집[주39]하는 code를 일일이 작성해야 할 것이다. MFC는 dialog 내의 control을 초기화하고 그 control에서 data를 수집해 주는 새로운 방법을 제공한다: DDX와 DDV는 CDataExchange를 통하여 이를 구현하였다.

⑤ Property Sheet

Visual C++를 사용해 보았다면, 아마 여러분은 property sheet과 tabbed dialog를 본 적이 있을 것이다. 하나의 property sheet 안에 다양한 형태의 page를 여러 개 배치할 수 있으므로, 응용 프로그램내에 존재하는 dialog 개수를 줄일 수 있다. MFC는 2개의 class를 통해서 이러한 기능을 제공한다: CPropertySheet과 CPropertyPage.

또 MFC는 기존의 CPropertySheet/CPropertyPage를 확장한 CPropertySheetEx/CPropertyPageEx를 제공한다. 이는 Windows 98과 Window NT 5.0 이상에서 소개된 property sheet의 새로운 특징을 지원하기 위한 class이다.

⑤-1 Controls

MFC는 Windows 기본 control을 각각 class로 포장(warp)하였다. 모든 control은 CWnd로부터 파생된다. 각 class가 포장하고 있는 표준 Windows control은 다음과 같다.

- CButton과 CBitmapButton – 표준 Windows button과 bitmap을 함께 사용하는 button.
- CComboBox – 표준 Windows combo box.
- CEdit – 표준 Windows edit control.
- CScrollBar – 표준 Windows scroll bar.
- CListBox – 표준 Windows list box.
- CCheckListBox – button list를 가지고 있는 좀 특별한 list box.
- CStatic – 표준 Windows의 static control.
- CVBControl – Visual Basic control(16-bit MFC에서만 사용된다).

이들 표준 control 외에도, MFC는 CWnd에 owner-draw[주40] 기능을 포함시켜, 개발자가 쉽게 owner-draw control을 만들 수 있도록 하였다.

39) 물론, 사용자가 OK button을 눌렀을 때, control에 있는 data를 수집해야겠지...^^;;

40) owner-draw(또는 self-draw): control의 style을OWERDRAW으로 설정해 주면, Windows는 여러 가지 정보(device

또한, MFC는 Windows95 등장과 함께 선보인 새로운 common control을 포장하고 있는 control class를 제공한다.

- CAnimateCtrl – 움직이는 그림(animation)을 보여주는 control.
- CDragListBox – list box내에 item을 drag-and-drop할 수 있도록 만든 CListBox의 파생물(derivation).
- CHeaderCtrol 세로(column)로 구분된 정보를 보여주기 위해 CListCtrl과 함께 사용된다.
- CHotKeyCtrl 사용자가 입력한 일련의 key(주41)를 얻기 위한 interface를 제공한다.
- CImageList – image list를 관리하는 CObject의 파생물.
- CListCtrl – list item들을 생동감 있게(graghical) 보여 줄 때 사용한다.(주42)
- CProgressCtrl – process bar를 보여준다.
- CRichEditCtrl – 기본적인 RTF format을 이해하고 다양한 font와 color 등을 사용할 수 있는 rich edit control.
- CSliderCtrl – 정해진 범위의 값을 선택하는 slider.
- CSpinButton – spinner control.
- CStatusBarCtrl – status(상태) bar control.
- CTabCtrl – property sheet control.
- CToolBarCtrl – toolbar를 구현한다.
- CToolTipCtrl – tool tip을 제공한다.
- CTreeCtrl – Windows 탐색기와 비슷한 tree control을 보여준다.

또 MFC는 새로운 형태의 common control class를 제공한다(MFC 6.0에서 처음 등장).

- CComboBoxEx combo box내 image list를 지원하기 위해 기존의 CComboBox를 확장한 control class.
- CDateTimeCtrl 날짜와 시간을 고를 수 있는 기능을 제공하는 control class(data and time picker control)
- CIPAddressCtrl Internet Protocol Address를 형식에 맞게 입력할 수 있는 기능을 제공하

---

context, control의 사각형 영역, 현재 상태에 대한 정보)가 담긴 구조체(LPDRAWITEMSTRUCT)를 넘겨준다. 이 구조체를 사용하여 개발자는 알맞게 그려주면 된다. owner-draw는 static, button, combo, listbox 등에 대한 구현은 가능하지만, edit box에 대해서는 구현 불가능하다. 또한, list view 에서는 report mode view 형식에서만 구현이 가능하다. 게다가 전체 item(모든 하위 item 포함)을 한번에 그려야 하기 때문에 무척 불편하다.

41) 예를 들어, Ctrl-Alt-Del 따위.

42) 마치, Windows Explorer의 list item과 비슷하게 보여준다.

는 control class.

- CMonthCalCtrl 달력(calendar)의 기능을 제공하는 control class.
- CReBarCtrl Rebar의 기능을 제공하는 control class.

⑤-2 Menu

CMenu는 Windows menu를 포장한다. CMenu에는 menu와 관련된 모든 기능이 encapsulation화되어 있을 뿐만 아니라, menu handle, resource를 읽어 들이는(load) method, menu를 변경(update)하고 파괴(destroy)하는 method가 포함되어 있다.

⑤-3 GDI 지원과 Drawing 객체

MFC는 다양한 class를 통하여 Windows Graphics Device Interface를 지원한다. GDI의 핵심은 device context(DC)(주43)이다. MFC는 CDC를 사용하여 device context(DC)를 표현한다. MFC 내에서 DC의 생성은 CDC 객체를 생성함으로써 이루어진다. CDC의 파괴자(destructor)가 호출될 때, CDC는 실제의 device context를 풀어 준다(release). 이는 device context를 다 사용한 후, 풀어주는 것을 잊은 적이 있는 개발자에게는 희소식이 아닐 수 없다. 여러분은 CDC의 member function 안에서 device context와 관련된 API를 거의 대부분 발견할 수 있을 것이다. CDC 외에도, MFC는 또 다른 특별한 목적을 위한 추가적인 다양한 device context class를 제공한다.

- CPaintDC – WM_PAINT message를 처리하는 동안 사용되는 device context를 encapsulation한다. CPaintDC는 ::BeginPaint( )와 ::EndPaint( )의 호출을 보장해 주며, 반드시 CWnd-derived class의 OnPaint( )에서만 사용하여야 한다.
- CWindowDC – 전체 window 역영에 대한 device context를 encapsulation한다.
- CClientDC(주44) – window의 client 영역에 대한 device context를 encapsulation한다.
- CMetaFileDC – metafile에 대한 device context를 encapsulation한다.

또한, MFC는 모든 Windows drawing 객체를 class로 표현한다. CFont, CPen, CBrush,

---

43) device context의 의미를 각 단어별로 나누어서 따져보면 다음과 같다.
 * device : drawing을 하는 곳.
 * context : state에 대한 정보와 rendering을 위한 특성 등을 저장한 것.
 물론, 2장에서 device context에 대해서 더욱 자세히 살펴보게 될 것이다.

44) CPaintDC와 CClientDC는 모두 client 영역만을 그릴 수 있다. 틀린 점은 CPaintDC은 WM_PAINT가 발생할 때만 사용할 수 있다는 점이고, 반면 CClientDC는 여러분이 원할 때 사용할 수 있다는 점이다. 물론 CWindowDC도 여러분이 원할 때 사용할 수 있다.

CBitmap, CPalette, 그리고 CRgn은 모두 CGdiObject에서 파생된다. CGdiObject는 모든 GDI 객체에 대한 기본 기능을 제공한다.

1.7.3 Application Framework Class

지금부터는 다소 중요한 내용을 다룰까 한다. 바로 framework class에 대한 내용이다. MFC 1.0에서는 없었던 이 특징이 MFC를 application framework로 발전시켰다. MFC 1.0이 Windows API의 사용을 도와주는 수준인 데 반해, MFC 2.0은 실제의 framework을 사용하여 체계적이고 견고한 응용프로그램을 만들 수 있게 하였다. application framework class는 MFC 2.0에서 처음 소개되었다.

① Document/View Architecture

document/view 구조는 MFC 1.0과 MFC 2.0의 가장 큰 차이점이다. document/view 구조의 기본 아이디어는 실제의 데이터 부분과 그 데이터를 보여주는 부분을 구분하자는 것이다. 다른 말로, 하나의 데이터 집합이 있다면 여러 개의 view를 통해서 보여줄 수 있다. spreadsheet(주45)가 좋은 예이다. 하나의 spreadsheet는 여러 줄의 row와 column으로 나누어진 cell로 구성되어 있으며, 각 cell에는 데이터가 포함되어 있다. 그 데이터는 그래프로 표시할 수도 있을 것이다. 만약 그 spreadsheet의 데이터가 변한다면, 곧 그 변화가 반영된 그래프를 얻을 수 있다. 이는 document/view 구조를 사용하여 체계적으로 구현할 수 있다. MFC는 document/view 구조를 구현한 여러 개의 class를 제공한다

- CDocTemplate, CSingleDocTemplate, 그리고 CMultiDocTemplate – document template는 document와 view를 연결시켜주는 역할을 한다. 즉, 이것은 document, view, frame window 사이의 연결 고리와도 같다. CSingleDocTemplate은 한번에 한 개의 document를 지원하며, CMultiDocTemplate은 동시에 여러 개의 document를 지원할 수 있다. 둘 다 CDocTemplate에서 파생된다.
- CDocument – CDocument은 응용프로그램 내에서 데이터를 다루는 class이다. 전형적인 document는 spreadsheet, database, word processing 내의 데이터들을 포함할 수 있다. file/open menu를 통해서 이루어지는 모든 것은 통상적으로 document 상에서 수행된다.

45) MS사의 Excel이나 Thinkfree사(본 역자가 근무했던 회사이다)의 Calc와 같은 프로그램.

만약 개발자가 CDocument에서 파생된 class를 만들었다면, 개발자는 새로운 변수 및 데이터를 읽고/쓰고/변경하는 부분을 편의에 따라 CDocument-derived class에 수정/추가할 수 있다.

- CView - CView은 화면(또는 프린터)에 보여지는 실질적인 window를 나타낼 때 사용한다. WM_PAINT를 처리할 때, C/SDK에서는 화면에 그려주는 부분과 프린터에 그려주는 부분을 따로따로 처리했다. 그러나 MFC에서는 CView의 OnDraw( )가 WM_PAINT을 항상 처리한다. 즉, 다른 device context를 사용할 뿐 같은 코드를 사용하여 화면과 프린터에 그려주는 것이다. 또한 view는 command-target(주46)으로도 사용될 수 있다.

② Context-Sensitive Help

예전에는 context-sensitive help를 응용프로그램과 별도로 판매하였다. On-line help가 소프트웨어의 필수 조건이 되면서 MFC는 on-line context-sensitive help를 지원하게 되었다.

- Help menu - menu에서 도움말 항목을 호출한다.
- F1 key - 현재 작업에 대한 도움말을 보여준다.

1.7.4 상위 수준(High-Level)의 Abstraction

Microsoft는 MFC 2.0에서 유용한 많은 기능들을 추가하였다.

① 향상된 View

개발자가 일반적인 view를 사용하지 않기를 원한다면, 여기에 MFC에서 제공하는 향상된 view가 있다 : scrolling view, form view, edit view.

② Scroll View

많은 데이터를 표시하기에 화면이 너무 작은 경우가 있다. 이때 CScrollView를 사용할 수 있다. CScrollView는 scroll bar를 사용하여 viewport(주47)를 이동시킨다. 또한 frame window에 맞게 view의 크기를 자동으로 바꾸어 줄 수 있으며, scroll되는 방법은 개발자 편의에 따라 변경시켜줄

46) command target : command가 도달하는 최종 목적지. command-target은 도달한 command를 처리한다.
47) viewport를 이해하기 위해서는 우선 Windows에서 사용하는 좌표계를 알 고 있어야 한다. Windows에서 사용하는 좌표계는 크게 화면 좌표계(screen coordinate), 장치 좌표계(device coordinate), 그리고 논리 좌표계(logical coordinate)가 있다. 이에 대한 자세한 내용을 원한다면 www.iamkimjin.com을 방문해 보라.^^

수 있다.

③ Form View

Windows의 dialog의 단점 중 하나는 화면 크기 안에서만 control을 가질 수밖에 없다는 점이다. 즉, dialog는 scrolling을 지원하지 않았다. 또한, 인쇄기능과 다중 dialog을 지원하지 않았다. 바로 이점이 문제였다. 데이터를 입력하는 데 많은 시간을 보내는 사용자들(특히 보험회사 직원)은 한번에 여러 개의 페이지를 입력하기를 원했다. MFC는 form view를 사용하여 이 점을 해결하였다. CFormView는 scroll view에 dialog template를 혼합하여 만들었다. 따라서 CFormView는 다양한 control을 가질 수 있으며, scrolling, command를 처리하는 기능을 가지고 있고, 또한 document template를 통하여 document를 관리할 수도 있다.

④ Control View

MFC 4.0이 발표되면서 CView로부터 파생된 새로운 control들을 소개하였다.[주48]

- CEditView – MFC의 CEditView은 몇 가지 특징이 추가된 edit control과 비슷하다. CEditView은 edit control보다 더 많은 기능을 가지고 있다. CEditView은 edit control의 모든 특징을 가지고 있을 뿐만 아니라, 잘라내기(cut), 복사(copy), 붙여넣기(paste), 입력 취소(undo) 그리고 찾기(search)와 바꾸기(replace)와 같은 연산을 할 수 있다. CEditView은 CView를 상속받았기 때문에 정규 view가 가지는 모든 기능을 가지고 있다. 여러분은 CEditView를 사용하여 응용프로그램 내에 문자 편집기(text editor)를 쉽게 끼워 넣을 수 있다.[주49]
- CListView – CListView은 view안에 item으로 구성된 list[주50]를 가지도록 해준다. 그 list는 string으로 구성될 수 있을 뿐만 아니라 owner-drawn list와 같이 여러분이 원하는 어떤 것으로도 구성될 수 있다.
- CRichEditView – 그 유명한 새로운 Rich Text Edit common control의 CView 버전이다.
- CTreeView – view 안에 Windows 탐색기와 비슷한 tree를 제공한다.

⑤ Splitter Window

MFC는 같은 데이터를 여러 개의 pane으로 보여주는 기능을 갖는 CSplitterWnd을 제공한다. 이것은 다시 2종류로 나눌 수 있다. static splitter window와 dynamic splitter window이다.

---

48) 당연한 얘기지만 이 control들은 인쇄(printing)와 미리 보기(printing preview)와 같은 CView의 특징을 가지고 있다.
49) 사실, CEditView은 MFC 2.0에서 처음 소개 되었다. 기타 다른 control view는 MFC 4.0에서 처음 소개되었다.
50) 원문에는 item list라고 쓰여 있다. 본 역자가 의미를 분명하게 하기 위해 item으로 구성된 list라 해석하였다. 이 책 전반에 걸쳐서 때론 전자 형태로, 때론 후자 형태로 사용할 것이다. 부디 헷갈리지 않기를.^^;;

static splitter window은 각 pane마다 서로 다른 종류의 view를 보여줄 수 있지만, 한번 정한 pane의 수와 배열은 바꿀 수 없다. dynamic splitter window는 각 pane마다 같은 종류의 view를 보여주어야 하고, pane의 수와 배열은 바꿀 수 있다. 9장에서 자세히 다루도록 한다.

⑥ Control Bar

MFC에는 CControlBar라 불리는 새로운 interface object 집합을 추가하였다. CControlBar은 CCmdUI에서부터 파생되었기 때문에 command message를 처리할 수 있다. control bar에는 3 가지 종류가 있다: tool bar, status bar, dialog bar.

⑦ Tool Bar

CToolBar은 응용프로그램의 toolbar를 나타내는 데 사용된다. toolbar는 pull-down menu를 대신할 수 있는 icon의 모임이다. CToolBar을 사용하여 toolbar를 쉽게 구성할 수 있다. 여러 가지 프로그램에서 toolbar의 예를 볼 수 있다.

⑧ Status Bar

toolbar와 함께, 대부분의 응용프로그램에서 status bar를 발견할 수 있다. 일반적으로 status bar는 어떤 키(Caps Lock, Scroll Lock, Num Lock, …)의 상태나 현재 menu의 상태 등을 문자 또는 그림으로 표시해 준다.

⑨ Dialog Bar

toolbar와 status bar외에도, MFC에서는 dialog bar를 제공한다. dialog bar는 bitmap 대신에 control을 포함한다는 점만 제외하면 toolbar와 비슷하다.

⑩ Dynamic HTML control: CHtmlView

CHtmlView은 여러분의 응용프로그램안에 Dynamic HTML을 처리할 수 있도록 해준다. CHtmlView는 Web browser가 가지는 많은 특징을 가지고 있다 : history list, bookmark, 보안(security) 등등….

1.7.5 Operating System Extension

MFC 2.5에서부터는 여러 가지 operating system extension을 제공한다 : OLE, ODBC, Simple MAPI, WinSock 따위….

① OLE 지원: OLE Document

MFC를 사용하는 강력한 이유 중의 하나는 MFC가 OLE를 지원하기 때문이다. OLE는 점점 더 중요해지고 있다. 특히 Microsoft는 OS내에서의 OLE를 강조하고 있다. MFC는 여러 가지 OLE 기술(주51)을 지원하다. 또한 MFC는 OLE의 데이터 전송을 잘 포장(wrap)하고 있다. 여기에 OLE compound document를 지원하는 class를 나열한다.

- CDocItem – COleClientItem 와 COleServerItem의 base class.
- COleServerItem – OLE item의 연결(connection)에서 server쪽을 표현한다.
- COleClientItem – OLE item의 연결(connection)에서 container쪽을 표현한다.(주52)
- COleDocument – COleDocument은 MFC가 compound document을 지원하는 데 사용되는 핵심 class이다. COleDocument은 응용프로그램의 native data(주53)외에도, CDocItem 객체로 구성된 list를 관리한다. COleDocument의 파생된 class는 OLE item을 담을 수 있다.
- COleLinkingDoc – COleLinkingDoc는 어딘가에 embedding(내장)될 item의 link를 포함한다.
- COleServerDoc – compound document 방적식(equation)(주54)의 server쪽에 위치한 응용프로그램에서 사용된다.
- COleIPFrameWnd – 응용프로그램이 document server로서 자격을 갖기 위해서는, 응용프로그램은 2개의 다른 frame window를 가지고 있어야 한다: (1) 정규 frame window(주55)와 (2) 어떤 응용 프로그래밍이 다른 응용프로그램 안에 위치할 때 사용하는 framewindow.(주56) COleIPFrameWnd은 compound document server쪽 기능을 encapsulation한다.

② OLE 지원: Class Factory

OLE 객체에 요구되는 사항 중 하나는 class factory를 소유하고 있어야 한다는 것이다. class factory는 OLE server 내에 위치하고 있으며, OLE의 instance로 구성되어 있다. OLE class factory를 지원하는 2개의 class가 있다. 바로 COleObjectFractory와 COleTemplateServer이다.

- COleObjectFractory – class factory를 원하는 MFC 응용프로그램을 위해서, COleObjectFractory은 class factory를 구현한다.

---

51) compound documents, automation, OLE control 등등.
52) 즉, service를 받는 쪽인 client를 의미한다. 예를 들어, MS Word안에 Excel의 spreadsheet이 Embedding된다면, Excel은 service를 제공하므로 server의 역할을 하고 Word는 service를 받으므로 client이다. 이때, Word는 Excel의 spreadsheet 객체를 포함하고 있는 container이다.
53) 즉, 어떤 응용프로그램에서만 사용하는 특정 data format이나 data를 의미한다.
54) 이 책 전반에 걸쳐서 client와 server로 구성된 구조를 방정식(equation)이라 부른다.
55) 즉, 어떤 응용프로그램이 원래의 모습으로 화면상에 보여질 때 사용하는 frame window.
56) 즉, 사용자가 component document를 visual editing하고자 할 때 나타난다.

- COleTemplateServer – COleTemplateServer은 COleObjectFractory에서 직접 파생된다. document oriented인 OLE–enable 응용프로그램(주57)을 위해서 COleTemplateServer는 class factory를 구현한다.

③ OLE 지원: Automation

Automation은 OLE의 중요한 특징 중 하나이다. Automation은 개발자가 자신의 객체를 공개하여 다른 환경의 개발자가 그 객체를 사용할 수 있도록 해준다. MFC는 CCmdTarget을 통해서 Automation을 지원된다 : CCmdTarget은 dispatch map이라 불리는 기술을 사용한다.

④ OLE 지원: Uniform Data Transfer

OLE data transfer는 IDataObject interface를 구현한 객체를 통해서 이루어진다. MFC를 사용하여 개발을 하였다면, 개발자는 직접 IDataObject를 구현해서는 안 된다. 개발자는 반드시 MFC에서 지원하는 Uniform Data Transfer를 사용해야 한다.

- COleDataSource – 모든 data transfer는 2 부분을 가진다 : source와 destination. MFC 응용프로그램 안에서, 보통 data transfer는 COleDataSource를 사용하여 초기화된다. COleDataSource은 Clipboard transfer와 drag–and–drop transfer 모두에서 사용된다.
- COleDataObject – data transfer의 또 다른 끝 단인 destination은 보통 COleDataObject을 사용하여 표현된다.
- COleDropSource – drag–and–drop 연산의 customization(주58)을 하는 데 매우 유용하게 사용된다.
- COleDropTarget – COleDropTarget은 data drop을 받아들이는 window를 생성하기 위해 사용된다.

⑤ OLE 지원: OLE Control

OLE control은 OLE의 중요한 기술로 급속히 부각되었다. VBX(Visual Basic controls)은 OLE control에 의해서 대체되고 있다. OLE control은 OLE 기술로 대부분 구현되었다. 또한 OLE control은 OLE document에 내장(embedding)될 수 있는 Automation 객체이다. OLE control은 incoming automation interface를 지원함을 물론이고, outgoing interface도 지원할 수 있다.

---

57) 예를 들어, compound document server 따위….
58) customization이란 원래의 기능을 개발자가 원하는 데로 변경하는 것을 의미한다. 이 책에서는 번역 없이 그냥 영어를 사용한다.

- COleControl – COleControl은 CWnd로부터 파생되었고, OLE control를 위한 base class이다. COleControl은 OLE control와 관련된 CWnd의 기본 기능을 확장한다.
- COlePropertyPage – COlePropertyPage은 CDialog로부터 파생되었으며, OLE property page를 위한 base class이다.
- COleControlModule – COleControlAModule은 CWinApp로부터 파생되었으며, OLE control를 가지고 있는 dynamic link library(DLL)를 위한 base class이다. COleControlModule은 CWinApp와 매우 유사하다. COleControlModule은 OLE control를 위한 초기화 작업과 다양한 일을 수행한다.
- COleObjectFactoryEx[주59] – COleObjectFactory는 COleClassFactory를 상속받을 뿐만 아니라 그 기능을 확장한다. COleObjectFactoryEx은 정규 class factory 객체가 가져야 할 모든 기능을 가지고 있다. 또한, COleObjectFractoryEx은 인증(license)을 지원한다.
- COleConnectionPoint – COleConnectionPoint은 CCmdTarget로부터 파생되었으며, 그 밖의 OLE 객체의 outgoing interface를 표현한다. COleConnectionPoint은 OLE control내에서 발생한 event나 어떤 변화를 container에게 알리기 위해 사용된다.
- CPropExchange – CPropExchange은 표준 DDX/DDV를 위해 사용되는 CDataExchange와 매우 비슷하다. CPropExchange은 control과 container 사이의 data를 교환하는 데 사용된다.
- CFontHolder – CFontHolder은 Windows font 객체를 encapsulation한다. CFontHolder은 OLE의 IFontinterface를 구현한다.
- CPictureHolder – CPictureHolder은 "picture property" 구현한다. CPictureHolder은 다형성(Polymorphism)을 이용하여 bitmap, icon, 또는 metafile을 encapsulation한다.

⑥ ODBC 지원

MFC 2.5부터 Open Database Connectivity(ODBC)를 지원하기 시작했다.

- CDatabase – CDatabase은 data source와의 연결을 encapsulation한다. 여러분은 CDatabase를 사용하여 data source를 조작할 수 있다.
- CRecordset – data source에서 선택된 record set를 encapsulation한다. 여러분은 CRecordset를 사용하여 record와 record 사이를 이동할 수도 있고, record를 변경시킬 수도 있

59) MFC 3.0에서는 COleObjectFactoryEx와 COleObjectFactory는 서로 분리되어 있었다. 하지만 Control Developer Kit(CDK)가 MFC의 핵심 안으로 들어오면서, COleObjectFactoryEx은 COleObjectFactory안으로 통합되었다. 즉, 더 이상 COleObjectFactoryEx은 사용되지 않는다.

고,[주60] 원하는 정보만을 선택해 낼 수도 있고, 선택한 recode를 정렬할 수도 있고, 기타 다른 연산을 할 수도 있다.

- CFieldExchange – CFieldExchange는 record field exchange(RFX)[주61]를 제공하기 위해 context information을 제공한다.
- CLongBinary – 거대한 이진 객체(binary large object, BLOB)[주62]를 저장하는 handle을 encapsulation한다. CLongBinary 객체는 database table 안에서 거대한 data를 관리하고자 할 때 사용한다.
- CRecordView – CRecordView은 record set 객체와 직접 연결된 form view를 제공한다. DDX는 record set과 record view내의 control 사이에서 data를 교환한다.

⑦ DAO Support

MFC 4.0에서는 Data Access Objects(DAO)라 불리는 또 다른 데이터베이스 접근 방법을 제시하였다. DAO는 Microsoft의 Jet database engine에만 초점을 맞추었다는 점에서 ODBC와는 다르다.[주63]

MFC가 DAO를 위해서 제공하는 class는 다음과 같다.

- CDaoWorkspace – 이름과 비밀번호로 보호되고 있는 database session을 관리한다.
- CDaoDatabase – 여러분이 data를 사용할 수 있기 위해 database와 연결한다.
- CDaoRecordset – data source에서 선택된 record set를 표현한다.
- CDaoRecordView – control에 database record를 보여준다.
- CDaoQueryDef – 질의(query)의 정의를 표현한다.
- CDaoTableDef – table의 정의를 표현한다.
- CDaoException – DAO class내에서 발생할 수 있는 예외(exception)을 표현한다.
- CDaoFieldExchange – DAO database class에서 사용되는 DAO record field exchange routine을 제공한다.

⑧ MAPI 지원

MFC에는 MAPI만을 지원하기 위해서 만들어진 어떠한 class도 없다. 대신 MAPI은 CDocument

60) recode의 추가, 편집, 삭제 등등.
61) record field exchange(RFX): record set 객체의 member data와 그에 부합하는 data source의 table column 사이에서 data를 교환하는 방법.
62) 예를 들어, bitmap 따위의 image data….
63) 반면, ODBC는 모든 database engine을 고려하였다.

에 내장되어 있으며, CDocument::OnUpdateFileSendMail( )을 호출함으로써 문서를 전자 우편을 통해 보낼 수 있다.

⑨ WinSock 지원

Windows Sockets Interface를 감싸고(wrap) 있는 2개의 MFC class가 있다. CAsyncSocket과 CSocket이다.(주64)

1.8 결 론

이제까지 MFC을 전반적으로 살펴보았다. MFC가 Windows API를 능가한다는 사실을 알게 되었을 것이다. MFC는 document/view 구조와 여러 가지 유용한 상위 수준의 abstractions를 제공한다. 다음 장에서는 C/SDK와 C++/MFC를 비교 · 설명하겠다. 여러분은 그 과정에서 잘 다듬어진 MFC의 코드와 C/SDK에서 지원하지 않는 여러 가지 기능들을 만나게 될 것이다. 또한 Windows 응용프로그램을 지원하기 위한 MFC의 기본적인 수행 과정(주65)을 만나게 된다.

64) socket을 사용하는 데 있어서, CSocket이 CAsyncSocket보다 socket을 더욱 잘 포장(wrap)하고 있다.
65) WinMain( ), message pump, MFC의 message-routing mechanism 따위….

2장 MFC와 C/SDK

일단 한숨을 돌리자. MFC는 매우 방대하다. 200개 이상의 class와 수많은 특징을 가지고 있다. 1장에서 나열된 MFC의 class를 살펴보는 동안, 아마 여러분은 자주 사용해본 class도 보았을 것이고, 단 한 번만 사용해본 class도 보았을 것이다. 심지어는 결코 사용하지 않을 class도 보았을 것이다.

이러한 관점에서 MFC는 매우 방대하다. 따라서 MFC를 배우는 한 가지 괜찮은 방법은 주제별로 잘 나누어진 요약문을 살펴보는 것이다. 이번 장에서는 MFC가 Windows 응용프로그램을 지원하기 위한 기본적인 수행 과정에 대해 살펴보도록 하자. 이러한 접근이 별거 아니게 보일지는 모르지만, Windows 프로그램은 어디까지나 Windows 프로그램이다. 어떤 framework를 기반으로 하든지, 어떤 언어를 사용하였든지, Windows 프로그램의 기본(주1)은 모두 같다. 이번 장에서는 MFC가 이러한 기본적인 수행 과정을 어떻게 구현했는지 알아보자.

여러분은 1장에서 MFC를 전반적으로 살펴보았다. 이제는 Windows 응용프로그램을 지원하는 MFC의 기본적인 수행 방법을 알아볼 때이다. framework의 자세한 내용들을 알아보기 위해, 본 책에서는 위에서 시작하여 아래를 향해 탐구해 들어가는 top-down방법을 선택한다. 이러한 방법으로 MFC에 접근하다 보면, 많은 class를 여러 번 다시 살펴보아야 한다. 예를 들어, 단순히 Windows API를 encapsulation한 class를 여러 번 살펴보아야 함은 물론이고, CWnd가 OLE 2.0뿐만 아니라 document/view 구조를 다루고 있기 때문에 CWnd의 여러 가지 특징을 다각도로 살펴보아야 한다.

하나의 작업이 MFC에서 수행되는 과정과 C/SDK에서는 수행되는 과정을 비교해 보자. Windows 프로그램을 MFC로 만들어 가는 과정을 살펴봄으로써 다음의 주제들이 MFC에서 어떻게 다루어지는지 알게 될 것이다.

- 응용프로그램 그 자체.
- Windows.
- Message handling.

---

1) 예를 들어, window class를 등록하고, message loop를 시작시키는 일 따위.

• Graphics Device Interface(GDI).

MFC에 대한 분명한 안목을 갖기 위해서 왼쪽 마우스 버튼의 처리과정을 2가지 관점에서 살펴보자. 첫번째는 C/SDK를 사용한 처리과정이고, 두 번째는 C++/MFC를 사용한 처리 과정이다.

2.1 MFC와 C/SDK

어떤 Windows 프로그램의 코드를 살펴볼 때, 다른 Windows 프로그램과의 기능상의 차이를 알아내는 방법은 그 프로그램이 message를 처리하는 과정을 살펴보는 것이다. 이는 여러 측면에서 사실이다. 프로그램이 Windows 환경 하에서 수행되기 위해서는 최소한의 요구사항이 있다. 그 요구사항은 모든 Windows 프로그램에서 일치한다. 참고로 모든 Windows프로그램은 2개의 핵심 요소로 이루어졌다: (1) main application 그 자체와 (2) message를 처리할 수 있는 1개 이상의 window이다. 사실, "Guide to Programming"은 GENERIC.C을 예제로 들면서 다음과 같은 글을 남겼다 : "당신은 자신의 프로그램을 만들기 위한 기본 골격으로 GENERIC.C를 사용할 수 있다. 다시 말해서 기존의 프로그램을 그대로 복사한 후 함수의 이름을 바꾸고 필요한 코드를 추가시킴으로써 새로운 프로그램을 만들 수 있다."

Microsoft조차도 Windows 개발에 있어서 인가된 cut-and-paste(또는 "clone-and-code")방법을 사용하고 있다. 이것은 개발자에게 큰 의미를 지니고 있다. 최소한의 Windows 프로그램은 C/SDK로 된 약 90줄의 boilerplate code[주2]로 이루어져 있다. 90줄은 커피를 마시면서 타이핑하기에는 무척이나 긴 code이다. 또한 직접 그 90줄을 타이핑한다면 무척이나 많은 에러를 유발하게 될 것이다. 어찌 되었건, boilerplate code가 꼭 필요하다면, 어딘가에서 얻을 수 있을 것이다. 또한 이 code를 원하는 곳에 복사하여 사용할 수도 있을 것이다.

이러한 방법은 매우 시간낭비이며 비 효율적이다. 우리는 지금 OPP의 세계에 있다. 더 이상 code를 copy-and-paste할 필요가 없다. 지금부터는 C++ class를 이용하여 작업을 할 것이다(즉, 기존 code에서 필요한 기능을 상속받고, 변경이 필요한 부분은 변경할 것이다).

2.1.1 Boilerplate Code

boilerplate code가 그렇게 필요한 이유는 무엇인가? 단지 Windows 응용프로그램이 boilerplate

2) boilerplate code : 그 틀이 항상 일정한 코드.

code를 원하고 있기 때문인가? 그에 대한 대답은 event-driven operating system이 어떤 응용프로그램을 작동시키기 위해서는 엄청난 양의 overhead를 감수해야 한다는 점에서부터 시작한다. 마찬가지로 Windows도 event-driven 환경의 OS이고, 응용프로그램을 작동시키기 위한 많은 것들이 설치되어 있다. 바로 이 엄청난 양의 boilerplate code가 응용프로그램의 event 처리를 위해서 사용된다.

Windows는 응용프로그램과 hardware 사이에서 놓여 있다. 응용프로그램이 관심 있을 만한 어떤 event가 발생하면, Windows는 응용프로그램에게 그 사실을 알려준다. 예를 들어 왼쪽 마우스 버튼이 눌려졌다고 가정하자. 일단 Windows는 그 event를 감지한다. 따라서 Windows는 그 event를 응용프로그램에게 전달하기 위한 방법이 존재해야 한다. Windows 프로그래밍에서 대부분의 overhead는 이러한 message 처리과정에서 초래된다.

Windows가 message 처리과정을 수행하기 위해 필요한 사항은 다음과 같다.

- 응용프로그램은 message handler를 구성하고, 이를 Windows에 등록(주3)해야 한다(이로써 Windows는 message를 어디로 보내야 되는지를 알게 된다).
- Windows는 응용프로그램의 instance를 추적할 수 있어야 한다.
- 응용프로그램은 Windows에게 message queue 안에 있는 다음(next) event를 요구할 수 있으며, 그 message를 적당한 message handler에게 전달할 수 있어야 한다.
- 응용프로그램이 끝날 때까지 이러한 동작은 계속되어야 한다.

이 사항들을 염두에 둔다면 보다 쉽게 Windows 프로그래밍에 접근할 수 있을 것이다. 그럼 보다 정확하게 Windows 응용프로그램이 갖추어야 할 사항을 무엇인지 알아 보도록 하자.

- 응용프로그램은 반드시 WinMain( )을 포함하고 있어야 한다. 보통의 C 프로그램이 main()을 포함하고 있는 것처럼, Windows 프로그램도 WinMain( )을 포함하고 있어야 한다. WinMain( )은 응용프로그램의 시작 위치처럼 동작한다. 응용프로그램은 WinMain( )을 통해서 Windows로부터 필요한 정보를 얻는다. 이 정보에는 응용프로그램 자신의 instance handle, 응용프로그램이 마지막으로 수행되었을 때의 instance handle, Command line arguments(주4) 그리고 window를 보여주는 상태(주5) 등이 포함된다.

응용프로그램은 main window로 사용할 window class를 하나 이상 등록해야 한다(window가 없는 Windows 프로그램이 무슨 소용이 있겠는가). window의 주된 기능은 화면에 사용자 인터페이스

3) Windows API함수인 Register( )를 통해서 이루어진다.
4) DOS환경에서 실행시킬 때 써 주었던 여러 인자(예, DOS 명령어 dir /s).
5) 예를 들어, minimized window, maximized window, normal window 등등.

(User Interface)를 보여주는 것이다.

- 응용프로그램은 반드시 message loop를 구성해야 한다. message가 피와 같다면 message loop는 심장과 같다. Windows 환경에서는 응용프로그램이 message pump[주6]를 구성하는 것은 의무사항이다.
- 대부분의 응용프로그램은 초기화 과정과 설치과정이 필요하다.
- 응용프로그램은 message handler를 제공하여야 한다. message handler가 바로 window procedure이다. 응용프로그램이 종료하기 위해서는 window procedure가 WM_DESTROY message를 처리하여야 한다(그렇지 않으면, 종료하지 않는다).

2.1.2 Code 비교

MFC로 작성된 프로그램과 표준 C/SDK로 작성된 프로그램과 비교하는 것은 MFC의 동작 방법을 이해하는 아주 좋은 방법이다. Listing 2-1 은 최소한의 C/SDK 응용프로그램을 보여준다. 아무런 특별한 것이 없다. 단지 응용프로그램 초기화, main window 등록하고, message loop를 시작시키고, WM_LBUTTONDOWN과 WM_DESTROY message를 기다리고 있을 뿐이다. 어찌되었건 이것은 Windows 프로그램이며. MFC를 공부하는 좋은 출발점으로 삼도록 하자.

Listing 2-1 The MINIMAL.C program, written with C/SDK

```
/*****************************************************************
** Minimal.c - This is a minimal Windows program. It initializes
** the program, starts a message loop, watches for WM_LBUTTONDOWN
** message, and waits for a WM_DESTROY message.
*/

#include "windows.h"

HANDLE hInst; /* current instance */

long CALLBACK MainWndProc(HWND          hWnd,
                          UINT          message,
                          WPARAM        wParam,
                          LPARAM        lParam )
{
   switch ( message ) {
```

6) message pump : 이 책에서는 messge loop와 같은 의미로 사용된다.

```
          case WM_LBUTTONDOWN :
          MessageBox(hWnd, "Left mouse button clicked...", NULL, MB_OK );
     break;
     case WM_DESTROY :
          PostQuitMessage( 0 );
     break;
     default : /* Passes it on if unproccessed */
          return ( DefWindowProc( hWnd, message, wParam, lParam ));
        }

     return ( NULL );
}

BOOL InitApplication( HINSTANCE hInstance )
{
     WNDCLASS wc;

     wc.style  = NULL;                    /* Class style(s). */
     wc.lpfnWndProc  = MainWndProc;       /* Function to receive message for */
                                          /* windows of this class. */
     wc.cbClsExtra  = 0;                  /* No per-class extra data. */
     wc.cbWndExtra  = 0;                  /* No per-window extra data. */
     wc.hInstance  = hInstance;           /* Application that owns the class. */
     wc.hIcon  = LoadIcon( NULL, IDI_APPLICATION);
     wc.hCursor  = LoadCursor( NULL, IDC_ARROW);
     wc.hbrBackground = (HBRUSH) GetStockObject(WHITE_BRUSH);
     wc.lpszMenuName = NULL;                /* Name of menu. */
     wc.lpszClassName = "MinimalWClass";   /* Name of window class. */

     return ( RegisterClass(&wc));
}

BOOL InitInstance( HINSTANCE hInstance, int nCmdShow )
{
     HWND hWnd; /* Main window handle. */

     hInst = hInstance;
     hWnd  = CreateWindow ( "MinimalWClass",      /* Window Class. */
                            "Caption",            /* Caption. */
                            WS_OVERLAPPEDWINDOW,  /* Window style. */
                            CW_USEDEFAULT,        /* Default horizontal pos. */
                            CW_USEDEFAULT,        /* Default vertical pos. */
```

```
                             CW_USEDEFAULT,   /* Default width. */
                             CW_USEDEFAULT,   /* Default height. */
                             NULL,            /* No parent. */
                             NULL,            /* Use the window class menu. */
    hInstance, /* This instance owns the window. */
    NULL );        /* Not needed. */
    if( !hWnd )
        return ( FALSE );

    /* Show widnow, update window */
    ShowWindow( hWnd, nCmdShow );
    UpdateWindow( hWnd );

    return ( TRUE );
}

int WINAPI WinMain( HINSTANCE  hInstance,
                    HINSTANCE  hPreInstance,
                    LPSTR      lpComLine,
                    int        nCmdShow)
{
    MSG msg; /* message */
    if ( !hPreInstance ) { /* First instance of app ? */
        if ( !InitApplication(hInstance)) /* Shared stuff */
            return ( FALSE ); /* cannot initialize */
    }

    if( !InitInstance( hInstance, nCmdShow))
        return ( FALSE );

    while ( GetMessage( &msg, NULL, NULL, NULL )) {
        TranslateMessage( &msg);
        DispatchMessage( &msg);
    }

    return ( msg.wParam); /* Returns the value from PostQuitMessage */
}
```

와우..!!!!, 엄청난 code다. MFC를 사용한 같은 프로그램이 Listing 2-2에 나와 있다.

Listing 2-2 The MINIMAL.CPP program, written with C++/MFC.

```
#include <afxwin.h> // MFC core and standard components

```

```
// Define an application class derived from CWinApp
class CGenericApp : public CWinApp {
public :
    virtual BOOL InitInstance();
};

 class CGenericWindow : public CFrameWnd {
public :
   CGenericWindow() { Create( NULL, "Generic"); }

   afx_msg void OnLButtonDown( UINT nFlags, CPoint point );
   DECLARE_MESSAGE_MAP()
};

BEGIN_MESSAGE_MAP( CGenericWindow, CFrameWnd )
   ON_WM_LBUTTONDOWN()
END_MESSAGE_MAP()

void CGenericWindow::OnLButtonDown(UINT nFlags, CPoint point)
{
   MessageBox("Left mouse button pressed...", NULL, MB_OK);
}

BOOL CGenericApp::InitInstance()
{
   m_pMainWnd = new CGenericWindow();
   m_pMainWnd->ShowWindow(m_nCmdShow);
   m_pMainWnd->UpdateWindow();

   return TRUE;
}

CGenericApp GenericApp;
```

얼마나 간결한가. boilerplate code를 제거함으로 해서 60% 정도의 source code를 줄일 수 있었다. 각각의 code가 어떠한 일을 하는지 알아보자. 우선 C/SDK를 살펴보자. code 속에 응용프로그램이 무슨 일을 하는지 모두 기술되어 있다. Windows 프로그램으로서 요구되는 모든 사항을 충실히 수행하고 있다. WinMain( )이 있고, InitInstance( )에서 window class를 등록하고 있다. main window를 생성하고 보여주고 있다. 마지막으로 main window 위에서 왼쪽 마우스 버튼을 클릭했을 때 발생하는 event를 처리하는 window procedure[여기선, MainWndProc( )]가 있다. 놀랄 것은 아무것도 없다.

이제 MFC로 된 예제를 살펴보자. 무언가 빠져 있는 듯하다. 우선 WinMain( )이 없다. 그렇다고 window class를 등록하는 것처럼 보이는 code도 없다. 게다가 message-handling 함수(message handler)는 찾아 볼 수 없다. 또한 message-loop를 구성하지도 않는다. 그러나 너무나도 본 예제는 잘 수행된다. C/SDK예제와 정확히 같은 기능을 수행한다. 불가능해 보인다. 도대체 그 많은 code는 어디에 있다는 말인가? 그 code들은 여전히 그곳에 있다. 단지 숨어 있을 뿐이다. MFC를 사용하여 Windows 프로그램을 한다는 것은 믿음을 실천하는 것이다. 특히, C나 SDK에 익숙해 있는 사람이라면 더욱 그렇다. C나 SDK에서는 프로그램의 수행 과정이 너무나도 분명하게 code에 나와 있다. 하지만, code의 양이 너무 많다는 단점을 안고 있다. 바로 MFC의 장점이 이렇게 엄청난 양의 code를 근본적으로 단축시켜 준다는 데 있다. 사실, CWinApp의 객체와 main window만 있으면 최소한의 Windows 프로그램을 만들 수 있다. 단지 어려운 것은 모든 code가 거기에 있고 수행되어지고 있다는 믿음을 가지는 것이다.

또한, DOS 프로그래밍에서 Windows 프로그래밍으로 전환하기 위해서 가져야 할 개념이 있다. 바로 응용프로그램과 OS와의 관계이다. DOS 프로그래밍에 있어서는 응용프로그램이 DOS에게 다소나마 군림한다. DOS는 단지 기본적인 서비스를 제공하기 위해서 존재할 뿐이다. DOS는 응용프로그램의 노예이다(물론, 어떤 프로그램은 DOS의 노예가 되기도 한다). 그러나 Windows 프로그래밍에서는 Windows와 응용프로그램이 서로 협동적 관계를 가진다.

또 한 가지 가져야 할 개념이 있다. 보통의 응용프로그램이 다루어야 하는 99%의 code는 이미 존재하고 있다는 것이다. window procedur는 event를 잡기(trap)위해 존재하는 것이 아니라, application framework의 일부로서 event의 발생을 감지하기(notice) 위해서 있는 것이다. 즉, message를 잡는 기능은 이미 Windows에 구성되어 있음을 의미한다. 단지 여러분이 해야 할 일은 framework의 어떤 부분을 재정의(override)해야 할지 결정하는 것 뿐이다.

지금부터 MFC를 더욱 자세히 살펴보고 사라져 버린 많은 code가 어디에 있는지 찾아보자.

2.1.3 WinMain( ) 함수

Windows환경에서 응용프로그램을 수행시키기 위해서는 반드시 WinMain( )[주7]이 있어야 한다. 바로 WinMain( )에서 응용프로그램의 초기화 및 message loop를 시작한다.

앞의 MINIMAL.C의 75줄~95줄을 살펴보자. 응용프로그램의 Instance가 첫번째로 실행된다고 가정할 때, WinMain( )은 InitApplication( )[주8]을 호출한다. 다음으로 WinMain( )은

7) WinMain( ) : 응용프로그램의 출발점으로 사용된다.
8) InitApplication( )은 "MinimalWClass"라는 window class를 등록한다.

InitInstance( )[주9]를 호출한다. 마지막으로 WinMain( )은 message loop[주10]를 생성한다.
MINIMAL.CPP를 자세히 살펴보라. 거기에는 WinMain( )이 없다. 도대체 어디 있단 말인가? WinMain( )은 분명히 application framework의 어느 한 부분에 존재한다. source code가 framework와 연결될 때 WinMain( )도 같이 연결된다. MFC 안의 WinMain( )은 WinMain( )이 해야 할 모든 기능을 수행한다.

2.1.4 응용프로그램의 instance 초기화

응용프로그램이 실행될 때마다 초기화해야 할 몇 가지가 있다. 보통 main window를 생성하고 보여주는 작업이다.
MINIMAL.C의 49줄~73줄을 살펴보면, WinMain( )으로부터 호출된 InitInstance( )에서 초기화 작업이 이루어진다. InitInstance( )는 현재 응용프로그램의 instance를 전역 변수인 hInst에 저장한다(이 전역 변수는 나중에 resource를 읽어 들이는 데 필요하다). Windows 환경에서 응용프로그램이 자신의 instance를 다룰 수 있는 시기는 이때뿐이므로 나중을 대비해서 반드시 저장해 두는 것이 필요하다. 다음으로 InitInstance( )는 main window를 보여준다(command line에서 받은 nCmdShow에 표시된 방식대로 보여준다).
MINIMAL.CPP의 26줄~33줄을 살펴보면, instance에 대한 초기화 작업이 이루어지고 있다. 비록 보이지 않더라도 WinMain( )이 CGenericApp의 member function인 InitInstance( )를 호출한다. InitInstance( )은 새로운 main window를 생성하고 그 window를 보여준다.

2.1.5 Message Loop

message loop는 응용프로그램이 message를 가져오고 전파하는 장소이다.
MINIMAL.C의 89줄~92줄에서 message loop를 살펴볼 수 있다. 아무런 놀라운 것이 없다. message loop는 WM_QUIT를 만날 때까지 GetMessage( )와 DispatchMessage( )를 계속해서 호출한다.
MINIMAL.CPP의 경우, message loop는 framework의 한 부분이다. 숨겨진 WinMain( )의 마지막 단계에서 CWinApp의 member function인 Run( )이 호출됨으로써 message loop는 시작

9) InitInstance( )은 등록된 "MinimalWClass"를 사용하여 window를 생성하고 보여준다.
10) message loop는 message queue로부터 message를 가져오고, WM_QUIT message를 만날 때까지 그 message를 적당한 window로 전파한다.

된다. MFC의 message 처리 방법은 몇 가지 특별한 기능[주11]을 제공한다. 어찌 되었건 MFC는 아주 하위 수준(low-level)에서 전형적인 방법을 사용하여 system의 message를 가져오고 전파한다.[주12] message들은 MFC의 command-routing architecture에 의해서 처리되어진다(이에 대해서는 3장에서 자세히 다룬다).

2.1.6 Message Handling

Windows환경 하에서 응용프로그램의 window class는 message-handling procedure를 필요로 한다. window의 다양한 동작은 바로 message handler를 통해서 이루어진다. Windows가 특정 window와 관련 있는 event를 감지하면, Windows는 그 event에 대한 정보를 포함한 message를 발생시키고 그 window의 message handler를 호출한다. 예를 들어, MINIMAL.C에서는 WM_LBUTTONDOWN과 WM_DESTROY를 처리할 수 있는 window behavior[주13]가 있다. 이 message handler는 단지 switch문을 사용하여 message를 여과(filter out)하는 기능밖에 없다(10줄~28줄). 그리고 WM_LBUTTONDOWN과 WM_DESTROY 외의 다른 message에 대해서는 DefWindowProc( )를 호출한다. 좀 복잡한 프로그램에서는 menu와 mouse에서 발생하는 여러 가지 command[주14]들을 처리할 수 있어야 한다. 따라서 여러 가지 다양한 message를 처리하기 위해서는 switch문은 점점 더 커질 수밖에 없다.

MINIMAL.CPP에서는 이렇게 복잡해질 수 있는 window procedure가 존재하지 않는다. 대신 다른 2가지가 있다.

1) member function인 OnLButtonDown(21줄~24줄).
2) message map(17줄~19줄). C/SDK처럼 각 window에 message handler를 할당해 주기 보다는 MFC프로그램에서는 command target에서 처리 가능한 message와 command를 알아내기 위해 message map을 이용한다(예를 들어, CWnd는 기본적인 window message를 처리할 수 있는 command target이다). message map은 command(또는 message)와 그 message를 처리하는 member function을 연계(map)시켜 준다.

11) 예를 들면, queue 안에 아무런 message가 없을 때 idle processing을 수행한다. 또한, 특별한 message를 가로채기 위해 PreTranslateMessage( )를 제공한다: CWinThread::PreTranslateMessage( )와 CWnd::PreTranslateMessage( ).
12) 즉, GetMessage( ), TranslateMessage( ), DispatchMessage() 따위의 함수를 사용하여 message를 전파한다.
13) message handler, window procedure와 같은 의미이다.
14) 사용자에 의한 명령을 의미한다. 하지만, WM_COMMAND란 형태로 전달되므로 그냥 message로 보아도 무방하다. 3장에서 자세히 다룬다.

CWnd내에는 window procedure가 없다. 하지만, 어떠한 Windows 프로그램(MFC 프로그램을 포함해서)도 window procedure없이는 동작하지 않는다. 따라서 CWnd와 관련된 window procedure가 있어야 한다. APPINIT.CPP(Visual C++에 포함된 MFC관련 source)를 살펴보면, 4개의 window class를 등록하는 것을 찾을 수 있다. 비록 서로 다른 window class이지만 모두 같은 window procedure[즉, DefWindowProc( )]를 사용하고 있다. 이상하다는 생각이 들지 않는가? 어떻게 하나의 window procedure로 4개의 window를 감당한단 말인가? 이에 대한 답변은 3장에서 들어 보도록 하자. 너무 성급하지 않아도 된다.

2.2 MFC 응용프로그램의 기본 Component

모든 Windows 프로그램의 기본적인 골격은 앞에서 보았던 C/SDK 예제와 비슷하다. 다시 이 골격은 2개의 부분으로 구별할 수 있다. message pump와 window procedure이다. (1) 전자는 응용프로그램을 위한 부분으로서, 프로그램의 초기화, window의 생성, GetMessage( )~DispatchMessage( ) loop의 수행을 담당한다. (2) 후자는 window를 위한 부분으로써, window를 화면에 그려주고(draw), message를 처리하는 기능을 담당하다. MFC는 응용프로그램을 표현하는 class의 형태(즉, CWinApp)로 message pump를 지원하고, window를 표현하는 class의 형태(즉, CWnd)로 window procedure를 지원한다.
기초는 충분히 다루었다. 그럼 MFC 프로그램의 구조를 면밀히 살펴보자.

2.2.1 CWinApp: 응용프로그램 객체(Application Object)

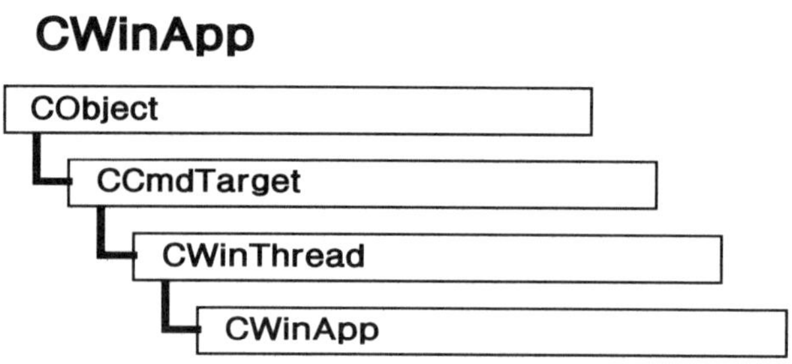

Figure 2-1 Hierarchy chart of CWinApp

물론 CWinApp는 매우 큰 class이다. Listing 2-3은 CWinApp를 요약하여 표현한 것이다(전체 source code를 보고 싶다면 AFXWIN.H를 살펴보기 바란다).

Listing 2-3 The CWinApp pseudocode, from AFXWIN.H

```
class CWinApp : public CWinThread
{
public :
// Constructor
      CWinApp(LPCTSTR lpszAppName = NULL ); // app name defaults to EXE name
// Attributes
      // Startup args ( do not change )
      HINSTANCE  m_hInstance;
      HINSTANCE  m_hPreInstance;
      LPTSTR     m_lpCmdLine;
      int        m_nCmdShow;
      LPCTSTR    m_pszAppName; // human readable name

      // advanced attributes omitted


public :
      LPCTSTR    m_pszExeName;       // executable name ( no spaces )
      LPCTSTR    m_pszHelpFilePath;  // default based on module path)
      LPCTSTR    m_pszProfileName;   // default based on app name

      // Initialization Operations omitted
      //...

public :
      // Cursor wrappers
      // Icon wrappers
      // INI and profile wrappers

// Running Operations - to be done on a running application
      // Functions for dealing with document template
      // Functions for dealing with files
      // Printer helpers
      // Command line parsing functions

// Overridables
      // hooks for your initialization code
virtual BOOL InitApplication();
```

```
        // Functions to use when exiting
        // Advanced: Message Box/Cursor overrides
        // Advanced: Help support
// Command Handlers
protected :
        // Command handlers for OnFileNew(), OnFileOpen(), and OnFilePrintSetup()
        // Context sensitive help functions
// General attributes
protected :
        // Document/View, profile, and printer attributes and helpers

public : // public for implementation access
        CCommandLineInfo* m_pCmdInfo;

        // other attributes
        // Advanced OLE members

        void SetCurrentHandles();

        // helpers for standard commdlg dialogs
        // overrides for implementation
        virtual BOOL InitInstance();
        virtual int ExitInstance(); // return app exit code
        virtual BOOL OnIdle(LONG lCount); // return TRUE if more idle processing
        virtual LRESULT ProcessWndProcException( CException* e, const MSG* pMsg);
public :
        virtual ~CWinApp();

protected :
        //{{AFX_MSG(CWinApp)
        afx_msg void OnAppExit();
        afx_msg void OnUpdateRecentFileMenu(CCmdUI* pCmdUI);
        afx_msg BOOL OnOpenRecentFile(UINT nID);
        //}}AFX_MSG

DECLARE_MESSAGE_MAP( )
};
```

CWinApp는 member function과 member variable로 가득 차 있다. 중요한 항목을 살펴보자.

- CWinAPP는 WinMain( )으로 들어오는 command line parameter의 집합을 포함하고 있다. 그 집합에는 current instance handle(m_hInstance), previous instance handle (m_hPreInstance), command line parameters(m_lpCndLine), 그리고 show window flag(m_nCmdShow)가 포함되어 있다.

- CWinApp는 응용프로그램의 이름을 m_szAppName에 복사하여 둔다.
- CWinApp는 응용프로그램의 실행 파일 이름(m_pszExeName), 응용프로그램의 help 파일의 경로(m_pszHelpFilePath), 응용프로그램의 profile의 이름(m_pszProfileName)을 유지한다.
- CWinApp는 command line parameter(인자)를 유지하기 위해 CCommandLineInfo라는 구조를 사용한다. 수년 동안 command line parameters의 표준은 발전하여 왔다. 예를 들면, OLE 프로그램이 OLE document에 포함된(embedded) 객체로서 시작할 때, Windows는 응용프로그램을 "/Embedding"라는 command line parameter를 사용하여 구동시킨다. 또한, Windows는 응용프로그램에게 여러 가지 동작[새로운 파일을 열기(open), 명시된 파일을 프린트(print), Automation mode로 실행 따위…]을 전달하기 위해 command line parameter를 사용한다. CCommandLineInfo는 한 장소에 모든 표준 parameter를 저장한다. CCommandLineInfo는 간단한 utility이지만, command line parameter를 알아야 할 필요가 있을 경우에는 매우 편리하게 사용될 수 있다. CCommandLineInfo의 정의는 Listing 2-4에 나와 있다.

Listing 2-4 The definition of CCommandLineInfo

```
class CCommandLineInfo : public CObject
{
public :
 // Set default values
      CCommandLineInfo();

      virtual void ParseParam(const char* pszParam, BOOL bFlag, BOOL bLast );
      BOOL m_bShowSplash;
      BOOL m_bRunEmbedded;
      BOOL m_bRunAutomated;
      enum { FileNew, FileOpen, FilePrint, FilePrintTo, FileDDE }m_nShellCommand;

      // not valid for FileNew
      CString m_strFileName;

      // valid only for FilePrintTo
      CString m_strPrinterName;
      CString m_strDriverName;
      CString m_strPortName;

      ~CCommandLineInfo();
}
```

- 모든 응용프로그램은 자신을 초기화시켜 주는 장소가 필요하다. MFC에서는 CWinApp::InitInstance( )가 바로 그 곳이다. MFC는 응용프로그램의 실질적인 어떤 일이 발생하기 전에 InitInstance( )를 호출한다. 예를 들면, 일반적으로 main window를 보여주는 곳은 InitInstance( )이다.
- 반대로, 대부분의 응용프로그램은 자신의 memory를 지우고 종료를 수행하는 곳이 필요하다. MFC에서는 CWinApp::ExitInstance( )가 이런 목적을 위해 제공된다.
- MFC 프로그램에서는 message pump가 CWinApp의 일부분이다. CWinApp::Run( )을 호출함으로 해서 GetMessage( )~DispatchMessage( ) loop가 시작된다.
- Windows와 같은 event-driven 환경의 OS의 특징 중에는 message queue에 아무런 event가 없어서 응용프로그램이 쉬는 순간이 있다. 이때 MFC는 CWinApp::OnIdle( )을 호출할 수 있는 기능을 제공한다. CWinApp::Run( )는 message queue가 비었을 때 OnIdle( )을 호출한다. 이는 MFC의 커다란 장점이다.

CWinApp에 대해서 간단히 살펴보았다. 그럼 window와 관련된 모든 class의 base class인 CWnd에 대해서 살펴보자.

2.2.2 CWnd: window class의 base class

CWinApp에서 파생된 객체 외에도 MFC 응용프로그램은 화면에 window를 나타내기 위한 객체(즉, CWnd-derived class형 객체)를 포함하고 있다. CWnd를 여기서 보여 주기에는 너무 크다. CWnd의 정의는 AFXWIN.H에서 찾아볼 수 있다. CWnd는 2가지의 기능을 제공하는 부분으로 나눌 수 있다. (1)정규 Windows API function을 포장하는 부분(주15)과 (2)상위 수준(higher-level)의 MFC관련 기능(주16)을 제공하는 부분이다.

① Windows API 포장하기

API 함수를 wrapping하는 것은 매우 쉽다. CWnd는 m_hWnd라는 member variable을 가지고 있다. m_hWnd는 정규 API에서의 window handle(HWND)을 의미한다. CWnd는 window handle을 인자로 가지고 있는 모든 API함수[예를 들어, ShowWindow( ), MoveWindow( ) 따위]를 포함하고 있다. 초보자들을 위해, CWnd는 window handle(HWND)을 인자로 가지는 모든 API함수를 member function으로 가지고 있음을 말해 둔다.

15) 예를 들어, Create( ), ShowWindow( ) 따위를 포장(wrap)하는 부분.
16) 예를 들어, default message handling 따위.

지금까지는 아무런 흥미 있을 만한 것이 없다. 어찌 되었건 API를 사용하여 프로그램은 작성할 때보다는 주의해야 할 많은 사항이 줄어들었다. 예를 들면, C/SDK에서 사용하는 window를 보여주는 code는

```
HWND hWnd;
......
ShowWindow( hWnd, SW_SHOWNORMAL );
```

이다. 같은 기능을 MFC로 표현하면,

```
CWnd* pWnd;
......
pWnd->ShowWindow( SW_SHOWNORMAL );
```

이다.

AFXWIN2.INL[주17]에는 CWnd의 기본적인 동작에 대한 code가 포함되어 있다. 대부분의 CWnd의 Window API wrapper[주18]들은 inline함수이다. CWnd의 몇몇 member function은 inline함수가 아니다. 그 이유는 그 함수들이 OLE control을 참조할 때 특별한 처리를 요구하기 때문이다. 그 함수들은 inline을 하기에는 너무 크다. Windows API를 포장하고 있는 CWnd의 member function은 m_hWnd를 사용하여 해당 API함수를 호출한다.
어찌 되었건, CWnd는 단순히 API function wrapper가 아닌 그 이상의 기능을 가지고 있다.

② 그 외의 CWnd의 특징

우선 CWnd가 파생(derivation)되는 과정을 살펴보자.

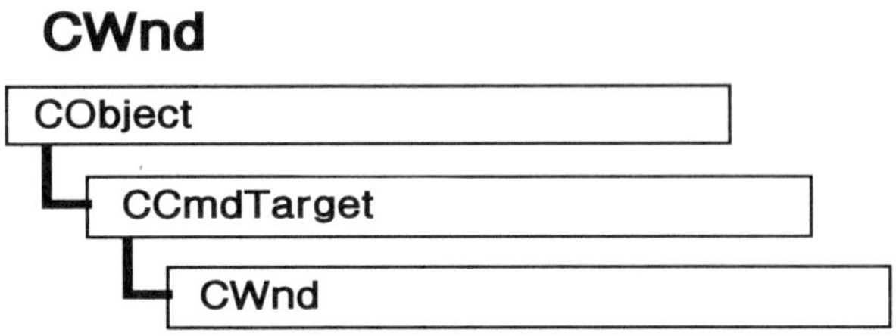

Figure 2-2 Hierarchy chart of CWnd

17) 확장자 .INL은 "inline"을 의미한다.
18) Windows API함수를 encapsulation 하고 있는 CWnd의 member function을 의미한다.

CWnd의 부모는 CCmdTarget이다. CCmdTarget의 부모는 CObject이다. CObject로부터 파생됨으로 해서 CWnd는 몇 가지 특징(주19)을 보유하게 되었다. 이에 관련해서는 5장에서 다룬다. 또 CCmdTarget으로부터 파생됨으로 해서 CWnd는 MFC의 message-routing scheme를 보유하게 되었다. 이에 대해서는 본장에서 다시 다룬다.

추가적으로, CWnd는 대부분의 window message에 대한 MFC의 기본 반응을 정의해 놓았다. Listing 2-1의 switch문을 다시 살펴보자. 처리할 수 없는 message가 도달하면 MINIMAL의 window procedure는 그 message를 default window procedure[DefWindowProc()]에게 보낸다. MFC는 같은 방법으로 원하지 않는 message를 처리한다. MFC의 message 처리 방법과 C/SDK의 message 처리 방법과는 다름을 상기하기 바란다. MFC는 message와 handler function을 map(주20)한다. CWnd는 대부분의 window message를 처리할 수 있는 member function을 가지고 있다. 그 member function은 "On...()"의 형태로 표현된다. 예를 들면, WM_PAINT를 처리하는 CWnd의 member function은 OnPaint()이다. AFXWIN2.INL을 살펴보면, CWnd의 message 처리 함수는 CWnd::Default()를 호출함을 알 수 있다. 그 결과로 CWnd::DefWindowProc()를 호출하게 된다. 이는 대부분의 message 처리의 마지막 단계이기도 하다.

MFC를 더욱 깊이 공부하기 전에, MFC에서 이해되지 않는 부분이 있으면 실험을 해보라. window handle과 그 window handle을 encapsulation한 C++ class와의 차이점은 꼭 이해하고 있어야 한다.

2.2.3 Window Handle을 Window Object로 바꾸기

C/SDK의 window handle(HWND)와 window를 표현하는 MFC 객체(CWnd-derived class형 객체)와의 차이점을 이해하는 것은 매우 중요하다. C/SDK에서는 Windows가 window procedure를 호출할 때, 첫번째 인자로 window handle을 사용한다. 반면, MFC에서는 CWnd-derived 객체(주21)와 message dispatch mechanism(message 전파 기법)을 사용한다. 이러한 message dispatch mechanism을 사용하기 위해서는, MFC는 CWnd-derived 객체와 window handle과 연계(map)시켜 주는 무언가를 제공하여야 한다. 그것이 바로 CHandleMap이다.

---

19) dynamic run-time information, serialization 따위의 특징.
20) map하다라는 의미는 mapping table두어서 message와 handler function과 서로 연계 시켜준다는 의미이다.
21) CWnd-derived 객체 : 풀어서 설명하면 CWnd-derived class형(type) 객체.

① CHandleMap: 문서화되지 않은 Window Handle Map Class

CHandleMap는 window handle과 CWnd-derived 객체를 연계(map)시켜 준다. 이는 handle이 주어지면, 그 handle과 연계된 객체를 얻을 수 있음을 의미한다. 이는 미로 찾기와 매우 비슷하다. 따라서 MFC는 이러한 미로를 해결할 수 있는 기법(mechanism)을 필요로 한다.

MFC객체는 가능한 한 window handle을 포장(wrap)하려 한다. MFC는 종종 native handle과 MFC wrapper를 섞어서 사용하기 때문에, window handle과 CWnd-derived 객체의 연계는 항상 동일한 방법을 통해서 이루어진다.

The CHandleMap는 CMapPrtToPtr형의 두 member variable을 가지고 있다. m_permanentMap과 m_temporaryMap이다. CHandleMap는 CWnd-derived 객체와 window handle의 연계를 유지하는 데 CMapPrtToPtr을 사용한다. 영구 연계(permanent map, m_permanentMap)는 프로그램이 종료할 때까지 handle/object map을 유지한다. 임시 연계(temporary map, m_temporaryMap)는 해당 message가 존재하는 동안만 존재한다.

영구 연계(permanent map)는 개발자에 의해서 명시적으로 생성된 C++ 객체를 저장한다. CWnd-derived class가 생성될 때마다 MFC는 handle/object map을 영구 사전(permanent dictionary, m_permanentMap)에 삽입한다. 그 map은 CWnd::OnNcDestroy( )가 호출될 때 제거된다.

MFC는 HWND 대신에 CWnd-derived 객체를 다룬다. 이따금 영구 사전(permanent dictionary)에는 없는 handle이 MFC interface 통해서 전달되기도 한다.[주22] 이러한 경우에 MFC는 그 handle을 포장(wrap)하기 위해 임시 객체를 생성하고 임시 사전(temporary dictionary)에 저장하다. 그 임시 객체는 idle time에 임시 사전에서 사라진다.

CWnd::GetActiveWindow( )는 이러한 과정을 보여주는 좋은 예제이다. CWnd::GetActiveWindow( )은 GetActiveWindow( ) API 함수를 포장한 CWnd의 static member function이다. 이 함수는 active window[주23]의 handle을 반환하지 않고 CWnd 객체의 pointer를 반환한다. 만약 active window가 다른 응용프로그램의 window라면 CWnd::GetActiveWindow( )은 그 active window를 포장한 임시 CWnd 객체를 생성하고, 그 객체의 CWnd::GetActiveWindow( )를 호출한다. CWnd::GetActiveWindow( )은 그 active window의 window handle을 얻기 위해 ::GetActiveWindow( )[주24]를 호출한다. 다시 ::GetActiveWindow( )은 active window handle을 포장한 CWnd 객체를 생성하기 위해서 앞에서 생성한 임시 CWnd 객체의 CWnd::FromHandle( )을 사용한다. CWnd::FromHandle( )은 그 active window의 handle을 찾기 위해 먼저 영구 사전

22) 즉, 개발자에 의해서 명시적으로 생성되지 않았음을 의미한다.
23) 현재 focus를 가지고 있는 window를 지칭한다.
24) ::가 앞에 붙은 function은 global function임을 나타내는 scope operator이다. 물론 다들 알고 계시리라.^^

을 살펴보고 그 다음에 임시 사전을 살펴본다. CWnd::FromHandle( )이 어디에서도 그 active window의 handle을 찾지 못하면, CWnd::FromHandle( )는 CWnd 객체를 생성하고 그 객체에 active window의 handle을 연계시킨다[결론적으로, CWnd::FromHandle( )은 CWnd 객체와 active window의 handle을 서로 연계된다].

HWND와 CWnd-derived 객체와의 연계(map) 외에도, native window handle과 MFC 객체 사이의 또 다른 4개의 연계(map)가 있다. MFC는 handle-based class[주25]와 관련된 4개의 map을 정의하고 있다. 그 map들은 AFX_MODULE_THREAD_STATE[주26] 구조에서 찾아 볼 수 있다. 그 map들을 소개한다.

- m_pmapHWND은 window handle과 CWnd 객체를 연계(map)한다.
- m_pmapHMENU은 menu handle과 CMenu 객체를 연계한다.
- m_pmapHDC은 device context handle과 CDC 객체를 연계한다.
- m_pmapHGDIOBJ은 GDI object handle과 CGdiObject 객체를 연계한다.
- m_pmapHIMAGELIST은 image list handle과 CImageList 객체를 연계한다.

주어진 native window handle에서 MFC class를 찾아내는 것은 쉽다. 위의 handle-mapping scheme에 포함되어 있는 MFC class는 FromHandle( )를 가지고 있다. FromHandle( )는 단순히 CHandleMap::FromHandle( )를 포장(wrap)하고 있다. CHandleMap::FromHandle( )은 native handle에 연계된 C++ 객체(즉, MFC class 객체)를 반환한다. 따라서 Window 환경에서는 handle만 주어지면 항상 CHandleMap::FromHandle( )을 통해 C++ 객체를 얻을 수 있다.

2.2.4 Window Handle의 첨부(Attach)와 분리(Detach)

C++ 객체와 window handle 사이의 mapping mechanism을 보조해 주기 위해, CWnd는 CWnd-derived 객체와 window handle과 관련된 한 쌍의 함수를 제공한다 : CWnd::Attach( )와 CWnd:Detach( ).

CWnd::Attach( )는 주어진 window handle을 CWnd::m_hWnd에 설정하고 MFC의 permanent window handle map[주27]에 그 설정된 연계를 등록한다. CWnd::Detach( )는 그 반대이다.[주28]

---

25) handle-based class : Windows에서 관리하는 여러 가지 handle의 처리가 근본 목적인 class를 지칭한다. 예를 들어, CWnd는 window handle의 처리가 주 목적이다. 그 외의 handle-based class는 CMenu, CDC, CGdiObjects, CImageList 따위가 있다.
26) AFX_MODULE_THREAD_STATE은 10장에서 더욱 자세히 살펴본다.
27) 앞에서 언급한 영구 사전(permanent dictionary)을 의미한다.

Attch( ) 와 Detach( )는 CWnd::m_hWnd를 설정하는 데 매우 편리하게 사용할 수 있다. MFC class 객체와 다른 handle(주29)사이의 연계는 framework에 의해서 관리된다는 점을 기억하라. 따라서 window handle과 CWnd-derived 객체의 연계를 위해서만 MFC 함수를 사용해야 한다.

이 시점에서, 여러분은 MFC 응용프로그램의 초기화 과정과 구동 과정을 이해하기 위해 CWinApp와 CWnd에 대해 충분히 공부하였다.

2.3 WinMain( )를 찾아보자

CWinApp와 CWnd는 스스로 아무것도 할 수 없다. 두 class의 객체는 다른 class 객체와 유기적으로 동작한다. 이러한 관점을 가지고 Listing 2-2를 다시 살펴보자. CWnd와 CWinApp를 발견할 수 있다. 그리고 응용프로그램이 수행되기 위한 요구 사항이 모두 수행되고 있다는 믿음을 가져야 한다. 그렇다면 스스로 이런 의문에 빠질 것이다 : "window class는 어디서 등록하는가? message handler는 어디에 있는가? message loop는 언제 시작하는가?". 모든 것은 MFC 내부에서 이루어 진다. 어떻게 이런 기본적인 동작들이 MFC내에서 이루어지는지 살펴보자.

MFC 프로그램에서는 WinMain( )이 사라졌다. 하지만 MFC프로그램이 잘 수행되는 것으로 보아 분명히 WinMain( )은 어딘가에 있다.

APPMODUL.CPP에서 MFC의 WinMain( )을 찾을 수 있다. 여기에 MFC가 가지고 있는 WinMain( )이 있다.

```
extern "C" int WINAPI
_tWinMain( HINSTANCE hInstance,
           HINSTANCE hPrevInstance,
           LPTSTR    lpCmdLine,
           int       nCmdShow)
{
      // call shared/exported WinMain
      return AfxWinMain(hInstance, hPrevInstance, lpCmdLine, nCmdShow);
}
```

앞의 code에서 WinMain( )은 AfxWinMain( )을 호출한다. WINMAIN( ). CPP에 AfxWinMain( )이 있다. 마치 일반적인 WinMain( )처럼 보인다. Listing 2-5에 AfxWinMain( )이 나타나 있다.

---

28) CWnd::Detach( )는 window handle map에서 window handle과 CWnd-derive 객체와의 관계를 제거하고 CWnd_m_hWnd를 NULL로 설정한다.

29) window handle외의 기타 다른 handle(예를 들어, HMENU, HDC, HGDIOBJ, HIMAGELIST, …).

Listing 2–5 The AfxWinMain pseudocode, from WINMAIN.CPP

```
int AFXAPI AfxWinMain( HINSTANCE    hInstance,
                       HINSTANCE    hPrevInstance,
                       LPTSTR       lpCmdLine,
                       int          nCmdShow)
{
        ASSERT(hPrevInstance == NULL);

        int             nReturnCode   = -1;
        CWinThread*     pThread       = AfxGetThread();
        CWinApp*        pApp          = AfxGetApp();

        // AFX internal initialization
        if (!AfxWinInit(hInstance, hPrevInstance, lpCmdLine, nCmdShow))
            goto InitFailure;

        // App global initializations (rare)
        if (pApp != NULL && !pApp->InitApplication())
            goto InitFailure;

        // Perform specific initializations
        if (!pThread->InitInstance()) {
            if (pThread->m_pMainWnd != NULL) {
                TRACE0("Warning: Destroying non-NULL m_pMainWnd\n");
                pThread->m_pMainWnd->DestroyWindow();
            }
            nReturnCode = pThread->ExitInstance();
            goto InitFailure;
        }

        nReturnCode = pThread->Run();

        InitFailure:

        AfxWinTerm();
        return nReturnCode;
}
```

MFC의 WinMain( )과 다른 C/SDK의 WinMain( )과 비교해 보라. 모든 인자와 모든 기능이 똑같다. 단지 특이한 것은 WinMain( )앞에 붙은 "_t" 이다. "_t"는 Unicode(주30)를 지원하기 위해 사

30) Unicode: Unicode는 세계 각국의 언어를 통일된 방법으로 표현할 수 있게 제안된 국제적인 code 규약의 이름을 말한다. 자세한 내용은 www.unicode.org나 www.unicode.co.kr을 방문해 보기 바란다.

용되었다. WinMain( )을 더욱 깊이 살펴보기 전에 중요한 구조체(structure)를 살펴보자.

2.3.1 MFC 상태 정보(State Information)

때론 프로그램이 살아 있는 동안 어떤 정보를 계속해서 유지시키는 것은 매우 유용하다. 예를 들어, C/SDK 프로그램에서는 instance handle을 전역 변수로 저장한다. 그 handle은 EXE 파일 안에 있는 resource를 찾아내는 데 사용된다. MFC는 다양한 구조체(structure)를 프로그램이 살아 있는 동안 유지함으로써 이러한 기능을 대신한다.

① AFX_MODULE_STATE : 문서화되지 않은 상태 정보(State Information)

대부분의 C/SDK 프로그램과는 다르게, MFC 프로그램에서는 instance handle 외에 더 많은 정보(resource에 대한 정보, module handle과 관련된 정보 따위)를 유지한다. MFC가 제공하는 모든 것을 상상해 보라: memory allocation tracking, ODBC, OLE, exception handling 등등. 이러한 기능들을 지원하기 위해서는 MFC 프로그램은 C/SDK 프로그램보다 더 많은 정보를 유지해야만 한다. 이러한 이유 때문에 MFC는 AFX_MODULE_STATE라는 구조를 정의한다. AFX_MODULE_STATE는 Listing 2-6에 나와 있다.

Listing 2-6 The AFX_MODULE_STATE pseudocode, from AFXSTAT_.H

```
// AFX_MODULE_STATE (global data for a module)
class AFX_MODULE_STATE : public CNoTrackObject
{
public:
#ifdef _AFXDLL
      AFX_MODULE_STATE(BOOL bDLL, WNDPROC pfnAfxWndProc, DWORD dwVersion);
      AFX_MODULE_STATE(BOOL     bDLL,
                       WNDPROC  pfnAfxWndProc,
                       DWORD    dwVersion,
                       BOOL     bSystem);
#else
      AFX_MODULE_STATE(BOOL bDLL);
#endif
  ~AFX_MODULE_STATE();

      CWinApp*   m_pCurrentWinApp;
      HINSTANCE  m_hCurrentInstanceHandle;
      HINSTANCE  m_hCurrentResourceHandle;
      LPCTSTR    m_lpszCurrentAppName;
```

```
        BYTE        m_bDLL; // TRUE if module is a DLL, FALSE if it is an EXE
        BYTE        m_bSystem; // TRUE if module is a "system" module, FALSE if not
        BYTE        m_bReserved[2]; // padding
        DWORD       m_fRegisteredClasses; // flags for registered window classes

    // runtime class data
    #ifdef _AFXDLL
        CRuntimeClass* m_pClassInit;
    #endif
        CTypedSimpleList<CRuntimeClass*> m_classList;

    // OLE object factories
    #ifndef _AFX_NO_OLE_SUPPORT
    #ifdef _AFXDLL
        COleObjectFactory* m_pFactoryInit;
    #endif
        CTypedSimpleList<COleObjectFactory*> m_factoryList;
    #endif
        // number of locked OLE objects
        long        m_nObjectCount;
        BOOL        m_bUserCtrl;

        // AfxRegisterClass and AfxRegisterWndClass data
        TCHAR m_szUnregisterList[4096];
    #ifdef _AFXDLL
        WNDPROC     m_pfnAfxWndProc;
        DWORD       m_dwVersion; // version that module linked against
    #endif

        // define thread local portions of module state
        THREAD_LOCAL(AFX_MODULE_THREAD_STATE, m_thread)
    };
```

AFX_MODULE_STATE는 module에 대한 핵심 정보(core information)를 포함하고 있다. 그 핵심 정보는 모든 MFC module에 의해서 요구된다(심지어 EXE와 DLL도 그 핵심 정보를 필요로 한다). AFX_MODULE_STATE에는 module instance handle, resource를 읽어 들일 때 사용하는 handle, module의 CWinApp-derived class, 응용프로그램 이름, run-time class information으로 구성된 list의 첫번째 node를 가리키는 pointer, exception handler의 pointer(주31)가 모아져 있다. 중요한 AFX_MODULE_STATE의 member를 설명한다.

31) 이는 exception handler를 가지고 있지 않은 compiler를 위한 것이다. 요즘 나오는 compiler(VC++ 2.0 이상)에서는 사용되지 않는다.

- m_pCurrentWinApp CWinApp의 pointer.
- m_hCurrentInstanceHandle 해당 module의 instance handle.
- m_hCurrentResourceHandle 해당 module의 resource를 가진 instance handle을 표현한다.
- m_lpszCurrentAppName 응용프로그램의 이름을 가리키는 pointer.
- m_bDLL 해당 module이 dynamic link library(DLL)인지 실행 가능한(executable) module 인지 나타낸다.
- m_pClassList 응용프로그램내에 존재하는 CRuntimeClass들로 구성된 list의 첫번째 node를 가리키는 pointer.
- m_factoryList – 응용프로그램내에 존재하는 COleObjectFactory 구조체로 구성된 list의 첫번째 node를 가리키는 pointer.
- m_nObjectCount OLE server가 COM 객체에 의해서 사용되고 있는 지를 나타내는 참조 횟수(reference count).
- m_bUserCtrl OLE server가 사용자에 의해서 사용되고 있는지를 나타내는 flag.
- m_szUnregisterList[4096] 프로그램에 의해서 등록된 window class list. 프로그램 종료 시, MFC는 이 list를 사용하여 등록된 window class들을 해지한다(unregister).
- m_pfnAfxWndProc – MFC의 표준 window procedure를 가리키는 pointer.
- m_fRegisteredClasses 어떤 MFC window class가 등록되어 있는지를 나타낸다.

[Developer Tips]

AFX_MODULE_STATE를 다시 한번 살펴보자. 2개 instance handle을 주목하자. application instance handle과 resource instance handle이다. 특히, resource handle은 여러분의 응용프로그램을 다국어(多國語, internationalization[주32])화할 때 매우 유용하게 사용할 수 있다. 여러분의 MFC 응용프로그램(또는 module)이 user-interface resource(예를 들어, dialog template나 string table)을 채택하였다면, MFC는 resource를 얻기 위해 그 module의 resource handle을 사용한다. 보통 이 resource handle은 실행프로그램(exe)의 handle로 설정되어 있다. 물론 여러분이 원한다면 얼마든지 resource handle을 실행프로그램의 handle로 설정하지 않아도 된다(예를 들어, DLL내에서 사용되는 dialog가 특정언어에 국한되길 원한다면, resource handle을 DLL handle로 설정할 수 있다).

또한, AFX_MODULE_STATE에는 CRuntimeClass list의 첫번째 node를 가리키는 pointer가 존재한다(즉, m_pClassList). module이 시작하자마자 이 list는 CObject-derived class들로 초기화된다. 만약 여러분이 여러분의 응용프로그램내의 run-time class 정보를 나열해 보고 싶다면, 이 list를 사용할 수 있을 것이다.

물론 여러분은 이러한 상태정보를 사용하는 데 매우 주의해야 한다. 왜냐하면, 이 상태정보는 미래의 MFC version에서 어떻게 바뀔지 모르기 때문이다. 비록 몇몇 상태 정보가 debugging을 위한 목적으로 사용되지만, 이를 잘 감안한다면 아주 유용하게 사용할 수 있을 것이다.

32) Internationalization : 국제화 · 다국어화. 이 책에서는 주로 resource와 관련되어 Internationalization이란 용어가 사용되므로 다국어화로 번역한다.

지금까지 살펴보았듯이 MFC는 instance handle 외에도 많은 정보를 유지시킨다. 이제 이러한 구조가 존재함을 알고 있으므로, 응용프로그램의 상태 정보를 알기 위해서 어디를 찾아야 하는지를 알게 되었다. 특히, AFX_MODULE_STATE 안에 있는 resource instance handle과 run-time class의 정보는 매우 유용하게 사용될 수 있다.(주33) 어찌되었건, MFC가 이러한 정보를 유지하기 위해 AFX_MODULE_STATE를 가지고 있다는 것이 중요하다. 나중에 10장에서 자세히 다루도록 하자.

마지막으로 한 가지 명심해야 될 것이다. 문서화되지 않은 MFC 구조체나 함수는 계속해서 변화한다는 사실이다. 예를 들어 run-time class의 list를 가리키는 m_pClassList의 경우를 살펴보자. 이 pointer는 MFC 1.5에서는 static pointer였지만, MFC 2.0에서부터는 AFX_MODULE_STATE에 포함되었다. 따라서 여러분은 문서화되지 않은 구조체를 다룰 경우에는 더욱더 주의해야 할 것이다.

[Version Note]

MFC version 3.0에서는 이러한 정보를 여러 구조체로 나누어 유지했다 : AFX_CORE_STATE, AFX_WIN_STATE, 그리고 AFX_OLE_STATE 이다. 또한 Version 3.0에도 AFX_MODULE_STATE라는 구조가 존재했다. 하지만 단지 이 구조는 앞의 3가지 구조체를 포함하고 있을 뿐이다.

응용프로그램이 여러 정보를 유지한다는 사실을 염두해 두면서 MFC와 C/SDK를 계속해서 비교하자.

2.3.2 WinMain( ) 다시 보기

지금까지 MFC가 module의 상태 정보(state information)를 유지하는 데 사용한 구조체에 대하여 살펴보았다. 이는 AfxWinMain( )를 이해하는 데 도움이 된다. 뒤로 되돌아가 가장 작은 MFC 프로그램의 동작을 살펴보자. AfxWinMain( )에서 이루어지는 첫번째 일은 CWinApp형(type)의 pointer를 선언하고, AfxGetApp( )(주34)의 반환값을 그 pointer에 할당하는 것이다. 이로써 응용프로그램과 CWinApp 객체는 연관 관계를 갖게 된다.(주35) 하여튼, WinMain( )은 Windows 응용프로그램의 처음 시작점이다. 하지만, WinMain( )에서는 CWinApp의 객체를 생성하지 않는다. WinMain( )에서 CWinApp 객체가 만들어지지 않는다면, framework은 CWinApp의 객체를 어디서 찾는단 말인가?

---

33) 이러한 정보는 AfxGetInstanceHandle( )과 같은 문서화된 함수를 통해서 얻을 수 있다.
34) AfxGetApp( ): Global 변수로 선언된 CWinApp의 객체 pointer를 반환한다.
참고로, AfxGetApp( )와 같이 함수의 이름만으로도 함수의 기능을 짐작할 수 있는 때, 이를 self-description이라 한다.
35) 모든 MFC 프로그램은 CWinApp-derived 객체를 요구한다.

그 해답은 C++가 전역(global) 객체의 생성 방법에 있다. C++에서는 전역 객체를 어디서든 생성할 수 있다[심지어 main( )나 WinMain( )이 호출되기 전이라도].

① CWinApp 생성하기

CWinApp의 생성자(constructor)의 code는 APPCORE.CPP에 있다. CWinApp의 생성자는 CWinApp의 member variable을 초기화 시켜 주는 일을 주로 한다. 생성자는 인자(parameter)[주36]로 받은 값을 m_pszAppName에 설정한다. 또한 생성자는 module의 thread의 상태와 module의 상태를 초기화한다.[주37] AFX_MODULE_STATE의 m_pCurrentWinApp에 CWinApp의 this pointer를 설정한다. 기타 CWinApp의 member variable은 NULL로 설정한다. Listing 2-7에 CWinApp의 생성자가 나와 있다.

Listing 2-7 CWinApp's Constructor, from APPCORE.CPP

```
CWinApp::CWinApp(LPCTSTR lpszAppName)
{
	if (lpszAppName != NULL)
		m_pszAppName = _tcsdup(lpszAppName);
	else
		m_pszAppName = NULL;

	// initialize CWinThread state
	AFX_MODULE_STATE* pModuleState = _AFX_CMDTARGET_GETSTATE();
	AFX_MODULE_THREAD_STATE* pThreadState = pModuleState->m_thread;
	ASSERT(AfxGetThread() == NULL);
	pThreadState->m_pCurrentWinThread = this;
	ASSERT(AfxGetThread() == this);
	m_hThread   = ::GetCurrentThread();
	m_nThreadID = ::GetCurrentThreadId();

	// initialize CWinApp state
	ASSERT(afxCurrentWinApp == NULL); // only one CWinApp object please
	pModuleState->m_pCurrentWinApp = this;
	ASSERT(AfxGetApp() == this);

	// in non-running state until WinMain
	m_hInstance          = NULL;
	m_pszHelpFilePath    = NULL;
```

36) 그 인자의 default 값은 NULL이다. 개발자는 원하는 이름을 설정할 수 있다.
37) 엄격하게 하자면, AFX_MODULE_STATE를 초기화한다. 10장에서 논의한다.

```
        m_pszProfileName      = NULL;
        m_pszRegistryKey      = NULL;
        m_pszExeName          = NULL;
        m_pRecentFileList     = NULL;
        m_pDocManager         = NULL;
        m_atomApp             = m_atomSystemTopic = NULL;
        m_lpCmdLine           = NULL;
        m_pCmdInfo            = NULL;

        // initialize wait cursor state
        m_nWaitCursorCount       = 0;
        m_hcurWaitCursorRestore  = NULL;

        // initialize current printer state
        m_hDevMode            = NULL;
        m_hDevNames           = NULL;
        m_nNumPreviewPages    = 0; // not specified (defaults to 1)

        // initialize DAO state
        m_lpfnDaoTerm         = NULL; // will be set if AfxDaoInit called

        // other initialization
        m_bHelpMode           = FALSE;
        m_nSafetyPoolSize     = 512; // default size
}
```

2.3.3 Framework 초기화하기: AfxWinInit( )

AfxWinMain( )은 CWinApp의 pointer를 설정한 후 framework은 초기화하기 위해 AfxWinInit( )을 호출한다. AfxWinInit( )는 WinMain( )과 같이 4개의 인자(parameter)(주38)를 가진다. AfxWinInit( )는 SetErrorMode( )를 사용하여 응용프로그램의 error mode를 설정한다. AfxWinInit( )은 SetErrorMode( )를 사용하여 응용프로그램에 대한 error mode를 설정한다. SetErrorMode( )은 응용프로그램이 실패할 경우 그 실패를 어떻게 처리해야 할지 설정할 때 사용한다. SetErrorMode( )은 bit flag를 인자로 가진다. MFC는 SEM_FAILCRITICALERRORS와 SEM_NOOPENFILEERRORBOX flag를 사용하여 error를 설정한다.(주39)

---

38) 첫번째 인자 : 현재의 instance handle,
두번째 인자 : 이전의 instance handle,
세번째 인자 : command line 인자,
네번째 인자 : show command.

39) 그 외에도 SEM_NOALIGNMENTFAULTEXCEPT와 SEM_NOGPFAULTERRORBOX flag가 있다.

SEM_FAILCRITICALERRORS로 설정될 경우, MFC는 치명적 오류(critical error)가 발생할 때 critical-error-handler message box를 띄우지 말고, 호출자 processor에게 그 error를 보내라고 Windows에게 말한다. SEM_NOOPENFILEERRORBOX로 설정될 경우 MFC는 file을 찾는 것이 실패할 때 message box를 띄우지 말고, 호출자 processor에게 그 error를 보내라고 Windows에게 말한다.

그런 다음, AfxWinInit( )은 해당 module의 AFX_MODULE_STATE를 얻기 위해 AfxGetModuleState( )를 호출한다. AfxWinInit( )은 module instance handle을 AFX_MODULE_STATE::m_hCurrentInstanceHandle에 저장하고 resource handle을 AFX_MODULE_STATE::m_hCurrentResourceHandle에 저장한다. 이 시점에서, instance handle과 resource handle은 모두 module의 instance handle을 가리킨다.

Windows 응용프로그램이 시작할 때마다, Windows는 응용프로그램에게 4개의 인자를 전달한다: (1) module instance의 현재 handle, (2) module instance의 이전 handle, (3) command line 인자(parameter), (4) window의 show flag. CWinApp는 이 인자들을 자신의 member variable에 복사하여 둔다: AfxWinInit( )은 각각의 인자들을 CWinApp::m_nInstance, CWinApp::m_hPreInstance, CWinApp::lpCmdLines, 그리고 CWinApp::nCmdShow에 저장한다. 그런 다음, AfxWinApp( )는 응용프로그램 객체의 SetCurrentHandles( )를 호출하여 AFX_MODULE_STATE의 m_hCurrentInstanceHandle과 m_hCurrentResourceHandle를 다시 설정한다.(주40)

다음으로, CWinApp::SetCurrentHandles( )는 응용프로그램 이름(name)과 경로(path)를 초기화한다 : 우선, SetCurrentHandles( )은 GetModuleFileName( )을 사용하여 module의 file name을 얻어 온다. GetModuleFileName( )은 해당 module의 running instance의 이름을 반환하는 Win32 API 함수다. SetCurrentHandles( )은 실행 가능한 file의 이름으로, 확장자 EXE은 빼고, CWinApp::m_szExeName를 초기화한다. 예를 들어, 여러분이 FILEVIEW.EXE라는 MFC 응용프로그램을 개발하였다면, CWinApp::m_pszExeName은 FILEVIEW라는 값이 설정될 것이다. 그런 다음 SetCurrentHandles( )은 해당 응용프로그램의 title로 m_pszAppName을 초기화한다. 만약 여러분이 AppWizard를 사용하여 project를 생성하였다면, MFC는 여러분의 resource file안의 AFX_IDS_APP_TITLE이 나타내는 문자열을 사용한다. 만약 그 resource를 사용할 수 없다면, m_szAppName은 m_pszExeName과 같은 값으로 설정된다. 또한 SetCurrentHandles( )은 m_szAppName와 같은 값을 사용하여 해당 응용프로그램의

40) 왜 m_hCurrentInstanceHandle과 m_hCurrentResourceHandle에 대한 설정을 중복해서 하는 것일까? 그 이유에는 뒷이야기가 있다. module state 구조체는 OLE control에 소개되기 전에는 존재하지 않았다. 따라서 하위 호환(backward-compatibility)을 유지하기 위해서 중복된 설정이 존재하는 것이다.

AFX_MODULE_STATE::m_lpszCurrentAppName을 설정한다.
또한 SetCurrentHandles( )은 CWinApp의 help file과 profile string을 채운다 : m_szHelpFilePath와 m_pszProfileName. SetCurrentHandles( )은 앞의 GetModuleFileName( )에 의해서 반환되었던 값을 사용하여 m_pszHelpFilePath을 설정한다(대신, 확장자는 HLP이다). SetCurrentHandles( )은 응용프로그램의 이름과 같은 이름으로 m_pszProfileName을 설정한다(대신, 확장자는 INI이다).
만약 AfxWinInit( )이 아무런 문제 없이 모든 것을 잘 완수하였다면, 해당 응용프로그램이 잘 초기화되었음을 의미한다.
지금까지 여러 handle과 file 이름이 잘 초기화되었기 때문에 MFC는 응용프로그램을 위한 나머지 일은 계속한다. AfxWinMain( )은 응용프로그램의 InitApplicatoin( )을 호출한다.

① InitApplication( )

InitApplication( )이 하는 일은 전체 응용프로그램에서 유지해야 할 초기화 과정을 수행하는 것이다 : CWinApp의 InitApplication( )은 응용프로그램의 document manager(주41)를 초기화한다. 현재 Windows는 32-bit 환경으로 변경되었기 때문에, InitApplication( )은 퇴화된 몇 가지 과정을 수행한다. 현재 모든 초기화 과정은 InitInstance( )에서 이루어진다. InitApplication( )은 16-bit Windows 환경에서만 의미가 있다.(주42)
그런 다음 AfxWinMain( )은 InitInstance( )를 호출한다.

② InitInstance( )

응용프로그램이 시작할 때마다 때론 그 응용프로그램의 instance에 대하여 뭔가를 초기화시켜주고 싶을 때가 있다. 바로 이러한 목적을 위해 CWinApp::InitInstance( )가 존재한다. CWinApp::InitInstance( )의 기본 구현(default implementation)은 아무런 일도 하지 않고 단지 TRUE를 반환한다. 어찌 되었건, InitInstance( )는 가상 함수(virtual function)이므로 여러분은 얼마든지 InitInstance( )를 재정의(override)할 수 있다.

---

41) document manager에 대해서는 7장에서 document/view architecture를 살펴볼 때 더욱 자세히 설명할 것이다.
42) 16-bit Windows 환경에서는 응용프로그램의 첫번째 instance와 두번째 이후에 생기는 instance 사이에 약간의 차이점이 있었지만, 32-bit Windows 환경에서는 응용프로그램의 첫번째 instance와 두번째 이후의 instance 사이에 다른 점이 전혀 없다.

2.3.4 Message Pump 점화하기: CWinApp::Run( )

마지막으로, WinMain( )은 CWinApp-derived 객체의 Run( )을 호출한다. Run( )은 message loop를 시작시킨다. 여러분은 곧 일반적인 GetMessage( )~DiapatchMessage( ) loop보다 더 많은 기능을 수행하는 Run( )를 만나게 될 것이다.

2.4 그 외의 숨겨진 사항들

message pump를 살펴보기 전에 2가지 사항에 대해서 먼저 살펴보도록 하자. (1) 하나는 분명하고 (2) 또 하나는 그리 분명하지 않다. 분명한 것은 window class(모든 Windows 응용프로그램은 적어도 하나의 window class를 등록해야 한다는 점)이고, 분명하지 않은 것은 Windows hook(어떻게 window procedure가 호출되고 동작하는가?)이다. 그럼 MFC window class(주43)를 먼저 살펴보도록 하자.

2.4.1 Window Class 등록하기

Windows 응용프로그램이 window를 화면에 보여주기 전에 응용프로그램은 적어도 하나의 window class를 Windows Operating System에 등록해야 한다. MFC 응용프로그램도 다른 Windows 응용프로그램과 마찬가지로 적어도 하나의 window class를 Windows에 등록해야 한다. window class는 window의 기본적인 형태(aspect)를 정의한다.(주44) 실제로 MFC는 4개의 표준 window class를 등록한다: (1) 정규 child window, (2) control bar window, (3) MDI frame window, 그리고 (4) SDI/MDI child window. 이들 window class 이름은 MFC version 번호, 응용프로그램의 statically linked library를 사용여부, 응용프로그램의 build mode(debug mode 또는 release mode)에 따라서 이름이 지어진다. 다음은 응용프로그램이 MFC 6.0을 사용하고, static linked library를 사용하지 않고 debug mode로 build될 때 사용되는 window class이다.

```
* AfxFrameOrView60d
* AfxControlBar60d
* AfxWnd60d
* AfxMDIFrame60d
```

43) window class는 c++ class와는 전혀 다른 의미의 용어임을 명심하기 바란다.
44) 여러 flag를 통해서 window의 모양을 정의하고, callback function을 통해서 window의 동작을 정의한다.

또한, MFC는 common control을 위한 새로운 window class를 가지고 있다.[주45]

MFC는 매우 재미있는 방법을 사용하여 window class를 등록한다. AFXIMPL.H에는 AfxDeferRegisterClass( )라는 macro가 정의되어 있다.

```
#define AfxDeferRegisterClass( fClass ) \
 (( afxRegisteredClasses & fClass ) ? TRUE : AfxEndDeferRegisterClass( fClass ))
```

우선 AfxDeferRegisterClass는 등록하고자 하는 window class가 이미 등록되어 있는지 검사한다. 전역 변수(global variable)인 afxRegisteredClass은 MFC의 bit 값을 사용하여 window class를 관리한다.

```
AFX_WND_REG             ( 0x0001 )
AFX_WNDCONTROLBAR_REG   ( 0x0002 )
AFX_WNDMDIFRAME_REG     ( 0x0004 )
AFX_WNDFRAMEORVIEW_REG  ( 0x0008 )
```

MFC는 window class 등록 과정을 최적화하기 위해 afxRegisteredClass를 사용한다. 이는 MFC가 많은 다른 장소에 window class를 등록하려 하기 때문에 매우 중요하다. 우선, AfxDeferRegisterClass( )은 해당 window class가 이미 등록되어 있는지를 판단한다. 만약 등록되었다면 TRUE를 반환한다. 그렇지 않다면 AfxDeferRegisterClass( )는 앞에 언급한 bit 값을 사용하여 그 window class를 등록한다.

[Version Note]

MFC 3.0에서는 AfxWinInit( )에서 모든 표준 window class를 등록하였다.

① AfxEndDeferRegisterClass( )

AfxDeferRegisterClass( )는 WNDCLASS 변수를 stack 영역에 생성하고, memset()을 사용하여 WNDCLASS의 모든 field를 zero로 설정한다. 그 다음 AfxDeferRegister( )는 WNDCLASS::lpfnWndProc를 DefWindowProc( )[주46]으로 초기화한다. 마치 이것은 응용프로그램이 어떠한 message를 받을 수 없도록 설정되는 것처럼 보이지만,[주47] MFC는 여러분의 응용프로그램으로 message를 직접 보내는 방법을 가지고 있다.[주48] 그 다음, AfxDeferRegisterClass( )

45) 새로운 window class에 대해서는 6장에서 자세히 다룬다.

46) 여기에서 DefWindowProc( )은 응용프로그램이 처리할 수 없는 message를 처리하기 위해 사용했던 DefWindowProc( )와 완전히 일치한다.

47) WNDCLASS::lpfnWndProc가 DefWindowProc( )으로 설정되면, Windows는 그 window에서 발생하는 모든 message를 DefWindowProc()에게 보내게 되므로, 마치 응용프로그램이 모든 message를 받지 못하는 것처럼 보일 수 있다.

은 window class의 hInstance handle(WNDCLASS.hInstance)을 현재의 instance handle로 설정하고, window class의 cursor(WNDCLASS.hCursor)를 정규 arrow cursor로 설정한다. 앞에서 설정된 값들은 모든 MFC window class에서 공통적으로 설정되는 값이다.

일단 window class 구조체인 WNDCLASS가 일반적인 설정으로 초기화되면 AfxEndDeferRegisterClass( )는 등록하려는 window class에 근거하여 WNDCLASS를 본격적으로 초기화한다. 만약 AfxEndDeferRegisterClass( )가 정규 window를 등록하려 한다면, 그 window class는 AfxWndXXXX(주49)라고 이름이 지어질 것이다. 이 경우 최소한의 window class style (WNDCLASS::style)이 설정된다: CS_DBLCLKS, CS_HREDRAW, 그리고 CS_VREDRAW. 그 외 다른 field는 NULL이나 zero로 설정된다. 이 window class는 CWnd::Create( )를 사용하여 생성된 CWnd 객체에서 사용된다.

만약 AfxEndDeferRegisterClass( )가 toolbar를 등록하려 한다면, window class의 이름은 AfxControlXXXX라고 지어질 것이다. MFC는 window class style을 꺼 버린다(turn off). 즉, WNDCLASS::style을 zero로 설정한다.(주50) 마지막으로, window class의 background brush를 button의 foreground color로 설정한다.

만약 AfxEndDeferRegisterClass( )가 MDI frame을 등록하려 한다면, window class의 이름은 AfxMDIFrameXXXX라고 지어질 것이다. AfxEndDeferRegisterClass()은 double click flag(CS_DBLCLKS)를 키고(turn on), background brush를 NULL로 설정한다. 그런 다음, AppWizard에서 제공된 default MDI frame icon을 window class에 등록한다.(주51) 만약 여러분이 MDI frame window의 icon을 바꾸고 싶다면, 여러분은 AFX_IDI_STD_MDIFRAME icon을 변경하기만 하면 된다.

마지막 window class인 SDI/MDI frame window는 AfxFrameOrViewXXXX라는 이름을 가진다. 이 window class의 style은 CS_DBCLKS, CS_HREDRAW, 그리고 CS_VREDRAW를 가진다. background brush는 window의 default color로 설정된다. 그 다음 AppWizard에서 제공된 default SDI frame icon을 window class에 등록한다.(주52) MDI frame window class와 마찬가지로, 만약 여러분이 frame icon을 변경하길 원한다면 응용프로그램 안에 있는 AFX_IDI_STD_FRAME icon을 변경하기만 하면 된다.

그럼, 언제 이 window class들이 등록되는가? 예전의 MFC version에서는 응용프로그램이 시작

48) 3장 : MFC 내에서의 Message 처리에서 더욱 자세히 살펴보게 될 것이다.
49) window class이름은 개발 환경에 맞추어 적절히 주어질 것이다.
50) 즉, control bar(toolbar와 status bar)가 WM_SIZE message를 받았을 때, control bar가 다시 그려질 필요가 없기 때문에 CS_HREDRAW와 CS_VREDRAW를 꺼 버린다.
51) 이 icon의 식별자(identifier)는 AFX_IDI_STD_MDI_FRAME이다.
52) 이 icon의 식별자는 AFX_IDI_STD_FRAME이다.

하는 부분에서 이들 window class들을 모두 등록하였다. 다음은 어떤 함수가 어떤 window class를 등록하는지 보여준다.

- CDialogBar::Create( ) AfxControlBar class를 등록한다.
- CDockBar::Create( ) AfxControlBar class를 등록한다.
- COleResizeBar::Create( ) AfxControlBar class를 등록한다.
- CView::PreCreateWindow( ) AfxFrameOrView class를 등록한다.
- CWnd::Create( ) AfxWnd class를 등록한다.
- CFrameWnd::PreCreateWindow( ) AfxFrameOrView class를 등록한다.
- CFrameWnd::LoadFrame( ) AfxFrameOrView class를 등록한다.
- CMDIFrameWnd::PreCreateWindow( ) AfxMDIFrame class를 등록한다.
- CSplitterWnd::CreateCommon( ) AfxMDIFrame class를 등록한다.

Microsoft는 응용프로그램이 시작할 때 모든 window class를 등록하기보다, 해당 window가 사용하기 위해 생성될 때 window class를 등록하기로 결정했다. 왜냐하면 window class를 등록하는 데는 많은 시간이 걸리므로, 사용하지도 않는 window class를 등록하는 데 시간을 낭비할 필요가 없기 때문이다.[주53] 바로 이것이 프로그램의 시동 시간을 최적화하는 방법이다.

2.4.2 MFC의 Windows Hook[주54]

AfxWinInit( )은 응용프로그램의 초기화를 담당하는 부분으로서 한 가지 흥미로운 일을 한다 : 2개의 hook을 설치한다.

첫번째 hook은 message filter hook[주55]이다. message filter hook은 dialog box, message box, menu, 또는 scroll bar에서 발생한 input event로 인한 message를 관찰(monitor)한다. MFC는 _AfxMsgFilterHook( )을 message hook으로 설치한다. 이 hook의 목적은 여러분이 다음 장에서 command/message-routing architecture를 살펴볼 때 분명해질 것이다.

두 번째 hook은 computer-based training[주56] application을 지원하기 위해 존재한다. 이 hook은 WH_CBT flag를 인자로 SetWindowsHookEx( )를 호출하여 설치한다.

53) 예를 들어, user interface를 가지지 않는 OLE control과 DLL의 경우는 몇 개의 window만 사용한다.
54) hook : Windows가 응용프로그램에게 message를 전달하기 전에 system message queue에서 message를 가로채는 과정.
55) message filter hook는 WH_MSGFILTER flag를 인자로 SetWindowsHookEx( )를 호출하여 설치한다.
56) computer-based training(CBT): 산업 교육 용어. computer를 일차적 교육 훈련의 매체로 활용하는 수업 체제로서, 전문가에 의해 설정된 다양한 형태의 교수-학습 환경을 computer를 통해 제공하는 교육 훈련의 형태를 말한다. 솔직히 역자는 CBT가 hook과 무슨 관계가 있는 지 모르겠다--;;

MFC는 computer-based training을 특별히 지원하지는 않는다. MFC는 단지 window가 생성되자 마다 hook할 수 있기 위해 이 hook을 설치한다. MFC는 CreateWindowEx( )가 반환되기 전까지 기다리지 않는다. 왜냐하면, 그전에 수많은 message가 보내지기 때문이다. 어떤 message가 그 window로 전달되기 전에 CWnd 객체는 hooking과 sub-classing(주57)를 해야 한다(왜냐하면 그 window로 message가 전달되면 그 window의 window procedure인 DefWindowProc( )가 그 message를 처리해 버린다. 따라서 message는 사라져 버린다). WH_CBT hook은 그것을 가능하게 한다. MFC는 응용프로그램이 Windows 환경하에서 동작하기 위해 필요한 과정을 분명히 수행한다. MFC는 프로그램의 출발점인 WinMain( )와 message handler를 제공하고 몇 개의 window class를 제공한다. 이제 MFC 응용프로그램이 해야 할 나머지 일은 message pump를 구동시키는 것이다. 이것은 CWinApp::Run( )에서 일어난다.

반면, sub-classing이란 window class에 등록된 window procedure를 교체해 주는 것을 의미한다. sub-classing을 통해서 개발자는 해당 window class의 동작을 제어할 수 있다. sub-classing은 SetWindowLong( )과SetClassLong( )를 통해서 구현할 수 있다.

2.4.3 MFC의 Message Pump : CWinApp::Run( )

MFC 3.0에서 선 보인 주요 특징 중 하나가 안정된 user interface thread이다(이전에는 user-interface code내에서 thread를 사용할 수 없었다(주58)). thread 안정성을 확립하기 위해, Microsoft는 2종류의 thread를 정의한다 : (1) 하나는 표준 Win32 thread 이고(다른 말로, worker thread), (2) 다른 하나는 MFC interface thread 이다. 이 2종류의 thread 모두 CWinThread에 의해서 encapsulation 화된다. work thread와 interface thread 사이의 가장 큰 차이점은 worker thread는 완전 선점형 thread라는 점이다. 즉, worker thread는 CreateThread( ) API에 의해서 생성된 진정한 Win32 thread임을 의미한다. 반면, interface thread는 단지 message pump(주59)일 뿐이다. CWinApp는 CWinThread로부터 파생되었기 때문에, CWinApp는 CWinThread에 있는 message pump를 상속받는다. 여러분은 CWinApp의 Run( )내에 구현된 message pump를 발견할 수 있을 것이다.

---

57) super-classing과 sub-classing : super-classing은 window class를 교체하는 것을 의미한다. 예를 들어, edit control은 edit라는 window class를 가지고 있다. 바로 이 window class를 새로 정의한 window class로 교체해 주는 것을 super-classing이라 한다. super-classing은 GetClassInfo( ),RegisterClass( )를 통해서 구현할 수 있다.
58) 10장에서 더욱 자세히 살펴볼 것이다.
59) message pump란 Windows의 정규 GetMessage()..DispatchMessage() loop를 의미한다.

WinMain()의 마지막 단계가 해당 응용프로그램의 Run()을 호출하는 것임을 명심하기 바란다. 이 시점에서, CWinApp-derived class는 message pump를 구동시키기 위해 단지 CWinThread의 Run()을 호출할 뿐이다. 만약 여러분이 CWinThread::Run()의 동작을 정확히 알기 원한다면, 곧장 10장을 살펴보기 바란다. 지금 당장 여러분이 알고 있어야 할 점은 모든 Windows 응용프로그램은 같은 방법을 사용해서 message를 처리한다는 점이다 : GetMessage(), TranslateMessage() 그리고 DispatchMessage()가 사용된다. 어찌 되었건, MFC는 다소 틀린 방법을 사용하여 message routing을 처리한다. window의 message를 여과(filtering)해 내기 위해 거대한 switch문을 사용하는 대신, MFC는 message map이라는 접근 방법을 사용한다. message map은 다음 장에서 살펴보게 될 것이다.
그럼, Windows 프로그램의 또 다른 기본 개념을 살펴보도록 하자: Graphics Device Interface(GDI).

2.5 MFC의 GDI 지원

Windows 응용프로그램을 작성하는 개발자에게 더욱 강요되고 있는 요구 사항 중에 하나가 graphics에 대한 지원이다. Windows는 풍부한 graphics tool을 가지고 있고, Win32 API에는 graphics를 지원하는 많은 함수들이 존재한다. 그리고 graphics에 대한 지원은 더욱 증가하고 있다. Windows의 근본적인 설계 목적 중 하나는 장치(device)와의 독립성(independency)을 유지하는 것이었다. 그것은 개발자로 하여금 실제로 rendering을 수행하는 device와 무관하게 graphics 함수를 사용할 수 있도록 해준다. 예를 들어 개발자는 같은 함수를 사용하여 screen, plotter 또는 printer에 그릴 수 있어야 한다. 이러한 API를 Graphics Device Interface라 한다.
GDI의 기본 아이디어는 Operating System이 다양한 device에 그리기 위한 공통된 함수(function)와 구조체(structure)를 지원한다는 것이다. 응용프로그램은 어떤 device(보통, screen이나 printer)상에 그리기 위해 GDI 함수를 사용한다. 어찌 되었건, Windows는 device로 직접 drawing command를 보내기보다는 device driver[주60]에게 보낸다. device driver가 drawing command를 받을 때, device driver는 물리적 장치(physical device)상에 rendering을 수행하는 데 필요한 모든 것을 한다. 각 device 제작사는 자신의 hardware와 Windows와 호환되는 driver를 제공하여야만 한다.
이 개념은 잘 동작하며, DOS에서 사용하는 방법보다 훨씬 좋다. 그렇다고 해서, GDI 프로그래밍이 세상에서 가장 쉬운 일이라는 것은 아니다. 사실, GDI 프로그래밍은 매우 지루하고 성가신 일이다. MFC는 GDI의 모순과 세부 사항을 감춤으로써 GDI 프로그램을 단순화하였다.

60) Windows와 물리적 장치(physical device) 사이에 위치한 software.

2.5.1 Device Contexts

GDI의 핵심은 device context이다. GDI의 바탕에는 개발자는 단지 표준 Windows API(Graphics Device Interface 함수)를 사용하고 나머지는 Windows가 알아서 처리한다는 개념이 깔려 있다. Windows graphics API는 그 중심에 device context라는 구조체가 존재한다. Windows 환경 하에서 여러분이 결과물을 출력하고자 할 때, 여러분은 device context로 출력물을 보내면 된다. device context는 screen을 나타날 수도 있고, 다른 device(printer나 plotter)를 나타낼 수도 있다. 프로그래밍 관점에서 보면, 결과물을 screen device context에 출력하건 printer device context에 출력하건 여러분은 같은 API를 사용하게 되는 것이다.

device context는 graphics 객체(주61)와 관련 속성(attribute), 그리고 출력 결과에 영향을 주는 graphic mode(주62)를 정의한다.

물론 MFC는 device context를 표현하는 여러 가지 class를 가지고 있다. MFC는 다양한 종류의 device context를 정의한다 : painting을 위한 DC(CPaintDC), window의 전체 영역을 표현하는 DC(CWindowDC), window의 client 영역을 나타내는 DC(client DC), 특별한 metafile을 위한 DC(CMetaFileDC).

MFC가 device context를 지원하는 방법은 정규 window handle을 지원하는 방법과 매우 유사하다. 즉, MFC device context class들은 모든 Windows device context handle(HDC)을 포장(wrap)한다. window handle과 관련된 API 함수와 마찬가지로, HDC를 첫번째 인자로 가지는 Windows API 함수는 아마 device context class의 member function 중 하나에 포장되었을 것이다.

게다가 MFC는 HDC와 해당 CDC-derived class 사이의 연계(map)를 관리한다. 그 연계(map)는 AFX_MODULE_THREAD_STATE의 member이다. CDC는 FromHandle( )이라는 member function을 가지고 있다. FromHandle( )은 명시된 HDC와 연계된 CDC-derived 객체를 반환한다.

① CDC Class의 내부

여러분이 예상하는 것처럼, CDC class는 HDC형(type)(주63) member variable을 가지고 있다 : m_hDC. 그 member variable은 실제의 device context handle을 나타낸다. 어찌 되었건, CDC는 HDC형 member variable을 하나 더 가지고 있다 : m_hAttribDC.(주64) 보통 이 device context

---

61) 예를 들어 pen, brush, 그리고 bitmap 따위.
62) graphic mode에는 background mode와 mapping mode 따위가 있다.
63) 이 책에서는 type을 형(형태)으로 번역한다.
64) 보통 m_hAttribDC은 device context에 대한 정보를 요구하는 CDC member function에서 사용된다.

handle은 m_hDC와 일치한다.
또한 CDC 생성자(constructor)는 매우 간단하다 : CDC 생성자는 단지 member variable(m_hDC, m_hAttribDC, 그리고 m_bPrinting)을 NULL이나 FALSE로 초기화한다. CDC::Attack( )는 전달된 인자로 CDC::m_hDC를 설정하고 HDC와 C++ 객체를 연계(map)시킨다. CDC::Detach( )는 HDC와 C++ 객체를 분리한다.
CDC는 context device 관련 API를 포장하는 것 외에도 HDC와 아무런 관련이 없는 몇몇 함수도 가지고 있다. 예를 들어 CDC member function중에는 인쇄(print)와 관련된 Windows API 함수가 있다.[주65]
마지막으로, CDC의 파괴자(destructor)는 DeleteDC( )를 호출한다. 여러분이 DC를 다 사용하고 나서 DC를 지우는 것은 매우 중요하다. 그 이유는 device context를 제공하는 데에는 한계가 있기 때문이다. 여러분은 DC를 사용하고 나서 지우는(delete) 것을 잊지 않기를 당부한다.

② CDC의 파생물

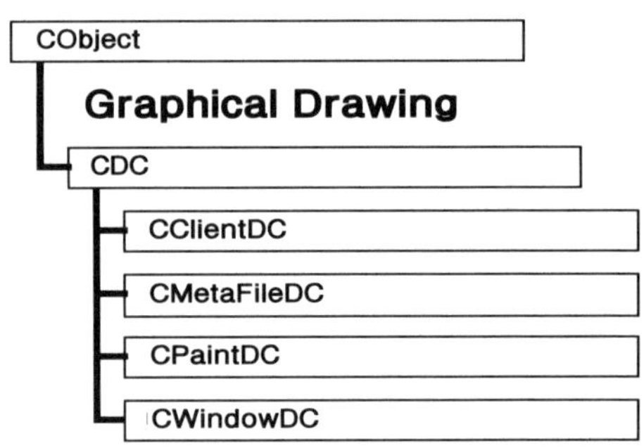

Figure 2-3 Hierarchy chart of MFC Context Device classes

MFC는 CDC에서 특별한 device context를 파생한다 : CPaintDC, CWindowDC, CClientDC, 그리고 CMetaFileDC.

- CPaintDC 이 class는 painting이 일어날 때마다 사용된다. 이 class는 BeginPaint( )를 호출하여 얻는 device context와 같다. CPaintDC의 생성자는 CWnd형(type) pointer를 가지고, BeginPaint( )를 호출하여 device context를 생성하고, 이것을 device context map에 첨부한다. CPaintDC의 파괴자(destructor)는 EndPaint( )를 호출하고 device context

65) 이에는 Start( ), EndDoc( ), 그리고 Escape( )가 포함된다. 인쇄(print)와 관련된 함수에 대해서는 8장에서 더욱 자세히 살펴보게 될 것이다.

handle을 map에서 분리한다.

- CWindowDC 이 class는 전체 window 영역(주66)을 나타낸다. CWindowDC의 생성자는 CWnd형을 인자로 가지고, GetWindocDC( )를 사용하여 전체 window 영역을 나타내는 device context를 생성한다. CWindodDC의 파괴자는 ReleaseDC( )를 호출한다.
- CClientDC 이 device context는 window의 client 영역을 나타낸다. 마찬가지로 CClientDC의 생성자도 CWnd형 pointer를 인자로 가진다. CClient는 GetClientCD를 사용하여 client 영역을 나타내는 device context를 생성한다. CClientDC의 파괴자는 ReleaseDC( )를 호출한다.
- CMetaFileDC MFC는 metafile device context를 포장하는 CMetaFileDC라는 class를 정의한다. metafile DC의 생성에는 두 단계를 거친다. : (1) CMetaFileDC를 생성한다. (2) metafile을 생성하기 위해 CMetaFile::Create( )를 호출하고 CMetaFile의 member variable을 초기화한다. CMetaFileDC의 파괴자는 DeleteMetaFile( )를 호출한다.

device context는 단지 Windows graphics에 대한 절반의 이야기일 뿐이다. Windows graphics에 대해서 더 많이 알고 싶다면, 여러분은 그리기(drawing) 위해 어떤 종류의 tool을 사용할 수 있는지 알아야만 한다. 그 tool들은 MFC에 의해서 class로 표현된다.

2.5.2 Graphic Objects

Windows 환경에서 device context는 mapping mode를 비롯한 그리기 위해 필요한 모든 정보를 관리한다. device context 말고, GDI의 또 다른 조각은 device context에 의해서 사용되는 graphics object이다. device context는 장치(device)상에서 image를 rendering할 때 사용되는 tool들에 대한 정보를 관리한다. 이 tool들에는 font, pen, 그리고 brush 등이 포함된다.
GDI 객체를 위해, MFC는 CGdiObject라는 base class와 drawing tool을 포장하는 여러 가지 class를 지원한다 : CPen, CBrush, CFont, CBitmap, CPalette, 그리고 CRgn.

66) 전체 window 영역이란 client 영역과 frame 영역 모두를 의미한다.

① CGdiObject

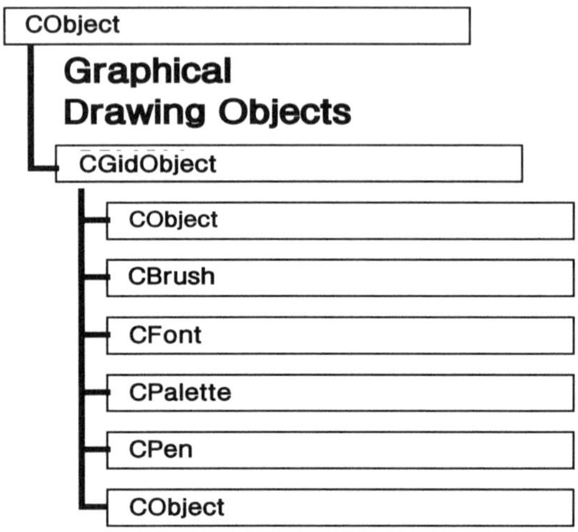

Figure 2-4 Hierarchy chart of MFC Graphic Object classes

CGdiObject은 GDI 객체에 대한 base class이다. GDI 객체에 대한 MFC의 지원은 window handle과 유사하다. GDI 객체는 handle에 의해서 정의되고 MFC는 GDI 객체와 MFC class의 연계(map)를 관리한다. CGdiObject는 그 연계를 관리하는 member function을 가지고 있다. CGdiObject는 FromHandle( )뿐만 아니라 Attach( ) 그리고 Detach( )를 가지고 있다.

CGdiObject는 m_hObject라는 member variable을 가지고 있다. m_hObject은 GDI 객체의 handle을 나타낸다. 이 handle은 brush, pen, font, bitmap, palette, 그리고 region의 handle일 수 있다.

window handle과 context device handle과 마찬가지로, MFC는 GDI 객체와 MFC class 객체상의 연계(map)를 관리한다. 또한, CGdiObject의 member function에는 그 연계를 Attach/Detach 하는 함수와 GDI 객체의 handle을 얻어내는 함수가 포함되어 있다. GDI 객체와 handle과의 연계(map)는 앞에서 설명한 AFX_MODULE_STATE 구조체에서 관리된다.

아마 여러분은 다 사용한 GDI 객체를 지워버리지(delete) 않은 것이 무척 많을 것이다. resource 누수(leak)는 악(惡)과도 같다. resource는 사용한 후, 반드시 깨끗이 지워버려야 한다. GDI 객체도 예외는 아니다. 다행스럽게도 CGdiObject의 파괴자는 DeleteObject( )를 호출하여 resource 누수(leak)를 막아준다.

MFC는 CGdiObject에서 6개의 GDI 객체를 파생해 낸다 : CPen, CBrush, CFont, CBitmap, CPalette, 그리고 CRgn.

- CBitmap Windows bitmap 객체(HBITMAP)를 포장하고, bitmap을 생성하고, 읽어 들이고 (loading), 관리하는 API함수를 member function으로 가진다.
- CBrush Windows brush 객체(HBRUSH)를 포장하고, brush를 생성하는 API함수를 member function으로 가진다.
- CFont Windows font 객체(HFONT)를 포장하고, font를 생성하고 관리하는 API함수를 member function으로 가진다.
- CPalette Windows palette 객체(HPALETTE)를 포장하고, palette를 생성하고 사용하는 API함수를 member function으로 가진다.
- CPen Windows pen 객체(HPEN)를 포장(wrap)하고, pen을 생성하는 API함수를 member function으로 가진다.
- CRgn Windows region 객체(HRGN)를 포장하고, region을 관리하는 API함수를 member function으로 가진다.

여러분은 device context안에서 GDI 객체를 선택한 후, 그 객체를 사용할 수 있다. 예를 들어, client 영역에 파란 줄(blue line)을 그리려 한다면, 다음과 같이 OnPaint( )를 사용할 수 있다.

```
CMyWnd::OnPaint()
{
      CPaintDC    paintDC( this );
      CPen*       pOldPen;
      CPen        bluePen( PS_SOLID, 25, RGB( 0, 0, 255 ));

      pOldPen = paintDC.SelectObject( &bluePen );
      paintDC.MoveTo( 1, 1 );
      paintDC.LineTo( 100, 100 );
      paintDC.SelectObject( pOldPen );
}
```

2.6 결 론

지금까지 여러분은 MFC가 Windows 응용프로그램을 위해 지원하는 기본적인 사항에 대해 살펴보았다.
모든 Windows 응용프로그램은 올바로 동작하기 위해 공통된 과정을 수행한다. 게다가 이들 과정은 응용프로그램이 개발된 환경에 관계없이 항상 일치한다. MFC는 boilerplate code 전부를

처리한다 : C/SDK로는 90줄 정도 되지만, C++과 MFC로 30줄 정도 된다. MFC는 Windows 응용프로그램의 기본적인 2부분을 CWinApp와 CWnd에서 처리한다.

어찌 되었건, MFC는 boilerplate code 그 이상의 일을 처리한다. 다음 장(3장)에서는 MFC의 message-mapping architecture에 대해서 자세히 설명한다. 4장에서는 MFC의 utility class에 대해서 알아보고, 5장에서는 CObject class, 6장에서는 dialog와 control에 대한 MFC의 지원 방법에 대해서, 그리고 7장과 8장에서는 MFC의 document/view architecture에 대해서 알아본다.

3장 MFC에서의 Message 처리

앞에서 여러분은 Windows 응용프로그램의 가장 중요한 부분을 살펴보았다 : 바로 응용프로그램 그 자체다. 그 부분에서 응용프로그램은 다양한 초기화작업을 수행하고, main window를 보여주고, message pump를 구동시킨다.

정규 C/SDK 프로그램에서 message가 어떻게 처리되는지 알아 내는 것은 그리 어렵지 않다 : 단지 window procedure에 있는 거대한 switch문을 살펴보기만 하면 된다. 어찌 되었건, 여러분은 MFC 프로그램 안에서 window procedure나 거대한 switch문을 찾지는 못했을 것이다. 그럼, MFC는 message를 어떻게 처리한단 말인가? 응용프로그램이 초기화될 때, 각 window class[주1]는 같은 callback function[주2]을 사용한다 : DefWindowProc( ). 그럼, 어떻게 하나의 callback function을 가지고 응용프로그램내의 모든 window를 담당할 수 있단 말인가? 게다가, DefWindowProc( )은 그리 많은 일을 하지도 않는다.[주3] 왜 DefWindowProc( )을 window class에 등록하는 것일까? 그 해답은 MFC의 message 처리 방법을 공부하다 보면 알게 된다.

[callback function이란]

callback function이란 OS(또는 System)에 의해서 호출되는 함수를 지칭한다(용어상으로만 따져 보자. 응용프로그램에 의해서 함수가 호출되는 경우를 forward라 한다면, OS에 의해서 함수가 호출되는 경우는 backward라 할 수 있을 것이다.^^;;). callback function의 형식은 OS에 의해서 정의되어 있으며, 개발자는 그 형식에 맞추어 callback function을 정의하고 그 함수의 pointer를 등록하면 된다.

예를 들어 보자.

```
LRESULT CALLBACK WndProc( HWND hWnd, UINT iMsg, WPARAM wParam, LPARAM lParam)
{
        //..
}

SomeFunction(...)
{
        WNDCLASSEX wndClass;
          wndClass.cbSize     = sizeof( wndClass );
```

1) window class는 c++ class와는 다른 의미임을 다시 한 번 명심하기 바란다.
2) callback function : 이 장에서는 callback function의 진정한 의미를 떠나 message handler나 window procedure 거의 같은 의미로 사용되고 있다.
3) DefWindowProc( )의 주된 목적은 어떠한 window procedure에서도 받아주지 않은 왕따(?) message를 처리하는 것이다.

```
        wndClass.lpfnWndProc  = WndProc; // window procedure로써의 callback function등록.
        RegisterClassEx( &wndClass );
}
```

앞의 code는 WndProc이라는 window procedure를 typedef LRESULT(CALLBACK WNDPROC)(HWND, UINT, WPARAM, LPARAM)이라는 형식에 맞추어 정의한 후, 그 함수를 window class에 등록하는 과정을 보여준다. 따라서 그 window에 어떤 event가 발생하면, Windows는 등록된 함수 pointer가 가리키는 함수를 호출한다.
잠깐, CALLBACK이라는 keyword에 주목하자. CALLBACK은 WINDEF.H 안에 다음과 같이 정의되어 있다.

```
#define CALLBACK   __stdcall
```

그럼, __stdcall의 의미는 무엇인가? __stdcall은 Pascal 언어에서 사용하는 표준 함수 호출방식을 사용한다는 의미다. 즉, 호출자는 callback function의 stack 영역에 인자를 복사한 후 callback function을 호출한다. 호출된 callback function은 return되기 전에 인자가 저장된 자신의 stack 영역를 해제한다(반면, __cdecl은 C 언어에서 사용하는 함수 호출방식을 사용한다는 의미다. 즉, 호출자는 자신의 stack 영역에 인자를 저장한 후 function을 호출한다. 호출된 function이 return된 후, 호출자는 인자가 저장되었던 자신의 stack 영역을 해제한다).
그럼, callback functioin이 _stdcall 방식을 사용하는 이유는 무엇인가? 간단히 설명하면, 호출된 callback function은 잘못되어도, 호출자인 OS가 죽어서는 안 되기 때문이다. 즉 호출자(OS)와 callback function은 서로 다른 stack 영역을 가지고 있으므로, callback function이 자신의 stack 영역의 memory를 해제하는 도중에 치명적인 오류가 발생하더라도 호출자(OS)는 거뜬히 살아 남을 수 있다.
더 자세한 정보를 원한다면, www.iamkimjin.com을 방문해 보시라.^^

[명언]

오늘의 실패는 지난날의 허비한 시간들의 복수다(나폴레옹).

3.1 CCmdTarget과 Message Map

기본적으로, MFC의 message 처리 구조는 2가지 요소로 이루어진다 : (1) CCmdTarget와 (2) message map. 일반적인 MFC는 C/SDK 응용프로그램과 같은 message 처리 기능을 구현하기 위해 이 두 요소가 함께 사용된다. 또한, 일단 여러분이 message map을 이해하고 나면 비슷한 기술을 사용하는 COM(Component Object Model), Automation, 그리고 OLE control event를 MFC가 어떻게 구현하고 있는가를 대략적으로 알 수 있게 될 것이다.
첫번째 MFC version이 Microsoft C version 7.0과 함께 나온 후, message map은 MFC의 특징이 되어 왔다. message map은 window procedure와 이를 처리하는 code를 연결함으로써,

C/SDK에서 사용되던 거대한 switch문을 대체하는 역할을 한다.

message map의 동작 원리를 이해해야 하는 몇 가지 중요한 이유가 있다.

1) MFC 내부사항에 대한 호기심을 만족시킬 수 있다.
2) MFC 프로그램의 코드가 왜 그렇게 배치되어 있는가를 알게 될 것이다(예를 들어 왜 DECLARE_MESSAGE_MAP은 class header에 배치되며, BEGIN_MESSAGE_MAP/END_MESSAGE_MAP을 class 구현부분(implementation)에 배치되는지 알게 될 것이다).
3) message map 구문(syntax)을 좀더 잘 이해하게 될 것이다.
4) MFC에 대한 전체적인 윤곽을 좀더 구체적으로 잡을 수 있게 될 것이다.

이 장에서 MFC message map을 상세히 분석하고 나면, 여러분은 다음을 이해하게 될 것이다.

1) message map이 C/SDK 프로그램의 과거 표준 C/SDK의 switch문을 어떻게 대체하는가.
2) message map은 어떠한 구조로 이루어져 있는가.
3) message map은 정확하게 어떻게 작동하는가.
4) application framework상에서 message는 어떻게 흘러가는가.

message map이 생겨난 근본적이 이유와 message map 자체를 완전히 이해하기 위해 window message 처리가 어떻게 발전해 왔는지 이해하는 것은 매우 중요하다. 우선 window message의 형태를 살펴보고, 일반적인 C/SDK 응용프로그램에서 그 message를 어떻게 처리하는지 살펴보도록 하자. 다음으로, MFC가 window message를 처리하기 위해 가상 함수(virtual function)대신에 message map을 사용하는 이유에 대해서 살펴보도록 하자. 마지막으로, message map을 세세히 분석한 후 framework상에서 정규 window message와 command message(주4)가 어떻게 동작하는지 추적해 보자.

3.2 Window Message(주5)

Windows는 event-driven 환경의 운영 체제(OS, Operating System)이다. 흥미로운 일이 일어날 때마다(예를 들어, mouse가 움직일 때), Windows는 event를 검출하고 Windows는 해당 응용프로그램으로 이러한 정보를 전달한다. 이러한 event에 관한 정보를 message라 부른다. 이 경우의

---

4) command message : menu나 다른 UI(User Interface) 객체로부터 생성된 message.
5) 원문에서는 Windows message와 window message를 혼용하여 사용하고 있다. MSND에는 WM_가 분명히 window message의 약자로 명시되어 있다. 따라서 이 책에서는 window message로 통일한다.

message는 WM_MOUSEMOVE message이다. 특정 window에 중요한 message라면 그 window는 그 message를 처리해야 한다. 예를 들어 Windows가 어떤 window의 menu item을 선택하는 event가 발생했음을 검출하면, Windows는 그 정보를 해당 window의 message handler에게 넘겨준다.

모든 window message는 기본적으로 같은 형태를 가지고 있다. 즉, window message는 3가지의 요소로 구성된다 : (1) 실제의 message를 나타내는 unsigned integer, (2) WPARAM(word 크기 인자),[주6] 그리고 (3) LPARAM(4 byte 인자). Microsoft는 이러한 일반적인 방식으로 window message를 정의했는데, 이는 Windows가 각각의 message에 대한 특별한 경우들을 알 수 없기 때문이다. 이는 각각의 message가 다형적인 동작(polymorphic behavior)을 취함을 의미한다. 즉, window message는 발생하는 많은 동작들에 대한 단 하나의 interface이다.[주7]

이러한 3가지의 요소 중에서 unsigned integer는 항상 실제의 message를 나타낸다. 그러나 WPARAM과 LPARAM은 다양한 의미를 포함하는 정보를 가진다. 사실, window message의 LPARAM은 message를 처리하기 위해 요구되어지는 추가적인 데이터를 포함하거나 데이터 구조를 가리킨다.

전형적인 message인 WM_COMMAND message를 예로 들어 보자. WM_COMMAND는 다음과 같은 경우에 항상 window로 보내진다 : (1) menu item이 선택된 경우, (2) control이 parent window로 notification code를 보내는 경우, 또는 (3) 눌려진 가속키(accelerated key)가 번역(translation)되는 경우. WPARAM의 하위 word는 control의 식별자 값을 나타낸다. WPARAM의 상위 word는 notification code인데, 이는 user가 그 control을 double click했는가를 나타낸다. LPARAM은 그 message를 보내는 control의 window handle을 나타낸다.

이것은 다만 WM_COMMAND message와 관련될 때 포함되는 정보이다. 다른 message들은 그들의 WPARAM과 LPARAM 인자에 다른 정보를 포함할 수 있다. 따라서 message나 그 인자가 의미하는 바를 추적하는 것은 매우 어려운 일이다.

Windows는 nanosecond 주기로 message를 계속 발생시킨다.[주8] 따라서 프로그램은 message에 대한 적절한 동작을 수행하기 위해서는 message를 여과(filtering)[주9]하는 방법을 가질 필요성이 있다. 과거의 SDK 시대에는 message를 해석하는 switch문을 가진 window procedure가 이러한 일을 수행했다.

---

6) WPARAM은 Win32 환경에서는 32비트이다.

7) 예를 들어, 같은 WM_MOUSEMOVE일지라도, 어떤 WM_MOUSEMOVE는 drag-and-drop일 때 발생한 것이고, 또 어떤 WM_MOUSEMOVE은 그림을 그리는 동작일 수 있다.

8) 10억분의 1초 : 거짓말이다. CPU가 명령어 하나를 처리하는 데 보통 20~50 clock을 소비한다고 한다. 따라서 1GHz의 CPU라 해도 10억분의 1마다 message를 발생한다는 것은 불가능하다. 저자는 Windows가 아주 빨리 message를 발생한다고 강조하기 위해 nanosecond라는 용어를 사용한 듯하다.

9) 여기서 말하는 여과(filtering)는 불순물을 제거한다라는 의미가 아니라, message를 적당한 처리 장소로 분배해 준다는 의미이다.

3.2.1 C와 SDK를 사용한 message 처리

message pump는 Windows 프로그램의 핵심이다. message pump는 message들을 모으고 적절한 message handler로 message를 보내는 고정된 loop이다. 다음은 전형적인 message pump를 보여준다 :

```
while (GetMessage(&msg, NULL, NULL, NULL)) {
      TranslateMessage(&msg); /* Translates virtual key codes */
      DispatchMessage(&msg);  /*  Dispatches message to window */
}
return (msg.wParam); /* Return the value from PostQuitMessage */
```

C/SDK 프로그램이 시작할 때 RegisterClass( ) API 함수와 WNDCLASS 구조를 사용해서 적어도 하나의 window class를 등록한다. WNDCLASS는 window에서 사용할 배경 brush와 icon과 같은 정보뿐만 아니라, window message를 다루는 callback function(즉, window procedure)의 pointer를 포함한다. Windows는 해당 window가 처리해야 할 message가 발생할 때마다, WNDCLASS의 lpfnWndProc field[주10]가 가리키는 함수를 호출한다.

전통적인 C/SDK 프로그램에서 message handler는 결국 window message를 여과(filtering)하는 거대한 switch문이 되고 만다. 예를 들어 그림 그리기(Image Drawer) 프로그램이면 mouse와 관련된 message에 관심이 있을 것이 분명하다. Windows가 mouse의 left button이 눌리고 있음(WM_LBUTTONDOWN)과 mouse의 이동(WM_MOUSEMOVE)을 검출하여 응용프로그램에게 알려주면, 응용프로그램은 WM_LBUTTONDOWN에 대해서는 사용자가 선을 그리려 하고 있다라고 해석하고 WM_MOUSEMOVE에 대해서는 그 지점에 pixel을 그린다라고 해석할 것이다.

전통적인 C/SDK 프로그램에서 switch문은 개발자의 의욕을 잃게 만들곤 한다. 보통의 C/SDK switch 문은 Listing 3-1과 같다.

Listing 3-1 A typical C/SDK window procedure

```
LRESULT EXPORT WINAPI WndProc( HWND    hWnd,
                               UINT    message,
                               WPARAM  wParam,
                               LPARAM  lParam)
{
      LONG lRet = 0L;
```

10) field : 구조체(structure)내에 선언된 각 변수를 지칭한다. class의 경우는 member data(variable)라 불린다. 이 책 전반에 걸쳐서 field라는 용어를 member data라는 용어와 구별하여 사용할 것이다. 부디 혼동이 없길.^^;;

```
        switch (message) {
            case WM_CREATE:
                HandleCreate(hWnd, wParam, lParam);
                break;

            case WM_COMMAND: {
                switch (wParam) {
                    case IDM_ABOUT:
                        HandleAbout(hWnd);
                        break;

                    case IDM_EXIT:
                        DestroyWindow(hWnd);
                        break;
                    default:
                        break;
                }
            }
            break;
        case WM_PAINT: {
            PAINTSTRUCT ps;
            HDC         hdc;

            hdc = BeginPaint(hWnd, &ps);
            EndPaint(hWnd, &ps);
        }
        break;
        case WM_DESTROY:
            PostQuitMessage(0);
            break;
        default:
            lRet = DefWindowProc(hWnd, message, wParam, lParam);
            break;
        }
        return lRet;
    }
```

이 switch문은 몇 개의 층(layer)으로 구성되어 있음을 유념해야 한다. 예를 들어 일단 WM_COMMAND message를 발견하면, 그 command에 대한 더 많은 정보를 알기 위해서 wParam을 검사할 필요가 있다.

아마 여러분 중 대다수는 위와 같은 방식으로 switch문을 다루기를 원하지 않을 것이다. 이것은 너무나도 빨리 거대해져서 다루기가 힘들어진다. 그리고 새로운 message가 추가됨에 따라

switch문이 몇 페이지로 늘어날 것이고, 따라서 여러분은 새로운 case를 어디에 놓아야 할지 모르게 될 것이다. 또한 실수로 break문을 생략하는 것은 큰 오류를 불러일으킬 수 있는 요지가 있다. C/SDK Windows 프로그램은 이러한 방식으로 message를 처리한다. 그럼, C++프로그램에서 message를 어떻게 처리할 수 있는지 알아보도록 하자.

3.2.2 Windows와 C++

window message를 다루기 위해서 C++ class를 어떻게 사용할 수 있는지 살펴보도록 하자. C++ 프로그래머가 다형성(polymorphism)이라는 단어를 들을 때, 대개 곧바로 가상 함수(virtual function)를 떠올린다. 언뜻 보기에 가상 함수를 통해서 window message를 다루는 것이 이치에 맞는 것처럼 보인다. window를 담당하는 base class를 만들고 window가 받아들일 수 있는 각각의 가능한 message에 대한 virtual member function을 제공할 수 있다.

이러한 방법을 사용하는 것이 C++과 OOP의 원리와 일치한다고 할지라도 이러한 접근방법에는 분명 문제가 있다. 가상함수는 class에 동반되는 가상 함수 테이블(vtable, virtual table)을 통해서 구현됨을 기억하라. 게다가 그 class로부터 파생된 모든 일련의 class는 vtable의 복사본을 가진다. vtable의 각각의 entry는 4 byte pointer이다. 즉, vtable의 크기는 가상함수가 처리할 필요가 있는 message의 수에 4(4 byte pointer)를 곱한 결과이다. 결국 각각의 class는 vtable에 대한 거대한 추가 오버헤드를 가지게 된다.

가상 함수를 통해서 window의 다형적인 행동(polymorphic behavior)을 구현하는 데 또 다른 문제가 있다. window message의 수와 종류는 시시각각 바뀐다. 이러한 message에 대하여 message handler로 가상함수를 사용하는 것은 message가 변경될 때 코드를 쓸모 없도록 한다. 가상함수를 통해서 message를 다룸으로써 발생하는 이러한 문제를 극복하기 위해서 Microsoft는 효율적이고, 확장 가능하고, 컴파일러(compiler)에게 의존적이지 않는 message 처리 방법을 개발했다. 이러한 방법을 message map이라고 한다. 가장 상위 수준(high level)에서 message map은 간단하게 window message와 command를 class의 member function과 연계(map)시켜 준다. 그럼, MFC 응용프로그램에서 message map이 어떻게 동작하는지 살펴보도록 하자.

3.3 MFC Message Map의 내부

MFC의 message map 기술은 2부분으로 구성된다. : (1) CCmdTarget class와 (2) message map.

CCmdTarget는 window message나 command 또는 2가지 모두를 지원할 필요가 있는 객체를 위한 기본이 되는 class이다. message map은 window message와 그 message를 처리하는 class의 member function과 연계시켜 주는 기술이라고 할 수 있다. message map 자료 구조와 message map macro는 message map 시스템의 중요한 2가지 부분이다.

3.3.1 CCmdTarget class

message를 받는 class는 CCmdTarget으로부터 파생되어야 한다. CCmdTarget에서 파생된 class는 message map을 처리하기 위해 필요한 도구와 기능을 갖추게 되는 것이다. CCmdTarget으로부터 파생된 어떠한 class도 message map을 사용할 수 있다. MFC 계층도를 살펴보면, CCmdTarget으로부터 파생된 class가 많음을 알게 된다(예를 들어 CWnd, CDocument, CWinApp 등등).

3.3.2 Message Map 자료 구조

실제로 message map을 보기 전에 MFC의 message map을 구현하기 위하여 사용된 2가지의 자료 구조를 잠깐 살펴보기로 하자.

첫번째의 구조는 AFX_MSGMAP_ENTRY이다. 이 구조는 message map table 내의 실질적인 entry를 나타낸다 :

```
struct AFX_MSGMAP_ENTRY
{
        UINT        nMessage;
        UINT        nCode;
        UINT        nID;
        UINT        nLastID;
        UINT        nSig;
        AFX_PMSG    pfn;
};
```

다음은 AFX_MSGMAP_ENTRY의 각 field에 대한 설명이다.

1) 첫번째 field(nMessage)는 시스템을 통해서 들어오는 window message를 나타낸다. 이것은 C/SDK 기반 프로그램의 거대한 switch문에서 나타났던 것과 같은 message이다.
2) 두번째 field(nCode)는 제어 코드(control code)나 WM_NOTIFY 코드를 나타낸다 : 이 field는 MFC 3.0에서 새롭게 추가된 field이다.

3) 세번째 field(nID)는 그 message를 생성한 control ID를 의미한다.
4) 네번째 field(nLastID)도 MFC 3.0에서 새롭게 추가된 것이다. 이것은 control 식별자(identifier)의 범위를 나타내는 entry를 위해서 사용된다.
5) 다섯번째 field(nSig)는 그 message를 다루는 함수의 signature[주11]를 표시한다.
6) 마지막 field(pfn)는 message를 처리하는 함수를 가리킨다.

두번째 구조는 AFX_MSGMAP이다. AFX_MSGMAP 구조는 실질적인 message map을 나타낸다 :

```
struct AFX_MSGMAP
{
	const AFX_MSGMAP*       pBaseMap;
	const AFX_MSGMAP_ENTRY* lpEntries;
};
```

이 구조는 2가지 요소로 이루어 진다. : (1) 또 다른 AFX_MSGMAP 구조체의 pointer(실제로, base class의 message map)와 (2) AFX_MSGMAP_ENTRY 구조체의 배열. 이 구조가 linked list로 어떻게 유지되는지 유의해서 보도록 하자. message map은 기본적으로 AFX_MSGMAP_ENTRY 구조의 배열이다. 응용프로그램에서 사용된 각각의 class 계층은 message map의 linked list를 유지한다. MFC는 이와 같이 message map의 상속을 구현하고 있다. 만약 message가 현재 class의 message map에 의해서 처리되지 않는다면, framework는 base class의 message map을 검사한다. 기본적으로, framework는 그 message를 다루는 함수를 발견할 때까지 base class를 향해서 거꾸로 message map을 추적해 올라간다.

3.3.3 Message Map Macro

MFC는 message map을 생성하기 위해 3가지의 macro를 제공한다 : DECLARE_MESSAGE_MAP, BEGIN_MESSAGE_MAP 그리고 END_MESSAGE_MAP. 이러한 macro는 CCmdTarget을 기본으로 하는 class를 위해서 message map을 정의하고 구현하는 코드로 확장된다. class 내에서 message map을 사용하려면 class 정의(확장자 .H file)에는 DECLARE_MESSAGE_MAP을 포함하고, class 구현(확장자 .CPP file)에는 BEGIN_MESSAGE_MAP/END_MESSAGE_MAP 그

11) 함수 signature : 함수의 이름을 제외한 return value, calling convention, parameter 모두를 지칭하는 용어이다. 예를 들어, LRESULT WINAPI WndProc(HWND hWnd, UINT msg, WPARAM wParam, LPARAM lParam) 일 경우, WndProc은 다음과 같은 함수형으로 정의될 수 있다.
typedef LRESULT(WINAPI* WNDPROC) (HWND, UINT, WPARAM, LPARAM)

리고 message map정보를 포함해야 한다.
AFXWIN.H에 정의된 DECLARE_MESSAGE_MAP은 다음과 같다.

```
#define DECLARE_MESSAGE_MAP( )
private:
      static    const AFX_MSGMAP_ENTRY    _messageEntries[ ];
protected:
      static    const AFX_MSGMAP          messageMap;
      virtual   const AFX_MSGMAP*         GetMessageMap( ) const;
```

class 선언에서 DECLARE_MESSAGE_MAP을 사용하면, class에 대하여 3가지가 정의된다 : (1) _messageEntries라는 AFX_MSGMAP_ENTRY 배열, (2) messageMap이라는 AFX_MSGMAP 구조, 그리고 (3) 그 class의 message map을 꺼내오는 함수[GetMessageMap( )]. message map entry(_messageEntries) 그리고 message map(messageMap)은 static으로 선언된다. 이것은 그 class의 모든 객체에 대하여 하나의 _messageEntries 배열과 하나의 messageMap만이 존재함을 의미한다.
여기에 CView에서 파생된 message map을 포함하는 CTestView라는 class를 살펴보도록 하자. 전처리기(preprocessor)는 이 message map macro를 이용하여 message map을 지원하는 code를 생성한다. C++ code는 다음과 같다 :

```
class CTestView : public CView
{
      //
protected:
      //{{AFX_MSG(CTestView)
      afx_msg void OnFileNew();
      afx_msg void OnLButtonDblClk(UINT nFlags, CPoint point);
      //}}AFX_MSG
      DECLARE_MESSAGE_MAP()
};
```

전처리기는 다음과 같은 class 정의를 생성한다.

```
class CTestView : public CView
{
//
protected:
      afx_msg void OnFileNew();
      afx_msg void OnLButtonDblClk(UINT nFlags, CPoint point);
private:
```

```
      static const AFX_MSGMAP_ENTRY _messageEntries[];
protected :
      static const AFX_MSGMAP        messageMap;
      virtual const AFX_MSGMAP* GetMessageMap() const;
}
```

일단 class가 정의되면, 2개의 macro로 마무리 작업을 한다 : BEGIN_MESSAGE_MAP 과 END_MESSAGE_MAP. 이름이 의미하는 바와 같이, BEGIN_MESSAGE_MAP는 message map을 시작한다.

AFXWIN.H에서 보는 바와 같이 요약된 BEGIN_MESSAGE_MAP macro 정의[주12]는 다음과 같다.

```
#define BEGIN_MESSAGE_MAP(theClass, baseClass) \
      const AFX_MSGMAP* theClass::GetMessageMap() const \
      { \
            return &theClass::messageMap; \
      } \
      AFX_DATADEF const AFX_MSGMAP theClass::messageMap = \
      { &baseClass::messageMap, &theClass::_messageEntries[0] }; \
      const AFX_MSGMAP_ENTRY theClass::_messageEntries[] = \
      {
```

The END_MESSAGE_MAP는 message map을 완료한다. 이 정의 또한 AFXWIN.H에 있다.

```
#define END_MESSAGE_MAP() \
            {0, 0, 0, 0, AfxSig_end, (AFX_PMSG)0 } \
      };
```

구현 파일(.CPP)에서 이러한 macro가 함께 사용됨으로써, 사실상 message map을 구현하게 되는 것이다. 예제인 CTestView에 대하여 주어지는 code는:

```
BEGIN_MESSAGE_MAP(CTestView, CView)
      //{{AFX_MSG_MAP(CTestView)
      ON_COMMAND(ID_FILE_NEW, OnFileNew)
      ON_WM_LBUTTONDBLCLK()
      //}}AFX_MSG_MAP
END_MESSAGE_MAP()
```

12) 이 책 전반에 걸쳐서 실제의 source code와 여기에서 보여주는 code와는 조금 다를 수 있다. 이 책에서는 code의 간결성을 위해, 모든 code를 보여주기보다는 핵심이 되는 code만을 축약하여 보여줄 것이다. 예를 들어, BEGIN_MESSAGE_MAP도 DLL로 사용될 때와 그렇지 않을 때에 따라 다르게 정의되어 있다.

전처리기는 다음 code를 만들어 낸다.

```
const AFX_MSGMAP* CTestView::GetMesageMap() const
{       return &CTestView::messageMap; }

AFX_DATADEF const AFX_MSGMAP CTestView::messageMap =
{       &CView::messageMap,  &CTestView::_messageEntries[0] };

const AFX_MSGMAP_ENTRY CTestView::_messageEntries[] =
{
        ON_COMMAND(ID_FILE_NEW, OnFileNew)
        ON_WM_LBUTTONDBLCLK()
        {0, 0, 0, 0, AfxSig_end, (AFX_PMSG)0 }
};
```

먼저, 이 macro는 그 class의 GetMessageMap( )을 생성한다. 이 함수는 간단히 그 class의 message map의 참조(reference)를 반환한다. framework는 필요할 경우 GetMessageMap( )을 사용한다.

이제 macro는 이 class의 AFX_MSGMAP 구조체를 채우는 code를 생성한다. 첫번째 filed는 base class의 message map(이 경우 CView의 message map)의 pointer를 포함하는데, 이것은 base class로 향하는 역방향의 linked list를 생성한다. framework가 특정한 message handler를 발견하지 못할 때마다, base class의 message handler를 검사한다. MFC는 이러한 linked list를 사용하여 message map의 상속 관계를 구현한다. 두번째 field는 이 class의 첫번째 message map entry pointer로 설정된다.

마지막으로, macro는 실질적인 message table을 생성한다. 이 message map은 간단히 AFX_MSGMAP_ENTRY 구조체들의 table이다.

추가적인 macro가 message map내에 포함되어져 있음을 주의하라. MFC 문에는 이러한 많은 macro들이 기술되어 있다. 이들은 모두 "ON_…"으로 시작한다. 이러한 macro는 window message를 특정한 message handler에 연계(map)시킨다.

BEGIN_MESSAGE_MAP과 END_MESSAGE_MAP 사이의 macro들이 이러한 message map entry macro 집합에 속한다. 이 macro들은 확장되어 class의 message map에 대한 _messageEntries 배열을 채운다. MFC는 다양한 message map entry macro를 정의한다. 이러한 macro는 table 3-1에 나열되어 있다.

주어진 예제에서, 그 message map은 2가지의 macro를 사용한다 : ON_COMMAND와 ON_WM_LBUTTONDBLCLK. 이 macro는 Listing 3-2과 같으며, AFXMSG_.H에서 찾아볼 수 있다.

Listing 3-2 The ON_COMMAND and ON_WM_LBUTTONDBLCLK macro, from AFXMSG_.H

```
#define ON_COMMAND(id, memberFxn) \
{       WM_COMMAND, \
        CN_COMMAND, \
        (WORD)id, \
        (WORD)id, \
        AfxSig_vv, \
        (AFX_PMSG)&memberFxn },

#define ON_WM_LBUTTONDBLCLK() \
{       WM_LBUTTONDBLCLK, \
        0, \
        0, \
        0, \
        AfxSig_vwp, \
        (AFX_PMSG)(AFX_PMSGW) \
            (void (AFX_MSG_CALL CWnd::*)(UINT, CPoint))&OnLButtonDblClk },
```

Table 3-1 MFC's message map entry macros

Message Type	Macro From	Arguments
Predefined Windows messages	ON_WM_XXXX	None
Commands	ON_COMMAND	Command ID, Handler name
Update commands	ON_UPDATE_COMMAND_ID	Command ID, Handler name
Control notifications	ON_XXXX	Control ID, Handler name
User-defined mwssage	ON_MESSAGE	User-defined message ID, Handler name
Registered Windows messages	ON_REGISTER_MESSAGE	Register message ID variable, Handler name
Range of command IDs	ON_COMMAND_RANGE	Start and end of a contiguous range of command IDs
Range of command for updating	ON_UPDATE_COMMAND_UI_RANGE	Start and end of a contiguous range of command IDs
Range of control IDs	ON_CONTROL_RANGE	A control-notification code and the start and end of a contiguous range of command IDs

되돌아가서 AFX_MSGMAP_ENTRY 구조체를 살펴보라. macro가 이 구조체를 어떻게 채우는지를 주의해서 보라. 다섯번째의 field는 message를 처리하는 함수의 signature를 지정한다. 이러한 signature는 framework가 message 처리 함수의 return type과 인자를 알리기 위해서 사용한다.

결국, 예제로 사용된 CTestView의 message map 구조는 Figure 3-1과 같이 된다.

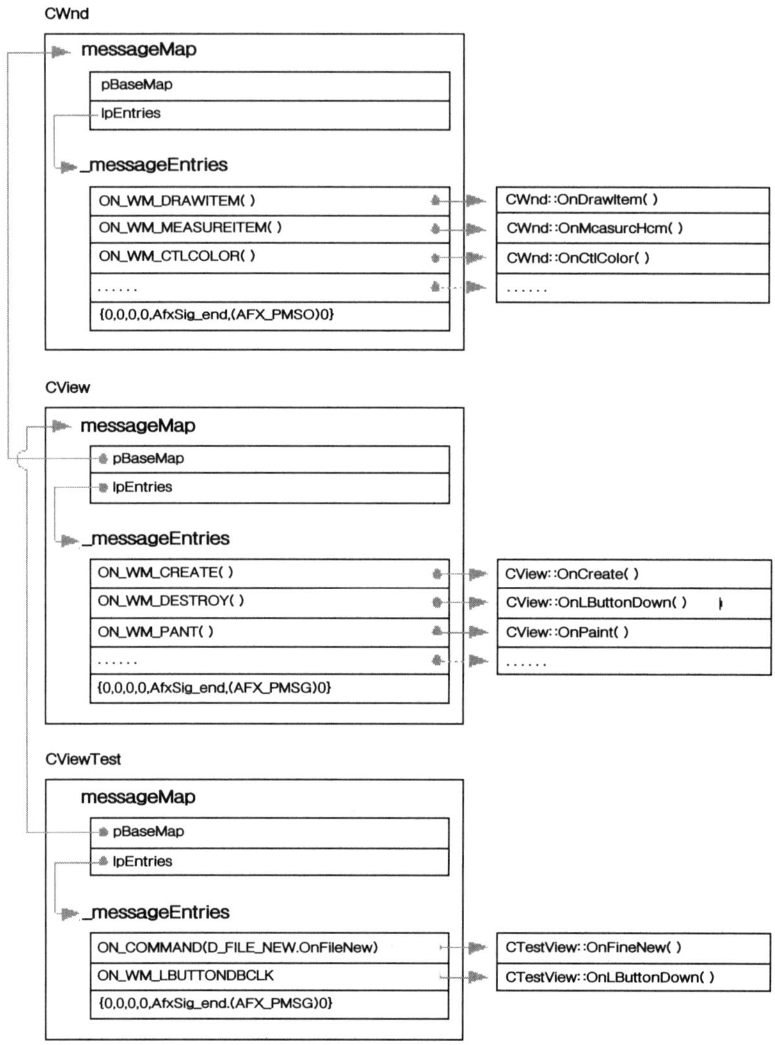

Figure 3-1 message map of CTestView

3.3.4 Message Map의 사용 예

진도를 더 나가기 전에, message map에 이해를 돕기 위해 message map의 사용 예를 잠깐 살펴보도록 하자. 앞에서 살펴본 CTestView 예제를 계속 사용한다.

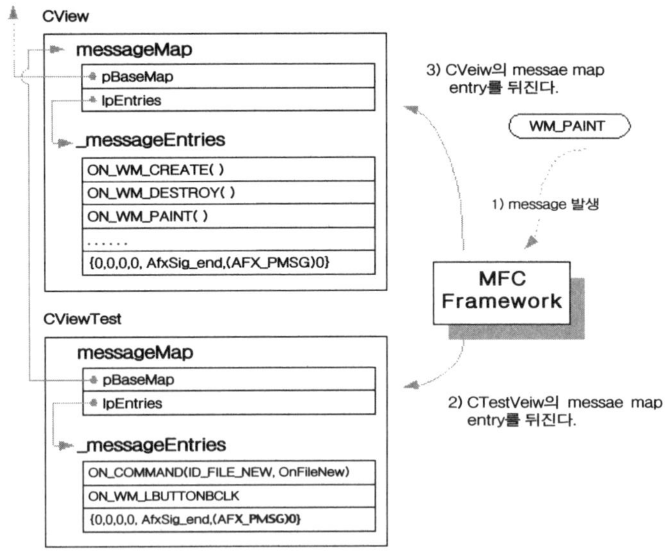

Figure 3-2 An example of message map, from CTestView

Figure 3-2는 WM_PAINT message의 적절한 handler를 찾는 과정을 보여준다. 그럼 각 단계별로 살펴보도록 하자.

1 단계 : CViewTest상에서 WM_PAINT message가 발생.

2 단계 : MFC는 이 WM_PAINT message의 handler를 찾기 위해 우선 CViewTest의 message map entry를 뒤진다. 하지만 CViewTest에는 WM_PAINT message를 처리하는 handler가 존재하지 않으므로 pBaseMap을 사용하여 상위 class인 CView의 message map을 뒤진다.

3 단계 : CView의 message map entry에서 WM_PAINT message를 처리한 handler를 찾고 있을 호출한다.

뭐 간단하다. 일단 이러한 과정을 염두해 두고 계속해서 진도를 나아가 보자.

3.4 MFC는 Message Map을 어떻게 사용하는가

message map이 어떻게 생성되는지 이제 알게 되었을 것이다. 이제 이것을 어떻게 사용하는지 알아보자. MFC 기반의 프로그램은 2종류의 message를 처리한다 : (1)일반적인 window message(WM_MOUSEMOVE와 같은)와 (2) command(즉, menu와 control로부터 생성되어 WM_COMMAND로 표현되는 message). message map은 2종류의 message 모두 처리한다.

message map 구조를 이해하는 가장 최선의 방법은 몇 가지의 window message를 추적해 보는 것이다. 먼저, WM_COMMAND를 통해서 어떻게 message 처리가 이루어지는가 따라가 볼 것이다. 그리고 나서 일반적인 window message를 살펴볼 것이다. 여러분은 framework상에서 window message가 어디에서 시작해서 어디에서 멈추는가를 보게 될 것이다.

3.4.1 MFC window class(주13)는 window procedure와 어떻게 연결되어 있는가

16-bit 환경의 MFC(version 2.5)에서, MFC는 모든 window에 AfxWndProc( )라는 하나의 message 처리 함수를 등록했다. 다른 Windows 응용프로그램에서와 같이 MFC 응용프로그램의 경우도 window procedure에서 message를 처리한다. 16-bit 환경의 MFC 프로그램의 경우, 그 함수는 AfxWndProc( )이었다. MFC window class는 message handler로서 AfxWndProc( )를 등록하였기 때문에, message가 어디에서 처리되는지 명백히 알 수 있었다. 따라서 시스템상의 message를 추적하는 것은 쉬운 일이었다 : 이는 debug시, AfxWndProc( ) 함수에 브레이크 포인트(break point)를 설정해 놓기만 하면 되었다.

32-bit 환경의 MFC에서는 중요한 많은 변화가 있었다. MFC window class는 더 이상 message handler로서 AfxWndProc( )를 등록하지 않는다. 대신 message handler로서 DefWindowProc( )를 등록한다. 그러나 MFC 소스 코드를 보면 AfxWndProc( )가 여전히 남아 있음을 알게 된다. 그리고 그것은 다양한 CWnd-derived class로 message를 보낸다. 그렇다면 도대체 등록되지도 않은 AfxWndProc( )가 어떻게 message를 처리하고 있단 말인가?

MFC는 2개의 message hook을 유지하고 있음을 기억하라 : _AfxMsgFilterHook( )과 _AfxCbtFilterHook( ). 다른 처리에 앞서서 먼저 message는 이러한 hook으로 들어가게 되므로, 이 hook은 그 message를 가장 먼저 처리할 기회를 가지게 되는 것이다. 결국 MFC window class 객체(즉, CWnd-derived class 객체)가 생성될 때 MFC는 computer-based training hook 함수를 사용하여 AfxWndProc( )와 MFC window class 객체와 연결시킨다. 그럼 AfxWndProc( )와 MFC window class 객체가 어떻게 연결되는지 살펴보도록 하자.

MFC는 CWnd에서 파생된 새로운 객체가 생성될 때마다, _AfxCbtFilterHook( )를 hook 함수로 설정한다[즉, CWnd::CreateEx( )의 호출하는 동안에 이 hook 함수를 설정한다]. CWnd::CreateEx( )는 CreateWindowEx( ) API 함수를 호출하기 바로 전에 CWnd::CreateEx( )는 AfxHookWindowCreate( )를 호출한다. AfxHookWindowCreate( )는 _AfxCbtFilterHook( )를 message를 hook하는 함수 대열에 참여시킨다. _AfxCbtFilterHook( )은 computer-based

13) MFC window class란 CWnd-derived class를 의미한다.

training hook이기 때문에 Windows는 window를 활성화, 생성, 소멸, 최소화, 최대화, 이동 또는 크기 조절하기 전에 _AfxCbtFilterHook( )을 호출한다[심지어 Windows는 시스템 명령을 완수하기 전에, 시스템 message queue로부터 mouse나 keyboard evnet를 제거하기 전에, keyboard focus를 설정하기 전에, 시스템 message queue와 동기화를 하기 전에 _AfxCbtFilterHook( )을 호출한다]. Listing 3-3은 _AfxCbtFilterHook( )을 보여준다.

Listing 3-3 _AfxCbtFilterHook() pseudocde, from WINCORE.CPP

```
LRESULT CALLBACK _AfxCbtFilterHook(int code, WPARAM wParam, LPARAM lParam)
{
      if (code != HCBT_CREATEWND) {
           // wait for HCBT_CREATEWND just pass others on...
           return CallNextHookEx(...);
      }

      HWND hWnd = (HWND)wParam;
      // subclass the window with standard AfxWndProc
      WNDPROC oldWndProc;
      WNDPROC afxWndProc = AfxGetAfxWndProc();
      oldWndProc = (WNDPROC)SetWindowLong(hWnd, GWL_WNDPROC, (DWORD)afxWndProc);

      LRESULT lResult = CallNextHookEx(...);
      return lResult;
}
```

앞에서 설명했듯이 _AfxCbtFilterHook()는 message를 받을 위치에 놓여 있다. _AfxCbtFilterHook()은 HCBT_CREATEWND 코드를 받을 때까지 window message를 무시한다. HCBT_CREATEWND와 함께 _AfxCbtFilterHook()을 호출하는 것은 window가 생성되려고 한다는 것을 의미한다. 그러고 나서 _AfxCbtFilterHook()는 SetWindowLong()을 사용하여 AfxWndProc()을 그 window와 연결시킨다.(주14) 이제부터 그 window에 대한 message들은 command-routing 구조에 의해서 AfxWndProc()으로 가게 될 것이다. 아무리 MFC window가 message 처리 함수로서 DefWindowProc()를 등록한다 할지라도, framework은 효과적으로 window와 AfxWndProc()을 연결시켜 준다(CWnd-derived window가 생성될 때). Figure 3-3은 이러한 과정을 요약하여 보여준다.

14) 잠깐! 한 가지 짚고 넘어가자. hook을 통해서 해당 window의 message를 가로채는 것이 아님에 주의하자. 즉, 해당 window가 생성될 때 hook을 사용하여 해당 window의 window procedure을 AfxWndProc()으로 교체하는 sub-classing을 한다. 따라서 그 window에서 발생하는 message는 AfxWndProc()으로 들어가게 된다.

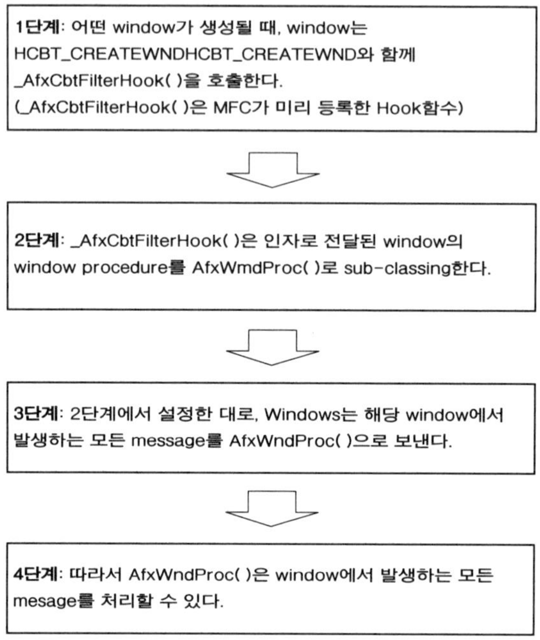

Figure 3-3 How MFC window became wired to a AfxWndProc()

Microsoft가 message 처리 함수로서 AfxWndProc()에서 DefWinowProc()로 변경한 주요 이유는 무엇일까? [주15] 그것은 Microsoft의 CTL3D.DLL을 통해서 작동하는 3D control을 지원하기 위해서다. CTL3D 지원하는 기능이 시스템의 일부분으로 보이도록 하는 것이 바람직하다.

3.4.2 Message 처리

어찌 되었건 MFC window에서 발생하는 모든 message가 AfxWndProc()으로 전달된다는 사실을 알았다. 이제부터 AfxWndProc()에서 message가 어떻게 처리되는지 알아보자.
MFC는 window를 2가지 방법으로 표현한다는 점을 기억하라 : (1) 시스템에서 유일한 값을 가지는 window handle을 통해서, 그리고 (2) window를 나타내는 C++ class를 통해서 window handle은 CWnd와 CWnd-derived class에 포함되어 있다. window handle은 CWnd의 member data이기 때문에 CWnd 객체로부터 window handle을 얻는 것은 쉬운 일이다. 앞에서

15) 원서에는 이에 대한 해답이 그리 자세하지는 않다. 솔직히 역자도 잘 모르겠다. 이에 대한 토론을 원한다면, www.iamkimjin.com을 방문해 달라. 역자도 해답을 알게 되면, Internet을 통해 꼭 공개하겠다.

보았듯이, MFC는 CMapPtrToPtr 객체를 사용해서 window handle과 CWnd 객체를 연계시킨다. MFC는 그 window가 수명을 다할 때까지 그 연계를 유지한다. window가 CWnd(또는 CWnd-derived class)를 사용하여 생성될 때, window handle은 CWnd 객체에 연계(map)되어 진다. 즉, window handle과 CWnd 객체는 handle map을 통해서 연계를 맺는다.

이제 window procedure(message 처리 함수)로 되돌아 가보자. message가 처리된는 과정은 무척 길고 지루하며 다소 혼란스럽다. 따라서 message 처리 과정을 나타내는 Figure 3-4를 간단히 살펴보길 바란다.

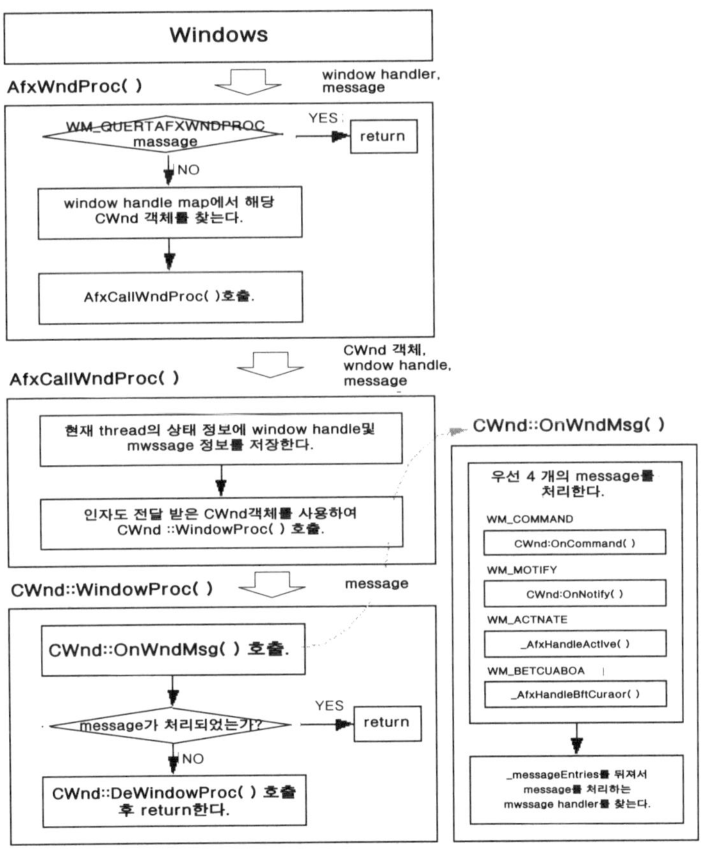

Figure 3-4 message handling(from AfxWndProc() to CWnd::OnWndMsg())

AfxWndProc()는 WM_QUERYAFXWNDPROC라는 message만을 처리한다. 이 message가 들어오면 AfxWndProc( )은 숫자 1을 반환한다. 이 message가 아니면 AfxWndProc()는 message 처리를 계속하기 위해 AfxCallWndProc( )를 호출한다. Listing 3-4은 WINCORE.CPP 안에 존재하는 AfxWndProc( )을 보여준다.

Listing 3-4 AfxWndProc() pseudocode, from WINCORE.CPP

```
LRESULT CALLBACK AfxWndProc(HWND hWnd, UINT nMsg, WPARAM wParam, LPARAM lParam)
{
        // special message which identifies the window as using AfxWndProc
        if (nMsg == WM_QUERYAFXWNDPROC)
            return 1;

        // all other messages route through message map
        CWnd* pWnd = CWnd::FromHandlePermanent(hWnd);
        return AfxCallWndProc(pWnd, hWnd, nMsg, wParam, lParam);
}
```

AfxWndProc( ) 내부를 살펴보면, AfxWndProc( )은 CWnd::FromHandlePermanent( )를 사용해서 window handle과 연계를 맺고 있는 CWnd 객체를 추출한다. 그리고 나서 AfxWndProc()는 AfxCallWndProc( )를 호출한다. 첫번째 인자는 CWnd 객체의 pointer이고, 두번째 인자는 window handle이다. AfxCallWndProc( )은 CWnd pointer를 인자로 가지는 것을 제외하면 다른 window procedure와 같은 인자를 가진다. Listing 3-5는 WINCORE.CPP에 있는 AfxCallWndProc( )를 보여준다.

Listing 3-5 AfxCallWndProc() pseudocode, from WINCORE.CPP

```
LRESULT AFXAPI AfxCallWndProc( CWnd*    pWnd,
                               HWND     hWnd,
                               UINT     nMsg,
                               WPARAM   wParam = 0,
                               LPARAM   lParam = 0)
{
        _AFX_THREAD_STATE* pThreadState        = _afxThreadState.GetData();

        pThreadState->m_lastSentMsg.hwnd       = hWnd;
        pThreadState->m_lastSentMsg.message    = nMsg;
        pThreadState->m_lastSentMsg.wParam     = wParam;
        pThreadState->m_lastSentMsg.lParam     = lParam;
        LRESULT lResult;

        // delegate to object's WindowProc
        lResult = pWnd->WindowProc(nMsg, wParam, lParam);

        return lResult;
}
```

AfxCallWndProc( )는 window handle, message, WPARAM, 그리고 LPARAM을 현재 thread의 상태 정보에 저장한다. 그 다음, AfxCallWndProc( )은 간단히 window 객체의 window procedure를 호출한다 : pWnd->WindowProc(nMsg, wParam, lParam). 참고로 AfxCallWndProc( )은 마지막 message 기록을 유지하고 있다. 이는 예외처리와 디버깅에 사용하기 위한 것이다. Listing 3-6은 CWnd::WindowProc( )를 보여준다.

Listing 3-6 CWnd::WindowProc( ) pseudocode, from WINCORE.CPP

```
LRESULT CWnd::WindowProc(UINT message, WPARAM wParam, LPARAM lParam)
{
        // OnWndMsg does most of the work, except for DefWindowProc call
        LRESULT lResult = 0;
        if (!OnWndMsg(message, wParam, lParam, &lResult))
             lResult = DefWindowProc(message, wParam, lParam);
        return lResult;
}
```

CWnd::WindowProc( )는 일반적인 window procedure가 가지는 인자 중 window handle을 가지고 있지 않다. 그 이유는 CWnd-derived class에는 자신과 연계된 window handle을 이미 가지고 있기 때문이다.

어쨌든, CWnd::WindowProc( )이 가상함수이기 때문에 원한다면 재정의(override)할 수 있다. 만약 여러분이 MFC보다 먼저 message를 처리하길 원할 경우, CWnd::WindowProc( )를 재정의(override)하면 된다. 예를 들어 실행 속도를 향상시키기 위해서 message map 시스템을 우회하는 class를 만들 수 있다.

CWnd::WindowProc( )은 CWnd::OnWndMsg( )를 호출한다. OnWndMsg( )가 FALSE를 반환하면 CWnd::WindowProc( )는 CWnd::DefWindowProc( )를 호출한다.

진정한 message 처리는 CWnd::OnWndMsg( ) 안에서 이루어진다. Listing 3-7은 요약된 CWnd::OnWndMsg( )를 보여준다.

Listing 3-7 The CWnd::OnWndMsg() pseudocode, from WINCORE.CPP

```
BOOL CWnd::OnWndMsg( UINT        message,
                     WPARAM      wParam,
                     LPARAM      lParam,
                     LRESULT*    pResult)
{
       LRESULT lResult = 0;
```

```
// special case for commands
if (message == WM_COMMAND)  {
      OnCommand( wParam, lParam );
      // and return;
}

// special case for notifies
if (message == WM_NOTIFY) {
      OnNotify(wParam, lParam, &lResult)
      // and return;
}

// special case for activation
if ( message == WM_ACTIVATE) {
      _AfxHandleActivate( this, wParam, CWnd::FromHandle((HWND)lParam));
      // and return;
}
// special case for set cursor HTERROR
if ( message == WM_SETCURSOR )
      _AfxHandleSetCursor( this, (short)LOWORD(lParam), HIWORD(lParam));
      // and return;
}

// Fined the message map entry in a message cache using its hash value
if ( /* the message is in the cache */ ) {
      if ( /* message map entry is NULL */ )
            return FALSE;

if (message < 0xC000) // Cached window message
      goto LDispatch; // Call the function
else // Call the function for a register message
      goto LDispatchRegistered;
}
else {
      // not in cache, look for it
      pMsgCache->nMsg = message;
      pMsgCache->pMessageMap = pMessageMap;

      for ( /* pMessageMap already init'ed */;
            pMessageMap != NULL;
            pMessageMap = pMessageMap->pBaseMap) {

            if (message < 0xC000){
                  // constant window message
                  if ( (lpEntry = AfxFindMessageEntry(
```

```
                                        pMessageMap->lpEntries,
                                        message,
                                        0,
                                        0)) != NULL ){
                            pMsgCache->lpEntry = lpEntry;
                            goto LDispatch;
                        }
                    }
                    else {
                        // registered windows message
                        lpEntry = pMessageMap->lpEntries;
                        while ((lpEntry = AfxFindMessageEntry(
                                        lpEntry,
                                        0xC000,
                                        0,
                                        0)) != NULL) {
                            UINT* pnID = (UINT*)(lpEntry->nSig);
                            // must be successfully registered
                            if (*pnID == message){
                                pMsgCache->lpEntry = lpEntry;
                                goto LDispatchRegistered;
                            }
                        lpEntry++;      // keep looking past this one
                    }
                }
            }

        pMsgCache->lpEntry = NULL;
        return FALSE;
}

LDispatch:
        ASSERT(message < 0xC000);
        union MessageMapFunctions mmf;
        mmf.pfn = lpEntry->pfn;

        int nSig;
        nSig = lpEntry->nSig;

        switch (nSig) {
            default:
                ASSERT(FALSE);
                break;

            // Examine the signature type, calling the
```

```
            // messge handler with the appropriate parameters
        }
        goto LReturnTrue;

  LDispatchRegistered:    // for registered windows messages
        ASSERT(message >= 0xC000);
        mmf.pfn = lpEntry->pfn;
        lResult = (this->*mmf.pfn_lwl)(wParam, lParam);

  LReturnTrue:
        if (pResult != NULL)
            *pResult = lResult;
        return TRUE;
  }
```

OnWndMsg( )는 매우 거대한 함수이다. 바로 이 함수가 거대한 switch문을 대신하고 있음을 상기하기 바란다. 이 함수를 살펴보기 전에 Listing 3-7을 다시 한번 더 살펴보기 바란다. 우선, OnWndMsg( )은 특정 message를 여과시킨다 : WM_COMMAND, WM_NOTIFY, WM_ACTIVATE, 그리고 WM_SETCURSOR. framework은 이 특정한 message를 처리하는 특별한 방법을 가지고 있다. 만약 해당 message가 여과되지 않았다면, OnWndMsg( )는 message map 안에서 그 message를 찾으려고 한다. MFC는 hash value을 사용하여 접근 가능한 message map entry의 캐시(cash)를 유지한다. 이는 hash table에서 값을 찾는 것이 message map entry을 찾아 헤매는 것보다 훨씬 더 빠르므로 엄청난 최적화(optimiaztion) 효과가 있다.

OnWndMsg( )은 command와 정규 window messsage를 서로 다른 처리과정으로 진행된다. message가 command라면(즉, nMsg == WM_COMMAND) CWnd::OnWndMsg( )는 OnCommand( )를 호출한다. 그렇지 않으면 그 window 객체의 message map을 통해서 그 message를 처리한다. 그럼, 먼저 command의 처리 과정을 살펴보도록 하자.

3.4.3 WM_COMMAND 처리

command가 CWnd::OnCommand( )를 통해서 처리되는 과정을 살펴보도록 하자. Figure 3-5는 이러한 과정을 그림으로 보여준다.

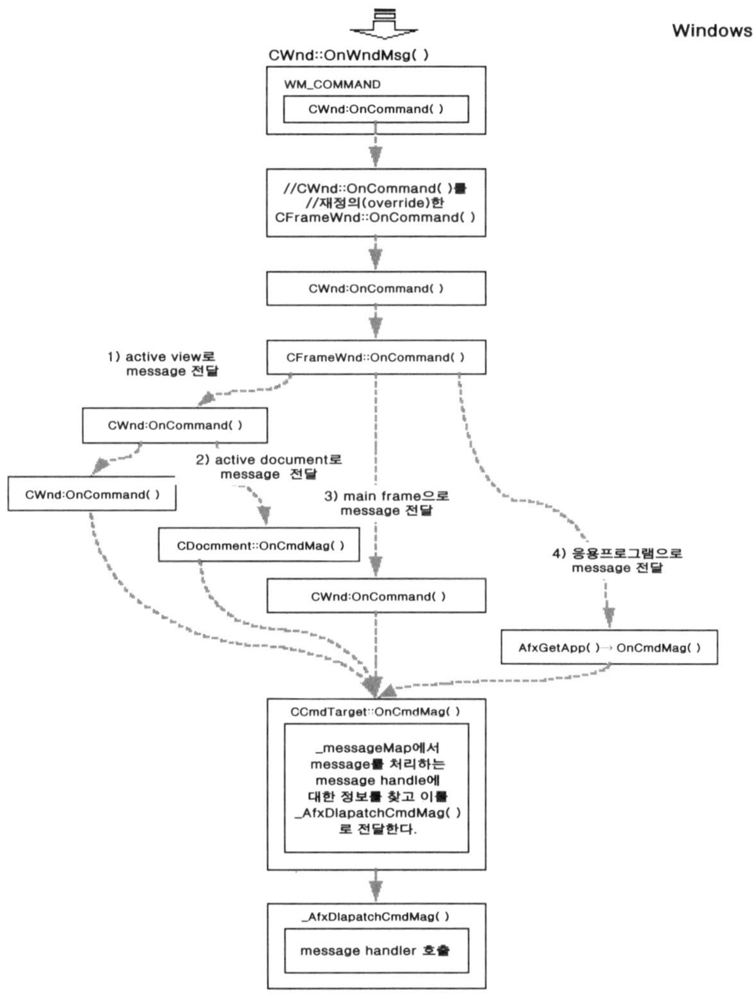

Figure 3-5 Handling WM_COMMAND(from CFrameWnd::OnCmdMsg() to _AfxDispatchCmdMsg())

① CWnd::OnCommand( )

OnCommand( )는 가상 함수(virtual function)이다. 따라서 각 CWnd-derived class에 맞는 올바른 OnCommand( )가 호출될 수 있다. 일단 frame window에서 WM_COMMAND가 발생했다고 가정하자. 따라서 Listing 3-7의 CWnd::OnWndMsg( )은 CFrameWnd의 OnCommand( )를 호출하게 된다.

Listing 3-8은 CFrameWnd::OnCommand( )를 보여준다.

Listing 3-8 The CFrameWnd::OnCommand() pseudocode, from WINFRM.CPP

```
BBOOL CFrameWnd::OnCommand(WPARAM wParam, LPARAM lParam)
{
        HWND        hWndCtrl   = (HWND)lParam;
        UINT        nID        = LOWORD(wParam);
        CFrameWnd* pFrameWnd   = GetTopLevelFrame();

        if (pFrameWnd->m_bHelpMode && /**/ ) {
                // frame window로 WM_COMMANDHELP를 보낸다.
                //
                return TRUE;
        }
        return CWnd::OnCommand(wParam, lParam);
}
```

이 시점에서 그 message에 대한 정보는 WPARAM과 LPARAM으로 줄어들었다. 만약 message가 온라인 도움말을 요청하는 것이라면, CFrameWnd::OnCommand( )은 frame window로 WM_COMMANDHELP를 보낸다. 그렇지 않다면, message는 CWnd::OnCommand( )로 전달된다. Listing 3-9는 CWnd::OnCommand( )을 보여준다.

Listing 3-9 The CWnd::OnCommand() pseudocode, from WINCORE.CPP

```
BOOL CWnd::OnCommand(WPARAM wParam, LPARAM lParam)
{
        UINT nID        = LOWORD(wParam);
        HWND hWndCtrl   = (HWND)lParam;
        int  nCode      = HIWORD(wParam);

        if (hWndCtrl == NULL) {
                // make sure command has not become disabled before routing
                OnCmdMsg(nID, CN_UPDATE_COMMAND_UI, &state, NULL);

                // menu or accelerator
                nCode = CN_COMMAND;
        }
        else {
                // reflect notification to child window control
                if (ReflectLastMsg( hWndCtrl ))
                        return TRUE;
        }

        return OnCmdMsg(nID, nCode, NULL, NULL);
}
```

CWnd::OnCommand( )는 control을 나타내는 LPARAM을 검사한다. 만약 command가 control에서 발생하지 않았다면(즉, hwndCtrl == NULL), CWnd::OnCommand( )는 그 command를 발생시킨 user interface 요소(예를 들어, menu item)가 비활성화되지 않도록 처리한 후 그 command를 OnCmdMsg( )로 넘긴다. 이 함수는 가상 함수이므로 CFrameWnd::OnCmdMsg( )가 호출된다. 이 함수는 WINFRM.CPP에 있다. 그렇지 않다면 CWnd::OnCommand( )는 message를 control에 reflection(주16)시키고 TRUE를 반환한다.

pExtra와 pHandlerInfo는 command를 처리하는 데 필요가 없기 때문에 NULL 설정한다. Listing 3-10은 CFrameWnd::OnCmdMsg( )을 보여준다.

Listing 3-10 The CFrameWnd::OnCmdMsg( ) pseudocode, from WINFRM.CPP

```
BOOL CFrameWnd::OnCmdMsg( UINT                 nID,
                          int                  nCode,
                          void*                pExtra,
                          AFX_CMDHANDLERINFO*  pHandlerInfo)
{
//

    // 1) active view로 mesage 전달.
    CView* pView = GetActiveView();
    if (pView != NULL && pView->OnCmdMsg(nID, nCode, pExtra, pHandlerInfo))
        return TRUE;

    // 3) main frame window로 message 전달.
    if (CWnd::OnCmdMsg(nID, nCode, pExtra, pHandlerInfo))
        return TRUE;

    // 4) 응용프로그램(CWinApp-derived 객체)으로 message 전달.
    CWinApp* pApp = AfxGetApp();
    if (pApp != NULL && pApp->OnCmdMsg(nID, nCode, pExtra, pHandlerInfo))
        return TRUE;

    return FALSE;
}
```

CFrameWnd::OnCmdMsg( )는 다음 순서로 message를 전달한다 :

1) active view.

16) reflection : 3.4.5.1에서 살펴보게 될 것이다.

2) active view의 document.[주17]
3) main frame window.
4) application.

그 command를 활성화된 view로 전달(routing)하기 위해서 CFrameWnd::OnCmdMsg( )는 CWnd::GetActiveView( )를 사용해서 그 framw의 active view를 찾는다. 만약 CFrameWnd::OnCmdMsg( )가 그 frame의 활성화된 view를 찾았다면, (1) active view의 OnCmdMsg( )를 호출한다. CFrameWnd::OnCmdMsg( )가 active view를 찾지 못하고, (2) 그 active view의 document에서도 그 message를 처리하지 못한다면, (3) frame window가 그 message를 처리할 기회를 갖게 된다. 최종적으로, (4) frame window가 처리하지 않으면, 응용 프로그램이 그 message를 받는다(CFrameWnd::OnCmdMsg( )가 그 응용프로그램의 OnCmdMsg( ) 함수를 호출한다).

이 message가 active view에서 처리된다고 가정하자. 따라서 message는 CView::OnCmdMsg( )에 도달된다. Listing 3-11은 CView::OnCmdMsg( )를 보여준다.

Listing 3-11 The CView::OnCmdMsg() pseudocode, from VIEWCORE.CPP

```
BOOL CView::OnCmdMsg( UINT                  nID,
                      int                   nCode,
                      void*                 pExtra,
                      AFX_CMDHANDLERINFO*   pHandlerInfo)
{
      // 일단 view에서 처리.
      if (CWnd::OnCmdMsg(nID, nCode, pExtra, pHandlerInfo))
           return TRUE;

      // 그 다음 document에서 처리.
      if (m_pDocument != NULL) {
           //...
           // 2) Active View의 document로 message 전달.
           return m_pDocument->OnCmdMsg(nID, nCode, pExtra, pHandlerInfo);
      }

      return FALSE;
}
```

17) 사실 CFrameWnd::OnCmdMsg( )가 직접 active document로 message를 전달하는 것이 아니라 active view가 message를 처리할 때 active document로 message를 전달한다 : Listing 3-11참조.

active view는 CWnd::OnCmdMsg( )를 호출한다. CWnd는 OnCmdMsg( ) 를 재정의(override) 하지 않았으므로, 이 message는 CMDTARG.CPP의 CCmdTarget::OnCmdMsg( )로 넘어간다. 만약 CWnd::OnCmdMsg( )가 message를 처리하지 못하면, document에게 message를 전달된다. Listing 3-12는 CCmdTarget::OnCmdMsg( )을 보여준다.

Listing 3-12 The CCmdTarget::OnCmdMsg() pseudocode, from CMDTARG.CPP

```
BOOL CCmdTarget::OnCmdMsg( UINT                    nID,
                           int                     nCode,
                           void*                   pExtra,
                           AFX_CMDHANDLERINFO*     pHandlerInfo)
{
    //...
    for ( pMessageMap = GetMessageMap();
          pMessageMap != NULL;
          pMessageMap  = pMessageMap->pBaseMap) {
          lpEntry  = AfxFindMessageEntry( pMessageMap->lpEntries,
                                          nMsg,
                                          nCode,
                                          nID);
          if (lpEntry != NULL) {
              return _AfxDispatchCmdMsg( this,
                                          nID,
                                          nCode,
                                          lpEntry->pfn,
                                          pExtra,
                                          lpEntry->nSig,
                                          pHandlerInfo );
          }
    }

    return FALSE;   // not handled
}
```

CCmdTarget::OnCmdMsg( )는 message map을 통해 그 message에 대한 handler를 찾는다 (필요하다면, base class까지도 올라간다). CCmdTarget::OnCmdMsg( )가 message map에서 handler를 찾으면, CMDTARG.CPP에 있는 _AfxDispatchCmdMsg( )를 호출한다. Listing 3-13은 _AfxDispatchCmdMsg( )를 보여준다.

Listing 3-13 _AfxDispatchCmdMsg( ) pseudocode, from CMDTARG.CPP

```
AFX_STATIC BOOL AFXAPI _AfxDispatchCmdMsg( CCmdTarget*           pTarget,
                                            UINT                  nID,
                                            int                   nCode,
                                            AFX_PMSG              pfn,
                                            void*                 pExtra,
                                            UINT                  nSig,
                                            AFX_CMDHANDLERINFO*   pHandlerInfo)
{
        union MessageMapFunctions mmf;
        mmf.pfn       = pfn;
        BOOL bResult  = TRUE; // default is ok

        switch (nSig) {
             case AfxSig_vv:
                  (pTarget->*mmf.pfn_COMMAND)();
                  break;
             case AfxSig_bv:
                  bResult = (pTarget->*mmf.pfn_bCOMMAND)();
                  break;
             case AfxSig_vw:
                  //...
             default:     // illegal
             return 0;
        }
        return bResult;
}
```

_AfxDispatchCmdMsg( )의 인자들 중 하나는 function signature이다. 이것은 message map entry에서 가져온 것이다(message map의 field 중 하나는 function signature임을 기억하기 바란다). 또한 message 처리 함수의 pointer(pfn)가 인자로 넘어옴을 주목하라. 또한 이 함수 pointer도 message map entry 내에서 볼 수 있다. _AfxDispatchCmdMsg( )는 함수 signature에 따라 해당 message handler를 호출한다.

만약 CCmdTarget::OnCmdMsg( )가 message map에서 handler를 찾지 못하면 FALSE를 반환한다. 따라서 document는 그 message를 처리할 기회를 가지게 된다. Listing 3-14는 CDocument::OnCmdMsg( )를 보여준다.

Listing 3-14 CDocument:: OnCmdMsg() pseudocode, from DOCCORE.CPP

```
BOOL CDocument::OnCmdMsg()( UINT                  nID,
                            int                   nCode,
                            void*                 pExtra,
                            AFX_CMDHANDLERINFO*   pHandlerInfo)
{
     if (CCmdTarget::OnCmdMsg(nID, nCode, pExtra, pHandlerInfo))
          return TRUE;

     // otherwise check template
     if (    m_pDocTemplate != NULL
          && m_pDocTemplate->OnCmdMsg(nID, nCode, pExtra, pHandlerInfo))
          return TRUE;

     return FALSE;
}
```

document는 message를 처리하기 위해 CCmdTarget::OnCmdMsg( )를 호출한다(Listing 3-12 참조). CCmdTarget::OnCmdMsg( )에서도 message가 처리되지 않으면, document는 CDocTemplate::OnCmdMsg( )를 호출한다. CDocTemplate::OnCmdMsg( )은 자신의 상위 class인 CCmdTarget의 OnCmdMsg( )를 호출한다(Listing 3-12 참조). Listing 3-15는 CDocTemplate::OnCmdMsg( )를 보여준다.

Listing 3-15 CDocTemplate::OnCmdMsg( ) pseudocode, from DOCTEMPL.CPP

```
BOOL CDocTemplate::OnCmdMsg( UINT                  nID,
                             int                   nCode,
                             void*                 pExtra,
                             AFX_CMDHANDLERINFO*   pHandlerInfo)
{
     BOOL bReturn;
     // OLE codes omitted

     if (...) {
          // OLE code ommited
     }
     else
          bReturn = CCmdTarget::OnCmdMsg(nID, nCode, pExtra, pHandlerInfo);

     return bReturn;
}
```

document마저도 그 message를 처리하지 못하면, 다시 message는 main frame을 전달한다.[주18] main frame에서도 처리되지 않으면, 응용프로그램에게 전달된다.[주19] 그래도 message가 처리되지 않으면 CWnd의 DefWindowProc( )가 그 message를 처리하게 된다.
Table 3-2는 다양한 MFC 함수 signature와 그들의 인자, 그리고 반환값(return value)을 보여준다.

Table 3-2 Function signatures used in message mapping

Signature Name	Return Type	Parameters		
AfxSig_bD	BOOL	CDC*		
AfxSig_bb	BOOL	BOOL		
AfxSig_bWww	BOOL	CWnd*,	UNIT,	UNIT
AfxSig_hDWw	HBRUSH	CDC*,	CWnd*,	UNIT
AfxSig_iwWw	int	UINT,	CWnd*,	UNIT
AfxSig_iWww	int	CWnd*,	UINT,	UNIT
AfxSig_is	LRESULT	LPSTR		
AfxSig_lw	......	WPARAM,	LPARAM	
......		......		
AfxSig_end=0	[mark end of message map]			

MFC는 CCmdTarget에서 파생된 모든 class에 대하여 이러한 command-routing 구조를 사용한다. 이것은 CWnd, CDocument, CView, 그리고 CFrameWnd에서 파생된 모든 class를 포함한다. 모든 command message는 처음 3단계 처리에 대해서는 같은 경로를 거친다. :

1단계 : 먼저 AfxWndProc( )가 호출되는데 이 함수는 HWND 인자로부터 CWnd 객체를 얻고,
2단계 : AfxCallWndProc( )를 호출한다.
3단계 : AfxCallWndProc( )는 CWnd에서 파생된 객체의 WindowProc( )을 호출한다.

그 다음부터는 message에 따라서 처리과정이 달라진다. 여기서 command message가 거쳐가는 기나긴 경로를 살펴보도록 하자.

18) main frame은 자신의 상위 class인 CWnd의 OnCmdMsg()를 호출한다. 하지만 CWnd는 OnCmdMsg()를 정의하지 않았으므로, 그 다음 상위 class인 CCmdTarget의 OnCmdMsg()를 호출한다.
19) CWinApp와 CWinThread에서는 OnCmdMsg()를 재정의(override)되지 않았으므로 CCmdTarget::OnCmdMsg()가 호출된다.

② 각 message target으로 진행되는 command message의 경로

Figure 3-6은 WM_COMMAND가 거쳐가는 경로를 보여준다. MFC 프로그램에서 모든 window message는 먼저 AfxWndProc( )로 간다. 다시 AfxWndProc( )은 AfxCallWndProc( )를 호출하며, 최종적으로 window의 window procedure에 도달하게 된다[즉, CWnd::OnWndMsg( )]. 바로 그곳에서부터 command message는 적당한 command target으로 전달된다(또한 dialog box도 command를 받는다).

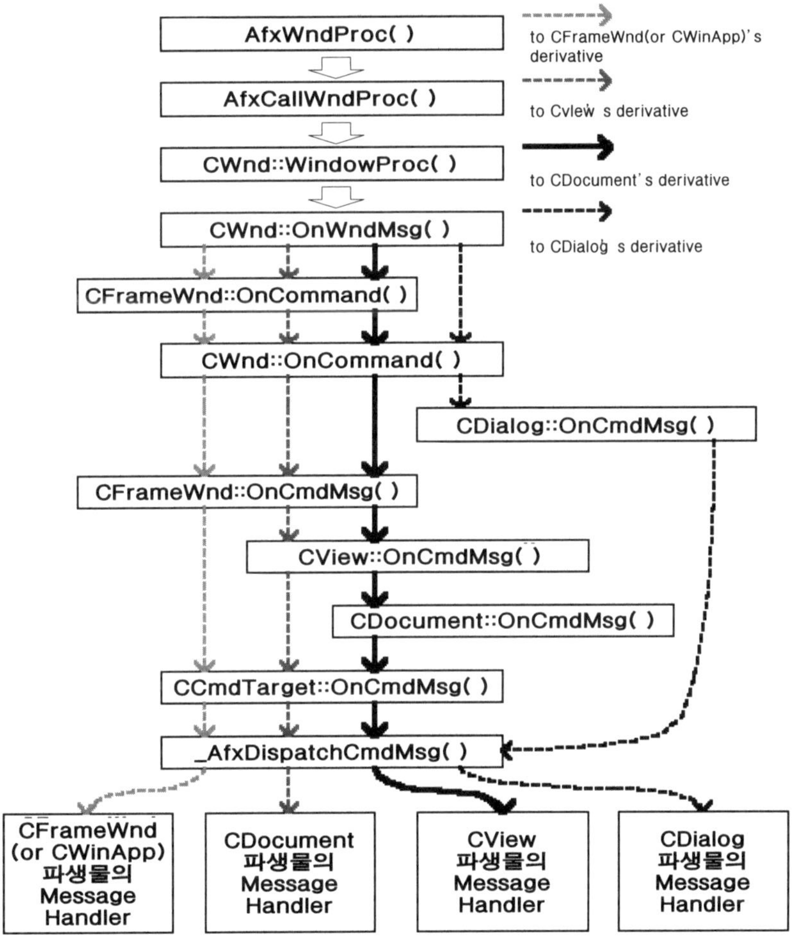

Figure 3-6 command message routing

command message는 이와 같이 framework상에서 진행한다. 앞에서 살펴본 바와 같이, message는 몇 개의 다른 class들 간에 진행된다. 정규 window message(WM_SIZE와 같은)를 처리하는 것은 command message를 처리하는 것보다는 간단하다.

3.4.4 정규 Window Message 처리하기

command message처럼 정규 window message도 AfxWndProc( )[주20]에서 시작한다. AfxWndProc( )는 window handle을 CWnd 객체로 바꾼다. 그 다음, AfxWndProc( )은 AfxCallWndProc( )[주21]를 호출하고, 다시 AfxCallWndProc( )은 CWnd 객체의 CWnd::WindowProc( )을 호출한다. 또 다시 CWnd::WindowProc( )은 CWnd::OnWndMsg( )[주22]를 호출한다. 또 다시 CWnd::OnWndMsg( )는 AfxFindMessageEntry( )를 호출한다. AfxFindMessageEntry( )는 해당 message의 handler를 찾는다.

① AfxFindMessageEntry( )

AfxFindMessageEntry( )는 흥미로운 함수이다. 이 함수는 2가지 버전(version)을 가진다.[주23] : (1) Assembly 언어로 쓰여진 것과 (2) C로 쓰여진 것이다. 응용프로그램이 Intel 기반용으로 컴파일(compile)되면, AfxFindMessageEntry( )는 Assembly 버전을 사용한다. 그렇지 않다면, AfxFindMessageEntry( )는 C 버전을 사용한다.

Listing 3-16은 C 언어 버전의 AfxFindMessageEntry( )를 보여준다.

Listing 3-16 AfxFindMessageEntry() of C version, from WINCORE.CPP

```
const AFX_MSGMAP_ENTRY* AFXAPI
AfxFindMessageEntry( const AFX_MSGMAP_ENTRY*  lpEntry,
                     UINT                     nMsg,
                     UINT                     nCode,
                     UINT                     nID)
{
      while (lpEntry->nSig != AfxSig_end ) {
           if (      lpEntry->nMessage        == nMsg
                 &&  lpEntry->nCode           == nCode
                 &&  nID                      >= lpEntry->nID
                 &&  nID                      <= lpEntry->nLastID) {
                 return lpEntry;
      }
           lpEntry++;
```

20) Listing 3-3 참조.
21) Listing 3-4 참조.
22) Listing 3-5 참조.
23) AfxFindMessageEntry( )는, message처리에 있어서, 매우 자주 호출되는 함수이다. 따라서 수행 속도가 매우 중요하다. 그러므로 보편적으로 가장 많이 사용하는 INTEL 환경에서 이 함수의 수행속도를 최적화하기 위해 Assembly 언어를 사용하였다.

```
        }
        return NULL;     // not found
    }
```

잠시 Listing 3-12를 한번 살펴보도록 하자. CWnd::OnWndMsg( )은 message map entry 배열내에서 원하는 message map entry를 찾기 위해 먼저 CWnd 객체의 message map을 얻는다. 그 다음 CWnd::OnWndMsg( )은 AfxFindMessageEntry( )를 호출하여 message map내에서 그 message를 찾거나 message map의 끝까지 message map entry 배열을 탐색해 간다.
만약 CWnd::OnWndMsg( )가 message handler를 찾으면, 그 message handler를 호출한다. 그렇지 않다면 CWnd::OnWndMsg( )는 FALSE를 반환하고, CWnd::WindowProc( )은 그 window의 DefWindowProc( )을 호출한다. 그래서 몇 번이고 전달되는 command와는 달리, 정규 window message는 의도된 window로 직접 이동한다. 예를 들어 WM_SIZE가 목표지점(CWnd-derived class)을 향해 거쳐 가는 경로를 살펴보도록 하자.

①-1 WM_SIZE message를 View로 보내기
응용프로그램의 view로 진행하는 WM_SIZE의 진행 경로는 Figure 3-7과 같다. 정규 window message가 CWnd 파생 객체까지 도달하는 경로를 주의해서 보자.

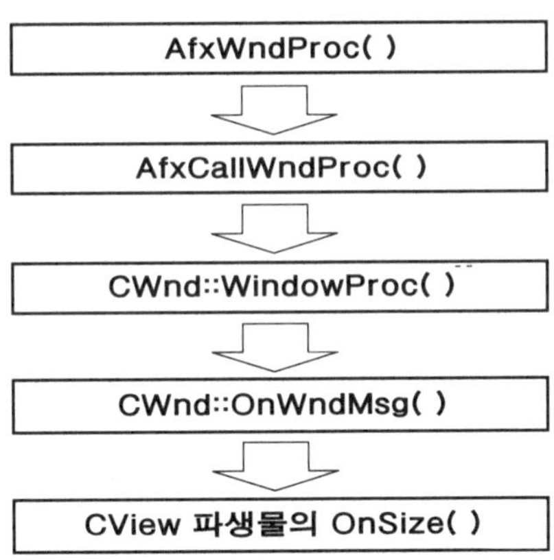

Figure 3-7 Sending to WM_SIZE message to a CView-derived class

② Member Function 호출하기
일단 message map entry를 찾은 후 MFC가 어떤 window message에 대한 member function을 어떻게 호출하는 살펴보도록 하자. message map entry 구조체의 field 중 하나는 window message를 처리하는 함수 pointer임을 상기하기 바란다. OnWndMsg( )는 그 함수 pointer를 위해 MessageMapFunction union을 선언한다. Listing 3-17는 그 union의 일부분을 보인다. :

Listing 3-17 Signatures for MFC's message-handler functions

```
union MessageMapFunctions
{
      AFX_PMSG pfn; //generic member function pointer

      // specific type safe variants
      BOOL        (AFX_MSG_CALL    CWnd::*pfn_bD)(CDC*);
      BOOL        (AFX_MSG_CALL    CWnd::*pfn_bb)(BOOL);
      BOOL        (AFX_MSG_CALL    CWnd::*pfn_bWww)(CWnd*, UINT, UINT);
      BOOL        (AFX_MSG_CALL    CWnd::*pfn_bHELPINFO)(HELPINFO*);
      HBRUSH      (AFX_MSG_CALL    CWnd::*pfn_hDWw)(CDC*, CWnd*, UINT);
      HBRUSH      (AFX_MSG_CALL    CWnd::*pfn_hDw)(CDC*, UINT);
      int         (AFX_MSG_CALL    CWnd::*pfn_iwWw)(UINT, CWnd*, UINT);
      int         (AFX_MSG_CALL    CWnd::*pfn_iww)(UINT, UINT);
      int         (AFX_MSG_CALL    CWnd::*pfn_iWww)(CWnd*, UINT, UINT);
      int         (AFX_MSG_CALL    CWnd::*pfn_is)(LPTSTR);
      LRESULT     (AFX_MSG_CALL    CWnd::*pfn_lwl)(WPARAM, LPARAM);
      LRESULT     (AFX_MSG_CALL    CWnd::*pfn_lwwM)(UINT, UINT, CMenu* );
      void        (AFX_MSG_CALL    CWnd::*pfn_vv)(void);

      void        (AFX_MSG_CALL    CWnd::*pfn_vw)(UINT);
      void        (AFX_MSG_CALL    CWnd::*pfn_vww)(UINT, UINT);
      void        (AFX_MSG_CALL    CWnd::*pfn_vwii)(UINT, int, int);
      //
};
```

MessageMapFunction은 일반 AFX function pointer저장하는 pfn field를 가지고 있다. 그 뒤로 message handler로 사용될 수 있는 모든 종류의 함수 원형(prototype)이 따라온다. OnWndMsg( )는 MessageMapFunction union을 message handler의 주소(address)로 설정한다:

```
mmf.pfn = lpEntry->pfn;
```

다음으로, OnWndMsg( )는 switch문을 사용하여 WM_SIZE의 signature와 일치하는 것을 찾는다. 일단 OnWnMsg( )가 일치된 것을 찾으면, WPARAM과 LPARAM으로부터 필요한 인자를 구하고, MessageMapFunction 안에 포함된 함수 원형을 사용하여 handler를 호출한다.
예를 들어 WM_SIZE에 대한 handler를 수행하는 code는 다음과 같다.

```
case AfxSig_vwii:
      (this->*mmf.pfn_vwii)(wParam, LOWORD(lParam), HIWORD(lParam));
      break;
```

MFC의 message 처리 경로를 따라가는 것은 무척 힘든 일이다. 어찌 되었건 MFC의 message map 기술은 매우 잘 동작하고, 이는 비주얼 C++의 wizard 기술의 중요한 요소이기도 하다. WM_COMMAND와 정규 window message외에도, MFC는 또 다른 message를 처리하는 특별한 방법을 가지고 있다.

3.4.5 또 다른 종류의 Message

WM_COMMAND와 다양한 window message(WM_SIZE와 WM_MOVE 따위…)는 응용프로그램이 받는 가장 일반적인 종류의 message이다. 어찌 되었건, MFC는 WM_NOTIFY, WM_ACTIVATE 그리고 WM_SETCURSOR를 다루는 특별한 방법을 가지고 있다. 이와 같은 특별한 경우를 간단히 살펴보도록 하자.

① WM_NOTIFY와 Message Reflection

Windows의 초기 버전에서, WM_COMMAND는 (1) menu item부터의 command 또는 (2) child window로부터의 notification(주24)을 나타낼 수 있는 의미가 중복된 message였다. Windows 95와 새로운 common control의 도래로 WM_NOTIFY라고 하는 새로운 message가 생겨났다. WM_COMMAND가 command 또는 notification을 나타내는 반면에, WM_NOTIFY는 항상 notification을 나타낸다.

CWnd::OnWndMsg( )는 CWnd::OnNotify( )를 통해서 WM_NOTIFY를 처리한다. 정규 WPARAM과 LPARAM 을 넘겨주는 것을 대신하여, WM_NOTIFY는 LPARAM가 NMHDR 구조를 갖도록 한다 :

```
struct NMHDR {
      HWND  hwndFrom;        // control that sent notification.
      UINT  idFrom;          // ID of control.
      UINT  code;            // notification code.
};
```

OnNotify( )는 hwndFrom field를 사용하여 CWnd의 가상 함수(virtual function)인 OnChildNotify( )를 호출하게 된다. 이때, OnChildNotify( )은 직접 control로 message를 보내므로 control은 message를 처리할 수 있다(결국, message의 처리는 control의 몫이다).

새로운 control에 대한 WM_NOTIFY를 처리하기 위해 MFC는 message reflection이라고 하는

24) notification : childe window(또는 control)이 parent window에게 자신의 변화를 알려주기 위한 message를 의미한다.

새로운 메커니즘(mechanism)을 제공한다. MFC 초기 버전에서 control notification이 어떻게 작동하는지 회고해 보자 : control에 흥미로운 일이 발생할 때마다 control은 parent에게 이를 알려서 parent가 이를 처리할 수 있도록 한다. 대화 상자(dialog box)내의 control색을 입히는 것을 예로 들 수 있다. 대화 상자 내에 일반 control을 올려 놓을 수 있다. 그러나 색을 바꾸고 싶다면, control의 색을 적절히 바꾸기 위해 발생한 WM_CTLCOLOR를 처리하는 것은 parent인 dialog box가 할 일이었다. 이것은 그다지 독립적이지 않기 때문에 이와 같은 방법이 최선은 아니다. 이상적인 경우는 control 스스로가 채색에 책임을 지는 것일 것이다. MFC reflection은 바로 이러한 능력을 제공한다.

MFC는 이러한 message를 다루기 위한 몇 가지의 새로운 message map macro를 정의한다. REFLECT라는 이름이 붙은 것을 제외하면 표준 message map macro와 비슷하다. 예를 들어 WM_CTLCOLOR의 표준 handler는 ON_WM_CTLCOLOR이다.

```
#define ON_WM_CTLCOLOR() \
{      WM_CTLCOLOR, \
       0, \
       0, \
       0, \
       AfxSig_hDWw, \
       (AFX_PMSG)(AFX_PMSGW) \
           (HBRUSH (AFX_MSG_CALL CWnd::*)(CDC*, CWnd*, UINT))&OnCtlColor },
```

ON_WM_CTLCOLOR은 CDC pointer와 unsigned integer를 인자로 갖고 HBRUSH를 반환하는 함수를 포함하는 macro이다. 이러한 macro를 message map에 추가함으로써 부모가 WM_CTLCOLOR를 받을 때마다 control이 알림(notification)을 받을 수 있도록 할 수 있다. 이러한 식으로 control은 부모가 채색을 처리하도록 하기보다는 control이 스스로 message를 처리하도록 할 수 있다.

② WM_ACTIVE

MFC의 message 처리 구조는 WM_ACTIVATE도 처리한다. OnWndMsg( )는 전역 함수인 _AfxHandleActivate( )를 호출한다. 이 함수는 WM_ACTIVATE가 최상위 window를 위한 것인지를 검사한다. 그렇다면 _AfxHandleActivate( )는 WM_ACTIVATETOPLEVEL message를 window로 보낸다. Listing 3-18은 _AfxHandleActivate( )를 보여준다.

Listing 3-18 _AfxHandleActivate() pseudocode, from WINCORE.CPP

```
AFX_STATIC void AFXAPI _AfxHandleActivate(CWnd*     pWnd,
                                          WPARAM   nState,
                                          CWnd*    pWndOther)
{
        // send WM_ACTIVATETOPLEVEL when top-level parents change
        CWnd* pTopLevel;
        if ( pTopLevel = pWnd->GetTopLevelParent() && /*...*/ ) {
             pTopLevel->SendMessage(WM_ACTIVATETOPLEVEL, /*...*/ );
        }
}
```

③ WM_SETCURSOR

MFC는 _AfxHandleSetCursor( )내에서 WM_SETCURSOR를 처리한다. AfxHandleSetCursor( )는 mouse button이 눌렸는지 검사한다. mouse button이 눌렸으면, AfxHandleSetCursor( )는 마지막 active window를 활성화한다. Listing 3-18은 _AfxHandleSetCursor( )를 보여준다.

Listing 3-19 _AfxHandleSetCursor( ) pseudocode, from WINCORE.CPP

```
AFX_STATIC BOOL AFXAPI _AfxHandleSetCursor(CWnd* pWnd, UINT nHitTest, UINT nMsg)
{
        if(    nMsg == WM_LBUTTONDOWN
            || nMsg == WM_MBUTTONDOWN
            || nMsg == WM_RBUTTONDOWN)){
              // activate the last active window if not active
              CWnd* pLastActive = pWnd->GetTopLevelParent();
              if (pLastActive != NULL)
                   pLastActive = pLastActive->GetLastActivePopup();
                   //...
              return TRUE;
              }
        }
        return FALSE;
}
```

3.5 Message Loop안의 Message를 가로채기 : PreTranslateMessage( )

MFC는 또 다른 유용한 특징을 가진다. : message가 목표지점에 도달하기 전에 message loop 안에서 message를 가로챌 수 있다. 이러한 일을 하는 함수가 PreTranslateMessage( )이다. MFC는 message loop에 들어갈 수 있는 두 시점을 제공한다 : CWinThread[주25]::PreTranslateMessage( )와 CWnd::PreTranslateMessage( ).

CWinThread::Run( )은 message가 TranslateMessage( )와 DispatchMessage( )에 의하여 처리되기 전에 CWinThread::PreTranslateMessage( )를 호출한다.

CWnd::PreTranslateMessage( )는 message가 목표지점에 도달하기 전에 그 message를 처리하도록 한다[당연한 얘기지만 CWinThread::PreTranslateMessage( )가 CWnd::PreTranslateMessage( )보다 먼저 message를 처리 할 수 있다]. Listing 3-20은 CWinThread::PreTranslateMessage( )를 보여준다.

Listing 3-20 CWinThread::PreTranslateMessage() pseudocode, from WINCORE.CPP

```
BOOL CWinThread::PreTranslateMessage(MSG* pMsg)
{
        // if this is a thread-message, short-circuit this function
        if (pMsg->hwnd == NULL && DispatchThreadMessageEx(pMsg))
            return TRUE;

        // walk from target to main window
        CWnd* pMainWnd = AfxGetMainWnd();
        if  (CWnd::WalkPreTranslateTree(pMainWnd->GetSafeHwnd(), pMsg))
            return TRUE;

        // in case of modeless dialogs, last chance route through main
        //   window's accelerator table
        if (pMainWnd != NULL) {
            CWnd* pWnd = CWnd::FromHandle(pMsg->hwnd);
            if (pWnd->GetTopLevelParent() != pMainWnd)
                return pMainWnd->PreTranslateMessage(pMsg);
        }

        return FALSE;    // no special processing
}
```

25) CWinApp의 상위 class가 CWinThread임을 상기하기 바란다.

CWinThread::PreTranslateMessage( )는 하나의 인자를 가진다. : MSG 구조체 pointer. 기본적으로 CWinThread::PreTranslateMessage( )은, message가 mouse button down 또는 mouse button double-click이면, CancelToopTip( )를 호출하여 화면에서 tool tip을 제거한다. 그 다음, CWinThread::PreTranslateMessage( )는 target window에서 main window 사이의 모든 window를 호출한다.

바로 CWnd::WalkPreTranslateTree( )가 이러한 기능을 수행한다. Listing 3-21은 CWnd::WalkPreTranslateTree( )를 보여준다.

Listing 3-21 CWnd's WalkPreTranslateTree( ) function.

```
BOOL PASCAL CWnd::WalkPreTranslateTree(HWND hWndStop, MSG* pMsg)
{
        // walk from the target window up to the hWndStop window checking
        //  if any window wants to translate this message
        for (HWND hWnd = pMsg->hwnd; hWnd != NULL; hWnd = ::GetParent(hWnd)){
             CWnd* pWnd = CWnd::FromHandlePermanent(hWnd);
             if (pWnd != NULL) {
                  // target window is a C++ window
                  if (pWnd->PreTranslateMessage(pMsg))
                       return TRUE; // trapped by target window (eg: accelerators)
             }

        // got to hWndStop window without interest
             if (hWnd == hWndStop)
                  break;
        }
        return FALSE;        // no special processing
}
```

WalkPreTranslateTree( )를 호출하기 전에, CWinThread::PreTranslateMessage( )는 AfxGetMainWnd( )를 호출함으로써 main window의 handle을 얻어낸다. WalkPreTranslateTree( )는 PreTranslateMessage( ) 호출을 언제 멈추어야 할지 알아내기 위해서 이 handle을 사용한다. target window로부터 시작해서 WalkPreTranslateTree( )는 각 window의 PreTranslateMessage( )를 호출한다. WalkPreTranslateTree( )는 (1) window가 message를 처리하거나 (2) main window에 도달할 때까지 계속 수행된다. Listing 3-22는 CWnd::PreTranslateMessage( )을 보여준다.

Listing 3-22 CWnd::PreTranslateMessage( ) pseudocode, from WINCORE.CPP

```
BOOL CWnd::PreTranslateMessage(MSG* pMsg)
{
        // handle tooltip messages (some messages cancel, some may cause it to popup)
        AFX_MODULE_STATE* pModuleState = _AFX_CMDTARGET_GETSTATE();
        if (pModuleState->m_pfnFilterToolTipMessage != NULL)
            (*pModuleState->m_pfnFilterToolTipMessage)(pMsg, this);

        // no default processing
        return FALSE;
}
```

CWnd::PreTranslateMessage( )는 하나의 인자를 가진다 : MSG 구조체 pointer. CWnd::PreTranslateMessage( )은 거의 아무 일도 하지 않는다. 만약 여러분이 CWnd::PreTranslateMessage( )를 재정의(override)하려 한다면, MSG 구조체를 검사하라. 원하는 message이면 PreTranslateMessage( )내에서 그 message를 처리하고 TRUE를 반환하라. CWinThread::PreTranslateMessage( )는 원하는 window를 찾는다면 TRUE를 반환한다. 그러면 CWinThread의 message pump는 이 message를 응용프로그램으로 내보내지 않는다. 그러므로 CWinThread::PreTranslateMessage( )는 효율적으로 원하는 message를 제거하는 역할을 한다.

3.6 결 론

MFC는 가상 함수(virtual functioin)를 통해서 message를 처리하지 않고 message map 기술을 사용하여 message를 처리한다. 이것은 거대한 vtable이 가지는 부하를 제거함으로써 수행 속도를 향상시켰을 뿐만 아니라 compiler와도 독립적이다.

MFC가 응용프로그램을 초기화하는 방법 및 message pump를 다루는 방법, 그리고 message를 처리하는 방법을 아는 것은 분명히 가치가 있는 일이다. 이제 여러분은 MFC의 다른 다양한 요소들을 소화해낼 수 있다. 이제 MFC의 유용한 Utility class를 살펴보도록 하자.

4장 MFC Utility Class

MFC utility class는 굉장한 기능을 제공하지는 못한다. 어쨌든, MFC utility class는 MFC 개발자에게 매우 유용하게 사용된다. 초기에는 이러한 utility class가 별로 중요하게 보이질 않았다. 하지만, 우리가 일찍이 만들었던 많은 class가 이미 MFC utility class에 포함되어 있음을 상기해 볼 때, MFC설계팀의 utility class를 만드는 기술을 터득함으로써 우리는 더 나은 우리만의 utility class를 만들 수 있을 것이다.

이번 장에서는 simple value type의 내부를 먼저 살펴보도록 하자. 이러한 simple value class가 어떻게 구현되었는지 살펴본 후, 다양한 collection class의 동작을 살펴보고 그 원리를 파악해 보자. 그 다음, CFile(그 외의 CFile-derived class도 함께)의 내부를 분석해보자. 마지막으로, CException(그 외의 CException-derived class도 함께)을 통해 제공되는 MFC의 향상된 예외 처리(error-handing)를 살펴보자. 이러한 과정을 밟는 동안 여러분은 흥미 있는 기술과 문서화되지 않은 많은 정보를 접하게 될 것이다.

4.1 Simple Value Type

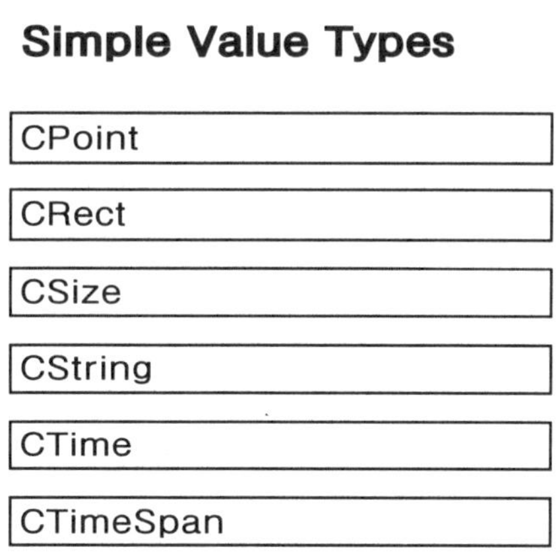

Figure 4-1 Hierarchy chart of Simple Value Type

simple value type은 기존의 C++ type(char*, …)과 Windows type(RECT …)을 encapulation 한 class이다. 또한, simple value type에는 C++ interface를 사용하여 보다 많은 특징이 추가되었다. utility class인 simple value type class는 더욱 안전하고 쉽게 그 type을 조작할 수 있는 C++ 연산을 제공한다. 어떤 utility class에는 memory 관리, 다국어화(internationalization), 기타 유용한 member function을 추가함으로써 basic type(char, int …)을 더욱 향상시켰다.
가장 포괄적으로 basic type을 encapsulation하고 있는 class는 CString이다. 먼저 CStirng부터 살펴보고, 다른 simple value type을 살펴보자.

4.1.1 CString : char*의 확장

CString은 character string을 encapsulation하면서 여러 가지 향상된 기능과 특징을 제공한다.

- 다국어화(Internationlizaion).
- Memory allocation/deallocation.
- Operator(+, =, ==).
- String searching.
- String manipulation(reverse, conca …).
- Formatting.

① CString 사용하기

MFC가 CString을 어떻게 구현했는지를 살펴보기 전에 CString의 여러 가지 특징에 대하여 복습해 보자. CString은 다양한 생성자(constructor)를 제공한다.

```
// Create a CString from a char *
CString myString1( "This is a string");
// Create a CString from a CString
CString myString2(myString1);
// Create a string with 80 z characters
CString myString3('z', 80);
// Create an empty CString
CString myString4;
```

①-1 CString 연산자(Operator)

CString 연산자(operator)란 string을 비교(compare), 추가(add), 할당(assign), 그리고 string내

의 어떤 문자에 대한 접근 등의 기능을 의미한다. Listing 4-1은 CString연산자의 예를 보여주고 있다.

Listing 4-1 Some example CString

```
CString myString1( "string 1");
CString myString2( "string 2");
CString myString3( "string 3");

//** Addition (concatenation) add assignment operators **
myString1 += myString2;
//result is "string 1string2" in myString1

myStrin3 = "This is " + myString2";
//result is "This is String 2" in myString3;

myString2 += 'z';
//result is "string 2z" in myString2

// ** Comparison operators **
if( myString1 == myString2) // Like strcmp

if( myString1 < myString2)

// ** operator [] (access char in string) **
// Get the eighth character ( 0 based array )
if( myString[7] == '1')
```

CString은 탐색(search)을 위한 많은 member functin을 제공한다.

- Find( ) – string내의 부분 문자열(substirng)이나 문자(character)를 찾는다. 발견되면, string내의 발견된 위치의 index를 반환한다. 그렇지 않으면, -1을 반환한다.

```
// First Example - CString::Find ( TCHAR ch )
CString s( "abcdef" );
ASSERT( s.Find( 'c' ) == 2 );
ASSERT( s.Find( "de" ) == 3 );

// Second Example - CString::Find( TCHAR ch, int nStart )
CString str("The stars are aligned");
int n = str.Find('e', 5);
ASSERT(n == 12);
```

- FindOneOf( ) – char*를 인자를 가진다. 인자내의 첫번째 문자와 CStirng내의 문자와 일치

하는 위치의 index를 반환한다. 그렇지 않으면 1을 반환한다.

```
// example for CString::FindOneOf
CString s( "abcdef" );
ASSERT( s.FindOneOf( "xd" ) == 3 ); // 'd' is first match
```

- ReverseFind() – Find()와 비슷하다. 하지만, string의 오른쪽부터 비교하여 찾아낸다. 발견되면, 해당 index를 반환한다. 그렇지 않으면 -1을 반환한다.

```
// Example for CString::ReverseFind
CString s( "abcabc" );
ASSERT( s.ReverseFind( 'b' ) == 4 );
```

- Format() – CString은 printf-style의 인자를 가지는 Format()이라는 member function을 제공하고 그 결과는 CString 내부에 저장한다. 예를 들어,

```
CString myString1;
myString.Format( "There are %d at %x !", 1000, 0xffff);
```

myString1에는 "There are 1000 at 0xfff가 결과로 저장되어 있다.

그 외에도 CString에는 잘라내기(cut), 대문자화(uppercase), 소문자화(lowercase), 부분문자열 추출 등 많은 기능을 수행하는 member function이 있다.

Listing 4-2 Example CString manipulations

```
CString myString("This is a string that I'm going to manipulate!");
// Chop out Y (12) characters starting at X (22) and put it into new Stirng.
CString newString = myString.Mid(22, 5);
// yield : I'm going to"
// Return the right ten characters
newString = myString.Right(10);
// yields : This is a ".

// Nuke white space
myString.TrimRight();
// yields : "ThisisastringthatI'mgoingtomanipulate!"

// Upper case the string
myString.MakeUpper();
// yields : "THISISASTRINGTHATI'MGOINGTOMANIPULATE!"
```

```
// Reverse case the string
myString.MakeReverse();
// yields : "!ETALUPINMOTGNIOGM'ITAHTGNIRTSASISIHT"
```

① -2 CString의 참조 횟수(Reference Count)

MFC 4.0가 발표되면서, Microsoft는 CString에 대한 참조 횟수(reference count)를 관리하는 방법을 도입하였다. 이는 매우 환영할 만한 특징이다. 참조 횟수는 string data의 정확한 복사를 보장해 준다. CString의 참조 횟수는 자동으로 이루어지지만, LockBuffer( )/UnlockBuffer( )를 통해서 직접 lock/unlock을 할 수 있다. 참조 횟수는 memory의 사용량을 줄이고 수행속도를 향상시킨다.

② CString의 내부

CString의 특징은 매우 재미있으므로 CString이 어떻게 구현되었는지 살펴보도록 하자.

② -1 CString과 관련된 file들

CString에 대한 선언은 AFX.H에 있고, 구현은 AFX.INL(inline file), STRCORE.CPP, STREX.CPP에 있다.

CString의 선언은 매우 길다. 그 이유는 CString이 지원하는 모든 member function과 연산자(operator)가 선언되어 있기 때문이다. 문서화되지는 않았지만 구현상 매우 중요한 CString의 member를 Listing 4-3에서 보여주고 있다.

Listing 4-3 An abbreviated CString declaration, from AFX.H.

```
class CString
{
// NOTE : Lots of operators and member function
// omitted for brevity..
// Implementation
public :
      ~CString();
      int GetAllocation() const;

protected :
      LPSTR m_pchData; // pointer to ref conted string data
// implementation helpers
      CStringData* GetData() const;
      void Init();
      void AllocCopy(  CString&  dest,
```

```
                         int      nCopyLen,
                         int      nCopyIndex,
                         int      nExtranLen) const;
      void AllocBuffer( int nLen);
      void AssignCopy( int nrcLen, LPCTSTR lpsSrcData);
      void ConcatCopy( int       nSrcLen,
                       LPTSTR    lpszSrc1Data,
                       int       nSrc2Len,
                       LPCTSTR   lpszSrc2Data);
      void ConcatInPlace( int nSrcLen, LPCTSTR lpszSrcData);
      void FormatV( LPCTSTR lpszFormat, va_list argList);
      void CopyBeforeWrite();
      void AllcBeforeWrite( int nLen);
      void Release();
      static void Release( CStringData* pData);
      static int SafeStrLen( LPCTSTR lpsz);
};
```

②-2 m_pchData : CString을 이해하기 위한 핵심 열쇠

우리는 Listing 4-3에서 CString이 가지는 유일한 member data인 LPTSTR m_pchData를 찾아볼 수 있다. 이는 CString이 string pointer를 encapsulation하고 있음을 나타낸다. 그렇다면, CString의 참조 횟수(reference count)는 어디서 유지한단 말이가? 또 string의 길이를 알아내기 위해서 매번 계산을 한단 말인가?

CString의 source code를 자세히 살펴보면, 이러한 물음에 답변을 줄 수 있는 문서화되지 않은 사실을 발견할 수 있다.

②-3 Helper Structure[주1] : CStringData

AFX.H 안에는 CString의 선언을 발견하기 전에 CStringData라는 helper structure의 선언을 발견할 수 있다. Listing 4-4에 CStringData가 나와 있다.

Listing 4-4 CStringData structure, from AFX.H

```
struct CStringData
{
      long nRefs;
      int  nDataLength;
      int  nAllocLength;
```

1) helper structure : 어떤 class를 보조하는 structure.

```
        // TCHAR data[ nAllocLength]

        TCHAR* data()
        {
            return (TCHAR*)(this+1);
        }
};
```

이 helper structure는 참조 횟수(reference count)를 필요한 CString의 정보를 포함하고 있다. 그러나 AFX.H 안에서는 전혀 사용되지 않는다. CString::AllocBuffer( )을 구현한 code들 중에 m_pchData를 찾아보길 바란다. AllocBuffer( )는 CStirng이 string을 위한 새로운 저장공간을 필요로 할 때마다 호출된다. Listing 4-5에는 문서화되지 않은 CString의 일부 routine의 psuedocode를 보여준다.

Listing 4-5 The CString::AllocBuffer( ) implementation

```
void CString::AllocBuffer( int nLen)
{
        if( nLen == 0 )
            Init();
        else {
            CStringData* pData
                        = (CStringData*) new BYTE[  sizeof(CStringData)
                                                  + (nLen+1)*sizeof(TCHAR)];
            pData->nRefs            = 1;
            pData->data() [nLen]    = '\0';
            pData->nDataLength      = nLen;
            pData->nAlloLength      = nLen;
            m_pchData               = pData->data();
        }
}
```

AllocBuffer( )는 CStringData의 size와 요구된 string의 size를 더한 만큼의 memory block을 할당한다. AllocBuffer( )는 먼저 CStringData의 member들을 초기화한 후, m_pchData를 설정한다(m_pchData가 가리키는 위치는 새로 할당된 memory block내의 CStringData 바로 뒤다. Figure 4-2 참조). 만약 string이 비어 있다면(nLen == 0), AllocBuffer( )는 Init( )를 호출하여 m_pchData가 NULL임을 표시하는 빈(empty) CStringData[주2]를 설정한다. 이 과정에서 빈

2) CStringData가 empty임을 의미하는 것이 아니라, m_pchData가 NULL임을 의미하도록 CStringData를 설정한다는 의미.

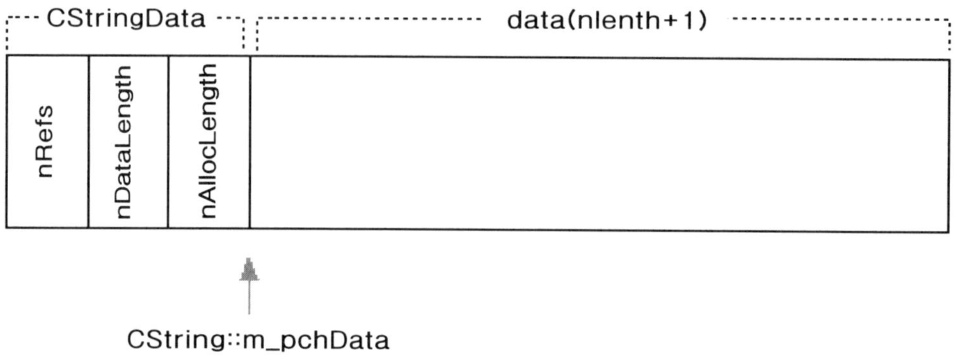

Figure 4-2 Memory allocated by AllocBuffer( )

(empty) CStringData은 참조 횟수의 접근을 막기 위해 무엇보다도 먼저 "prelocked"(주3)를 한다. Figure 4-2는 AllocBuffer내에서의 CStringData를 보여주고 있다.

CString은 m_pchData의 memory 영역에 앞부분에 참조 횟수에 필요한 memory영역을 감추고 있다. 그렇다면 우리는 엄청난 의문에 빠지게 된다. 왜 MFC팀은 이러한 엉뚱한 구조로 CString을 구성하였을까? 왜 CStringData의 member들을 CString 안에 위치시키지 않았을까?

②-4 CStringData를 사용함으로해서 생기는 장점

이제 앞서 제시한 의문에 대한 답을 차례차례 들어 보자.

질문 1 : 왜 MFC팀은 이러한 엉뚱한 구조로 CString을 구성하였을까?
대답 1 : TCHAR의 기존 구조를 지키고 사용의 편의를 도모하기 위해서….

이에 대한 자세한 설명은 MFC 개발자인 Dean McCrory의 대답으로 대신한다.

"이러한 정책은 'TCHAR*'의 binary 형태와 똑같이 CString이 표현되도록 하기 위해서다.(주4) reference count에 관한 정보는 string 자체가 아니므로 CString에서 유지하지 않는다. 그렇다고 해서 reference를 하는 object에 reference에 관련된 정보를 유지 할 수도 없다.(주5) 이러한 이유

3) "prelocked" : reference count를 -1로 설정함을 의미한다.
4) TCHAR*에는 reference에 관련된 정보가 없다. 또한 memory 관점에서 보면 TCHAR*는 배열(array)의 형태이지 linked list의 형태는 아니다. 이러한 관점에서 본다면, CString에는 reference에 관련된 정보가 없어야 하며, memory 구조는 배열형태를 유지해야 한다. 즉, 두 객체(CString 객체와 StringData 객체)의 구성은 bit관점에서 보면 하나의 객체로써 볼 수 있다.
5) reference하는 객체내에 reference에 관련된 정보를 유지하는 것은 그리 좋은 방법이 아니다. reference에 관한 정보는

때문에 CStringData라는 구조체를 만들고 이를 CString과 연결시킴으로 해서 'TCHAR*'의 배열형태를 유지하면서, reference관련 정보를 reference되는(당하는) object내에 둘 수 있는 것이다. 또한 CString의 크기를 관리하기 위해서 CStringData에는 2개의 member data(nDataLength, nAllocLength)가 존재한다. 하지만 이 2개의 member data는 같은 값을 가지고 있으므로, 둘 중 하나는 꼭 필요하지는 않다."

질문 2 : 왜 CStringData의 member들을 CString에 위치시키지 않았는가?
대답 2 : 하위 혼환(backward compatibility)을 보장하기 위해서….

m_pchData를 CStringData형 pointer로 바꾼다면 type-safe 방법을 통하여 보다 안정된 CString을 구성할 수도 있다. 그러나 오래된 MFC 응용프로그램의 code중에는 CString을 상속받은 class를 구성한 후, protected member를 통해서 m_pchData 접근하는 경우가 있다. Listing 4-6은 이러한 예를 보여준다

Listing 4-6 Example of code that could have been broken with MFC 6.x

```
// My string adds some new string functionality
class CMyString : public CString {
public :
      MyNeatFunctioin();
      //...
}

CMyString::MyNeatFunction()
{
      char buffer[256];
      strcpy( buffer, I'm a WILD MFC HACKER! );
      strcat( buffer, myString.m_pchData );
}
```

만약 m_pchData를 CStringData형으로 변화시켰다면 오래된 MFC 프로그램은 모두 compile error가 발생할 것이다.

질문 3 : CStringData를 숨기는 다른 이유는 없는가?
대답 3 : CString의 일반적인 사용을 가능하게 하기 위해서….
대부분의 사용자는 다음과 같은 code를 사용하여 CString을 사용한다.

는 reference를 되는(당하는) 객체내에 존재하는 것이 바람직하다.

```
printf(" The string %s was not found in file %s.", strSearch, strFileName);
```

이러한 code를 MFC 4.0 이전 version에서는 사용했다면 잘못된 결과를 발생할 것이다. 왜냐하면, sizeof(CString)은 4보다 작을 수 없으므로 printf(..)는 잘못된 pointer를 가리키게 된다. 이를 올바로 교정하면 다음과 같다.

```
printf( " The string %s was not found in file %s.",
        (LPCTSRT)strSearch,
        (LPCTSRT)strFileName);
```

②-5 참조 횟수(Reference Count)에 대해 알아 보자

reference counting은 CString의 가장 흥미 있는 특징이다. 참조 횟수는 string이 정말로 복사되어져야 할 경우(string이 변경되거나 새로 쓰여질 경우)에만 복사 되어지도록 한다. 예를 들어 보자.

```
CString myString1("This is a string");
CString myString2(myString1);
CString myString3 = myString1;
```

string에 아무런 변화가 없다면 "This is a string"을 저장하는 buffer를 하나만 두고 myString1와 myString2 그리고 myString3가 같은 buffer를 지시하도록 처리하여 memory의 낭비를 막을 수 있다. Figure 4-3는 이러한 구조를 보여준다.

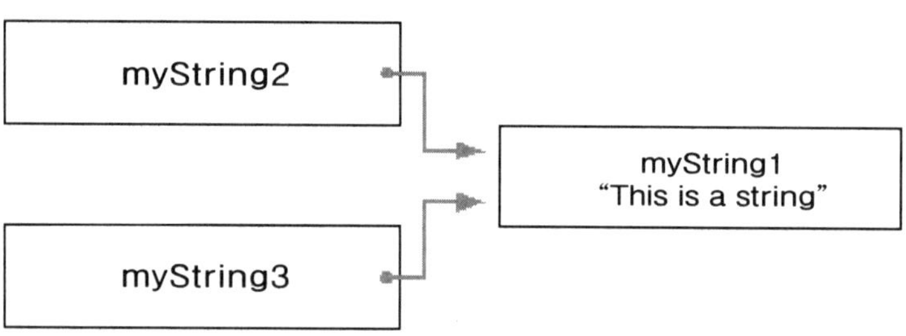

Figure 4-3 CString reference counting

참조 횟수(reference count)기술은 더욱 최적화된 MFC 프로그램을 원하는 개발자에게는 매우 유용한 기술이다. 사실, 참조 횟수는 OLE를 배울 때 중요한 주제로써 다루게 될 것이다.

참조 횟수인 "CStringData::nRefs"는 참조 횟수 알고리즘(reference couting algorithm)의 핵심요소이다. 참조 횟수는는 0으로 초기화되어지고 참조(reference)되어질 때마다 하나씩 증가하고, 참조(reference)가 풀릴 때마다 하나씩 감소하게 된다. 다시 참조 횟수가 0에 도달하면, string은

더 이상 참조되어지지 않으므로 memory상에서 사라지게 된다. CString이 참조하고 있는 string을 변경시켜할 경우가 발생하면, 새로운 string 영역을 만들고 그곳에 참조하고 있던 string을 복사한다. 물론 기존에 참조되고 있던 string의 참조 횟수를 감소하여야 한다.

이런 의문을 품어보자. 여러 개의 thead에 의해서 참조(reference)되고 있는 string은 critical resource라고 볼 수 있지 않은가? 그렇다면 2개 이상의 thread가 동시에 참조 횟수를 증가시키거나 감소시킬 경우에는 문제가 생길 수 있지 않은가?

이러한 경우를 대비하여 MFC는 Win32 API의 두 함수를 사용하고 있다 : InterlockedIncrement( )와 InterlockedDecerement( ). 이 두 함수는 운영체제 수준(Operating-System level)의 자원공유(resource sharing)을 가능하도록 도와주어, 동시에 아무리 많은 thread가 nRefs값을 접근할지라도 단 하나의 thead만이 nRef을 증가/감소시킬 수 있다.

다음 예제를 살펴보자. 각 단계는 순차적인 실행을 의미한다.

1단계 : CString myString1("This is my string1");

2단계 : CString myString2(myString1);

3단계 : CString myString3 = myString2;

4단계 : myString3.MakeUpper(); // Write Something!

MFC 참조 횟수 알고리즘에 의해서 1단계~3단계까지는 string의 아무런 복사가 필요 없다. 즉, myString1, myString2, myString3가 같은 string을 참조하고 있는 것이다. 4 단계에서 CString은 string의 변경됨을 감지하여 새로운 string을 만들어 낸다. 이 시점에서의 결과를 보면, myString1과 myString2는 "This is my string1"을 참조하고 있고, myString3는 "THIS IS MYSTRING1"을 참조하고 있게 된다.

그럼, 각 단계를 짚어가며 참조 횟수(refence count)가 어떻게 변하는지 살펴보자.

1단계에서는 char*를 인자로 받는 CString의 생성자를 호출한다. Listing 4-7은 STRCORE.CPP에 있는 해당 생성자의 pseudocode를 보여준다.

Listing 4-7 The CString constructor that gets called in step 1 of the example

```
CString::CString(LPCTSTR lpsz)
{
    Init();
    int nLen = SafeStrLen(lpsz);
    if( nLen != 0 )
        AllocBuffer( nLen);
    memcpy(m_pchData, lpsz, nLen*sizeof(TCHAR));
}
```

Init( )함수는 nRefs를 −1로 초기화하고 다른 CStringData의 member data는 0으로 초기화한다. 그리고 lpsz의 크기를 알아낸 후 AllocBuffer( )를 호출하여 그 크기만큼의 memory block을 할당한다. 마지막으로, lpsz를 새로 할당된 memory block에 복사한다.
이 시점에서 nRefs의 값은 AllocBuffer( )에 의해서 1로 설정된다. 이는 myString1이 참조하고 있음을 의미한다.
2단계에서는 CString의 참조형을 인자로 받는 CString의 생성자를 호출한다. Listing 4−8을 살펴보자.

Listing 4−8 The CString constructor used in line 2 of the example

```
CString::CString(const CString& stringSrc)
{
    if( stringSrc.GetData()->nRefs >= 0 ) {
        m_pchData = stringSrc.m_pchData;
        InterlockedIncrement(&GetData()->nRefs);
    }
    else {
        Init();
        *this = stringSrc.m_pchData;
    }
}
```

인자로서 넘어온 stringSrc의 참조 횟수가 0 이상이면, 자신의 m_pchData가 stringSrc의 m_pchData를 지시하도록 한다. 특히 아래의 line을 주목하기 바란다.

```
m_pchData = stringSrc.m_pchData;
```

이는 실제의 string을 공유함을 의미할 뿐만 아니라, CStringData도 공유함을 의미한다. 그러므로, InterlockedIncrement( )은 myString1과 myString2에 의해서 참조된 참조 횟수를 증가시킨다. "else"문의 수행과정은 LockBuffer( )와 UnlockBuffer( )를 이해하는 데 매우 중요하다. 한번 "lock"된 data를 참조하고 있는 CString 객체는 다른 CString 객체에 의해서 참조될 수 없다. 추가적으로 "lock"된 CString 객체는 자신 외의 다른 CSring 객체의 data를 참조할 수 없다. 이러한 특징은 다른 CString 객체의 data를 참조하고 싶지 않거나 다른 CString 객체와 data를 공유하고 싶지 않을 때 매우 유용한다. 즉, non−reference−counted CString(주6)와 같은 특별한 CString 객체가 여기에 해당한다. MFC ODBC class를 예로 들어 보자. 여러분은 database와 연

6) 참조 횟수 알고리즘을 사용할 필요가 없는 CString.

결(bind)할 ODBC addreass를 알고 있어야 한다(여러분은 이 address를 사용하여 database 안에 data를 넣을 수도 얻어올 수도 있다). 보통 이 주소는 CStirng 안에 저장된다. 따라서 주소를 간직한 CString 객체는 변화해서도 memory에서 사라져서도 안 된다. 따라서 database와 연결하기 바로 전에, ODBC address를 간직한 CString의 LockBuffer( )를 호출해 줌으로써 ODBC address를 보호할 수 있다.

이 시점에서, myString1과 myString2의 nRef는 2이다. 물론 두 CString 객체는 처음에 AllocBuffer( )에 의해서 할당된 data를 같이 가리키고 있다.

3단계에서는 먼저 기본 생성자(default contructor)가 호출되고,[주7] 할당 연산자(assignment operator, =)를 호출한다. Listing 4-9는 CString의 할당 연산자에 대한 pseudocode를 보여준다.

Listing 4-9 The CString assignment operator called in step 3 of the example

```
const CString& CString::operator=(const CString& stringSrc)
{
    if( m_pchData != stringSrc.m_pchData ) {
        if(     (GetData()->nRefs < 0 && GetData() != afxDataNil)
            || stringSrc.GetData()->nRefs < 0 ) {
            // actual copy necessary since one of the string is locked
            AssignCopy(stringSrc.GetData()->nDataLength, stringSrc.m_pchData);
        else {
            Release();
            m_pchData = stringSrc.m_pchData;
            InterlockedIncrement(&GetData()->nRefs);
        }
    }
    return *this;
}
```

본 예제에서는 else문이 수행된다. Release( )는 buffer를 비우는 역할을 하지만, 현재 참조 횟수가 0 이하이므로 아무런 일도 하지 않는다. 다음에 myString1의 data(m_pchData)를 자신의 m_pchData가 지시하도록 한 후, nRefs를 3으로 증가시킨다.

"if"문은 해당 CString의 data(m_pchData)가"locked"되었을 경우(nRefs는 −1), buffer(m_pchData)에 대한 복사본을 만드는 과정을 수행한다.

이 시점에서, myString3는 생성되어졌고, MakeUpper( )를 호출하기 바로 전이다. 3개의 CString 객체(myString1, myString2, myString3)는 AllocBuffer에 의해서 할당된 원래의 data(바로

7) myString3의 모든 것을 −1로 초기화한다.

myString1의 data)를 가리키고 있다.

4단계에서는 CString::MakeUpper( )를 호출함으로써, 공유되던 buffer에 새로운 data를 써야만 하는 상황이 되었다. 하지만 그렇게 되면 myString1과myString2의 data도 함께 바뀌게 되므로, 공유된 buffer에 대한 복사본을 만들어myString3가 지시하도록 하여야 한다. Listing 4-10은 MakeUpper( )에 대한 pseudocode를 보여준다.

Listing 4-10 The MakeUpper( ) member function called on line 5 of the example

```
void String::MakeUpper()
{
        CopyBeforeWrite();
        ::CharUpper(m_pchData);
}
```

CString::CopyBeforeWrite()는 buffer에 대한 복사본을 만들고 reference count를 변화시킨다. Listing 4-11은 CopyBeforeWrite()에 대한 pseudocode를 보여준다.

Listing 4-11 CString::CopyBeforeWrite() pseudocode, from STRCORE.CPP

```
void CString::CopyBeforeWrite()
{
        if( GetData()->nRefs > 1) {
             CStringData* pData = GetData();
             Release();
             AllocBuffer(pData->nDataLength);
             memcpy( m_pchData, pData->data(), (pData->nDataLength+1)*sizeof(TCHAR));
        }
}
```

우선, CopyBeforeWrite( )는 참조 횟수가 1보다 큰지 확인한다.(주8) 다음으로, Release( )를 통해서 기존의 data와의 참조를 해제한다. AllocBuffer(..)를 통해 새로운 buffer를 할당한다. 이때 nRefs는 1이다. 마지막으로, 이전에 참조하고 있던 data를 새로 할당된 buffer에 복사한다.

이것이 참조 횟수 예제의 전부이다. 본 예제를 수행시키면 2개의 string data가 존재할 것이다. 하나는 myString1과 myString2가 공유하는 것이고, 또 하나는 myString3에 의해서 참조되는 대문자화된 복사본이다.

CString의 다른 특징을 살펴보기 전에 Release( )가 어떻게 참조를 해제하는지 알아보자.

8) 복사가 진정으로 필요한지 확인하는 과정이다.

Listing 4-12는 CString::Release( )에 대한 pseudocode를 보여준다.

Listing 4-12 CString::Release( ), the member function that removes a CString reference

```
void CString::Release()
{
      if( GetData() != afxDataNil) {        // 확인 절차 (1)
            ASSERT(GetData()->nRefs != 0)   // 확인 절차 (2)
            if( InterlockedDecrement(&GetData()->Refs) <= 0 )
                  delete[] (BYTE*)GetData();
                  Init();
      }
}
```

(1) string이NULL이 아니고, (2) 해제할 reference가 존재하고 있음을 확인한 후, Release( )는 InterlockedDecrement( )를 호출한다. 만약 참조 횟수 0 이하이면, 더 이상 data를 참조할 필요가 없으므로 data를 memory상에서 지워져야만 한다. CString의 파괴자(destructor)도 CString이 지워질 때같은 확인절차(1, 2)를 밟아 buffer를 error 없이 지워버린다.

②-6 참조 횟수를 더욱 포장하자

여러분이 앞의 내용을 천천히 잘 살펴보았다면, CString의 참조 횟수 알고리즘을 사용하는 것은 매우 쉽다는 것을 알 수 있을 것이다. 여러분께 연습 문제 하나를 제시하려 한다. STRCORE.CPP 안에서 CopyBeforeWrite( )를 어디 어디에서 호출하는지 살펴보기 바란다. 그렇다면, 왜 operator+=에서는 CopyBeforeWrite( )를 호출하지 않는 것일까? 해답은 Listing 4-13을 참고하여 여러분 스스로 찾길 바란다.

Listing 4-13 CString::operator++ and CString::ConcatInPlace( ) pseudocode. from STRCORE.CPP

```
const CString& CString::operator+=(LPCTSTR lpsz)
{
      ASSERT(lpsz == NULL || AfxIsValidString(lpsz));
      ConcatInPlace(SafeStrlen(lpsz), lpsz);
      return *this;
}
const CString& CString::operator+=(TCHAR ch)
{
      ConcatInPlace(1, &ch);
      return *this;
}
```

```
const CString& CString::operator+=(const CString& string)
{
      ConcatInPlace(string.GetData()->nDataLength, string.m_pchData);
      return *this;
}

void CString::ConcatInPlace(int nSrcLen, LPCTSTR lpszSrcData)
{
      //  -- the main routine for += operators

      // concatenating an empty string is a no-op!
      if (nSrcLen == 0)
           return;

      // if the buffer is too small, or we have a width mis-match, just
      // allocate a new buffer (slow but sure)
      if (    GetData()->nRefs > 1
           || GetData()->nDataLength + nSrcLen > GetData()->nAllocLength) {
           // we have to grow the buffer, use the ConcatCopy routine
           CStringData* pOldData = GetData();
           ConcatCopy(GetData()->nDataLength, m_pchData, nSrcLen, lpszSrcData);
           ASSERT(pOldData != NULL);
           CString::Release(pOldData);
      }
      else {
           // fast concatenation when buffer big enough
           memcpy( m_pchData+GetData()->nDataLength,
                  lpszSrcData,
                  nSrcLen*sizeof(TCHAR));
           GetData()->nDataLength += nSrcLen;
           ASSERT(GetData()->nDataLength <= GetData()->nAllocLength);
           m_pchData[GetData()->nDataLength] = '\0';
      }
}
```

②-7 CString 내부의 또 다른 흥미로운 점

대부분의 CString의 member function은 _t로 시작하는 다국어화(internationalization) string function을 사용하고 있다. 예를 들어보자. Listing 4-14는 CString::Find( )의 pseudocode를 보여주고 있다.

Listing 4-14 CString::Find() - an example of how CString calls the _t string routines

```
int CString::Find(TCHAR ch) const
{
    // find first single character
    LPTSTR lpsz = _tcschr(m_pchData, ch);

    // return -1 if not found and index otherwise
    return (lpsz == NULL ) ? -1 : (int)(lpsz - m_pchData);
}
```

Find()는 _tcschr()호출하여 내부 string pointer(m_pchData)와 자신이 받은 인자(ch)를 넘긴다.

③ 한 걸음 더 나아가…

지금까지 우리는 가장 복잡한 simple value type을 살펴보았다. 이제 다른 종류의 simple value type을 살펴보도록 하자.

4.1.2 다른 Simple Value Type

물론 CString은 MFC 안에 있는 많은 simple value type중 하나일 뿐이다. CString과는 다르게 다른 simple value type은 대부분 inline 함수로 구성되었으며, 기존의 C++ type(chart*, …)과 Windows type(RECT, …)을 encapsulation하는 기능 외의 새로운 기능은 별로 추가되지 않았다. Table 4-1은 CString 이외의 simple value type을 나열하고 있다. 어떤 structure를 encapsulation하고 있는지, 구현된 source file은 어디에 있는지 보여준다.
table에 나열된 모든 class들은 비슷한 구현 구조를 가지고 있으므로 CRect class만 살펴보도록 하자.

Table 4-1 Non-CString Simple Value Types

Value Type	Structure	Source File	
CPoint	POINT(struct tagPOINT)	afxwin1 .inl	
CRect	Rect(struct tagRect)	afxwin1 .inl,	wingdix.cpp
CSize	Size(strut tagSize)	afx.inl	
CTime	time_t operations	afx.inl	timecore.cpp
CTimeSpan	time_t math	afx.inl	timecore.cpp

① CRect

CRect 는 AFXWIN.H에 선언되어 있으며, tagRECT를 상속받고 있다.

```
class CRect : public tagRECT
```

tagRect는 WINDEF.H에 있는 표준 Windows structure이다.

```
typedef struct tagRECT
  {
      LONG left;
      LONG top;
      LONG right;
      LONG bottom;
  } RECT, *PRECT, NEAR *NPRECT, FAR *LPRECT;
```

CRect는 tagRECT를 상속받았기 때문에 MFC는 CRect와 tagRECT 사이의 설계상의 호환성(layout compatibility)을 유지한다. 즉, CRect가 함수의 인자(parameter)로서 사용되었다면 같은 장소에 tagRect를 인자로 대신 사용할 수 있음을 의미한다. MFC는 left/top/right/bottom에 관련된 member data의 추가 없이 tagRect의 함수적 기능만을 추가시켰다.

CRect의 모든 member function은 4개의 member[주9]를 여러 가지 방법을 사용하여 조작한다. 예를 들어 DeflateRect( )는 인자로써 주어진 사각형의 값에 따라서 현재의 사각형을 줄인다. Listing 4-15는 WINGDIX.CPP 안에 있는 DeflectRect( )의 pseudocode를 보여준다.

Listing 4-15 CRect::DeflateRect(), a typical simple value type member function

```
void CRect::DeflateRect(LPRECT lpRect)
{
    left    += lpRect->left;
    top     += lpRect->top;
    right   -= lpRect->right;
    bottom  -= lpRect->bottm;
}
```

이렇게 편리한 member function은 개발자가 쉽게 4개의 member data를 접근할 수 있도록 도와준다. 이는 모든 simple value type도 마찬가지다. simple value type을 하나를 살펴보았다면 전부를 살펴본 것이나 마찬가지다. 그럼 다음으로 새로운 utility class인 collection class를 살펴보자.

---

9) left/top/right/bottom에 관련된 member data.

4.2 MFC Collection Class

MFC는 사용자의 data를 저장(store)/수집(collect)할 수 있는 3종류의 abstract data structure를 제공한다. data를 수집하는 형태(shape)에 따라 MFC는 nontemplate version과 template version를 제공한다.(주10)

4.2.1 MFC Collection의 형태(Shape)

MFC에 의해서 지원되는 data를 수집하는 형태(shape)는 3가지가 있다 : array, list, map. array는 사용자 대신에 memory를 관리해 주는 것을 제외하면 C++의 array와 같다. MFC의 list는 double linked list이다. map(주11)은 key 과 value를 한 쌍으로 저장한다. Table 4-2는 모든 MFC collection classes를 나열하고 있다.

Table 4-2 The MFC collections

Name	Shape	Type1	Type2
CByteArray	Array	BYTE	
CDWordArray	Array	DWORD	
CUintArray	Array	unsigned int	
CObArray	Array	CObiect	
CStringArray	Array	CString	
CWordArray	Array	WORD	
CObList	List	CObject	
CPtrList	List	void	
CStringList	List	CString	
CMapPtrtoPtr	Map	void	void
CMapStringToOb	Map	CString	CObject
CMapStringToPtr	Map	CString	Void*
CMapStringToString	Map	CString	CString
CMapStringToOb	Map	WORD	CObject*
CMapWordToPtr	Map	WORD	void*

10) nontemplate 과 template : nontemplate version과 template versioiin의 차이점은 C++ template의 사용유무이다. 구현 원리는 거의 똑같으므로 이 책에서는 nontemplate version만을 살펴보도록 한다.
11) map은 때론 dictionary라 불리기도 한다.

지금부터 array를 시작으로 list, map을 살펴볼 것이다. 그 외에도 MFC collection class에서 사용하고 있는 흥미있을 만한 점을 살펴볼 것이다.

4.2.2 MFC Array Collection

Figure 4-4는 MFC array collection의 계층도를 보여준다.

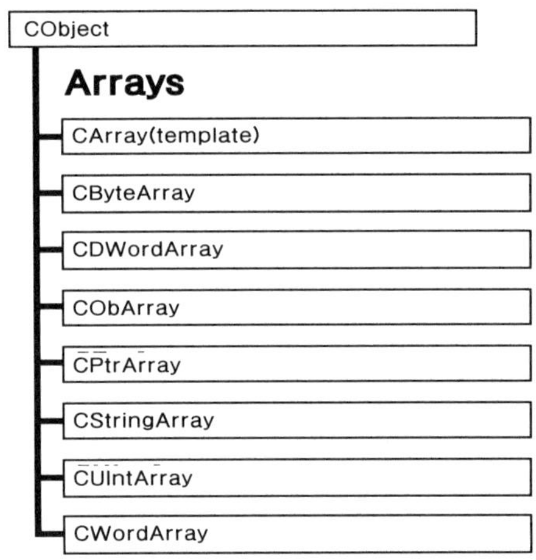

Figure 4-4 Hierarchy chart of MFC Array Collections

우선 MFC array collection[주12]의 사용 예를 살펴보자. 그런 후 array이 어떻게 구현되었는지를 살펴보자.

① Array 다시 보기

array를 사용하는 것은 매우 간단하다. 단지 array를 member function인 SetSize( )을 통해서 초기화하고 SetAt( )을 사용하여 item[주13]을 추가한다. 그리고 GetAt( )[주14]을 통해서 다시 item을 읽어올 수 있다. array에서 item을 지우기 위해서는 DeleteAt( )을 사용한다. Listing 4-16는 array의 사용 예를 보여 주고 있다.

---

12) 본 책에서는 MFC array collection를 간단히 MFC array 또는 array, CArray라 부르자.
13) item : 이 책에서 사용되는 의미는 array나 linked list를 구성하는 요소로서의 의미를 가진다. 때론 item이란 용어 대신 element나 요소란 용어가 사용되기도 한다. 혼동이 없길….^^
14) GetAt( ) 대신 operator[ ]를 사용할 수도 있다.

Listing 4-16 An example use of an array

```
void ArrayExample()
{
    CUIntArray myIntArray;
    // Initialize size
    myIntArray.SetSize(100);

    // Fill it up with 2 times index.
    for( int i = 0; i < 100; i++)
        myIntArray.SetAt(i, 2*i);
    // Now access item 50
    UINT bogus = myIntArray[50];
    // Alternative access
    bogus = myIntArray.GetAt(50);
    // Delete item 50
    myIntArray.RemoveAt(50);
}
```

② MFC Array의 내부

MFC nontemplate arrayclass의 선언은 AFXCOLL.H에 있고 구현은 ARRAY_X.CPP(주15)에 있다. 모든 MFC template collection class는 AFXTEMPL.H에 있다.

다양한 CArray는 같은 구현 구조를 가지고 있고, data의 종류(type)만 다르다. CWordArray를 통해서 array collection이 어떻게 구현되었는지 살펴보자. Listing 4-17은 CWordArray의 축약된 선언부분을 보여주고 있다. 문서화된 member는 생략한다.

Listing 4-17 The declaration of CWordArray, from AFXCOLL.h(with documented member omitted)

```
class CWordArray : public CObject
{
      DECLARE_SERIAL(CWordArray)
public :
// Construction **omitted
// Attribute **omitted
// Operations **omitted
// ...
// Implementation - The undocumented parts!!
protected :
      WORD*  m_pData;    // the actual array of data
```

15) X는 array의 type을 의미한다. 예를 들어 CStringArray는 ARRAY_S.CPP에 있다.

```
        int    m_nSize;    // #(number) of elements ( upperBound - 1)
        int    m_nMaxSize; //max allocated
        int    m_nGrowBy;  // grow amount
    public
      ~CWordArray();
      void Serialize(CArchive&);
    };
```

문서화되지 않은 member에 대하여 간단한 설명을 덧붙인다.

- m_pData 실질적인 data를 가리키는 data pointer. 각 array마다 이 member의 type은 다르다. 예를 들어 CStringArray collection에서는 CString pointer이다.
- m_nSize array의 현재 크기. SetSize( )를 통해서 설정된다.
- m_nMaxSize CString내의 내부 array는 덩어리(chunk) 단위로 자라난다. 따라서 그 array에는 사용되지 않는 요소가 있을 수 있다. m_nMaxSize는 그 array의 초기화되지 않은 부분까지도 포함한 array 전체 크기를 나타낸다[즉, m_nMaxSize는 그 array의 물리적(physical) 크기를 나타낸다]. 반면 m_nSize는 그 array의 사용되는 요소만의 크기를 나타낸다[즉, m_nSize는 그 array의 논리적(logical) 크기를 나타낸다].
- m_nGrowBy array가 자라나는 단위(즉 memory 할당 단위). 요소의 개수로 표시된다. MFC는 memory fragmentation을 최소하는 최적의 grow-by size를 설정한다.

③ CWordArray 구현

CWordArray의 구현은 ARRAY_W.CPP(주16)에서 찾아볼 수 있다. MFC array의 가장 흥미 있는 부분은 memory 관리이다. 모든 CArray는 index로 지시된 위치에 memory가 할당되었는지 검사한다. 만약 할당되지 않았다면, SetSize( )를 통해서 필요한 memory를 할당한다.

③-1 어떻게 array는 자라는가? : SetSize( ) Member Function

SetSize( )는 CArray의 memory관리를 이해하는 열쇠이다. Listing 4-18에 CWordArray::SetSize( )함수의 pseudocode가 나와 있다.

Listing 4-18 The psedocode implementation of CWordArray::SetSize()

```
void CWordArray::SetSize(int nNewSize, int nGrowBy )
```

16) W는 WORD를 의미한다.

```
{
// block 1
    if( nGrowBy != -1 )
        m_nGrowBy = nGrowBy;  // set new size
 // block 2
    if( nNewSize == 0 ) {      // shrink to nothing
        delete[] (BYTE*) m_pData;
        m_pData = NULL;
        m_nSize = m_nMaxSize = 0;
 // block 3
    } else if( m_pData == NULL ) { // create on with exact size
        m_pData = (WORD*) new BYTE[nNewSize*sizeof(WORD)];

        // zero fill
        memset( m_pData, 0, nNewSize*sizeof(WORD));
        // set m_nSize and m_nMaxSize to new size
        m_nSize = m_nMaxSize = nNewSize;
 // block 4
    } else if( nNewSize <= m_nMaxSize) { // use an already allocated block of memory
        if( nNewSize > m_nSize )
            memset(&m_pData[m_size], 0, (nNewSize - m_nSize)*sizeof(WORD));
        m_nSize = nNewSize;
    }
 // block 5
    else { // Grow array
        int nGrowBy = m_nGrowBy;
        if( nGrowBy == 0 )
            nGrowBy = min(1024, max(4, m_nSize/8));
        int nNewMax;
        if( nNewSize < m_nMaxSize + nGrowBy)
            nNewMax = m_nMaxSize + nGrowBy; // granularity
        else
            nNewMax = nNewSize; // no slush

        WORD* pNewData = (WORD*) new BYTE[nNewMax + sizeof(WORD)];
        // copy new data from old
        memcpy( pNewData, m_pData, m_nSize*sizeof(WORD));
        // construct remaining elements
        memset( &pNewData[m_pSize], 0, (nNewSize-m_nSize)*sizeof(WORD));
        delete[] (BYTE*)m_pData;
        m_pData    = pNewData;
        m_nSize     = nNewSize;
        m_nMaxSize  = nNewMax;
    }
}
```

SetSize( )를 5개의 code block으로 나누어 보자.

block 1 : Initialization block - nGrowBy가 -1(default value)이 아니라면,(주17) SetSize( )는 m_nGrowBy를 초기화시키는 것으로부터 시작한다.

block 2 : Shrink-to-noting block - 사용자에 의해서 SetSize(0)로 호출하였다면, "if(nNewSize == 0)"문이 수행되어 m_pData의 memory를 해제하고 모든 member 변수를 0으로 설정한다.

block 3 : First Allocation block 기존에 아무런 data가 존재하지 않는다면[보통 SetSize( )을 처음 호출했을 경우], "else if(m_pData == NULL)" block이 수행된다. 이 block에서는 새로 요구된 memory를 할당하고 할당된 memory를 memset( )을 사용하여 모두 0으로 초기화시킨다. 다음에 m_nSize와 m_nMaxSize를 새로운 size로 설정한다.

block 4 : Allocate-from-extra-space block - 새로 요구된 size가 array의 물리적 size보다 작을 경우에는 "else if[nNewSize <= m_nMaxSize( )]"문이 수행된다. 다시 현재의 array size보다 큰지 확인한 후, 그 큰 부분만큼 memset( )을 이용하여 0으로 초기화한다.

block 5 : Grow-the-array block array에는 아직 사용하지 않은 memory가 존재하지만, 추가적인 memory가 필요할 경우에는 "else"문이 수행된다. 대부분의 작업은 이 block에서 수행된다.

우선, nGrowBy가 0과 같다면(즉, 개발자가 grow-by 크기를 정해주지 않았다면), "else" block은 nGrowBy를 다음의 결과값으로 설정한다.

```
min(1024, max(4, m_nSize/8));
```

이 결과값은 memory의 최소 할당 단위를 4 이상이 되도록 정하여 heap영역의 단편화(fragementation)(주18)을 방지해 주고, 1024보다 크지 못하게 memory 할당하도록 하여 사용자가 사용하지도 않는 memory의 낭비를 막는다[참고로, sizeof(WORD)만큼의 memory를 더 할당하는 이유는 array의 끝을 표시하기 위해서이다]. 나머지 수행 과정은 Listing 4-18을 보고 확인하기 바란다.(주19)
"else"문의 수행과정은 매우 부하가 크다. 왜냐하면, memory를 할당하기도 하고, 복사하기도 하

17) SetSize의 선언은 "SetSize(int nNewSize, int nGrowBy = -1);"로 되어 있다.
18) 단편화(fragmentation) : memory의 가용 공간이 많은 작은 구역으로 나누어져 쓸모없게 되어 밀집화가 필요한 상태. 더 자세한 정보를 원하다면, gabage colloction에 대해서 조사해 보기 바란다.
19) 나머지 부분에 대한 code 설명이 있다. 하지만, 역자생각에는 source code를 보고 확인하는 것이 더욱 명확알 것으로 판단하여 생략하였다.

며, memory를 다시 해제하기도 하기 때문이다. 하지만 이 block은 grow-by memory[주20]를 충분히 준다면 자주 수행되지 않으므로 오히려 전반적인 수행 속도를 효율적으로 만든다.[주21]

④ array에 요소(element)를 추가하기 : SetAt( )와 InsertAt( )

지금까지 array에 memory를 어떻게 할당하는지 살펴보았다. 이제 array에 item을 넣는 방법을 살펴보자. 이는 SetAt( )과 InsertAt( )을 통해서 이루어진다. SetAt( )은 array에 item을 넣는 것이고,[주22] InsertAt( )은 array에 item을 삽입하는 것이다.[주23]
SetAt( )의 구현은 너무 간단하다. AFXCOLL.INL에서 inline 함수로서 살펴볼 수 있다.

```
void CWordArray::SetAt(int nIndex, WORD newElement)
{
    m_pData[nIndex] = newElement;
}
```

InsertAt( )은 다소 길고 부하도 크다. 왜냐하면, 기존의 item을 밀어내고 새로운 item을 추가시켜야 하기 때문이다. Listing 4-19 은 InsertAt( )을 보여준다.

Listing 4-19 The implementation of CWordArray::InsertAt()

```
void CWordArray::InsertAt( int nIndex, WORD newElement, int nCount)
{
    if( nIndex >= m_nSize ) // grow so index is valid
        SetSize( nIndex + nCount ); // grow so nIndex is valid
    else {    // inserting in the middle of the array
        int nOldSize = m_nSize;
        SetSize( m_nSize + nCount ); // grow it to new size
        // shift old data up to fill gap
        memmove( &m_pData[nIndex + nCount],
                 &m_pData[nIndex],
                 (nOldSize-nIndex)*sizeof(WORD));
        // re-init slots we copied from
        memset( &m_pData[nIndex], 0, nCount*sizeof(WORD));
    }
    // insert new value in the gap
    while( nCount-- )
        m_pData[nIndex++] = newElement;
}
```

20) grow-by memory : array가 커질 때 memory의 할당 단위. nGrowBy 변수에 의해서 결정된다.
21) grow-by memory를 너무 작게 정하면 "else"문이 자주 수행되고, 너무 크게 정하면 memory의 낭비를 초래한다.
22) 기존의 item이 사라진다.
23) 기존의 item이 사라지지 않는다.

array의 맨 끝에 item을 삽입하려 한다면, InsertAt( )은 SetSize( )를 이용하여 새로운 array를 증가시키고, 새로운 item을 삽입한다.
array의 중간에 item을 삽입하려 한다면, InsertAt( )은 array를 증가시키고 memmove( )를 이용하여 array내의 item을 이동시킨다.(주24) 결국, 새로운 item은 그 사이에 삽입된다. 이렇게 item 삽입시에는 많은 부하를 가지므로, 자주 InsertAt( )을 사용하는 것은 좋지 않다. InsertAt( )의 예를 들어 보자.

```
CWordArray wordArray;
wordArray.SetSize( 10, 4);

for( int i = 0; i < wordArray.GetSize(); i++ )
     wordArray.SetAt( i, (WORD)i*2 );

wordArray.InsertAt( 5, (WORD)99, 3 );
```

결과적으로 이 예제는 마지막 줄에서 Listing 4-19의 else문을 수행한다. 그 과정에 대한 설명은 Figure 4-5로 대신한다.

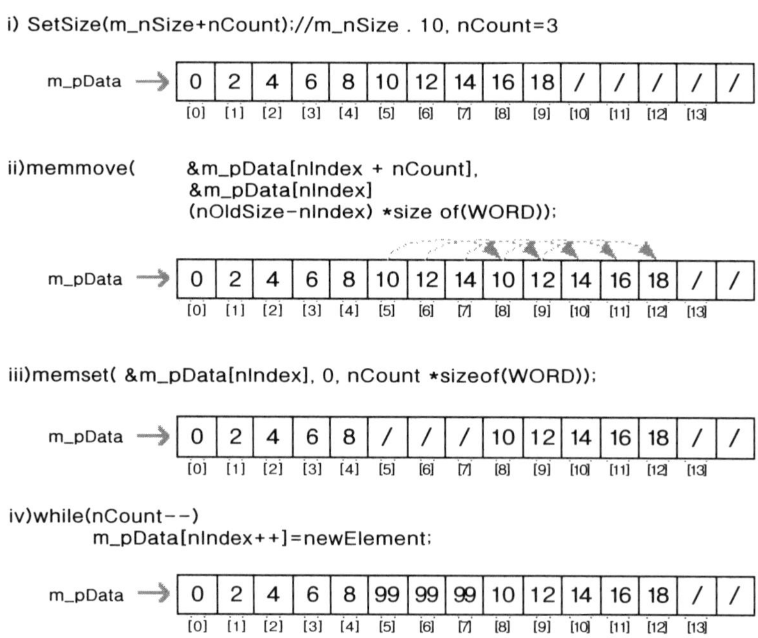

Figure 4-5 an example of CWordarray::Insert()

---

24) array내의 item 전부를 이동 시키는 것이 아니라, 삽입하려는 위치의 item에서부터 맨 끝의 item까지만 이동시킨다.

⑤ array에서 data 얻기 : GetAt( )와 Operator[ ]

MFC list로 넘어가기 전에, MFC가 GetAt( )과 operator[ ]을 통해서 array에 어떻게 접근하는지 살펴보자. 두 member function은 AFXCOLL.INL에 있다. Listing 4-20는 두 함수의 pseudocode를 보여주고 있다.

Listing 4-20 The MFC array-retrieval members

```
 WORD CWordArray::operator[]( int nIndex ) const
{
      return GetAt(nIndex);
}

WORD CWordArray::GetAt( int nIndex ) const
{
      return m_pData[nIndex];
}
```

code에서 알 수 있듯이 operator[ ]은 GetAt( )을 호출하고 있다. 이는 모든 array의 item에 GetAt( )을 통해서만 접근하도록 되어 있다. 이는 나중에 접근에 관한 구현을 바꾸어야 할 때, 단지 GetAt( )만 바꾸면 되도록 하기 위함이다.

요약해 보면, MFC array는 대부분의 C++ 언어의 array type을 encapsulation시켰다. item을 추가하기 위해 호출하는 SetAt( )은 SetSize( )를 호출하여 memory 관리를 한다. 그리고 InsertAt( )과 같은 함수는 부하가 크므로 사용을 피하는 것이 좋다. 그리고 grow-by memory 설정은 자신의 환경에 맞게 설정하여 프로그램 수행능력을 극대화시키는 것이 좋다.

다음에 살펴볼 MFC collection은 악명높은(?) linked list이다.

4.2.3 List

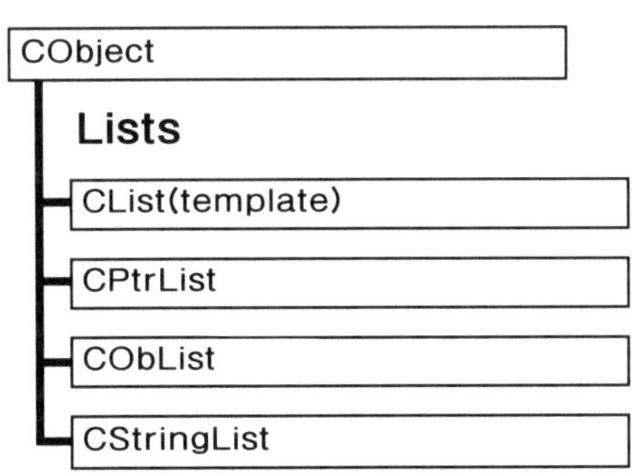

Figure 4-6 Hierarchy Chart of MFC List Collections

Figure 4-6은 MFC list collection의 계층도를 보여준다.

[Version Note]

MFC에는 CImageList라는 image list를 정의한 class가 있다. 하지만, 이 class는 Windows95와 Windows NT 3.51이후 version에서만 동작한다.

이번에는 MFC list collection[주25]을 살펴본 후, CStringList를 분석해 보자. 이를 위해 전혀 문서화되지 않은 구조체인 CPlex을 조사해 보자.
MFC list는 double linked list이며, 다음과 같은 list 연산(operation)을 제공한다.

- AddHead( ) – list의 맨 앞(front)에 요소(element)를 추가한다.
- Find( ) – list내에서 요소를 찾는다.
- GetCount( ) – list내에 존재하는 요소의 개수를 얻는다.
- GetHead( ) – list의 첫번째(head) 요소를 얻는다.
- GetNext( ) – 주어진 위치(POSITION)를 기준으로 다음(next) 요소를 얻는다.
- GetTail( ) – list의 마지막 요소를 얻는다.
- IsEmpty( ) – list가 비어 있는(empty)지 판단한다.
- RemoveAll( ) – list내의 모든 요소를 제거한다(remove).
- RemoveHead( ) – list의 첫번째 요소를 제거한다.
- RemoveTail( ) – list의 마지막 요소를 제거한다.
- InsertAfter( ) – 주어진 위치(POSITION) 바로 뒤에 요소를 삽입한다.
- InsertBefore( ) – 주어진 위치(POSITION) 바로 앞에 요소를 삽입한다.

여러분은 이러한 list 연산을 통해서 list 내의 모든 item(또는 element)을 POSITION을 통해서 접근할 수 있다. 또는 어떤 item의 POSITION을 반환하기도 한다. 또한 주어진 POSITION을 기준으로 특정 item을 접근하기도 한다. 다음은CStringList의 예를 보여준다.

```
//... m_strList is the string list.
POSITION pos = m_strList.GetHeadPostion();
while( pos != NULL) {
      CString tmpString = m_strList.GetNext(pos);
      //...
}
```

25) 이 책에서는 MFC list collection를 MFC list 또는 list라 부른다.

① MFC List의 내부

MFC list를 대표하여 CStringList를 살펴보자. 다른 MFClist는 CString 대신 CObjectpointer나 void pointer를 포함한다는 것 외에는 다른 것이 없다. CStringList의 선언은 AFXCOLL.H에 있고, 구현은 LIST_S.CPP에 있다.

①-1 CStringList 선언

CStringList에 대한 선언은 Listing 4-21에서 살펴볼 수 있다. CWordArray에서처럼 문서화되어 있는 member function은 생략하기로 한다. 문서화되지 않은 member에 대해서만 살펴보자.

Listing 4-21 The CString List declaration, from AFXCOLL.H

```
class CStringList : public CObject
{
      DECLARE_SERIAL( CStringList)
protected :
     struct CNode {
         CNode*          pNext;
         CNode*          pPrev;
         CString         data;
     };
public :
// Construction **omitted.
// Attributes ( head and tail) **omitted
// Operations **omited
// interation **omitted
// Implementation
protected :
     CNode*              m_pNodeHead;
     CNode*              m_pNodeTail;
     int                 m_nCount;
     CNode*              m_pNodeFree;
     struct CPlex*       m_pBlocks;
     int                 m_nBlockSize;

     CNode* NewNode(CNode*, CNode*);
     void Serialize(CArchive&);
};
```

CStringList는 CNode 구조체를 포함하고 있다. CNode는 liked list의 실체 node(또는 element)이다. MFC list는 double liked list이므로 CNode는 CString형인 data와 pNext/pPre pointer쌍으로 이루어졌다.

Listing 4-21에서 전형적인 list의 자료 구조를 찾아볼 수 있다.

- m_pNodeHead – list내의 첫번째 CNode pointer(head).
- m_pNodeTail – list내의 마지막 CNode pointer(tail).
- m_nCount – list내의 요소(element)의 개수.

또한 Listing 4-21에는 문서화되지 않은 3개의 member data(m_pNodeFree, m_pBlocks, m_nBlockSize)와 2개의 member function[NewNode( ), FreeNode( )]이 있다. 이 member의 기능을 이해하기 위해서 우선 새로운 구조체인 CPlex를 살펴보자.

[잠깐...!!!]

결론적인 얘기지만, 결국 CStringList는 Figure 4-7과 같은 내부 구조를 가지게 된다. 여러분은 곧 Figure 4-7을 이해하게 될 것이다.

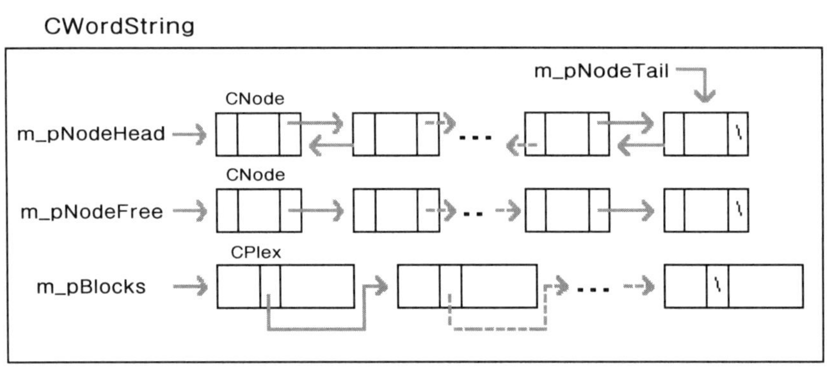

Figure 4-7 Internal Structure of CStringList.

①-2 문서화되지 않은 Collection Memory Helper : CPlex

CPlex의 선언은 AFXPLEX_.H에 있고 Listing 4-22는 그것을 보여준다. CPlex의 구현은 PLEX.CPP에 있다.

Listing 4-22 The undocumented CPlex structure used by MFC collection memory management, from AFXPLEX_.H

```
struct CPlex
{
      CPlex*  pNext;
      void*   data() { return this+1; }
```

```
        static  CPlex* PASCAL Create(CPlex*& head, UINT nMax, UINT cbElement);
        void    FreeDataChain();
  }
```

CPlex의 선언에서 알 수 있듯이, CPlex형 pointer가 member로 선언되어 있다 : pNext(여러분은 아마 single linked list를 위한 것이라고 예상할 수 있을 것이다). 그리고 data는 이 class의 바로 뒤(this+1)에서부터 할당된 memory영역에 놓이게 된다. 이 새로운 CPlex라는 구조체를 이해하기 위해 CStringList::NewNode( )를 살펴보도록 하자. 너무 걱정 하지 않아도 된다. 여러분은 CStringList::NewNode( ) 안에서 사용되는 CPlex를 살펴본 후 다시 CPlex의 field들을 살펴볼 것이다.

①-3 CPlex의 자취를 따라가 보자 : CStringList::NewNode( )

LIST_S.CPP를 살펴보면 NewNode( )가 CStringList의 memory 관리를 하는 핵심적인 부분임을 알 수 있다. Add( )와 Insert( )도 list에 새로운 item을 넣기 전에 NewNode( )를 호출하여 새로운 node에 대한 memory를 할당받는다. NewNode( )는 단지 member data중 m_pBlocks(CPlex형 pointer)만을 다룬다. Listing 4-23는 CStringList::NewNode( )의 pseudocode를 보여준다.

Listing 4-23 The source of all list allocations: the CStringList::NewNode( ) implementation, from LIST_S.CPP

```
CStringList::CNode* CStringList::NewNode( CStringList::CNode* pPrev,
                                          CStringList::CNode* pNext)
{
      // block 1
      if (m_pNodeFree == NULL) { // add another block
           CPlex* pNewBlock = CPlex::Create(m_pBlocks, m_nBlockSize, sizeof(CNode));

           // chain them into free list
           CNode* pNode = (CNode*) pNewBlock->data();
           // free in reverse order to make it easier to debug
           pNode += m_nBlockSize - 1;
           for (int i = m_nBlockSize-1; i >= 0; i--, pNode--){
                pNode->pNext = m_pNodeFree;
                m_pNodeFree  = pNode;
           }
      }

      // block 2
      CStringList::CNode* pNode = m_pNodeFree;
```

```
        m_pNodeFree              = m_pNodeFree->pNext;
        pNode->pPrev             = pPrev;
        pNode->pNext             = pNext;
        m_nCount++;
        ASSERT(m_nCount > 0); // make sure we don't overflow

        ConstructElement(&pNode->data);
        return pNode;
}
```

NewNode( )은 두 block으로 나누어서 살펴보도록 하자.

block 1 : 우선, NewNode( )는 m_pNodeFree를 사용하여 free CNode가 존재하는지 검사한다. 만약 free CNode가 존재하지 않는다면, NewNode( )는 CPlex::Create( )를 호출한다 (block size로써 m_nBlockSize를, element size로는 sizeof(CNode)를 인자로서 사용한다). CPlex::Create( )는 m_nBlockSize*sizeof(CNode) 크기만큼의 memory를 가리키는 CPlex pointer를 반환한다.

CPlex::Create( ) 호출 이후의 NewNode( ) code를 이해하기 위해서, MFC가 free CNode element를 single linked list형태로 어떻게 관리하는지 알아보도록 하자 : m_pNodeFree는 list의 head를 가리키고, list내의 요소(element)는 CNode->pNext를 사용하여 함께 연결되어 있다. 특히 MFC가 CNode->pNext를 2가지 용도로 사용한다는 점은 매우 흥미롭다[(1) 사용중인 CNode를 linked list형태로 관리할 때와 (2) free CNode를 linked list형태로 관리할 때].

새로운 memory block이 생성된 후 for문을 통하여 CNode를 free list에 집어 넣는다(이때, 새로 할당된 memory의 뒷부분에 위치한 CNode부터 free list에 집어넣는다).(주26) Figure 4-8은 block 1의 과정을 보여준다.

block 2: free list 안에 새로운 CNode의 추가하는 과정을 마친 후, NewNode( )는 m_pNodeFree에서 하나의 CNode를 떼어 내고(CStringList::CNode* pNode = m_pNodeFree), 이를 반영하기 위해 m_pNodeFree를 변경한다(m_pNodeFree = m_pNodeFree->pNext). 그 다음 NewNode( )는 떼어 냈던 pNode의 pPrev와 pNext를 인자로 전달받은 pPrev와 pNext로 변경한다. 마지막으로, NewNode( )는 내부 node count를 증가시키고 ConstructElement( )를 호출한다. 이 ConstructElement( )은 CNode의 data영역을 모두 zero로 초기화시킨다. Figure 4-9는 block 2의 과정을 보여준다.

---

26) 그림으로 좀 보여주자. 뒤에서부터 하는 이유는 for문 수행 중에도 pNewBlock의 memory 주소가 바뀌지 않아 pNode의 정확한 동작을 관찰할 수 있다(pNode는 pNewBlock보다 작아져서는 안 된다).

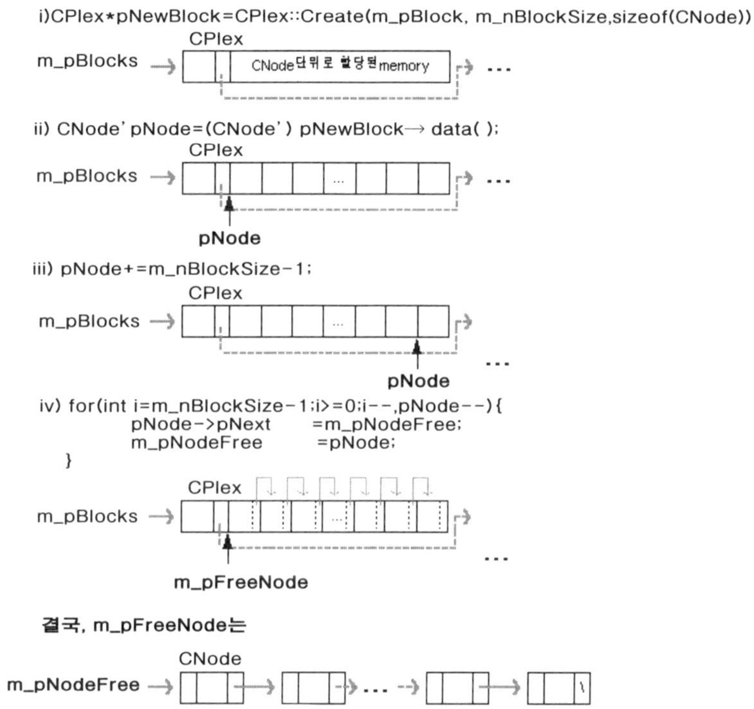

Figure 4-8 block 1 of CStringList::NewNode()

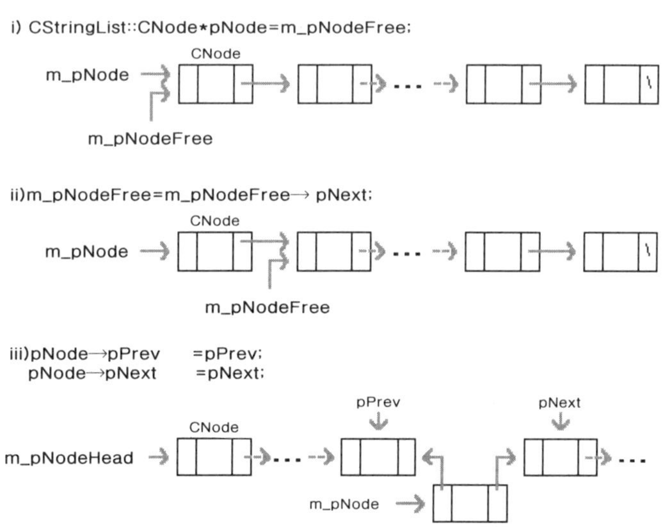

Figure 4-9 block 2 of CStringList::NewNode()

①-4 다시 CPlex로 되돌아가자

NewNode( )에서, 여러분은 CPlex가 CNode 단위로 조각 조각 나누어질 memory block임을 알았다. 그럼 CPlex의 member인 nMax, nCur, 그리고 pNext가 어떤 용도로 사용되는지 알아보기 위해 CPlex::Create( )를 살펴보도록 하자. Listing 4-24는 CPlex::Create( )의 pseudocode를 보여준다.

Listing 4-24 The CPlex::Create( ) implementatioin, from PLEX.CPP

```
CPlex* PASCAL CPlex::Create(CPlex*& pHead, UINT nMax, UINT cbElement)
{
        CPlex* p = (CPlex*) new BYTE[sizeof(CPlex) + nMax * cbElement];
        // may throw exception
        p->pNext = pHead;
        pHead = p;  // change head (adds in reverse order for simplicity)
        return p;
}
```

[Note]

CString collection들은 문서화되지 않은 utility function(SRC/ELEMENTS.H에서 발견할 수 있다)들을 공통으로 사용한다. 여기서 이들 함수에 대해서 자세히 다루지는 않는다. 하지만 이 utility function들은 충분히 안정성이 보장되어 있다. 따라서 여러분은 여러분이 직접 작성한 CString collection에 이 함수들을 아주 유용하게 적용해 볼 수 있을 것이다.

이 함수를 살펴보면, 여러분은 아마도 pNext가 또 다른 linked list를 구성하기 위해 사용된다는 것을 알 수 있을 것이다. 이 linked list는 할당되어진 여러 개의 CPlex형 memory block을 역순(reverse order)으로 저장한다. Figure 4-10는 CPlex::Create( )의 동작 과정을 보여준다.

[잠깐!!!]

Figure 4-10의 iii)처럼, 새로 할당된 CPlex는 기존의 CPlex list의 맨 앞에 위치하게 된다(즉, 기존의 list에 역순(reverse order)으로 새로운 node를 추가시킨다). 물론 CPlex list의 맨 뒤에 위치시켜도 되지만, 연산이 복잡해진다(linked list를 공부해 본 독자라면 잘 알고 있을 것이다). 이렇게 할당된 memory block은 모두 CNode로 둡감해서 m_pNodeFree에 삽입된다(Listing 4-23 참조). 따라서 이미 사용한 CPlex list를 다시 접근할 필요가 없는 것처럼 보인다. 그럼 왜 CPlex list를 유지하는 것일까? 답은 간단하다. CStringList를 다 사용한 후, CStringList가 사용한 memory block을 해제하는 데 CPlex list를 사용하기 위해서다. 나중에 살펴볼 Figure 4-11은 이러한 과정을 설명해 준다.

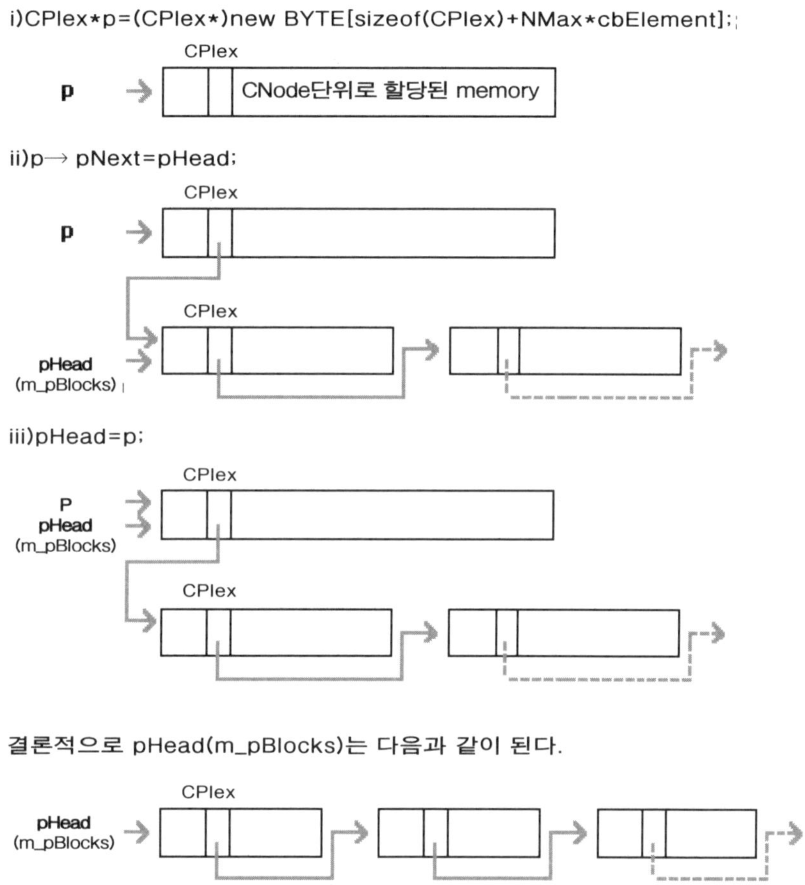

Figure 4-10 Steps of CPlex::Create()

①-5 해제(Free)! 해제! 모두 해제하라!

LIST.CPP을 자세히 살펴보았다면, MFC list의 element는memory상에서 진정으로 해제되지 (free) 않음을 알 수 있을 것이다. 즉, element가 list에서 지워지면, free list에 추가되는 것이지, memory가 해지되는 것은 아니다. 진정한 memory해제는 CStringList::RemoveAll( )을 호출할 때 발생한다. Listing 4-25를 살펴보자.

Listing 4-25 CStringList::RemoveAll( ) : How MFC frees the CNodes from a list

```
void CStringList::RemovedAll()
{
```

```
        CNode* pNode;
        for( pNode = m_pNodeHead; pNode != NULL; pNode = pNode->Next )
             DestructElement( &pNode->data);
        m_nCount = 0;
        m_pNodeHead = m_pNodeTail = m_pNodeFree = NULL;
        m_pBlocks->FreeDataChain();
        m_pBlocks = NULL;
}
```

우선, RemoveAll( )은 for문을 사용하여 list내의 각 요소를 해제해 버린다[이때 사용된 DestructElement( )는 ELEMENTS.H 안에 있는 아주 편리한 utility function이다].(주27) 그 다음 RemoveAll( )은 m_nCount를 zero로 설정하고, 모든 pointer(m_pNodeHead, m_pNodeTail, m_pNodeFree)를 NULL로 설정한다. 마지막으로, RemoveAll( )은 CPlex::FreeDataChain( )를 호출하고, 지금까지 할당된 memory를 관리하는 CPlex형 linked list를 NULL로 설정한다 (m_pBlocks = NULL).

아직 RemoveAll( )내에서 할당된 memory를 해제(free)하는 것이 분명하게 보이질 않는다 [DestructElement( )은 단지 CNode::data만을 memory에서 제거할 뿐, CStringList에서 사용한 node를 memory에서 제거하지는 않는다]. 이를 분명히 하기 위해 FreeDataChain( )를 살펴보도록 하자. Listing 4-26은 CPlex::FreeDataChain( )의 pseudocode를 보여준다.

Listing 4-26 CPlex::FreeDataChain( ) from PLEX.CPP : Where all CPlex allocated memory blocks get freed

```
void CPlex::FreeDataChain() // free this one and links
{
     CPlex* p = this;
     while (p != NULL)  {
             BYTE* bytes = (BYTE*) p;
             CPlex* pNext = p->pNext;
             delete[] bytes;
             p = pNext;
     }
}
```

27) DestructElement( )의 정의는 다음과 같다.

```
static inline void DestructElement(CString* pOldData)
{
     pOldData->~CString(); // CString's descructor
}
```

FreeDataChain( )은 CPlex형 linked list를 돌면서 각각의 CPlex node를 제거한다. 주목해야 할 점은 FreeDataChange( )는 CPlex node를 제거하기 전에 항상 다음(next) pointer를 가지고 있다는 점이다. 따라서 FreeDataChange( )은 계속해서 CPlex node를 제거해 갈 수 있는 것이다. Figure 4-11은 CPlex::FreeDataChain( )의 CPlex list의 제거 과정을 보여준다.

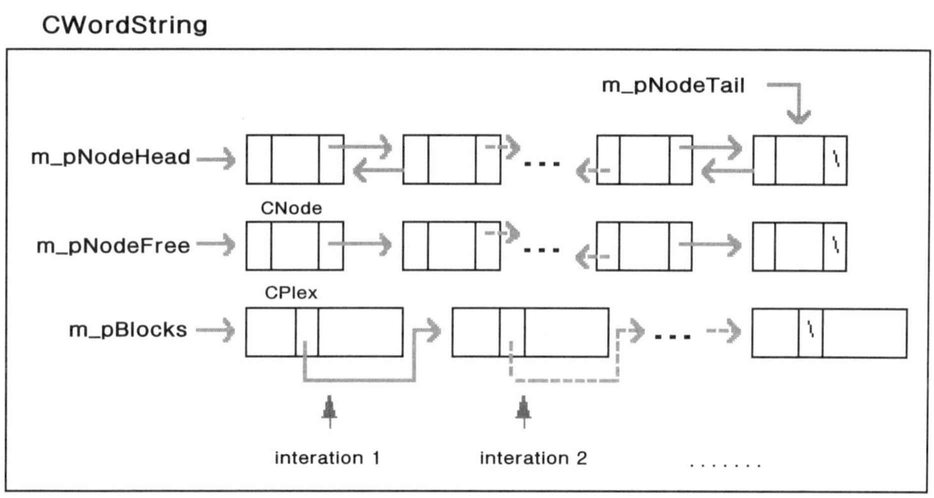

Figure 4-11 while( ) block of CPlex::FreeDataChain( )

그렇다면 왜 pNodeHead와 pNodeFree가 가리키는 list를 제거하지 않는 것일까? 그 이유는 두 pointer(pNodeHead와 pNodeFree)가 가리키는 memory는 모두 CPlex를 통해서 할당된 memory이므로, CPlex list만 제거해 주면 두 pointer가 가리키는 memory를 당연히 같이 제거되기 때문이다.

①-6 CList의 Memory 관리방법에 대한 요약 설명

CList의 memory 관리 방법의 핵심 열쇠는 하나의 MFC가 CList 대하여 3개의 linked list를 관리한다는 점이다.

1) 실질적으로 사용되는 CNode형 double linked list. 이 list의 head는 CNode::m_pNodeHead가, tail은 CNode::m_pNodeTail이 가리킨다.
2) free node를 나타내는 linked list. CStringList::m_pNodeFree는 list의 head를 가리킨다.
3) 할당된 memory block의 linked list(또는 CPlex형 linked list). CStringList::m_pBlocks은 이 list의 head를 가리킨다.

MFC linked list의 또 다른 핵심 열쇠가 있다 : 여러분이 각 요소들을 제거할 때, 진정으로 제거되는 것이 아니라 free list를 통해서 재사용된다는 점이다.

지금까지 여러분은 MFC가 linked list내에서 memory를 어떻게 관리하는지 살펴보았다. 따라서 여러분은 이러한 비슷한 방법을 사용하여 여러분 자신의 자료구조(data structure)를 구성해 볼 수 있을 것이다.

①-7 MFC List Interation[주28]의 내부

MFC가 list를 관리하는 방법을 면밀히 살펴보다 보면, 여러분은 아마 다소 모호한 type을 만날 수 있을 것이다 : POSITION. POSITION의 정의는 AFX.H에 존재한다.

```
// abstract iteration position
struct __POSITION { };
typedef __POSITION* POSITION;
```

이는 void pointer와 매우 유사하다. 사실 POSITION은 CNode형 pointer를 가진다.

AFXCOLL.INI에 있는 CPtrList::GetHeadPosition( )의 구현은 POSITION이 CNode의 pointer임을 증명해 준다.

```
POSITION CPtrList::GetHeaderPosition() const
{
      return (POSITION) m_pNodeHead;
}
```

다른 예를 하나 더 들어 보자. CStringList::GetNext( )또한 AFXCOLL.INL안에서 찾을 수 있다.

```
CString& CStringList::GetNext( POSITION& rPosition )
{
      CNode* pNode = (CNode*) rPosition;
      rPosition = (POSITION) pNode->pNext;
      return pNode->data;
}
```

①-8 더 많은 정보를 원한다면…

CStringList에는 요소(element)를 추가/삭제/검색 등을 하는 member function들이 있다. 이들

28) 탐색의 의미는 for문이나 while문을 통해서 array(또는 linked list)내의 요소를 방문하는 것을 의미한다. 똑같은 요소를 계속 방문한다는 의미는 아니다.

함수들은 매우 분명하게 linked list를 조작하고 있으므로, 여러분은 쉽게 그 함수들을 살펴볼 수 있을 것이다. 특히 여러분이 CStirngList::NewNode( )를 살펴보듯이, 그 반대의 기능을 가진 CStringList::FreeNode( )를 꼭 살펴보기 바란다. Listing 4-27은 CStringList::FreeNode( )를 보여준다.

Listing 4-27 CStringList::FreeNode( ), from LIST_S.CPP

```
void CStringList::FreeNode(CStringList::CNode* pNode)
{
	DestructElement(&pNode->data);

	pNode->pNext = m_pNodeFree;
	m_pNodeFree = pNode;
	m_nCount--;
	ASSERT(m_nCount >= 0);  // make sure we don't underflow

	// if no more elements, cleanup completely
	if (m_nCount == 0)
		RemoveAll();
}
```

4.2.4 MFC Map Collection

Figure 4-12는 MFC map collection의 계층도를 보여준다.

이번 section에서는 MFC Map Collections이 어떻게 구현되었는지 살펴볼 것이다. 그러기 전에 우선 map의 사용방법을 살펴보기로 하자.

map[주29]은 정보의 쌍을 저장한다. 각 쌍은 key와 value를 가진다. key는 value를 찾는 데 사용된다. MFC map은 key를 저장하기 위해 Hash Table Scheme를 사용하므로 list보다 빠른 검색을 지원한다.

MFC에서는 key/valuse쌍을 association이라 부른다. Listing 4-28은 CMapStringToString을 사용한 예제를 보여준다.

29) map : 때론 dictionary라 불린다.

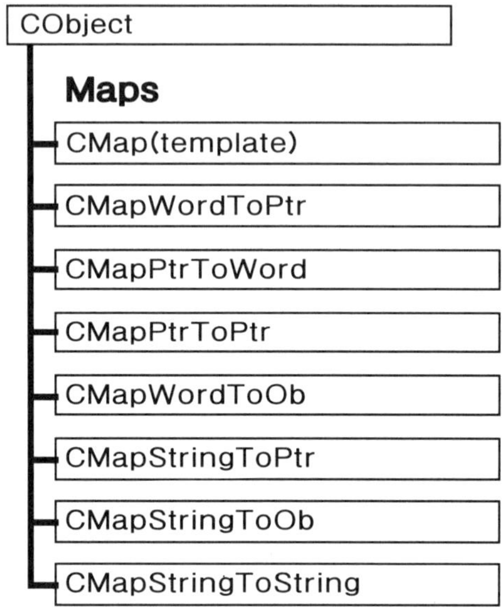

Figure 4–12 Hierarchy chart of MFC Map Collections

Listing 4–28 An Example of CMapStringToString usage

```
//...
CMapStringToString myStringMap;

// Let's create a spanish dictionary!
myStringMap.SetAt("one", "uno");
myStringMap.SetAt("two", "dos");
myStringMap.SetAt("three", "tres");

//... sometimes later, the user wants to convert 'one' to spanish
CString strAnswer;
if( myStringMap.LookUp("one", answer))
      // got it, should be uno.
else
      // oops, wasn't in there?!

// Iterate through the map
POSITION  pos = GetStartPosition();
while( pos != NULL ) {
      CString key, value;
      GetNextAssoc( pos, key, value );
      // Down here, key and value have been
      // Updated to hold the next association
}
```

앞의 예제에서 소개된 연산[SetAt( ), LookUp( ),…] 외에도, association을 제거하는 member function, association의 개수를 얻어내는 member function, 기타 map의 기능을 수행하는 데 필요한 member function이 존재한다.

① CMap의 구현

이번에는 key와 value가 서로 다른 type을 가지는 map(CMapWordToPtr 따위…)을 MFC가 어떻게 구현했는지 살펴보자.
CMapWordToPtr의 선언은 AFXCOLL.H에서, 구현은 MAP_WP.CPP에서 찾아볼 수 있다.
CMap 관련 source file은 "MAP_XY.CPP"형식으로 이름이 부여된다. X는 key를, Y는 value를 나타낸다. MAP_WP.CPP 경우에서는 key = WORD, value = PTR(void*)을 나타낸다.
Listing 4-29는 AFXCOLL.H에 있는 CMapWordToPtr의 선언을 요약해서 보여준다.

Listing 4-29 The CMapWordToPtr declaration, from AFXCOLL.H

```
class CMapWordToPtr : public CObject
{
      DECLARE_DYNAMIC( CMapWordToPtr )
protected :
      // Association
      struct CAssoc {
           CAssoc*  pNext;
           UINT   nHashValue;    // needed for efficient iteration WORD key;
           void*    value;
      }

public :
// Construction **omitted
// Attributes **omitted
// Operations **some omitted

// advanced features for derived classes
    UINT GetHashTableSize() const;
    void InitHashTable( UINT hashSize, BOOL bAllocNow = TRUE );

    UINT HashKey( WORD key ) const;
// Implementation
protected :
    CAssoc**         m_pHashTable;
    UINT             m_nHashTableSize;
    int              m_nCount;
```

```
        CAssoc*         m_pFreeList;
        struct CPlex*   m_pBlocks;
        int             m_nBlockSize;

        CAssoc*  NewAssoc();
        void     FreeAssoc( CAssoc*);
        CAssoc*  GetAssoAt( WORD, UINT& ) const;

    public:
        ~CMapWordToPtr();
    };
```

만약 CMap class 관련해서 MFC 문서를 찾아본 적이 있다면, 문서화되지 않은 많은 member들이 Listing 4-29에 존재한다는 것을 알 수 있을 것이다. 즉, 우리가 파헤쳐야 할 많은 것이 그곳에 있음을 의미한다. 그럼 그 비밀의 문을 열어보도록 하자.

우선, CList를 살펴볼 때 CNode를 발견한 것처럼, 모든 map collection은 map의 요소(element)를 지칭하는 CAssoc의 선언을 포함하고 있다. CAssoc는 key와 value를 가지고 있으며, pNext pointer를 통하여 linked list를 구성할 수 있다. 그리고 nHashValue를 가지고 있는데 이는 나중에 살펴보도록 하자.

② 왜 친근감이 느껴지지?

MFC List Collection을 살펴보았다면, 문서화되지 않은 membe중 익숙한 몇 개를 발견할 수 있을 것이다. CMap은 CList와 마찬가지로 memory handling을 위한 Algorithm과 CPlex와 같은 memory helper structure를 사용한다. 이런 점들을 명심해 둔다면 CMapWordToPtr의 member로서 다음과 같은 것이 있으리라 짐작할 수 있을 것이다.

- m_nCount map내의 요소(element)의 개수.
- m_pBlocks 새로 할당된 CPlex형 linked list의 head를 가리키는 pointer.
- m_pFreeList CPlex형 linked list에서 가져온 free linked list(CAssoc형 linked list)를 가리키는 pointer.
- m_nBlockSize 새로 할당될 memory block의 크기.

우린 이미 CPlex에 대하여 충분히 살펴보았으므로 앞의 member data가 어떤 용도로 사용될지를 알 수 있을 것이다. 따라서 보다 관심 있는 부분을 살펴보도록 하자.

③ MFC Map Hashing

만약 hashing mechanism에 익숙하지 않다면 여기서 복습을 하고 가자. Hashing은 빠른 탐색(lookup)을 지원한다. hash function을 사용하여 key를 생성하며, 이렇게 생성된 key는 value를 저장한 hash table의 index로 사용된다. hash table에서 value를 다시 얻기 위해서는 같은 hash function을 사용하여 index를 얻은 후 그 index를 사용하여 hash table에서 index에 해당하는 value를 가져오면 된다.

MFC map hashing은 hashing의 전형적인 mechanism을 사용하여 이루어진다. 첫번째로, 우리는 hash table이 언제/어떻게 생성되는지 살펴본다. 두번째로, key가hash table의 index로 어떻게변하는지 살펴본다. 마지막으로, hash table에서 value를 어떻게 얻어내는지 알아본다.

모든 MFC map은 InitHashTable( ) 호출을 통해서 hash table을 생성한다. Listing 4-30은 MAP_WP.CPP에 있는 InitHashTable( )의 pseudocode를 보여준다.

Listing 4-30 Where the map hash table is initialized-InitHashTable( )

```
void CMapWordToPtr::InitHashTable( UINT nHashSize, BOOL bAllocNow )
{
        if( m_pHashTable != NULL ) {
              // free hash table
              delete[] m_pHashTable;
              m_pHashTable = NULL;
        }

        if( bAllocNow ) {
              m_pHashTable = new CAssoc* [nHashSize];
              memset(m_pHashTable, 0, sizeof( CAssoc*) * nHashSize );
        }

        m_nHashTableSize = nHashSize;
}
```

우선, InitHashTable( )은 m_pHashTable이 가리키고 있는 hash table이 존재하는지 파악한다. 만약 hash table이 존재하고 있다면 지워버린다. 그 다음으로, bAllocNow flag가 TRUE라면, InitHashTable( )은 CAssoc형 배열을 할당하고, m_pHashTable을 가리키도록 한다. 그리고 memset( )을 사용하여 할당된 memory를 초기화한다.

마지막으로, InitHashTable( )은 m_nHashTableSize를 변경한다. hash table은 단지 CAssoc의 배열이므로 매우 단순한 구성을 가지고 있다.

```
myMap.InitHashTable( 349, TRUE);
```

hash table의 default 크기는 소수(prime number)인 17이다. hash table의 size를 소수로 가지는 것이 hash value의 고른 분포(distribution)에 도움을 준다. 왜냐하면 소수를 사용한 나머지 연산(modulus operation)은 나머지의 분포를 고르게 하여 hash value의 충돌(collision)을 최소화시킬 수 있기 때문이다.

다음으로 association의 hash key를 계산하는 방법을 알아보자. 모든 CMap에는 HashKey( )라는 문서화되지 않은 member function이 있다. HashKey( )는 2종류가 있는데, 하나는 word와 pointer를 위한 것이고, 다른 하나는 string을 위한 것이다. Listing 4-31에 2개의 HashKey( )를 보여주고 있다.

[Note]

InitHashTable()의 존재을 알고 있는 것은 매우 큰 도움이 된다. 만약 자신이 원하는 크기의 Hash Table을 얻고 싶으면 다음과 같이 호출만 하면 된다.

Listing 4-31 The CMap hash function

```
inline UINT CMapWordToPtr::HashKey( WORD key ) const
{
      return ((UINT)(void*)(DWORD)key) >> 4;
}

inline UINT CMapStringToString::HashKey(LPCTSTR key ) const
{
      UINT nHash = 0;
      while( *key )
            nHash = (nHash << 5) + nHash + *key++;
      return nHash;
}
```

④ 충돌!(Collision!)

hash table에서 발생하는 아주 흥미 있는 사건 중의 하나는 충돌(collision)을 처리하는 과정이다. collision은 두 value가 같은 index를 가질 때 발생한다.

MFC Map은 이러한 collision은 처리하는 방법으로 link list를 사용하고 있다. 사실, Listing 4-29를 자세히 살펴보았다면, CAssoc structure가 pNext pointer를 가지고 있음을 발견할 수 있었을 것이다. CMap은 이 pointer를 이용하여 충돌된 value를 linked list형태로 저장한다.

MFC Map의 hashing 과정을 살펴보기 위해서는 association이 어떻게 map에 추가되는지 알아야 한다. 모든 추가과정은 operator[ ]에 의해서 이루어진다. SetAt( )은 새로운 value를 추가하기 위해 직접적으로 operator[ ]을 호출한다. Listing 4-32는 AFXCOLL.INL에 있는 SetAt( )의 구현을 보여준다.

Listing 4-32 CMapWordToPtr::operator[ ] : The key to adding an association to a map

```
void*& CMapWordToPtr::operator[] ( WORD key )
{
      UINT nHash;
      CAssoc* pAssoc;
      if( ( pAssoc = GetAssocAt(key, nHash)) == NULL ) {
           if( m_pHashTable == NULL )
                InitHashTable( m_nHashTableSize);
           // it doesn't exist, add a new Association
           pAssoc               = NewAssoc();
           pAssoc->nHashValue   = nHash;
           pAssoc->key          = key;
           // 'pAssoc->value' is a constructed object,
           // nothing more put into hash table
           pAssoc->pNext        = m_pHashTable[nHash];
           m_pHashTable[nHash] = pAssoc;
      }

      return pAssoc->value; // return new reference
}
```

hash table에게 있어서 operator[ ]은 data를 읽어 오는 역할 뿐만 아니라, data의 저장을 도와주는 역할을 한다. Listing 4-32에서는 hashing이 이루어지는 과정이 명확이 표현되지 않았다. 바로 GetAssocAt( )에서 hashing이 이루어진다. GetAssocAt( )호출을 통해 nHash를 hash된 index로 설정하고 그 index에 이미 association이 존재하는지 검사한다. 만약 association이 hash table에 존재한다면, if block은 수행되지 않은 채 value를 반환할 것이다. 반면에 association이 hash table에 존재하지 않는다면, 우선 hash table이 새로 만들어지고 초기화되어야 하는지 검사한다. 그 다음 새로운 association을 생성(주30)하고 hash index와 key를 저장한다. 이 시점에서 아직 value는 설정되지 않았다.

마지막으로, operator[ ]은 새로운 association을 nHash값에 맞추어 hash table에 추가하고 value의 참조(reference)를 반환한다. 여기서 if block의 마지막 두 line을 주목하자. 이 두 line에

30) CMap::NewAssoc()은 CList::NewNode()와 거의 같은 처리 과정을 밟는다.

서 충돌(collision)이 일어날 경우 bucket linked list(주31)을 형성하는 과정을 보여준다. operator[ ]은 value의 reference를 반환하고 SetAt( )은 실질적으로 그 value를 저장한다.

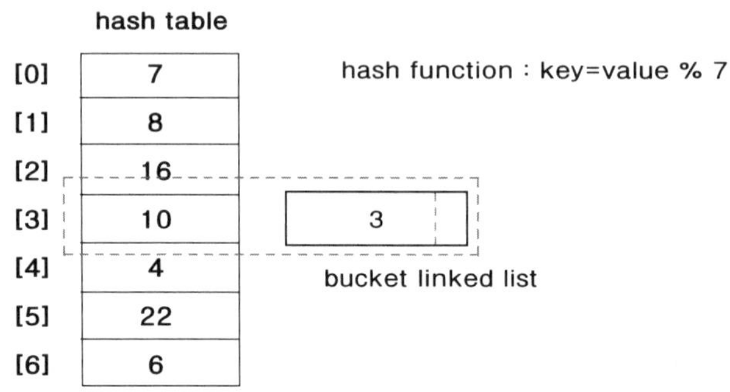

Figure 4-13 An Example of bucket linked list

⑤ CMapWordToPtr::GetAssocAt( ) : Hashing Bottleneck

Operator[ ]의 전체적은 동작을 알기 위해서는 GetAssocAt( )를 살펴볼 필요가 있다. Listing 4-33은 문서화되지 않은 GetAssocAt( )을 보여주고 있다.

Listing 4-33 CMapWordToPtr::GetAssocAt( ) : An undocumented map member that performs hashing for both lookup and storage

```
CMapWordPtr::CAssoc* CMapWordToPtr::GetAssocAt( WORD key, UINT& nHash) const
{
        nHash = HashKey(key)%m_nHashTableSize;
        if( m_pHashTable == NULL )
            return NULL;
        // see if it exists
        CAssoc* pAssoc;
        for( pAssoc = m_pHashTable[nHash]; pAssoc != NULL; pAssoc = pAssoc->pNext )
            if( pAssoc->key == key )
                return pAssoc;
        }
        return NULL;
}
```

31) bucket linked list : collision이 발생할 경우, 이를 해결하기 위해 value를 linked list로 형성한다. 이를 bucket linked list라 한다(참고로 bucket이란 여러 개의 데이터를 어떤 기준에 따라 분류할 때 같은 부류에 속하는 데이터의 모임을 뜻한다). Figure 4-13은 이런 bucket linked list가 형성된 일반적인 hash table의 예를 보여준다.

source code를 분석하기 전에, GetAssocAt( )은 key가 존재하지 않을 경우에는 hash index를 생성하고 NULL을 반환하며, key가 존재할 경우에는 hash index(주32)와 key 인자에 해당하는 association을 반환함을 명심하기 바란다.
GetAssocAt( )의 첫번째 line이 MFC Map의 핵심적인 부분이다. GetAssocAt( )은 hash function으로 사용될 Hashkey( )을 호출한 후, 새로운 hash index를 얻기 위해 그 결과를 hash table의 size로 mod(나머지 연산)한다. hash table의 모든 접근(remove는 제외)은 key를 hashing 하는 HashKey( )을 사용한다.
일단 hash index가 생성되면, GetAssocAt( )은 hash table이 유효하게 초기화되었는지 검사하고 hash index에 있는 association을 접근한다. GetAssocAt( )은 그 key가 이미 존재하는지 알아내기 위해 bucket linked list를 탐색해 본다. 만약 key가 존재하고 있으면 association을 반환하고, 그렇지 않으면 NULL을 반환한다.

⑥ MFC Map 포장(wrap)하기

MFC Map에 대한 흥미있는 몇 가지 사항을 정리해 보자.

- MFC Map의 memory관리는 CPlex를 사용한 MFC list의 memory관리와 똑같다.
- map내부에 존재하는 hash table은 association의 탐색을 매우 빠르게 한다.
  보다 향상된 속도를 위해, 사용자는 자신의 응용프로그램에 맞는 hash table size를 결정할 수 있다.

⑦ 더 많은 정보를 원한다면…

MFC Map collection을 살펴본 후 아마도 이런 의문이 들 것이다. 왜 hash key를 association에 저장하는가? (주33) 아마 이 저장된 hash key에 접근하는 code가 어딘가에 존재하는 모양이다. 이에 대한 해답은 CMapWordToPtr::GetNextAssoc( )을 살펴봄으로써 알 수 있다.
또 재미있는 함수로 CMapWordToPtr::RemoveKey( )가 있다. 더 많은 정보를 원한다면 꼭 한 번 살펴보기 바란다.
이것으로 MFC Collection class에 대한 내용을 마감한다. 만약 여러분이 더욱더 깊숙한 내용을 알고 있다면, collection에 대한 template version을 살펴보기 바란다. AFXTEMP1.H에 나와 있다.

---

32) nHash 인자를 통해서 반환이 이루어진다.

4.3 CFile 가족들

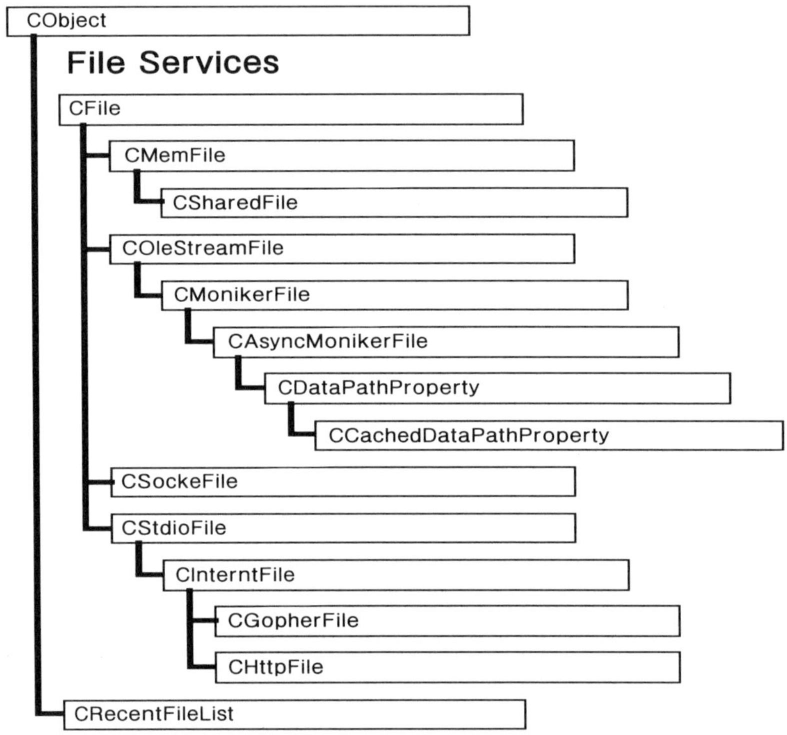

Figure 4-14 Hierarchy chart of CFile family

Figure 4-14는 CFile 계열 class의 계층도를 보여준다.

MFC는 사용자가 file에 쉽게 접근할 수 있도록 계층적으로 구성된 utility class를 지원한다. MFC File class의 base class는 CFile이다. CFile은 단순하게 Windows file API를 포장(wrap)하고 있으므로 아무런 buffer를 가지고 있지 않다. CFile을 향상시킨 CStdioFile은 buffered I/O를 제공한다. 따라서 CStdioFile은 non-binary ASCII file을 읽기나 쓰기가 매우 쉽다.

CFile로부터 파생된 CMemFile은 shared memory(공유 memory)를 다루는 기본 class이다. 불행하게도 CMemFile은 모든 기능을 제공하지는 못한다. 하지만 바로 이러한 점이 여러분이 최고가 될 수 있는 기회를 제공하는 것이다.

CFile로부터 파생된 CSharedFile은 CMemFile의 특별한 행태이며 memory를 공유하는 여러 기능을 제공한다.

4.3.1 CFile 사용하기

CFile을 생성할 때는 file의 이름과 file open mode를 명시해 준다. 이는 생성자(constructor)에서 명시해 줄 수도 있고 file을 open할 때 명시해 줄 수도 있다. file open mode는 access mode와 share mode의 조합으로, OR 연산을 통해서 원하는 결과를 얻을 수 있다. Table 4-3은 이용 가능한 CFile mode를 보여준다.

Table 4-3 An overview of the CFile access and sharing flags

Mode	Description
modeCreate	Create the file. If the File already exists, sets its size to zero.
modeNoTruncate	Create file, doesn't truncate.
modeRead	Open the file for reading only.
modeReadWrite	Opens the file for both reading and writing.
modeWrite	Opens the file for both writing.
modeNoInherit	Prevents the file from being inherited by child process.
shareDenyNone	Opens the file without denying other processes read or write access.
shareDenyRead	Denies other processes read access to the file.
shareDenyWrite	Denies other processes write access to the file.
shareExclusive	Denies other processes both read and write access to the file.
shareCompat	Opens the file in compatiblilty mode, which allows any process to open the file any number of times
typeText	Sets text mode with special processing for carriage-returned pairs (used in CStdioFile only)
typeBinary	Sets binary mode(also only used in CStdioFile)

```
CFile myFile( "myfile.sct", CFile::modeCreate | CFile::modeWrite );
```

이러한 mode는 CFile내에 선언되어 있기 때문에 CFile scope를 통해서 access가 가능하다(예, CFile::shareDenyRead, CFile::typeText,…).

다음 line은 create mode와 write mode로 CFile을 생성하는 과정을 보여준다.

CFile은 read, write, lock, seek, rename, remove 그리고 file의 상태를 알아내는 다양한 member function을 지원한다.

4.3.2 CFile의 내부

CFile은 표준 Windows file API와 사용방법이 매우 비슷하므로, CFile의 구현을 간단히 살펴본 후 특별한 기능에 대해서 자세히 살펴보도록 한다.

CFile의 선언은 다른 MFC utility class 선언과 함께 AFX.H에서 찾아볼 수 있다. CFile의 두 file에서 나누어져 구현되어 있다. FILEST.CPP에서는 file status를 포함하고 있으며, FILECORE.CPP은 file status를 제외한 CFile의 member function을 포함하고 있다.

① CFile 선언

Listing 4-34는 CFile의 요약된 선언을 보여주고 있다. 특히 문서화되지 않은 member에 초점을 맞추어져 있다.

Listing 4-34 An abbreviated CFile declaration

```
class CFile : public CObject
{
      DECLARE_DYNAMIC( CFile )
public :
// Flag values **omitted
// Constructors **omitted
// Attributes **mostly omitted
      UINT m_hFile;

// Operations **omitted
// Overridable **omitted
// Implementation **omitted

public :
      virtual ~CFile();
      enum BufferCommand { bufferRead, bufferWrite, bufferCommit, bufferCheck };
protected :
      BOOL m_bCloseOnDelete;
      CString m_strFileName;
}
```

CFile의 member 중 가장 흥미 있는 것은 m_hFile이다. m_hFile은 Windows file handle을 저장한다. CFile은 m_hFile을 public으로 선언되어 있다. 따라서 여러분이 Windows API를 사용하기 위해 그 file handle을 원한다면, 직접적으로 CFile::m_hFile에 접근할 수 있다. 예를 들어, CFile은 Windows NT환경에서 필요한 file security API를 지원하지는 않는다. 하지만 여러분은 CFile::m_hFile을 file handle로 사용하여 file security API를 사용할 수 있다.

그 다음으로 흥미 있는 member는 BufferCommand enumeration과 GetBufferPtr( )이다. 이 member는 CFile에서는 아무 일도 하지 않지만, CMemFile에서는 GetBufferPtr( )의 구현을 제

공한다. MFC의 serialization mechanism은 CMemFile의 serialization을 최적화하기 위해 이 member를 사용한다.
m_bCloseOnDelete는 CFile이 파괴될 때 file handle을 닫을 여부를 명시한다. m_strFile은 현재의 file에 대한 file 이름을 저장하는 데 사용된다.

② CFile 연산

대부분의 CFile의 member function은 Windows API를 직접 호출한다. 그러므로 각 member function의 source code를 살펴보는 것은 큰 의미가 없다. 대신, Table 4-4는 CFile의 member funcion과 관련된 Window API를 보여주고 있다.

Table 4-4 A mapping of CFile member function to Windows file APIs

CFile Memeber	Windows File API Wrapped
Open( )	::Createfile( )
Duplicate( )	::DuplicateHandle( )
Read( )	ReadFile( )
Write( )	::WriteFile( )
Seek( )	::SetFilePointer( )
GetPosition( )	::SetFilePointer( )
Flush( )	::FlushFileBuffers( )
Close( )	::CloseHandle( )
LockRange( )	::LockFile( )
UnlockRange( )	::UnlockFile( )
SetLength( )	::SetEndOfFile( )
Rename( )	::MoveFile( )
Remove( )	::DeleteFile( )
GetStatus( )	::GetFileTime( ), ::GetFileSize( )

③ 문서화되지 않은 매우 흥미로운 Helper Function

FILECORE.CPP을 살펴보다 보면, file이름을 조작하는 매우 편리한 global helper function을 발견하게 된다. 이러한 함수를 알고 있으면, file이름을 조작하는 데 많은 시간을 노력을 절약할 수 있다.

- AfxResolveShortCut( ) – 주어진 shortcut을 full file name으로 바꾼다.
- AfxFullPath( ) – 주어진 file 경로(path)를 절대 경로(path)로 바꾼다.
- AfxGetFileTitle( ) – path에서 file name을 분석(parse)해 낸다.

앞의 함수들에 관심이 있다면, 차기 MFC version에서 사라지거나 변경될지 모르므로 FILECORE.CPP를 복사하여 두는 것이 좋을 것이다. CFile는 file handle을 다루는 아주 기초적인 class에 불과하기 때문에 그리 많은 내용을 담고 있질 못하다. 하지만, CFile에 buffer를 추가한 CStidoFile은 매우 흥미롭다.

4.3.3 CStdioFile

CStdioFile의 사용은 새로운 2개의 함수만 제외한다면 CFile과 매우 유사하다. 바로 그 두 함수는 CStdioFile이 text mode로 열렸을 때 string을 읽고 쓰는 역할을 한다.
ReadString( )은 다음의 조건이 만족할 때까지 계속해서 file을 읽어 들인다.

1) ReadingString( )이 주어진 숫자만큼의 문자를 읽어들였을 때.
2) ReadingString( )이 carrage return(\r)/line feed(\n) 를 만났을 때.
3) ReadingString( )이 file의 끝을 만났을 때.

다음 code는 text file의 line수를 계산하는 방법을 CStdioFile을 사용하여 보여준다.

```
int nLineCount = 0;
char buffer[256];
CStdioFile myFile("countme.txt", CFile::typeText | CFile::modeRead );
while( csfTipFile.ReadString( buffer, 256) != 0 )
      nLineCount++;
```

또한 , CStdioFile의 buffering때문에 CFile의 모든 함수를 CStdioFile가 지원하지 않는다.(주34)

① CStdioFile의 내부

외부적으로는, 마치 CStdioFile은 CFile에 단지 몇 개의 새로운 member만을 추가시킨 것처럼 보일지 모른다. 하지만 내부적으로는 CStdioFile은 buffering을 지원하기 위해 다소 복잡한 처리 과정을 수행한다. CFile이 단지 Windows file API를 포장(wrap)하고 있는 반면, CStdioFile은 C

34) CStdioFile이 지원하지 않는 함수에는 Duplicate(), LockRange(), UnlockRange()가 포함된다.

run-time library의 stream file함수[fopen( ), fread( ), fputs( ), fgets( ), fseek( ) 따위…]를 포장하여 file buffering과 text를 처리한다. 이러한 함수를 사용하기 위해서는 CStdioFile은 FILE pointer나 stream pointer를 가지고 있어야 한다. 그럼 CStdioFile의 선언과 CStdioFile의 추가된 정보가 어디에 저장되는지 살펴보자.

①-1 CStdioFile 선언

CFile과 마찬가지로 CStdioFile의 선언도 AFX.H 안에 있다. CStdioFile의 구현은 FILETXT.CPP에서 찾아 볼 수 있다. Listing 4-35은 CStdioFile의 선언을 요약하여 보여준다.

Listing 4-35 An abbreviated CStdioFile declaration, from AFX.H

```
class CStdioFile : public CFile
{
      DECLARE_DYNAMIC( CStdioFile )
public :
// Constructors **omitted
// Attributes
      FILE* m_pStream; // stdio FILE
// m_hFile from base class is fileno( m_pStream )
// Operations
      virtual void WriteString( LPCTSTR lpsz );
      virtual LPTSTR ReadString( LPTSTR lpsz, UINT nMax );
      BOOL ReadString( CString& rString );
// Implementation
public :
      virtual ~CStdioFile();
      virtual DWORD GetPosition() const;
      virtual BOOL Open( LPCTSTR         lpszFileName,
                         UINT            nOpenFlags,
                         CFileException* pError = NULL );
      virtual UINT Read( void* lpBuf, UINT nCount );
      virtual void Write(const void* lpBuf, UINT nCount);
      virtual LONG Seek( LONG lOff, UINT nFrom);
      virtual void Abort();
      virtual void Flush();
      virtual void Close();
// Unsupported APIs
      virtual CFile* Duplicate() const;
      virtual void LockRange( DWORD dwPos, DWORD dwCount);
      virtual void UnlockRange( DWORD dwPos, DWORD dwCount );
}
```

CStdioFile의 선언을 살펴보면, m_pStream라는 FILE pointer를 유지함을 알 수 있다. 그리고 새로운 함수인 WriteString( )과 ReadString( )을 발견할 수 있다. 특히, CStdioFile의 몇몇 member function은 C run-time 함수를 사용하여 구현되어져 있음을 기억하기 바란다.

①-2 ReadString( )

CStdioFile의 동작을 이해하기 위해, Listing 4-36안에 있는 CStdioFile::ReadString( )의 pseudocode를 살펴보도록 하자.

Listing 4-36 The CStdioFile::ReadString() implementation, from STRTXT.CPP

```
LPTSTR CStdioFile::ReadString( LPTSTR lpsz, UINT nMax )
{
        LPSTR lpszResult = _fgetts( lpsz, nMax, m_pStream);
        if( lpszResult == NULL && !feof( m_pStream)) {
              clearerr( m_pStream );
              AfxThrowFileException( CFileException::generic,
                                     _doserrno,
                                     m_strFileName );
        }
        return lpszResult;
}
```

앞의 code에서 알 수 있듯이, 대부분의 CStdioFile의 member function은 C run-time 함수를 wrap하고 추가적인 error 검사를 수행한다.

Table 4-5 A mapping of CStdioFile member functions and C run-time file stream calls
CStdio Member Wrapped C Run-Time API

CStdio Member	Wrapped C Run-Time API
Open( )	_fdopen( )
Read( )	fread( )
Write( )	fwrite( )
ReadString( )	_fgetts( )
WriteString( )	_fputts( )
Seek( )	fseek( )
GetPosition( )	ftell( )
Flush( )	fflush( )
Close( )	fclose( )

Table 4-5는 CStdioFile의 member function과 C run-time함수와의 관계를 보여준다.
지금까지, CFile과 CStdioFile의 공개되지 않은 내부를 살펴보았다. 이제 CMemFile와 CShareFile에 대해서 알아보자.

4.3.4 CMemFile

CMemFile은 memory를 다루는 interface를 제공하므로, file name이나 file handle(m_hFile)을 지원하지 않아도 된다.

[CMemFile의 진실]

CMemFile이 Win32 memory-mapped file이나 다른 어떤 shared memory mechanism을 사용하여 "shared memory"을 접근하는 방법을 제공한다고 많은 MFC 사용자들은 생각한다. 하지만 이는 옳지 않다. CMemFile에 의해서 사용되는 memory는 일반적인 memory이며 공유되지 않는다. 따라서, CMemFile을 상속받아 shared memory를 추가 시키는 일은 여러분의 몫이다.

MFC가 CMemFile을 제공하는 가장 주된 이유는 memory block의 serialize(주35)을 지원하기 위해서다. 예를 들어, 어떤 객체에 대한 image를 memory상에 생성하기 위해서 CArchive과 CMemFile을 사용한다. 그러면, binary data 형태로 그 image가 memory에 쓰여진다. Visual C++은 이러한 기술을 여러 곳에서 사용한다.
CMemFile내에서 serialize을 사용하는 기술은 객체 지향 프로그램(object oriented programming)의 특징 중 하나인 다형성(polymorphism)을 보여주는 아주 훌륭한 예제이다. serialize은 CFile interface를 통하여 이루어지므로, CMemFile은 CFile과 같은 interface를 사용하여 serialize을 수행한다.
CMemFile은 memory block을 자동으로 할당(assign), 증가(grow), 해제(free)한다. CMemFile은 내부 memory block을 관리하기 위해 malloc( ), realloc( ), memcpy( ), free( )와 같은 memory function을 사용한다. 개발자는 CMemFile의 생성자내의 nGrowBytes 인자를 사용하여 자동으로 자라나는 memory block의 크기를 명시할 수 있다. 또한, CMemFile의 member function의 기본 구현은 단지 C run-time memory 함수를 호출하고 있으므로, CMemFile의 member function[Alloc( ), Free( ), Realloc( ), Memcpy( ), GrowFile( ) 따위…]을 재정의(override)함으로써 사용자는 자신만의 memory 처리 기능을 가질 수 있다

35) serialize에 대해서는 Chapter 5에서 좀 더 자세히 다룬다.

CFile의 어떤 member function은 memory block을 다루기에는 적당하지 못하다. 따라서 CFile의 member function 중에는 CMemFile에서 재정의할 필요가 없는 함수들이 있다[예를 들어, Duplicate( ), LockRange( ), UnlockRange( ) 따위…].
그럼 CMemFile가 memory block을 처리하기 위해 어떻게 CFile의 member function을 재정의하는지 살펴보도록 하자.

① CMemFile의 내부

CFile과 CStdioFile과는 달리, CMemFile은 매우 흥미 있는 내부 구조를 가지고 있다. CMemFile의 선언은 AFX.H에 있고, 구현은 FILEMEM.CPP에 있다. 하지만 CMemFile::GetStatus( )는 FILEST.CPP에 있다.

①-1 CMemFile 선언

Listing 4-37은 요약된 CMemFile 선언을 보여준다.

Listing 4-37 The CMemFile abbreviated declaration, from AFX.H

```
class CMemFile : public CFile
{
        DECLARE_DYNAMIC( CMemFile )
public :
// Constructors
        CMemFile( UINT nGrowBytes = 1024 );
        CMemFile( BYTE* lpBuffer, UINT nBufferSize, UINT nGrowBytes = 0);
// Operations
        void Attach( BYTE* lpBuffer, UINT nBufferSize, UINT nGrowBytes = 0 );
        BYTE* Detach();
// Advanced Overridables **omitted
protected :
// Implementation
protected :
        UINT  m_nGrowBytes;
        DWORD m_nPosition;
        DWORD m_nBufferSize;
        DWORD m_nFileSize;
        BYTE* m_lpBuffer;
        BOOL  m_bAutoDelete;
public :
        virtual ~CMemFile();
        virtual DWORD GetPosition() const;
```

```
    BOOL GetStatus( CFileStatus& rStatus) const;
    virtual LONG Seek( LONG lOff, UINT nFrom);
    virtual void SetLength( DWORD dwNewLen);
    virtual UINT Read( void* lpBuf, UINT nCount );
    virtual void Write( const void* lpBuf, UINT nCount );
    virtual void Abort();
    virtual void Flush();
    virtual void Close();
    virtual UINT GetBufferPtr( UINT   nCommand,
                               UINT   nCount      = 0,
                               void** ppBufStart  = NULL,
                               void** ppBufMax    = NULL );
// Unsupported APIs **omitted
}
```

CMemFile에 새로 포함된 member를 소개한다.

- m_nGrowBytes – CMemFile가 내부에서 사용하는 buffer의 자라나는 단위(즉, 새로운 memory의 할당 크기).
- m_nPosition – memory block내의 현재 위치(file pointer와 같은 역할을 한다). m_nPosition는 Seek( )와 같은 member function에서 사용된다. m_nPosition는 읽기와 쓰기가 일어나는 memory block내의 위치를 나타낸다.
- m_nBufferSize – 실제로 할당된 buffer의 크기를 나타낸다.
- m_nFileSize – memory file의 논리적 크기를 나타낸다. m_nFileSize은 m_nBufferSize보다 작아야 한다.
- m_nBuffer – memory file의 실제 memory를 나타낸다.
- m_bAutoDelete – 파괴자(destracutor)가 호출될 때, 할당된 memory가 자동으로 해제(free)될 것인지 표시한다.

① -2 CMemFile의 Memory 처리 방법

CMemFile의 memory 처리 방법은 CArray의 memory 처리 방법(memory를 block단위로 관리하고 필요할 때마다 memory를 증가시킨다)과 매우 유사하다. 모든 CMemFile의 member function은 현재의 momory block이 충분한지 판단한다. 판단 결과 현재의 memory block이 부족하다면 CMemFile::GrowFile( )을 호출하여 memory block을 증가시킨다.

Listing 4-38은 CMemFile::GrowFile( )의 pseudocode를 보여준다.

Listing 4-38 CMemFile::GrowFile( ) pseudocode, from FILEMEM.CPP

```
void CMemFile::GrowFile(DWORD dwNewLen)
{
        if (dwNewLen > m_nBufferSize) {
                // grow the buffer
                DWORD dwNewBufferSize = (DWORD)m_nBufferSize;

                // determine new buffer size
                while (dwNewBufferSize < dwNewLen)
                        dwNewBufferSize += m_nGrowBytes;

                // allocate new buffer
                BYTE* lpNew;
                if (m_lpBuffer == NULL)
                        lpNew = Alloc(dwNewBufferSize);
                else
                        lpNew = Realloc(m_lpBuffer, dwNewBufferSize);

                m_lpBuffer = lpNew;
                m_nBufferSize = dwNewBufferSize;
        }
}
```

GrowFile( )은 새로 요구할 buffer의 크기를 명시하는 인자(dwNewLen)를 가지고 있다. memory가 더 할당되는 것이 필요할 경우, GrowFile( )은 m_nGrowBytes-divisible unit[주36] 단위로 새로운 memory 크기를 계산한다. buffer가 이미 충분히 할당되어 있지 않다면, GrowFile( )은 Alloc( )을 호출한다. 그렇지 않고, 이미 충분한 buffer 존재하고 있다면, ReAlloc( )을 호출한다. 마지막으로, 새로운 할당된 memory block을 포함하도록 member data를 변화시킨다.

①-3 Memory Block 접근하기

memory block을 접근할 때 어떤 일이 전개되는지 궁금하다면, CMemFile::Read( )를 살펴보자. Listing 4-39은 CMemFile::Read( )의 pseudocode를 나타낸다.

Listing 4-39 CMemFile::Read() : memory file에 접근하기

```
UINT CMemFile::Read( void * lpBuf, UINT nCount )
```

36) m_nGrowBytes-divisible unit : m_nGrowBytes으로 나누어서 정수가 나오는 단위.

```
{
        if( nCount == 0 )
            return 0;
        if( m_nPosition > m_nFileSize )
            return 0;
        UINT nRead;

        if( m_nPosition + nCount > m_nFileSize )
            nRead = (UINT)(m_nFileSize ? m_nPosition )
        else
            nRead = nCount;

        memcpy((BYTE*)lpBuf, (BYTE*)m_lpBuffer + m_nPosition, nRead );
        m_nPosition += nRead;

        return nRead;
}
```

우선, Read( )는 읽어 들일 byte의 수가 0(zero)인지 검사하고, m_nPosition가 m_nFileSize보다 작은지 검사하여 현재의 memory 위치가 전체 memory block 안에 있는 확인한다.

다음으로, 현재의 위치(m_nPosition)와 읽어 들일 byte의 수(nCount)를 더한 값이 전체 memory block의 크기(m_nFileSize)보다 작은지 확인하다. 만약 전체 memory block의 크기 보다 크다면, 전체 memory block에서 현재의 위치를 뺀 크기만 읽어 들이도록 한다.

마지막으로, Read( )는 memcpy( )를 호출하여 계산된 byte수(nRead)만큼을 내부 memory buffer[(BYTE*)m_lpBuffer + m_nPosition]에서 지정된 memory buffer[(BYTE*)lpBuf]로 복사한다. 그리고 읽어 들인 byte 수를 반환한다.

CMemFile::Read( )은 CMemFile의 연산자(member function)들이 어떻게 구현되었는지 보여주는 좋은 예제이다. 외부적으로는 file을 다루는 것과 비슷한 interface를 제공하고, 내부적으로는 memory block을 조작한다.

①-4 CFile::GetBufferPtr( )와 Serialization

CMemFile은 CArchive에서만 사용하는 GetBufferPtr( )을 제공한다. CArchive는 자신만의 buffering을 가지고 있다. CAchive는 먼저 CFile::GetBufferPtr( )을 호출하여 CFile-derived 객체가 buffer를 지원하는지 판단한다. CFile-derived 객체가 buffering을 지원하지 않는다면, CArchive는 자신의 buffering을 사용한다.

CArchive는 다음에 열거된 buffer command 중 하나를 사용하여 file과 연락한다.

- bufferCheck – CAchive가 CFile에게 직접 buffering을 지원하냐고 물어볼 때. CFile과 CStdioFile은 no라고 대답하고, CMemFile은 yes라고 대답한다(앞에서 CStdioFile이 buffering을 사용한다고 했다. 하지만, CStdioFile은 buffering을 직접 지원하는 것이 아니라 buffering을 지원하는 C runtime library의 stream file 함수를 사용하는 것이다).
- bufferRead – CArchive가 buffer에서 data를 읽고자 할 때, 시작위치와 크기, 그리고 최대치를 명시한다.
- bufferWrite – CAchive가 buffer에 data를 쓰고자 할 때.
- bufferCommit – CAchive가 buffer의 변화를 commit하고자 할 때.

앞의 buffer command를 염두해 두고, CMemFile::GetBufferPtr()의 구현을 살펴보자(Listing 4–40). 이는 CMemFile과 CAchive이 어떻게 상호 동작하는지 보여준다.

Listing 4–40 The Advanced CMemFile::GetBufferPtr() member function, from FILEMEM.CPP

```
// only CMemFile supports "direct buffering" interaction with CArchive
UINT CMemFile::GetBufferPtr( UINT    nCommand,
                             UINT    nCount,
                             void**  ppBufStart,
                             void**  ppBufMax)
{

      if (nCommand == bufferCheck)
            return 1;   // just a check for direct buffer support
      if (nCommand == bufferCommit) {
            // commit buffer
            m_nPosition += nCount;
            if (m_nPosition > m_nFileSize)
                  m_nFileSize = m_nPosition;
            return 0;
      }
      // when storing, grow file as necessary to satisfy buffer request
      if (nCommand == bufferWrite && m_nPosition + nCount > m_nBufferSize)
            GrowFile(m_nPosition + nCount);
      // store buffer max and min
      *ppBufStart = m_lpBuffer + m_nPosition;
      // end of buffer depends on whether you are reading or writing
      if (nCommand == bufferWrite)
            *ppBufMax = m_lpBuffer + min(m_nBufferSize, m_nPosition + nCount);
      else { // nCommand == bufferRead
            if (nCount == (UINT)-1)
                  nCount = m_nBufferSize - m_nPosition;
            *ppBufMax = m_lpBuffer + min(m_nFileSize, m_nPosition + nCount);
```

```
            m_nPosition += LPBYTE(*ppBufMax) - LPBYTE(*ppBufStart);
        }
        // return number of bytes in returned buffer space (may be <= nCount)
        return LPBYTE(*ppBufMax) - LPBYTE(*ppBufStart);
    }
```

nCommand가 bufferCheck일 경우에는, GetBufferPtr( )는 1을 반환한다. 왜냐하면 CMemFile은 직접 buffering을 지원하기 때문이다.

nCommand가 bufferCommit일 경우에는, GetBufferPtr( )는 CAchive에서 변경한 byte수만큼 m_nPosition을 이동시키켜서 commit을 수행한다.

nCommand가 bufferWrite일 경우에는, 필요한 경우에는 memory를 증가시킨 후 memory block의 시작(ppBufStart)과 끝(ppBufMax)을 가리키는 pointer를 return한다. 이 시점에서 m_nPosition은 변경시키지 않는다. 그 이유는, 사용자의 의한 "take back(또는 roll back)"가 발생할 경우를 대비해야 하기 때문에 CMemFile은 CArchive에 의한 commit이 발생한 후에야 m_nPosition을 변경시킨다.

nCommand가 bufferRead일 경우에는, bufferWrite일 경우와 비슷한 계산을 한다. 하지만 read operation을 반영되도록 m_nPosition을 변경시킨다.

GetBufferPtr( )은 buffer block의 크기인 ppBufMax와 ppBufStart의 차(difference)를 반환한다. 여러분은 5장에서 CArchive 생성자내의 흥미로운 code와 CArchive가 어떻게 buffering을 직접 지원하는지 살펴보게 될 것이다.

4.3.5 또 다른 무언가 존재한다

MFC 관련 문서를 한번 살펴보았다면, 이것으로 CFile에 대한 설명이 끝이라고 생각할 것이다. 그러나 전혀 문서화되지 않은 또 다른 CFile-derived class가 있다. 바로 CSharedFile이다. CSharedFile은 CMemFile를 상속받으며, memory handle을 사용하는 함수(주37) 대신 Windows global memory APIs(주38)를 사용한다. CSharedFile는 매우 비밀스러운 탓에, MFC에서 가장 신성한 header file인 AFXADV.H안에서 그 선언을 찾을 수 있다(Listing 4-41). CSharedFile의 구현은 FILESHRD.CPP에 있다.

37) alloc( ), realloc( ), free( ) 따위….

38) GlobalAlloc( ), GlobalReAlloc( ), GlobalLock( ), GlobalFree( ) 따위….

Listing 4-41 CSharedFile's declaration, from AFXADV.H

```
class CSharedFile : public CMemFile
{
      DECLARE_DYNAMIC(CSharedFile)
public:
// Constructors
      CSharedFile( UINT nAllocFlags = GMEM_DDESHARE|GMEM_MOVEABLE,
                   UINT nGrowBytes  = 4096);
// Attributes
      HGLOBAL Detach();
      void SetHandle(HGLOBAL hGlobalMemory, BOOL bAllowGrow = TRUE);

// Implementation
public:
      virtual ~CSharedFile();

protected:
      virtual BYTE* Alloc(DWORD nBytes);
      virtual BYTE* Realloc(BYTE* lpMem, DWORD nBytes);
      virtual void Free(BYTE* lpMem);

      UINT     m_nAllocFlags;
      HGLOBAL  m_hGlobalMemory;
      BOOL     m_bAllowGrow;
};
```

우선 주목해야 할 사항은 생성자에 표시된 default flag인 GMEM_DDESHARE과 GMEM_MOVEABLE이다. GMEM_DDESHARE은 global memory block이 공유되어지도록 설정하는 데 사용하고, GMEM_MOVEABLE은 Windows에 의해서 global memory block의 이동되는 것을 가능하도록 설정하는 데 사용한다.

CMemFile::Attack( )와 유사한 함수로서, CSharedFile은 SetHandle( )을 제공한다. SetHandle( )는 이전에 할당된 global memory handle을 해당 class에 첨부하는 기능을 수행한다. CSharedFile의 구현 부분은 pointer대신 global handle을 사용한다는 점을 제외하고는 CMemFile과 정확히 일치한다.

① 좋다! 그럼 CSharedFile은 어떤 목적으로 사용되는가

지금 우리는 CSharedFile라는 MFC의 내부 class를 살펴보았다. 그럼 도대체 이 class를 어떤 목적으로 사용한단 말인가?

MFC에서 CSharedFile을 사용하는 경우는 MFC OLE class 안에 있는 단 2개의 instance(주39)뿐이다. 이 두 instance에서, CSharedFile은 clipboard와 관련된 global handle에서 data를 읽을 때

사용한다. 여러분이 clipboard와 같은 global handle을 사용하여 프로그램을 작성해 본 적이 있다면, 쉽게 CSharedFile과 global handle과 연계시켜 CSharedFile의 member function[주40]을 사용할 수 있을 것이다.
사실, MSDN에서 제공하는 어떤 MFC sample을 분석하다 보면, Microsoft에서도 전혀 문서화되지 않을 class가 종종 발견되곤 한다.

4.3.6 CFile 요약

CFile과 CStdioFile의 이미 존재하는 Cfile API들를 간단히 encapsulation하여 제공한다. CMemFile은 memory block을 다루는 CFile interface를 제공한다. 특히 serialization에 사용되는 data를 공유하길 원한다면 매우 유용하게 사용되어질 수 있다. 마지막으로, CMemFile과 유사한 CSharedFile은 Windows global memory를 다루는 CFile interface를 제공한다.
마지막 MFC utility class로 예외(exception)를 처리를 담당하는 CException class를 살펴보자.

4.4 보다 향상된 Error 처리 : CException

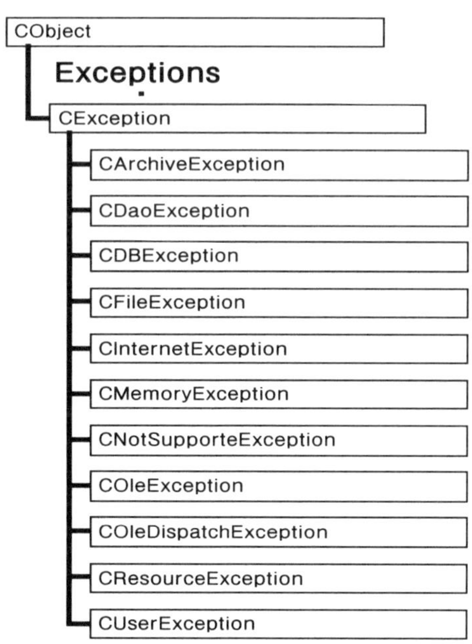

Figure 4-15 Hierarchy chart of MFC Exception class

Figure 4−15은 MFC exception class의 계층도를 보여준다.
함수의 반환값(return value)을 검사하여 error 상황을 처리를 하는 C 패러다임(paradigm)을 극복하기 위해, C++의 초기 설계자들은 예외라 불리는 보다 진보된 방법을 도안하였다. 기본적으로, error가 발생할 것 같은 code를 try문으로 감싸고 catch문에서는 발생된 error를 처리하는 방식이다. error가 발생할 경우, throw" keyword를 사용하여 error를 던져버린다. 그것은 명령의 흐름이 catch문으로 건너뜀(jump)을 의미한다. catch문 안에서 error에 대한 처리를 해주고 필요하다면 발생된 error를 지울 수도 있다.
예를 들어보자. Listing 4−42는 memory 할당시에 발생하는 예외를 처리하는 code이다.

Listing 4−42 Example of a C++ exception

```
//…
char* myPtr = NULL;
try {
    myPtr = (char*) malloc(256);
    if( myPtr == NULL ) // ERROR!!
        throw "Error, could not allocate memory!";
}
catch( char *ptr) { // Catch block for pointers
    TRACE(ptr);
    // Perform any cleanup here if necessary
}
```

MFC version 2.0 이전에는 macro를 사용하여 앞의 error 처리 방식을 구현하였다. 하지만 지금의 MFC macro는 순수 C++의 exception 처리방식을 사용한다. 이러한 역사적 잔재로 인해, 대다수의 개발자들이 C++의 keyword를 사용하기보다는 MFC exception handling macro를 주로 사용하고 있다. Table 4−6은 C++ exception keyword와 MFC macro의 관계를 보여주고 있다. 이러한 C++의 keyword와 MFC macro와의 혼돈을 피하기 위해서 AFX.H에 정의된 내용(Listing 4−43)을 살펴보자.

39) 이 instance들은 OLEOBJ1.CPP와 OLEOBJ2.CPP에서 찾아볼 수 있다.
40) 엄밀히 얘기하면, CSharedFile의 member function은 CFile interface를 재정의한 것이다.

Table 4-6 The mapping between the MFC exception macros and the C++ keywords

MFC Macro	C++Keyword	Comments
TRY	try	---
CATCH	catch	---
AND_CATCH	catch	Used for second and additional catches
END_TRY	none	Marks the end of a try
THROW	throw	---
CATCH_ALL	catch(CExceptiuon*e)	Catches all possible exceptions
THROW_LAST	throw	---

Listing 4-43 The MFC exception macros

```
#define TRY { AFX_EXCEPTION_LINK _afxExceptionLink; \
      try {

#define CATCH(class, e) } catch (class* e) \
      { ASSERT(e->IsKindOf(RUNTIME_CLASS(class))); \
      _afxExceptionLink.m_pException = e;

#define AND_CATCH(class, e) } catch (class* e) \
      { ASSERT(e->IsKindOf(RUNTIME_CLASS(class))); \
      _afxExceptionLink.m_pException = e;

#define END_CATCH } }

#define THROW(e) throw e
#define THROW_LAST() (AfxThrowLastCleanup(), throw)

// Advanced macros for smaller code
#define CATCH_ALL(e) } catch (CException* e) \
      { { ASSERT(e->IsKindOf(RUNTIME_CLASS(CException))); \
      _afxExceptionLink.m_pException = e;

#define AND_CATCH_ALL(e) } catch (CException* e) \
      { { ASSERT(e->IsKindOf(RUNTIME_CLASS(CException))); \
      _afxExceptionLink.m_pException = e;

#define END_CATCH_ALL } } }
```

```
#define END_TRY } catch (CException* e) \
 { ASSERT(e->IsKindOf(RUNTIME_CLASS(CException))); \
  _afxExceptionLink.m_pException = e; } }
```

Listing 4-43에서 알 수 있듯이, MFC macro는 크게 _afxExceptionLink 선언, C++ keyword, scope bracket으로 표현된다. MFC는 AFX_EXCEPTION_LINK라 불리는 구조체를 사용하여 exception을 저장하고 catch문을 서로 연결시켜 exception을 처리하는 올바른 handler를 찾는다.

[version note]

C++ keyword를 사용하는 MFC version(또는 그 이후 version)에서는 더 이상 exception을 기억하고 있을 필요가 없다. 어찌되었건, exception 처리 과정에서 e->Delete()를 사용하여 exception을 제거하는 것은 개발자의 몫이다. 이러한 macro를 사용할 경우, CException class가 사용되고 있는지 반드시 확인하기 바란다. 왜냐하면, 이 class는 C++ exception handler보다 향상된 몇몇 기능을 포함하고 있기 때문이다.

[version note]

순수 C++가 exception 처리를 지원하기 이전에는, MFC macro는 setjmp()/longjmp() 호출을 사용하였다. 이러한 old code는 현재의 MFC version에서 사용되어 질 수 있다. 만약 _AFX_OLD_EXCEPTIONS 정의하고 rebuild하다면, old-style version을 사용할 수 있다. 하지만 이러한 old exception 처리는 exception을 잡을 때 몇몇 object를 파괴하지 못하는 단점을 가지고 있다. 바로 거대한 memory leak의 유발을 잠재하고 있는 것이다.

4.4.1 CException의 내부

CException은 다양한 exception을 처리할 수 있는 interface가 선언되어 있는 abstract base class이다. CException을 상속받은 다양한 class와 그 class가 처리할 수 있는 exception type은 다음과 같다.

- CArchiveException – serialize exception.
- CDaoException – data access object exception.
- CDBException – database exception.
- CFileException – file exception.
- CMemoryException – memory exception.
- CNotSupportException – 전혀 예상치 못한 exception.

- COleDiapatchException – OLE dispatch(Automation) exception.
- CResourceException – Windows resource problem.
- CUserException – 사용자가 유발하리라 예상되는 exception.

CException은 2개의 중요한 member function이 있다. GetErrorMessage( )은 exception을 설명하는 string을 얻어낼 수 있다. ReportError( )은 Windows message box의 형태로 exception을 설명하는 string을 보여준다. 내부적으로는 CException은 하나의 문서화되지 않은 member data를 가지고 있다. 바로 m_bAutoDelete이다. m_bAutoDelete는 생성자내에서 스스로 제거될지 여부를 결정한다.

CException은 AFX.H에 선언되어 있고 구현은 EXCEPTION.CPP에 있다. CException은 abstract base class이므로 그리 살펴볼 만한 내용은 없다. CException의 기능에 대하여 더욱 깊이 살펴보기 위해 CFile과 관련된 error를 처리하는 CFileException을 살펴보도록 하자.

① CFileException

AFX.H에서 CFileException의 선언을 살펴보다 보면, file에 대한 처리 도중 만날 수 있는 여러가지 error가 열거되어 있음을 확인 할 수 있다.

- none: 아무런 error가 발생하지 않았을 경우.
- generic: 예상치 못한 error가 발생할 경우.
- fileNotFound: file이 존재하지 않을 경우.
- badPath: 잘못된 경로(path)를 사용할 경우.
- tooManyOpenFile: 너무 많은 file을 열고자 할 경우.
- accessDenied: file에 대한 접근(access)이 거부되었을 경우.
- invalidFile: 잘못된 file handle을 사용하고자 할 경우.
- removeCurrentDir: 현재의 작업 directory를 지우려고 할 경우(현재의 작업 directory를 지울 수 없다).
- directoryFull: 어떤 directory내에 존재하는 directory의 개수가 너무 많을 경우.
- badSeek: file pointer 설정시 error가 발생한 경우.
- hardIO: hareware error가 발생한 경우.
- sharingViolation: 공유 영역이 잠겨(lock) 있을 경우.
- diskFull: disk가 꽉차 있을 경우.
- endOfFile: file의 끝에 도달했을 경우.

FILEX.CPP 안에 있는 CFileException의 내부를 살펴보기 전에, 예제를 먼저 보자. Listing 4-44은 CFile-derived class가 앞에서 열거된 error 중 하나를 사용자에게 알리는 방법을 예제를 통해 보여준다.

Listing 4-44 Using CExceptions to catch errors

```
//…
CMemFile myMemFile;
try {
        //…
        myMemFile.Seek(2043);
        //…
}
catch( CFileException e ) {
        // If we get here, there was an error and e will contain information about it.
        // Check for seek problem
        if( e->m_cause == CFileException::badSeek)
              // uh-oh, a bad seek, do something…
              // Delete the exception now that it isn't needed
              e->Delete();
}
```

사용자가 내부의 memory block을 넘어서는 곳을 접근하려고 하면 CMemFile::Seek( )은 "badSeek 을 던져버린다. 바로 이러한 경우를 감지하였을 때 CMemFile::Seek( )은 AfxThrowFileException( ) 을 호출한다.

AfxThrowFileException(CFileException::badSeek);

AfxThrowFileException( )은 FILEX.CPP에 있는 global helper이다. Listing 4-45에 AfxThrowFileException( )의 pseudocode를 보여준다. 참고로 Listing 4-46은 AfxThrowFileException( )안에서 발견되는 전역 변수인 rgszCFileExceptionCause[ ]의 값을 보여준다.

Listing 4-45 The global CFileException helper, AfxThrowFileException(), from FILEX.CPP

```
void AFXAPI AfxThrowFileException(int      cause,
                                  LONG     lOsError,
                                  LPCTSTR  lpszFileName /* == NULL */)
{
```

```
#ifdef _DEBUG
      LPCSTR lpsz;
      if (cause >= 0 && cause < _countof(rgszCFileExceptionCause))
           lpsz = rgszCFileExceptionCause[cause];
      else
           lpsz = szUnknown;
      TRACE3( "CFile exception: %hs, File %s, OS error information = %ld.\n",
              lpsz,
              (lpszFileName == NULL) ? _T("Unknown") : lpszFileName, lOsError);
#endif
      THROW( new CFileException(cause, lOsError, lpszFileName) );
}
```

Listing 4-46. Values of rgszCFileExceptionCause[]

```
#ifdef _DEBUG
static const LPCSTR rgszCFileExceptionCause[] =
{
      "none",
      "generic",
      "fileNotFound",
      "badPath",
      "tooManyOpenFiles",
      "accessDenied",
      "invalidFile",
      "removeCurrentDir",
      "directoryFull",
      "badSeek",
      "hardIO",
      "sharingViolation",
      "lockViolation",
      "diskFull",
      "endOfFile",
};
static const char szUnknown[] = "unknown";
#endif
```

만약 해당 exception이 debug mode일 때 발생한다면, AfxThrowFileException( )은 TRACE3 macro를 사용하여 exception type과 operating system error number, 그리고 여러 가지 도움말을 Visual C++ debug window에 출력한다.

message를 출력한 후, AfxThrowFileException( )은 throw를 사용하여 exception을 발생시킨다. 바로, 해당 error에 대한 정보를 담고 있는 CFileException을 던지는 것이다.

CFileException에는 exception 처리에 도움이 되는 3개의 member data를 가지고 있다.

1) m_cause은 file error type (none, generic,…) 중 한 가지를 가지고 있다.
2) m_lOsError은 ::GetLastError( )에 의해서 반환된 Win32 error function을 가지고 있다.
3) m_strFileName은 exception을 발생시킨 file의 이름을 가지고 있다.

catch문에서는 exception처리를 도와주는 이러한 member에 접근할 수 있다. 그 외에도, CFileException은 여러 가지 utility member function을 가지고 있다. 그 중 하나는 file error type(none, generic,…)을 string으로 바꾸어 주는 것이고, 또 하나는 OS error code를 exception을 일으킨 file error type(none, generic,…)으로 바꾸는 주는 것이다.
대부분의 CException-derived class는 CFileException와 매우 유사하다. 이 class들은 error가 일어날 만한 환경을 설명하는 정보와 exception 처리에 도움이 되는 error 상태를 담은 member data가 존재한다. 또한 이 class들은 exception을 감지하는 데 도움이 되는 함수(이 함수는 exception 상태를 인자로 가진다)를 가지고 있다.

② 문서화되지 않은 Exception Class

여기에 문서화되지 않은 단 하나의 exception class가 있다. AFX.H를 면밀히 살펴보았다면, CMemoryException과 CNotSupportedException의 선언을 발견했을 것이다. 이 두 class는 다른 문서화된 class와는 다르게 CException을 상속받지 않고, CSimpleException를 상속받는다. CSimpleException은 CException로부터 파생되었으며, CMemoryException과 CNotSupported-Exception에서 공동으로 필요로 하는 member를 가지고 있다. CSimpleException에 대하여 궁금하다면, EXCEPT.CPP를 살펴보기 바란다.

4.5 결 론

본 장에서는 simple value type, collection, file class, exception class와 같은 MFC utility class를 살펴보았다. 문서화되지 않은 많은 편리한 기술들(예를 들어, CString의 reference count, CArray의 memory management…)을 살펴봄으로 해서, MFC class들은 좀더 자유로이 이용할 수 있게 되었다. 또한, 문서화되지 않은 많은 class에 대하여 알게 됨으로써, 여러분은 응용프로그램에서 쉽고 편리하게 이 class들을 사용할 수 있게 되었다.
다음 장에서는, MFC의 계층도 맨 위에 위치한 CObject에 대하여 살펴볼 것이다. CObject는 MFC의 대부분의 class의 초석을 이루는 특징들을 제공하는 매우 중요한 class이다.

5장 모든 길은 CObject로 통한다

만약 여러분의 주위에 MFC 계층도를 붙여 놓고 있다면, 거의 모든 class의 최고 상위 계층에서 하나의 class를 보게 될 것이다. 바로 CObject이다. 그러한 구성에는 많은 의미 있는 이유가 있다. CObject에는 MFC framework의 여러 부분과 상호동작하기 위한 기능들이 정의되고 구현되어 있다. 만약 여러분이 CObject의 특징들을 사용하고자 한다면 CObject를 상속받아 사용하면 된다.

5.1 과연 CObject를 상속받는 것이 비효율적인가

거의 모든 MFC Class가 CObject로부터 상속되는 것이 과연 좋은 구조인가에 대한 많은 논란이 있어 왔다. 몇몇 사람들은 이러한 구조가 virtual table을 비대해지게 하고 수행 속도를 감소시킨다고 주장한다. 또 다른 사람들은 잘못된 객체 지향 설계라고 주장한다.
우선 CObject의 내부를 살펴본 후 이러한 논쟁은 다시 살펴보도록 하자.

5.2 CObject의 특징

CObject로부터 상속받은 class는 4가지의 MFC 특징을 자동적으로 가지게 된다.

- 실시간 class 정보(Run-time Class Information)
- 동적 생성(Dynamic Creation)
- 영속성(Persistence, Serialization)
- 실시간 객체 진단(Run-time Object Diagnostics)

CObject의 특징들은 서로 연관되어져 있으므로, 우리는 각 특징의 순차적인 동작방법과 더불어 특징들간의 상호동작방법을 살펴볼 것이다.
우선, CObject의 깊숙한 부분을 살펴보기에 앞서, CObject의 선언 부분을 살펴보자. 선언 부분은 CObject의 기능이 얼마나 유용하고 어떤 동작을 하고 있는지를 짐작하게 해준다는 점에서 매우 신중

하게 살펴보아야만 한다. Listing 5-1은 AFX.H 안에 있는 CObject의 선언을 요약하여 보여주고 있다.

Listing 5-1 The root of the MFC tree : CObject's declaration

```
class CObject
{
public:
    virtual CRuntimeClass* GetRuntimeClass() const;
    virtual ~CObject();  // virtual destructors are necessary

    // Diagnostic allocations
    void* PASCAL operator new(size_t nSize);
    void* PASCAL operator new(size_t, void* p);
    void PASCAL operator delete(void* p);
    void PASCAL operator delete(void* p, void* pPlace);

#if defined(_DEBUG) && !defined(_AFX_NO_DEBUG_CRT)
    // for file name/line number tracking using DEBUG_NEW
    void* PASCAL operator new(size_t nSize, LPCSTR lpszFileName, int nLine);
    void PASCAL operator delete(void *p, LPCSTR lpszFileName, int nLine);
#endif

protected:
    CObject();
private:
    CObject(const CObject& objectSrc);              // no implementation
    void operator=(const CObject& objectSrc);       // no implementation

// Attributes
public:
    BOOL IsSerializable() const;
    BOOL IsKindOf(const CRuntimeClass* pClass) const;

// Overridables
    virtual void Serialize(CArchive& ar);

#if defined(_DEBUG) || defined(_AFXDLL)
    // Diagnostic Support
    virtual void AssertValid() const;
    virtual void Dump(CDumpContext& dc) const;
#endif

// Implementation
public:
    static const AFX_DATA CRuntimeClass classCObject;
};
```

CObject의 선언에서 C++ 기교를 2가지 만날 수 있다. 그 첫번째는 파괴자(destructor)가 가상 함수(virtual function)로 선언되어져 있어서 다형성(polymorphism)을 통한 호출이 가능하다는 점이다. 즉, MFC를 사용한 code에서는 수많은 CObject-derived class가 생성되고 파괴된다는 점을 상기해 볼 때, CObject-derived class에서 정확한 delete 연산이 보장되지 않더라도 최소한 CObject가 차지하는 memory는 제거될 수 있는 것이다.

두번째로, 복제 생성자(copy constructor)와 operator=가 private로 선언되어져 있다는 점이다. 즉, operator=를 사용하여 어떤 CObject를 다른 CObject에 할당하려 한다든지,(주1) 복제 생성자를 사용하여 어떤 CObject에서 또 다른 CObject를 생성하려고 하면,(주2) 컴파일러(compiler)는 error를 유발하게 된다.

현재 이 시점에서 AFX_DATA와 AFX_DATADEF 같은 macro는 무시하도록 하자. 이런 macro는 MFC DLL에서 주로 사용된다. 나중에 10장에서 자세히 다루어 보자.

앞으로 CObject의 특징을 좀더 살펴보면서 CObject의 선언을 다시 살펴보곤 할 것이다.

5.3 Macro 소개

DECLARE/IMPLEMENT 쌍은 MFC에서 주로 사용되어지는 code 형태로서, class에 다양한 특징을 추가시켜주는 역할을 한다.

DECLARE macro는 몇몇 member variable/function을 선언한다. 반면, IMPLEMENT macro는 그 member function을 정의한다. 또 DECLARE macro는 header file(.h)에서 항상 사용되며, 반면 IMPLEMENT macro는 C++ file(.cpp)에서 항상 사용된다.

사용자가 원한다면 DECLARE/IMPLEMENT macro는 언제나 확장 가능할 뿐만 아니라, 기능을 추가할 수도 있다. 하지만 기억해야만 할 점이 있다. DECLARE macro를 통하여 class에 member를 추가하였다면, 반드시 추가된 member의 구현은 IMPLEMENT macro를 통하여 정의되어야만 한다는 점이다.

---

1) 예를 들어 보자. CMyClass가 CObject-derived class 라고 가정하면,
```
CMyClass obj1, obj2;
obj2 = obj1; // compile error!!!
```
2) 예를 들어 보자.
```
const CMyClass obj1;
CObject obj2( obj1 ); // compile error!!!
```

5.4 실시간 class 정보(Run-Time Class Information)

CObject의 실시간 class 정보(run-time class information, 이하 RTCI)는 개발자에게 object의 정보(information)를 run-time시에 결정할 수 있도록 해 준다.
MFC에 매우 익숙한 개발자들도 자신의 code 안에 있는 RTCI를 깨닫지 못하는 경우가 종종 있다. 왜냐하면, RTCI는 바로 다음의 macro안에 존재하기 때문이다.

1) DECLARE_DYNAMIC/IMPLEMENT_DYNAMIC
2) DECLARE_DYNCREATE/IMPLEMENT_DYNCREATE
3) DECLARE_SERIAL/IMPLEMENT_SERIAL

우선 1)을 먼저 살펴보고 2)와 3)은 다른 절에서 살펴볼 것이다.
ClassWizard는 .h file과 .cpp file에 macro를 자동적으로 추가시켜준다. 이 미지의 macro를 class에 추가시켜주기만 하면, IsKindOF( )[주3]를 호출할 수 있게 된다. 이 함수는 또 다른 macro인 RUNTIME_CLASS에 의해서 생성된 object를 인자로 받는다. Listing 5-2는 MFC RCTI의 사용 예를 보여준다.

Listing 5-2 An example use of MFC RTCI

```
// This lives in .h file
class CMyClass : public CObject {

DECLARE_DYNAMIC( CMyClass ); // Mystery macro 1
public :
    CMyClass();
    //
}
// This is lives in .cpp file
IMPLEMENT_DYNAMIC( CMyClass, CObject ) // Mystery macro 2
DemoRTCI()
{
      CObject *pObject = new CMyClass;
      // Mystery macro 3
      if( pObject->IsKindOf( RUNTIME_CLASS( CMyClass))) {
        CMyClass * pMyObject = (CMyClass *)pObject;
 }
}
```

3) IsKindOF( )는 해당 class의 type을 검사해 볼 수 있다.

앞의 예제는 다형적 형변환(polymorphic cast)의 안전성을 보장하는 routine에서 RTCI를 어떻게 사용하는지 보여준다.

[왜 C++의 RTTI를 사용하지 않는가?]

이 시점에서, 왜 MFC를 개발한 사람들이 RTCI 대신 C++의 run-time type information(RTTI)를 사용하지 않는 이유를 의심하게 될 것이다. MFC 설계팀은 language 개발팀과 구분되어져 있었다. MFC팀은 빠른 시일 내로 RTTI의 지원을 필요로 했다. MFC 설계팀은 language팀을 기다리지 않고 자신들 스스로 개발하게 되었다. 물론, language팀은 Visual C++ 4.0에서 RTTI를 개발하였다. 이 이야기는 MFC의 차기 version에서는 RTCI macro가 C++ RTTI로 변화될 것임을 의미하기도 한다.(주4) 하지만 RTCI macro는 이러한 변화와 별개이기 때문에, 대부분의 응용프로그램은 전혀 영향을 받지 않을 것이다.

5.4.1 RTCI : RTCI는 어떻게 동작하는가

지금까지 RTCI의 사용 예를 살펴보았다. 이제 RTCI가 응용프로그램에 어떻게 적용되며, 어떤 영향을 미치는지 알아보자.

RTCI macro는 AFX.H에 있고, RTCI과 깊은 관련을 맺고 있는 code는 OBJCORE.CPP에 있다. 일단 macro를 나누어서 분석하여 그 의미를 파악해 보기로 하자.

class header에 DECLARE_DYNAMIC macro를 위치시킬 경우 인자로서 class의 이름을 사용해야 한다. 그럼, DECLARE_DYNAMIC의 정의에 class 이름을 적용하는 예를 보도록 하자.

여기에 DECLARE_DYNAMIC macro 선언이 있다.

```
#define DECLARE_DYNAMIC(class_name) \
public: \
     static const AFX_DATA CRuntimeClass class##class_name; \
     virtual CRuntimeClass* GetRuntimeClass() const; \
```

이 macro가 사용하는 기교로서 preprocessor concatenation operator(##)가 있다. 연산자 ##은 오른쪽과 왼쪽 문자열을 연결시키라고 preprocessor에게 명령한다. 예를 들어, MFC##-Internals는 MFCInternals로 생성된다. 이러한 기교는 MFC 전반에 걸쳐서 사용된다.

CMyClass를 DECLARE_DYNAMIC macro에 적용해 보자. preprocessor는 사용자가 정의한 CObject-derived class에 다음과 같은 code를 추가시킨다.

4) MSDN에서 CObject에 대해 살펴보라. 다음과 같은 문장이 있다면, 아직 MFC에서 RTTI를 사용하지 않는 것이다 [현재(2001년12월) MFC에서는 RTTI를 사용하지 않고 있다.]: Note: MFC does not use the Run-Time Type Information (RTTI) support introduced in Visual C++ 4.0.

```
public :
    static CRuntimeClass classCMyClass;
    virtual CRuntimeClass* GetRuntimeClass() const;
```

첫번째 line에서는 classCMyClass라 불리는 static CRuntimeClass형 member data가 있다. static class member가 어떻게 동작하는지 상기해 보라. 아무리 많은 class의 instance가 생성되더라도 단지 하나의 static member만이 생성된다.

Listing 5-1에 있는 CObject의 선언을 다시 살펴보면, 두 번째 줄의 CMyClass::GetRuntimeClass( )가 CObject의 가상 함수인 CObject::GetRuntime( )을 재정의(override)하고 있음을 알 수 있다. 이러한 방식으로 CMyClass::GetRuntimeClass( )는 정확한 run-time class information을 반환할 수 있다.

① 또 다른 class

source에서 알 수 있듯이, 여기에는 또 다른 class 하나가 있다. 바로 CRuntimeClass이다. macro의 IMPLEMENT 부분을 보기 전에, static CRuntimeClass의 선언을 더욱 자세히 보도록 하자.

Listing 5-3은 AFX.H에 있는 CRuntimeClass의 선언을 보여준다.

Listing 5-3 The CRuntimeClass helper declaration

```
struct CRuntimeClass
{
// Attributes
    LPCSTR    m_lpszClassName;
    int       m_nObjectSize;
    UINT      m_wSchema; // schema number of the loaded class
    CObject* (PASCAL* m_pfnCreateObject)(); // NULL => abstract class
    CRuntimeClass* m_pBaseClass;
// Operations
    CObject* CreateObject();
    BOOL IsDerivedFrom(const CRuntimeClass* pBaseClass) const;

// Implementation
    void Store(CArchive& ar) const;
    static CRuntimeClass* PASCAL Load(CArchive& ar, UINT* pwSchemaNum);

    // CRuntimeClass objects linked together in simple list
    CRuntimeClass* m_pNextClass;        // linked list of registered classes
};
```

잠깐!!! CRuntimeClass는 class가 아니다. 단지 structure일 뿐이다. CRuntimeClass는 잘못된 이름인 듯하다. 놀라지 마라. C++의 structure는 단지 member의 기본 접근 권한을 public으로 가지는 class일 뿐이다. 즉, structure는 member function을 가질 수 있으며, class와 똑같은 특징을 지니고 있다.

CRuntimeClass는 structure이므로 모든 member는 public이다. 그러므로 쉽게 member를 접근할 수 있는 편리함이 있다.

② IMPLEMENT_DYNAMIC

CRuntimeClass에 대하여 더욱 자세히 알기 위해 IMPLEMENT_DYNAMIC(classname, base_classname) macro가 어떤 것인지 살펴보자.

```
#define IMPLEMENT_DYNAMIC(class_name, base_class_name) \
      IMPLEMENT_RUNTIMECLASS(class_name, base_class_name, 0xFFFF, NULL)

#define IMPLEMENT_RUNTIMECLASS(class_name, base_class_name, wSchema, pfnNew) \
      AFX_COMDAT const AFX_DATADEF CRuntimeClass class_name::class##class_name = { \
      #class_name, sizeof(class class_name), wSchema, pfnNew, \
      RUNTIME_CLASS(base_class_name), NULL }; \
      CRuntimeClass* class_name::GetRuntimeClass() const \
            { return RUNTIME_CLASS(class_name); } \
```

앞의 macro는 매우 복잡하고 어지럽다. 그리고 또 다른 proprocess operator를 만날 수 있다. 바로 #(proproessor string-izing operator)이다. 이 연산자는 오른쪽에 있는 문자열에 double quotation을 붙여준다. 예를 들면, #class_name을 class_name으로 바꾸어 준다. 인자로서 CMyClass와 CObject를 주고 IMPLEMENT_DYNAMIC을 preprocessor를 사용하여 실행해 보자.

```
AFX_DATADEF CRuntimeClass CMyClass::classsCMyClass =
{
      CMyClass,
      sizeof(CMyClass),
      0xFFFF,
      NULL,
      RUNTIME_CLASS(CObject),
      NULL
};

CRuntimeClass* CMyClass::GetRuntimeClass() const
{
```

```
        return &CMyClass::classCMyClass;
    }
```

preprocessor에 의해서 생성된 code를 한번 훑어보면, 이 macro가 하는 2가지 동작을 알 수 있을 것이다.

1) 첫번째로, IMPLEMENT_DYNAMIC은 static CRuntimeClass형인 classCMyClass를 다음과 같이 초기화한다(CRuntimeClass를 다시 한 번 살펴보기 바란다).

```
m_lpszClassName       = CMyClass;
m_nObjectSize         = sizeof( CMyClass );
m_wSchema             = 0xFFFF;
m_pfnCreateObject     = NULL;
m_pBaseClass          = RUNTIME_CLASS(CObject);
```

2) 두 번째로, IMPLEMENT_DYNAMIC은 GetRuntimeClass( )를 재정의(override)한다. GetRuntimeClass( )는 단지 static CRuntimeClass형인 classCMyClass의 memory address를 반환한다.

마지막 macro인 RUNTIME_CLASS의 정의는 아래와 같다.

```
#define RUNTIME_CLASS( class_name ) (&class_name::class##class_name )
```

RUNTIME_CLASS은 static CRuntimeClass 형을 return한다. class_name은 DECLARE_DYNAMIC에 의해서 사용자가 정의한 class로 바뀐다.

③ CObject::IsKindOf( )

지금까지 여러분이 CRuntimeClass를 자세히 살펴보았다면, 몇 가지 흥미로운 의문에 빠지게 될 것이다. 도대체 m_wSchema와 m_pfnCreateObject을 어디에다 사용한단 말인가? CRuntimeClass가 linked list형태[주5]를 지니고 있는 이유는 무엇인가? 이런 의문을 풀기 위해서 CObject::IsKindOf( )을 살펴보자.

Listing 5-4 The implementation of CObject::IsKindOf()

```
BOOL CObject::IsKindOf( const CRuntimeClass* pClass ) const
```

5) Listing 5-3을 보면, CRuntimeClass의 member data로 CRuntimeClass* m_pBaseClassr가 존재하고 있음을 확인하기 바란다.

```
{
    CRuntimeClass* pClassThis = GetRuntimeClass()
    while ( pClassThis != NULL ) {
        if( pClassThis != pClass )
            return TRUE;
        pClassThis = pClassThis->m_pBaseClass;
    }
    return FALSE; // walked to the top, no match
}
```

IsKindOf( )은 인자로서 RUNTIME_CLASS에 의해서 생성된 static CRuntionClass형 pointer를 가진다. 우선, IsKindOF( )은 GetRuntimeClass( )를 호출하여 pClassThis를 설정한다. pClassThis와 인자로 전달된 pClass와 비교하여 같은 static member를 가지고 있는지 판단한다.(주6) 만약 pClassThis 와 pClass가 같으면 TRUE를 반환하고, 그렇지 않으면 while문을 돌면서 두 변수가 같을 때까지 상위 계층으로 추적해 간다(물론, root까지 올라가서도 두 변수가 같지 않으면 FALSE를 반환한다).

Listing 5-2에 있는 IsKindOf( )가 호출되는 경우를 살펴보자. IsKindOf( )는 CMyClass를 인자로 가지고 시작한다. 만약 두 변수가 같지 않으면, CMyClass의 상위 계층은 CObject를 추적해 TRUE값을 반환한다.

Listing 5-1을 다시 살펴보기 바란다. CObject 선언의 하단을 보면, CObject의 run-time class인 classCObject가 있다. 이는 DECLARE_DYNAMIC macro에 포함되지 않았기 때문에, 아마도 여러분은 classCObject를 미처 발견하지 못했을 수도 있다.

④ CRuntimeClass의 문서화되지 않은 Member Function : IsDerivedFrom( ).

CRuntimeClass에는 아직 살펴보지 못한 많은 함수들이 있다. 그 함수들을 살펴보게 되다면, 여러 가지 의문에 빠지게 될 것이다. 하지만, 지금은 문서화되지 않은 아주 특별한 함수 하나만을 살펴보도록 하자 : IsDerivedFrom( ).

Listing 5-5는 CRuntimeClass::IsDerivedFrom( )의 구현을 보여준다.

Listing 5-5 Does this remind you of something?

```
BOOL CRuntimeClass::IsDerivedFrom( const CRuntimeClass* pBaseClass ) const
{
```

6) 변수 pClassThis가 현재 object의 RTCI을 가지고 있다. 따라서 인자로 전달된 pClass가 비교하여 같은 class인지 판단한다. Listing 5-2과 함께 살펴보면 이해가 좀 쉬울 것이다.

```
        const CRuntimeClass* pClassThis = this;
        while( pClassThis != NULL )
            if( pClassThis == pBaseClass )
                return TRUE;
            pClassThis = pClassThis->m_pBaseClass;
        }
        return FALSE; // walked to the top, no match
    }
```

왠지 친숙하지 않은가? 맞다! Listing 5-4의 IsKindOf( )와 거의 일치한다. 하지만, IsKindOf( )은 CObject의 member function이고, 이 함수는 CRuntimeClass의 member function이다. MFC는, 개발자가 사용하고 있는 객체가 올바르게 파생되었는지를 중복 검사하기 위해, CRuntimeClass ::IfKindOf( )를 사용한다(예를 들어, MFC는 splitter window을 구성할 때, 올바른 CWnd-derived class 사용하고 있는 지 검사한다). CObject::IsKindOf( )는 객체가 생성되기 전에는 사용할 수 없다. 하지만, MFC의 많은 부분에서는 객체가 생성되기 전에 올바른 class형인지 확해야 하는 경우가 종종 있다. 바로 이런 경우에 CRuntimeClass::IsDerivedFrom( )은 매우 유용하게 사용될 수 있다.(주7)

이제 CObject의 동적 생성(dynamic creation)을 지원하는 과정과 아직 알지 못하는 CRuntimeClass 구조체에 대하여 좀더 자세히 살펴보자.

5.4.2 동적 생성(Dynamic Creation)

사용자가 정의한 CObject-derived class에 동적 생성(dynamic creation)을 적용하길 원한다면, DECLARE_DYNCREATE/IMPLEMENT_DYNCREATE macro를 사용하면 된다. 이 macro를 사용할 경우에는 DECLARE_DYNAMIC/IMPLEMENT_DYNAMIC(RTCI를 사용하기 위한 macro)을 사용할 필요가 없다. 이미 이 macro에는 DECLARE_DYNAMIC-/IMPLEMENT_DYNAMIC 이 포함되어 있다. 사실, 두 macro를 함께 사용할 경우에는 compiler error가 발생할 것이다.

이 macro를 추가하기만 하면, CRuntimeClass를 근거한 객체를 생성할 수 있다. 다시 말해서, CRuntimeClass의 member인 CreateObject( )를 호출할 수 있다.

Listing 5-6은 동적 생성의 예를 보여준다. 이 예제는 Listing 5-2의 CMyObject를 사용한다.

---

7) CRuntimeClass::IsDerivedFrom( )은 static function이 아니다. 따라서 CRuntimeClass형 객체를 생성하지 않으면, CRuntimeClass::IsDerivedFrom( )를 호출할 수 없다. 하지만 Listing 5-1에 있는 CObject의 선언을 살펴보면, CRuntimeClass형의 member data를 static으로 선언하고 있다. 따라서 CRuntimeClass형 객체는 이미 static으로 생성되었으므로, CRuntimeClass::IsDerivedFrom( )은 CObject-derived class형 객체가 생성 되기 전에 사용되는 것이 가능하다.

하지만, DYNAMIC macro대신 DYNCREATE macro로 바꾸어 주었다고 가정한다.

Listing 5-6 An example of how to use dynamic creation

```
CRuntimeClass* pRuntimeClass = RUNTIME_CLASS( CMyClass );
CObject* pObject = pRuntimeClass->CreateObject();
ASSERT( pObject->IsKindOf( RUNTIME_CLASS( CMyClass ) ) );
```

MFC는 동적 생성(dynamic creation)을 아주 광범위하게 사용한다. 한 가지 예로, 매우 친숙하게 느껴지는 CMultiDocTemplate class의 생성을 살펴 보자.

```
pDocTemplate = new CMultiDocTemplate(  IDR_SCRIBTYE,
                                       RUNTIME_CLASS( CSribDoc ),
                                       RUNTIME_CLASS( CMDIChildWnd ),
                                       RUNTIME_CLASS( CSribView ));
```

MFC는 CRuntimeClass 객체를 저장하고, 나중에 CRuntimeClass::CreateObject( )를 사용하여 그 객체를 생성한다. 더욱 자세한 내용은 7장에서 살펴보도록 하자.

① 동적 생성은 어떻게 동작하는가

RTCI의 구현을 이해하고 있다면, CObject의 동적 생성(dynamic creation)은 쉽게 이해할 수 있다.

다음은 DECLARE_DYNCREATE/IMPLEMENT_DYNCREATE macro를 보여준다.

```
// not serializable, but dynamically constructable
#define DECLARE_DYNCREATE(class_name) \
      DECLARE_DYNAMIC(class_name) \
      static CObject* PASCAL CreateObject();

#define IMPLEMENT_DYNCREATE(class_name, base_class_name) \
      CObject* PASCAL class_name::CreateObject() \
           { return new class_name; } \
      IMPLEMENT_RUNTIMECLASS(class_name, base_class_name, 0xFFFF, \
           class_name::CreateObject)
```

동적 생성(dynamic creation)의 핵심은 CRuntimeClass와 CRuntimeClass의 member인 CreateObject( )이다. DECLARE_DYNCREATE는 DECLARE_DYNAMIC에 단지 한 줄만 추가했을 뿐이다. 추가된 한 줄은 다음과 같다.

```
static CObject* CreateObject();
```

예상하였겠지만, IMPLEMENT_DYNCREATE에는 IMPLEMENT_DYNAMIC에 CreateObject( )를 생성하는 code가 추가되었다. 생성된 CreateObject( )의 code는 매우 단순하다.

```
CObject* PASCAL CMyClass::CreateObject()
{
      return new CMyClass;
}
```

IMPLEMENT_DYNAMIC과 마찬가지로 IMPLEMENT_DYNCREATE도 다소 다른 인자로 사용하여 IMPLEMENT_RUNTIMECLASS macro를 사용한다(인자로 사용된 CMyClass::CreateObject는 function pointer인 CRumtimeClass::m_pfnCreateObject를 초기화 시키는 데 사용된다. 또, CRumtimeClass::m_pfnCreateObject는, run-time시에 동적으로 CMyClass 객체를 생성하는 데 사용된다).

② CRuntimeClass::CreateObject( ) 구현

OBJCORE.CPP에 있는 CreateObject( )의 pseudocode가 Listing 5-7에 나와 있다.

Listing 5-7 CRuntimeClass::CreateObject, the heart of MFC dynamic creation.

```
CObject* CRuntimeClass::CreateObject()
{
      if( m_pfnCreateObject == NULL )
            // Error! User did not use correct macro
            return NULL;
      }
      CObject* pObject = NULL;
      TRY {
            pObject = (*m_pfnCreateObject)();
      }
      END_TRY
      return pObject;
}
```

우선, CRuntimeClass::CreateObject( )은 개발자가 정확한 macro를 사용하는지 판단한다. 그리고 CreateObject( )는 CRumtimeClass::m_pfnCreateObject가 가리키고 있는 함수를 호출한다. 앞의 예제에서는, 그 함수 pointer는 CMyClass::CreateObject( )를 가리키고 있다. 즉 new

CMyClass가 수행되는 것이다. 새로운 객체(pObject)는 CRuntimeClass::CreateObject( )의 호출자에게 반환된다.

5.4.3 CRuntimeClass에 대해서 뭘 더 배워야 하는가

지금까지 CRuntimeClass의 member를 살펴보았다. 하지만 아직까지 살펴보지 않은 member가 있다.

```
LPCSTR                  m_lpszClassName;
int                     m_nObjectSize;
UINT                    m_wSchema;
void                    Store( CArchive& ar ) const;
static CRuntimeClass*   PASCAL Load( CArchive& ar, UINT* pwSchemaNum );
CRuntimeClass*          m_pNextClass; // linked list of registered classes
```

앞의 CRuntimeClass의 member가 하는 역할을 명백히 알기 위해, MFC가 어떻게 영속성(persistence)을 지원하는지 살펴보자.

5.5 영속성(Persistence)

영속성(persistence)이란 객체의 상태를 저장한 후 나중에 그 상태를 복원시키는 동작이다. 영속성은 MFC에서는 Serialization이란 용어로 불린다. 만약 개발자가 영속성을 사용하게 된다면, 개발자는 file의 형식(format)에 대한 아무런 걱정 없이 read/write할 수 있다. 단지 객체를 read/write하는 순서만 맞추어 주면 된다.

Listing 5-1에 있는 CObject의 선언을 살펴보면, serialization과 관련된 2개의 member function을 볼 수 있다. IsSerialization( )과 Serialize( )가 그것이다.

이제, 사용자가 정의한 class에 serialization을 추가시키는 방법과 MFC가 serialization을 구현한 방법에 대하여 살펴보기로 하자.

5.5.1 여러분의 class에 Serialization 추가하기

사용자가 정의한 CObject-derived class에 serialization을 추가 시키기 위해서는 다음의 2가지 작업을 해 주어야 한다.

1) DECLARE_SERIAL/IMPLEMENT_SERIAL macro를 사용한다. IMPLEMENT_SERIAL macro는 객체의 version 정보[주8]와 schema[주9]를 정의하는 WORD값을 가진다.
2) 사용자가 정의한 member data를 read/write하도록 CObject::Serialize( )를 재정의(override)해야 한다.

여기에 serialization과 기타 몇몇 member가 추가된 CMyClass 선언이 있다.

```
class CMyClass : public CObject
{
      DECLARE_SERIAL( CMyClass )
public :
      CMyClass();
      WORD   m_wType;
      DWORD  m_wData;
      POINT  m_pMiddle;
      void Serialize( CArchive& );
}
```

CMyClass::Serialization( )의 구현에는 C++의 Insertion(<<)과 Extraction(>>) 연산자를 다음과 같이 사용한다.

```
IMPLEMENT_SERIAL( CMyClass, CObject, 0xabcd )
void CMyClass::Serialize( CArchive& ar )
{
      if( ar.IsStoring()) {
            ar << m_Type;
            ar << m_dwData;
            ar << m_ptMiddle;
      }
      else {
            ar >> m_wType;
            ar >> m_dwData;
            ar >> m_ptMiddle;
      }
}
```

이 얼마나 쉬운가! 기본 자료형에 한해서는 단지 extraction/insertion 연산자를 사용하면 된다. 좀더 복잡한(complex) 자료형을 serialization에 사용할 경우에는 CArchive를 인자로 넘겨야 한다. serialization은 사용하기에는 무척 편하지만 그 뒤에는 많은 작업들이 수행된다.

8) 여기서 객체의 version 정보란 MFC version을 의미하는 것이 아니라, 그 객체가 저장되는 형식(format)의 version 정보를 의미한다.
9) data를 읽을 때, MFC는 schema가 일치하지 않는다면 해당 object를 읽지 않는다.

5.5.2 Serialization : Serialization은 어떻게 동작하는가

AFX.H과 AFXWIN.H에 있는 Serialization의 선언을 중점적으로 살펴보자. serialization의 구현은 ARCCORE.CPP와 ARCOBJ.CPP에서 찾아볼 수 있다.
MFC를 완전하게 이해하기 위해서는, 우선 serialization을 도와주는 CArchive라는 helper class를 살펴보아야 한다. 그리고 나서, DECLARE_SERIAL/IMPLEMENT_SERIAL macro를 분석해 보자. 마지막으로 serialization의 전개과정을 이해하기 위해 하나의 object를 read/write하면서 전체 serialization 처리과정의 시작부터 끝까지 추적해 보자.

① CArchive

CArchive는 file 입/출력에서 두루 사용되고 있는 ASCII C++ stream(또는, Input/Output stream) 대신 binary stream을 사용한다. 또한 CArchive는 CFile pointer를 사용하고 있으며, 성능 향상을 위한 buffering기술을 구현하였다.
CArchive class의 구현을 보자. Listing 5-8은 AFX.H에 있는 CArchive class의 정의를 보여준다.

Listing 5-8 The somewhat intimidating declaration of CArchive

```
class CArchive
{
public:
// Flag values
	enum Mode { store = 0, load = 1, bNoFlushOnDelete = 2, bNoByteSwap = 4 };
	CArchive(CFile* pFile, UINT nMode, int nBufSize = 4096, void* lpBuf = NULL);
	~CArchive();

// Attributes
	BOOL IsLoading() const;
	BOOL IsStoring() const;
	BOOL IsByteSwapping() const;
	BOOL IsBufferEmpty() const;

	CFile* GetFile() const;
	UINT GetObjectSchema(); // only valid when reading a CObject*
	void SetObjectSchema(UINT nSchema);

	// pointer to document being serialized -- must set to serialize
	// COleClientItems in a document!
	CDocument* m_pDocument;
```

```
// Operations
    UINT Read(void* lpBuf, UINT nMax);
    void Write(const void* lpBuf, UINT nMax);
    void Flush();
    void Close();
    void Abort();   // close and shutdown without exceptions

// reading and writing strings
    void WriteString(LPCTSTR lpsz);
    LPTSTR ReadString(LPTSTR lpsz, UINT nMax);
    BOOL ReadString(CString& rString);

public:
    // Object I/O is pointer based to avoid added construction overhead.
    // Use the Serialize member function directly for embedded objects.
    friend CArchive& AFXAPI operator<<(CArchive& ar, const CObject* pOb);

    friend CArchive& AFXAPI operator>>(CArchive& ar, CObject*& pOb);
    friend CArchive& AFXAPI operator>>(CArchive& ar, const CObject*& pOb);
// insertion operations
    CArchive& operator<<(BYTE by);
    CArchive& operator<<(WORD w);
    CArchive& operator<<(LONG l);
    CArchive& operator<<(DWORD dw);
    CArchive& operator<<(float f);
    CArchive& operator<<(double d);

    CArchive& operator<<(int i);
    CArchive& operator<<(short w);
    CArchive& operator<<(char ch);
    CArchive& operator<<(unsigned u);

// extraction operations
    CArchive& operator>>(BYTE& by);
    CArchive& operator>>(WORD& w);
    CArchive& operator>>(DWORD& dw);
    CArchive& operator>>(LONG& l);
    CArchive& operator>>(float& f);
    CArchive& operator>>(double& d);

    CArchive& operator>>(int& i);
    CArchive& operator>>(short& w);
    CArchive& operator>>(char& ch);
    CArchive& operator>>(unsigned& u);
```

```
// object read/write
	CObject* ReadObject(const CRuntimeClass* pClass);
	void WriteObject(const CObject* pOb);
// advanced object mapping (used for forced references)
	void MapObject(const CObject* pOb);

// advanced versioning support
	void WriteClass(const CRuntimeClass* pClassRef);
	CRuntimeClass* ReadClass( const CRuntimeClass* pClassRefRequested = NULL,
	                          UINT*                 pSchema            = NULL,
	                          DWORD*                pObTag             = NULL);
	void SerializeClass(const CRuntimeClass* pClassRef);

// advanced operations (used when storing/loading many objects)
	void SetStoreParams(UINT nHashSize = 2053, UINT nBlockSize = 128);
	void SetLoadParams(UINT nGrowBy = 1024);

// Implementation
public:
	BOOL m_bForceFlat;  // for COleClientItem implementation (default TRUE)
	BOOL m_bDirectBuffer;   // TRUE if m_pFile supports direct buffering
	void FillBuffer(UINT nBytesNeeded);
	void CheckCount();  // throw exception if m_nMapCount is too large

	// special functions for reading and writing (16-bit compatible) counts
	DWORD ReadCount();
	void WriteCount(DWORD dwCount);

	// public for advanced use
	UINT      m_nObjectSchema;
	CString   m_strFileName;

protected:
	// archive objects cannot be copied or assigned
	CArchive(const CArchive& arSrc);
	void operator=(const CArchive& arSrc);

	BOOL      m_nMode;
	BOOL      m_bUserBuf;
	int       m_nBufSize;
	CFile*    m_pFile;
	BYTE*     m_lpBufCur;
	BYTE*     m_lpBufMax;
	BYTE*     m_lpBufStart;
```

```
    // array/map for CObject* and CRuntimeClass* load/store
    UINT        m_nMapCount;
    union
    {
        CPtrArray*      m_pLoadArray;
        CMapPtrToPtr*   m_pStoreMap;
    };
    // map to keep track of mismatched schemas
    CMapPtrToPtr*   m_pSchemaMap;

    // advanced parameters (controls performance with large archives)
    UINT            m_nGrowSize;
    UINT            m_nHashSize;
};
```

①-1 거의 문서화되지 않은 CArchive

만약 MFC 참고안내서를 살펴보면, CArchive가 거의 문서화되지 않았음을 알 수 있다. 여기에 CArchive의 member 중 다소 그 쓰임새가 불분명한 몇 가지를 정리해 놓았다.

- m_nMode 현재 상태가 읽기(read) 상태인지, 쓰기(write) 상태인지 나타낸다.
- IsLoading( ), IsStoring( ), IsByteSwapping( ), 그리고 IsBufferingEmpty( ) CArchive 객체의 상태를 알아볼 때 사용된다.
- 연산자(operator)들 CArchive는 여러 가지 자료 구조(CObject-derived class, Windows data type, 그리고 C++ type 따위…)를 위한 여러 가지 insertion/extraction 연산자를 정의한다.
- map 관련 member들 쓰기 상태일 때, CArchive는 어떤 객체에 대한 class 정보를 빨리 사용하기 위해 한번 사용한 class의 정보를 저장해 두는 map을 가지고 있다. 또한 이 map은 같은 종류의 객체에 대해 단 하나의 CRuntimeClass information만을 저장한다. 읽기 상태일 때, CArchive는 이미 읽은 객체의 CRuntimeClass information을 저장하는 array를 가지고 있다. CAchive는 이 array에 저장된 정보를 이용하여 serialization stream 안에서 원하는 객체를 찾아 낸다.

MapObject( ), m_nMapCount, m_pLoadArray, m_pStoreMap, m_pSchemaMap, 그리고 m_nGrowSize는 모두 앞에서 설명한 map과 array에 관련되어 있다.

- serialization 관련 member function - WriteClass( ), ReadClass( ), 그리고 SerializationClass( )는 CRuntimeClass information을 serialization한다(이에 대해선 조만간 다시 만나게 될 것이다).

그 외의 기타 member function들은 표준 buffering에 대한 구현과 CFile의 정보를 저장하는 함수들이다.

①-2 CArchive 연산자의 내부

CArchive의 동작을 좀더 이해하기 위해서는 WORD에 대한 extraction/insertion의 구현을 살펴보아야 한다. 두 연산자는 inline함수이며 INCLUDE\AFX.INL에서 찾을 수 있다.
여기에 insertion 연산자(<<)의 구현이 있다.

```
_AFX_INLINE CArchive& CAchive::operator<<( WORD w )
{
      if( m_lpBufCur + sizeof( WORD ) > m_lpBufMax )
           Flush();
      *(WORD*)m_lpBuffer = w;
      m_lpBufCur  += sizeof(w);
      return *this;
}
```

모든 insertion 연산자는 CArchive 내부의 buffer를 flush할 필요가 있는지 먼저 검사한다. 그리고 buffer에 WORD(여기선, 인자로 들어온 w)을 넣은 다음, buffer pointer를 증가시킨다. 마지막으로, CArchive의 reference를 반환하여 insertion 연산이 연속(cascade)적으로 일어날 수 있도록 한다.
그럼, WORD에 대한 extraction 연산자를 살펴보자.

```
_AFX_INLINE CArchive& CArchive::operator>>( WORD& w )
{
      if( m_lpBufCur + sizeof(WORD) > m_lpBufMax )
           FileBuffer( sizeof(WORD) - (UINT)( m_lpBufMax - m_lpBufCur ));
      w  = *(WORD*)m_lpBufCur;
      m_lpBufCur += sizeof(WORD);
      return *this;
}
```

우선, extraction 연산자는 내부 buffer에서 WORD크기만큼의 data를 읽어 올 수 있는지 검사한다. 그리고 인자가 참조(reference)하고 있는 위치에 buffer의 WORD 크기만큼의 data를 넣는다. 그리고 다음 extraction 연산을 준비하기 위해 buffer pointer를 증가시킨다. 마지막으로, CArchive의 reference를 반환하여 extraction 연산이 연속(cascade)적으로 일어날 수 있도록 한다.

①-3 Serializatin Macro

지금까지 CArchive가 어떻게 동작하는지 살펴보았다. 그럼, serialization macro인 DECLARE_SERIAL과 IMPLEMENT_SERIAL에 대해서 알아보자.

다음은 DECLARE_SERIAL[(주10)]의 정의를 보여준다.

```
#define DECLARE_SERIAL(class_name) \
	_DECLARE_DYNCREATE(class_name) \
	AFX_API friend CArchive& AFXAPI operator>>(CArchive& ar, class_name* &pOb);
```

DECLARE_SERIAL macro에는 앞에서 살펴본 RTCI와 동적 생성 macro에 단 한 줄만 추가되었다. 이 macro는 다음과 같은 code를 여러분에게 만들어 준다.

```
friend CArchive& operator>>( CArchive& ar, CMyClass* &pOb );
```

이 code는 여러분의 class에 전역(global) extractor 연산자를 friend로 선언함을 의미한다.

그럼, IMPLEMENT_SERIAL으로 넘어가자. 다음은 IMPLEMENT_SERIAL의 정의를 보여준다.

```
#define IMPLEMENT_SERIAL(class_name, base_class_name, wSchema) \
	CObject* PASCAL class_name::CreateObject() \
	{ \
		return new class_name; \
	} \
	_IMPLEMENT_RUNTIMECLASS( class_name, \
```

10) DECLARE_SERIAL macro는 DECLARE_DYNCREATE가 아니라 _DECLARE_DYNCREATE를 사용하고 있음을 주의하기 바란다. 다음은 _DECLARE_DYNCREATE를 보여준다.

```
#define _DECLARE_DYNCREATE(class_name) \
	_DECLARE_DYNAMIC(class_name) \
	static CObject* PASCAL CreateObject();
```

여러분도 알 수 있듯이, _DECLARE_DYNCREATE은 _DECLARE_DYNAMIC을 사용한다. 반면, DECLARE_DYNCREATE는 DECLARE_DYNAMIC을 사용한다. 그 차이점을 제외하면 _DECLARE_DYNCREATE와 DECLARE_DYNCREATE는 똑같다. 따라서 _DECLARE_DYNAMIC로 곧바로 넘어 가자. 다음은 _DECLARE_DYNAMIC을 보여준다.

```
#define _DECLARE_DYNAMIC(class_name) \
public: \
	static AFX_DATA CRuntimeClass class##class_name; \
	virtual CRuntimeClass* GetRuntimeClass() const; \
```

여러분은 _DECLARE_DYNAMIC과 DECLARE_DYNAMIC의 차이점을 찾아보기 바란다. 찾았는가? 맞다! 바로 static과 AFX_DATA 사이의 const의 유무이다. 도대체 이 const의 역할을 무엇인가? 이 질문은 해답은 토론의 주제로 남긴다 (www.iamkimjin.com을 방문하면 토론에 참여할 수 있다).

```
                          base_class_name, \
                          wSchema, \
                          class_name::CreateObject); \
    AFX_CLASSINIT _init_##class_name(RUNTIME_CLASS(class_name)); \
    CArchive& AFXAPI operator>>(CArchive& ar, class_name* &pOb) \
    { \
        pOb = (class_name*) ar.ReadObject(RUNTIME_CLASS(class_name)); \
        return ar; \
    } \
```

IMPLEMENT_SERIAL은 macro가 하는 4가지 동작을 수행하는 code를 생성한다.

1) 첫번째로, CreateObject( )라는 member function을 생성한다. 이 CreateObject( )는 동적 생성을 위한 것으로 IMPLEMENT_DYNCRAETE을 설명할 때 이미 설명하였다.
2) 두번째로, _IMPLEMENT_RUNTIMECLASS를 사용한다. _IMPLEMENT_RUNTIMECLASS은 앞에서 IMPLEMENT_DYNAMIC에서 사용한 IMPLEMENT_RUNTIMECLASS와 거의 똑같다.(주11) 여러분이 주의해서 봐야할 점은 IMPLEMENT_RUNTIMECLASS과 다른 인자를 사용하여 _IMPLEMENT_RUNTIMECLASS를 사용한다는 것이다 : wSchema.이 인자는 CRuntimeClass::m_wSchema에 저장될 것이다.
3) 세번째로, static AFX_CLASSINIT structure를 생성한다. 이 세 번째 부분은 AFX_CLASSINIT의 선언을 볼 때까지는 매우 난해한 부분이다(AFX_CLASSINIT은 단지 생성자만을 가지고 있는 구조이다).

---

11) _IMPLEMENT_RUNTIMECLASS과 앞에서 살펴본 IMPLEMENT_RUNTIMECLASS의 차이점을 찾아보기 바란다. 다음은 _IMPLEMENT_RUNTIMECLASS를 보여준다.

```
#define _IMPLEMENT_RUNTIMECLASS(class_name, base_class_name, wSchema, pfnNew) \
    AFX_DATADEF CRuntimeClass class_name::class##class_name = { \
            #class_name, \
            sizeof(class class_name), \
            wSchema, \
            pfnNew, \
            RUNTIME_CLASS(base_class_name), \
            NULL \
    }; \
    CRuntimeClass* class_name::GetRuntimeClass() const \
    { \
            return RUNTIME_CLASS(class_name); \
    } \
```

찾았는가? 맞다! 두번째 줄의 AFX_COMDAT const의 유무이다. 도대체 이 AFX_COMDAT const의 역할을 무엇인가? 이 질문은 해답은 토론의 주제로 남긴다(www.iamkimjin.com을 방문하면 토론에 참여할 수 있다).

```
struct AFX_CLASSINIT
{
      AFX_CLASSINIT( CRuntimeClass* pNewClass);
};
```

따라서, IMPLEMENT_SERIAL은 static AFX_CLASSINIT 구조체를 생성하고 그 구조체의 생성자를 호출한다(이때, static CRuntimeClass형인 CMyClass::classCMyClass를 인자로 가진다). 이것은 MFC의 내부 static list(주12)에 그 인자를 추가하게 된다.

4) 네번째로, IMPLEMENT_SERIAL은 전역 extractor 연산자를 구현한다. 예를 들어, class_name으로 CMyClass를 사용한다고 가정해 보자. 다음과 같은 code로 생성될 것이다.

```
CArchive& operator>>( CArchive& ar, CMyClass* &pOb )
{
      pOb = ( CMyClass*) ar.ReadObject( RUNTIME_CLASS( CMyClass ));
      return ar;
}
```

IMPLEMENT_SERIAL은 CMyClass만을 처리하기 위한 oprator>>를 중복정의(overload)한다(member로서가 아니라 global 연산자로서 중복정의한다).

이 oprator>>는 CArchive::ReadObject( )를 호출한다[이때, 인자로는 RUNTIME_CLASS(CMyClass)에 의해서 반환된 CMyClass의 static CRuntimeClass형 member를 사용한다].

① -4 CArchive::ReadObject( )

이 함수는 다소 복잡하다. Listing 5-9는 CArchive::ReadObject()의 주요 부분만을 요약하여 보여준다.

Listing 5-9 The CArchive::ReadObject() member function implementation, from ARCOBJ.CPP

```
CObject* CArchive::ReadObject(const CRuntimeClass* pClassRefRequested)
{
      UINT            nSchema;
      DWORD           obTag;
      CRuntimeClass* pClassRef = ReadClass(pClassRefRequested, &nSchema, &obTag);

      // check to see if tag to already loaded object
      CObject* pOb;

      // allocate a new object based on the class just acquired
```

12) 이 내부 static list에 대해서는 9장에서 자세히 다룬다.

```
        pOb = pClassRef->CreateObject();

        // Serialize the object with the schema number set in the archive
        UINT nSchemaSave = m_nObjectSchema;
        m_nObjectSchema  = nSchema;
        pOb->Serialize(*this);
        m_nObjectSchema  = nSchemaSave;

        return pOb;
}
```

우선 CArchive::ReadObject( )는 file에서 CRuntimeClass 구조체를 읽는다. 만약 이미 읽은 class라면, CArchive::ReadObject( )는 내부 array를 찾아본다. 다음으로, CArchive::ReadObject( )는 동적 생성(dynamic creation)에 사용할 객체를 생성한다. 마지막으로, CArchive::ReadObject( )은 그 객체의 Serialize( )를 호출한다(이때 인자로 현재 CArchive의 reference를 넘겨준다): pOb->Serialize(*this).

①-5 왜 전역 Insertion 연산자는 없는가?

이 시점에서, 여러분은 serialization macro에 전역 insertion 연산자(<<)가 왜 없는지 궁금할 것이다. AFX.INI 안에서 전역 insertion 연산자의 정의를 찾을 수 있다.

```
CArchive& operator<<( CArchive& ar, const CObject* pOb )
{
        ar.WriteObject( pOb );
        return ar;
}
```

전역 insertion 연산자는 WriteObject( )를 호출한다[WriteObject( )는 ReadObject( )와 매우 유사하다]. 다시, WriteObject( )는 WriteClass( )를 호출한다[WriteClass( )은 인자로 들어온 객체의 CRuntimeClass information을 쓴다]. 그런 다음 WriteObject( )는 그 객체의 Serialize( )를 호출한다.

WriteObject( )는 CRuntimeClass information을 필요로 하지 않기 때문에 CObject를 위한 insertin 연산자 하나만으로 충분하다. 따라서 여러분의 CObject 파생물을 위한 insertion 연산자는 선언될 필요도, 구현될 필요도 없다.[주13]

---

13) 좀더 부연설명을 하자 : CObject-derived class의 객체를 read하고자 할 경우, 그 객체의 CRuntimeClass information을 read하여 그 객체를 생성한 후, 생성된 객체의 Serialize( )를 호출함으로써 그 객체는 초기화가 된다. 따라서 CObject-derived class 객체는 CRuntimeClass 정보가 없이는 Read될 수 없다(한 마디로, 객체를 생성해야 읽어 들인 data를 저장할 것 아닌가…^^;;).
반면, CObject-derived class의 객체를 write하고자 할 경우, 이미 생성되어 있는 객체를 쓰는 것이다(즉, 동적 생성을 통해서 객체를 생성할 필요가 없다). 따라서 CObject-derived class는 CRuntimeClass information 없이도 write할 수 있다.

5.5.3 CObject와 Serialization

지금까지 serialization macro의 동작을 전반적으로 살펴보았다. 이제 CObject의 serialization관련 함수인 IsSerialization( )과 Serialize( )으로 되돌아 가자.

① CObject::IsSerializable( )

OBJCORE.CPP에 있는 CObject::IsSerializable( )의 구현이다.

```
BOOL CObject::IsSerializable()
{
	return (GetRuntimeClass()->m_wSchema != 0xffff );
}
```

이 함수는 개발자가 정확한 serialization macro를 사용하고 있는지 확인하기 위해 CRuntimeClass의 m_wSchema가 0xffff 아닌지 검사한다.

MFC 참고안내서에는, 만약 사용자가 CObject-derived class의 Serialize( )를 재정의(override)할 경우, 그 Serialize( ) 안에 CObject::Serialize( )를 호출해야 한다고 경고하고 있다. 그 이유는 곧 알게 될 것이다.

② CObject::Serialize( )

놀랍게도, CObject::Serialize( )는 사실상 아무런 일도 하지 않는다. AFX.INL에 존재하므로 직접 확인해 보기 바란다. 현재 MFC version(주14)에서는 CObject::Serialize( )은 분명이 비워져 있는 함수이다. 어찌 되었건, Microsoft는 이 함수를 언제 어떻게 바꿀지 모른다. 따라서 여러분이 CObject::Serialize( )를 재정의할 경우, 재정의된 Serialize( ) 안에서 반드시 CObject::Serialize( )를 호출하길 바란다.

5.5.4 CObject 파생 객체의 읽고 쓰는 과정 추적하기

Serialization 동작의 이해를 돕기 위해 Serialization을 사용하여 object를 read/write하는 완전한 과정을 추적해 보자. 흥미를 돋우기 위해, document/view architecture(7장에서 살펴볼 것이다)를 사용하고 있다고 가정하고, document에는 CMyClass형 pointer인 m_pMyClass를 member로 가지고 있다고 가정한다. 다음 예는 CDocument-derived class인 CMyDocument의 serialize( )를 보여준다.

14) 2001년 4월. Net Beta안의 Visual C++ 7.0.

```
void CMyDocument::Serialize( CArchive& ar )
{
      if( ar.IsStoring()) {
            ar << m_pMyClass;
       }
      else {
            ar >> m_pMyClass;
      }
}
```

CMyClass::Serialize( )가 WORD, DWORD, POINT를 serialization하고 있음을 기억하기 바란다. Figure 5-1은 사용자가 저장할 file의 이름을 선택한 후, MFC에 의해서 진행되는 과정을 보여주고 있다.

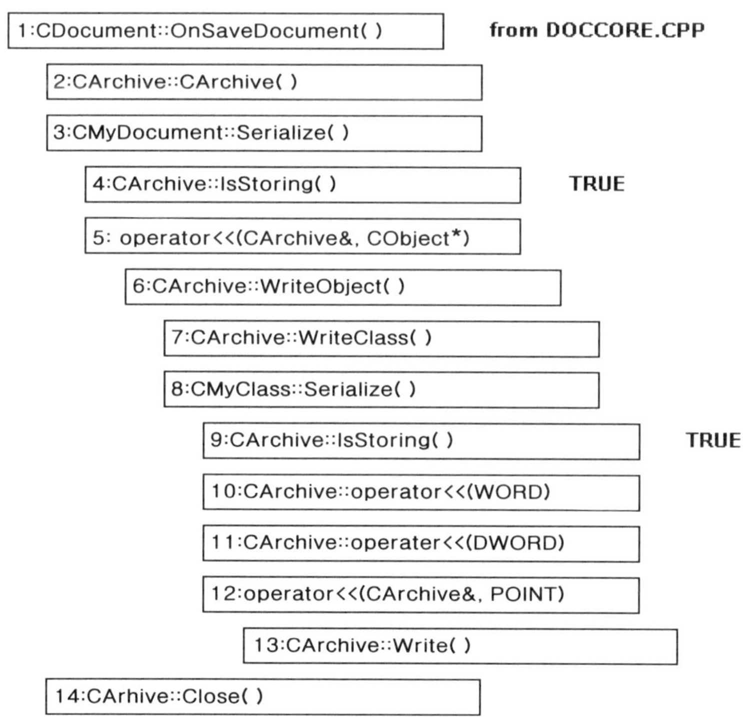

Figure 5-1 Steps taken during a serialization store operation

Step 1 : CDocument::OnSaveDocument( )는 CArchive 객체를 생성하고 그 객체에 common dialog(pFile)에서 열어놓은 file을 첨부한다. 다음으로, OnSaveDocument( )는 document의 serialization을 호출하고, 마지막으로 그 CArchive 객체를 닫는다. 여기서

CDocument::OnSaveDocument( )안에 있는 관련 code를 보자.

```
    //
    CArchive saveArchive( pFile, CArchive::store | CArchive::bNoFlushOnDelete );
    saveArchive.m_pDocument = this;
    TRY {
          Serialize( saveArchive ); // save me
          saveArchive.Close();
          ReleaseFile( pFile, FALSE );
    }
//
```

Step 3-5 : CMyDocument::Serialize( )가 호출된다. 이 함수는 IsStoring( )를 사용하여 저장 여부를 판단한 후 insertion operator를 이용하여 write를 한다.

Step 6-8 : insertion operator는 CArchive::WriteObject( )를 호출한다. 이 함수는 WriteObject( )를 호출한다. 그리고 CMyDocument 객체를 serialization한다.

Step 9-13 : 이 단계에서는 output buffer에 있는 data를 write한다.

Step 14 : 마지막으로 CDocument::OnSaveDocument( )는 CArchive 객체를 close시킨다.

Figure 5-2 Steps in a serialization read operation

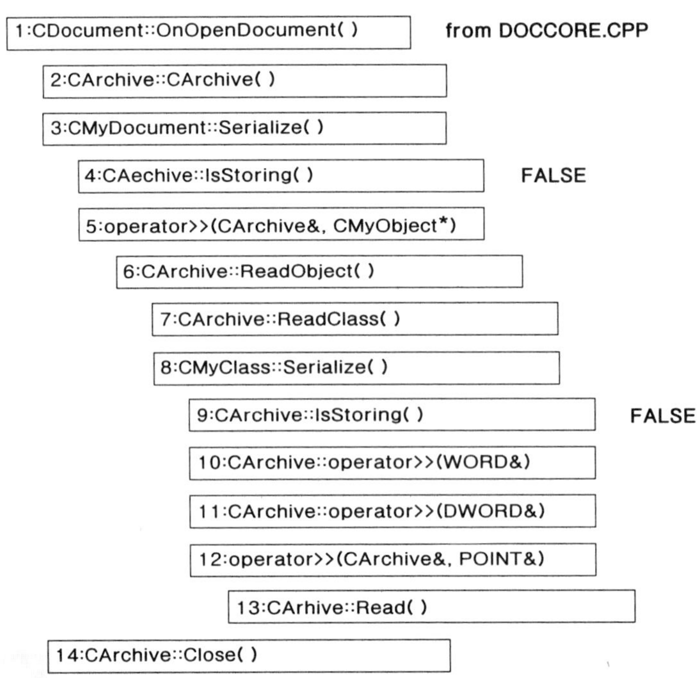

다음으로는 같은 객체에 대한 extraction operation(즉, read)인 Figure 5-2를 살펴보자.

기본적으로 read하는 과정은 save하는 과정의 역순이다. 따라서 MFC serialization 구조는 write한 data의 순서와 read한 data의 순서가 일치함을 보장할 수 있다.

5.5.5 Serialization의 성능 향상

CArchive의 선언을 다시 떠올려 보자. 아마도 serialization되는 동안 MFC에서 사용할 map과 array가 떠오를 것이다.(주15) 그럼 그 변수들이 어떤 용도로 사용되는지 면밀히 살펴보자.
write경우를 생각해 보자. 수천개의 객체를 저장해야만 하는 응용프로그램이 있다고 가정하자. 예를 들면, 낙서장과 같은 응용프로그램은 CPoint의 객체를 무진장 많이 저장할 것이다. 그럼 다음과 같은 의문이 들 것이다. 수천번씩 공통된 CPoint의 정보을 저장하는 것은 엄청난 낭비가 아닌가? 연속된 같은 type의 객체를 저장할 경우에는, MFC는 첫번째 저장하는 객체의 CRumtimeClass information만을 serialization함으로써 이러한 문제를 해결하였다. 다른 객체는 CRumtimeClass information을 저장하는 대신, 첫번째 object의 CRuntimeClass information을 참조(reference)하도록 처리하였다. MFC는 그 reference와 객체의 이름을 map에 저장한다. 왜냐하면, 같은 형(type)의 또 다른 객체를 저장할 경우, 단지 reference만 저장하도록 하기 위함이다.
반대로, read할 경우에는 CArchive는 이미 읽어 들인 객체에 대한 array를 관리한다. CArchive는 array 안의 reference를 검색하여, 이미 해당 객체의 CRuntimeClass information을 읽어 들였을 경우에는 그 객체의 CRuntimeClass information를 읽지 않는다. 대신 그 array 안의 CRuntimeClass information을 사용한다.
serialization의 성능 향상은 거대한 data를 효율적으로 처리함으로 해서 가능하다. 16K 이상의 data일 경우, 여러분은 두 member function을 이용하여 MFC serialization의 성능을 향상시키는 데 도움을 준다 : CArchive::SetLoadParams( )와 CArchive::SetStoreParams( ). 이 함수는 CArchive에서 사용되는 map의 hash table size와 array의 성장 크기(grow-by size)를 적절하게 결정할 수 있다. 이 값들이 MFC collection에 어떤 영향을 미치는지 기억하지 못한다면 다시 4장을 살펴보기 바란다.

---

15) 솔직히 역자는 안 떠오른다. CArchive의 선언(Listing 5-8)에 다음의 선언이 있다.

```
union {
  CPtrArray* m_pLoadArray;
  CMapPtrtoPtr* m_pStoreMap;
};
```

```
#define IMPLEMENT_SERIAL_ABC( class_name, base_class_name, wSchema ) \
    ( class_name, base_class, wSchema, NULL )\
    CArchive& operator>>( CArhive& ar, class_name* &pOb ) \
    { \
        pOb = (class_name*) ar.ReadObject( RUNTIME_CLASS(class_name)); \
        return ar; \
    }
```

이 새로운 macro는 CreateObject( ) reference부분이 NULL로 설정되어 있으므로 abstract base class 안에서 사용하는 것이 가능하다.

[Serialization와 Abstract Base Class]

만약 abstract base class와 함께 serialization macro를 사용한다면, compile할 때 CreatObject()에 대한 error message를 접하게 될 것이다. 이 문제를 해결하려면, 다음과 같은 자신만의 IMPLEMENT_SERIAL macro를 정의해야만 한다.

5.5.6 CRuntimeClass의 상태 정보

지금까지 CObject의 serialization과 CRuntimeClass의 member들에 대하여 깊이 있게 살펴보았다. 그럼 아직 살펴보지 않은 CRuntimeClassd의 member를 살펴보자.

- LPCSTR m_lpszClassName – 해당 class의 이름을 나타낸다. serialization될 때, 쓰여지고 읽혀진다.
- UINT m_wSchema – 해당 class의 version 정보를 나타낸다.
- void Store(CArchiv ar) const – CArchive::WriteClass( )는 해당 class의 CRuntimeClass information을 쓰기 위해 이 함수를 호출한다.
- static CRuntimeClass* Load(CArchive& ar, UINT* pwSchemaNum) – CArchive::ReadClass( )는 Store( )에 의해서 쓰여진 CRuntimeClass information을 읽기 위해 이 함수를 호출한다.

이제는 아직까지 밝히지 못한 CRuntimeClass의 member는 단지 2개뿐이다.

```
int             m_nObjectSize;
CRuntimeClass*  m_pNextClass;
```

이제 두 member가 MFC에서 어떻게 사용되는지 알아보고 CObject에서 제공하는 마지막 기능인 diagnostic support에 대하여 살펴보자.

5.6 CObject의 진단(Diagnostics) 방법

CObject의 진단(diagnostics)은 그 특징에 따라 2가지로 나눌 수 있다. (1) 하나는 memory 누수 검출(memory leak detection)과 같은 기본 진단(basic diagnostics)이고, (2) 또 하나는 memory statistics와 같은 진보된 진단(advanced diagnostics)이다.
이러한 진단의 구현이 어떻게 이루어지는지 알아보기 전에 진단을 어떻게 사용하는지 살펴보자.

5.6.1 진단 결과의 출력

진단 결과의 출력은 예전의 "printf-debugging"과 매우 유사하다. MFC는 printf( )와 비슷한 TRACE macro를 제공한다. 또한, run-time시에 C++의 객체를 dump할 수 있는 기능도 제공한다.

① TRACE Macro

TRACE macro는 printf( )와 같은 출력 결과를 보여준다. source code에 대한 추적(trace)은 MFC tracer utility를 통해서 이루어진다. 일단 MFC tracer utility를 사용하게 되면, 모든 출력은 Visual C++의 debug window로 뿌려진다. 예를 들어 다음과 같은 code가 수행되었다면, 출력결과는 Figure 5-3과 같다.

```
CPoint point(10, 20);
TRACE("At this point, my CPoint is : %d, %d\n", point.x, point.y );
```

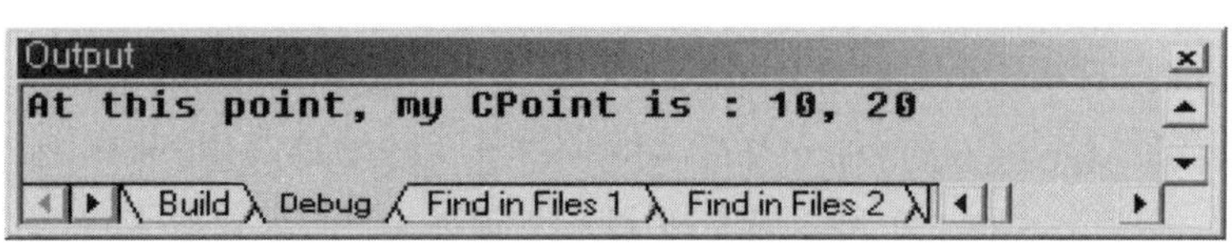

Figure 5-3 Debugger window of Visual C++ 6.0

② 객체 Dump[주16]

모든 CObject-derived class들은 class의 상태를 출력할 수 있는 Dump() member function을

16) Dump의 사전적 의미 : 털썩 떨어지다. 쓰레기[먼지(등)]를 털썩 버리다.

가지고 있다. 다음 예제는 CMyClass에 대한 Dump()를 구현하는 방법을 보여준다.

```
#ifdef _DEBUG

void CMyClass::Dump( CDumpContext& dc )
{
        // Dump base class first
        CObject::Dump( dc );
        dc    << Type is :     << m_wType        << \n
              << Data is :     << m_dwData       << \n
              << Point is :    << m_ptMiddle.x   <<  ;
              << m_ptMiddle.y  << \n;
}

#endif // end _DEBUG
```

일반적으로, Dump( )는 debug mode에서만 실행되도록 설정한다는 점에 주목하기 바란다. 여러분은 5.7.1 ②에서 Dump( )를 다시 만나게 될 것이다.

5.6.2 실시간(Run-Time) 검사

MFC는 assertion을 통해서 run-time시에 error상태를 검사하는 몇 가지 편리한 방법을 제공한다.

① Assertion

ASSERT macro는 사용자가 명시한 조건이 FALSE값을 가질 때 자동적으로 경고 상자(warning message box)를 보여주는 debug용 macro이다. MFC를 많이 사용해본 개발자에게는 매우 익숙한 macro이다. 그림 5-4는 전형적인 ASSERT macro의 예를 보여준다.

ASSER macro는 인자로 Boolean 값을 가진다. FALSE일 경우에는 assertion이 수행되고, TRUE일 경우에는 아무런 동작을 하지 않는다.

덧붙여 발하자면, MFC는 5000개 이상의 ASSERT를 사용한다. MFC에서 사용된 ASSERT macro를 봄으로써, ASSERT의 사용 용도에 대하여 배울 수 있다. 예를 들면, MFC는 window handle을 사용하기 전에 항상 유효한지 검사한다.

역자가 Dump라는 말을 처음 들었을 때가 대학교 3학년 때였다. 그때 Dump란 말이 뭔 소리인지 몰랐다. 교수님은 Dump를 떠서, …라고 말씀하시고는 그냥 넘어 가는 것이었다. 옆의 애에게 물어 봤더니, 녀석도 눈만 깜박거리고 있었다. 물론 여러분은 다 알고 있으리라 믿지만, 혹시 모르는 독자를 위해 간단히 설명한다.
지금도 많은 프로그래머들이 Dump를 떠서 debug작업을 많이 한다. 즉, Dump를 뜬다는 의미는 프로그램 구석 구석에서 사용되는 변수 값들을 file이나 화면에 출력한다는 의미이다. 한 마디로 log file을 만든다고 생각하면 된다.
즉, 객체를 Dump 뜬다는 의미는 객체의 member data에 대한 log를 만든다고 생각하면 적당할 것이다. 지금 심심한 모양이다. 이런 글을 다 적다니…^^;;

Figure 5-4 Everyone's friend, the ASSERT message box

② Assertion의 내부

MFC가 assertion을 어떻게 다루고 있는지 살펴보자. 다음은 AFX.H에 있는 ASSERT macro이다.

```
#define ASSERT(f) \
      do { \
           if( !(f) && AfxAssertFailedLine(THIS_FILE, __LINE__)) \
                AfxDebugBreak(); \
      } while( 0 ) \
```

전역 함수인 AfxAssertFailedLine( )은 AFXASERT.CPP에 있다. AfxAssertFailedLine( )은 현재 활성화된 thread를 정지시키고 file 이름과 줄 번호(line number)를 message box를 통해서 화면상에 보여준다.

앞에서 ASSERT의 동작을 보았다. 개발자는 debugger를 시작하기 전에 AfxAssertFailedLine( )에 breakpoint를 설정할 수 있다. message box가 뜨기 전에 breakpoint가 있으므로 assertion의 출력 결과를 얻을 수 있다. 이렇게 breakpoint를 설정하는 것은 까다로운 환경[주17]의 debugging에서 매우 편리하게 사용할 수 있다.

아마도 MFC의 source file의 상단에서 다음과 같은 선언을 본 적이 있을 것이다.

```
#ifdef _DEBUG
#undef  THIS_FILE
      static char THIS_FILE[] = __FILE__;
#endif
```

17) 예를 들어 multiple thread를 사용하여 프로그램을 개발하는 경우.

앞의 code는 현재 file 이름을 THIS_FILE에 저장한다. compiler는 자동적으로 __FILE__과 __LINE__[(주18)]을 대체한다.
ASSERT macro는 AfxDebugBreak( )을 호출할 때, 제어권을 Visual C++ debugger에게 넘긴다. 따라서 Visual C++ debugger함께 debugging을 할 수 있다.

③ 객체의 유효성 검사(Validity Checking)

대부분의 CObject-derived class는 member function인 Dump( ) 외에도 AssertValid( )를 지원한다. AssertValid( )는 run-time시에 member가 유효한지 검사한다. 또 어떤 객체에서는 그 객체가 안전한 상태인지 알기 위해 AssertValid( )를 호출한다. 만약 객체가 안전한 상태가 아니라면, AssertValid( )는 개발자에게 그 사실을 알려주기 위해 assertion을 호출한다. 여기에 CMyClass::AssertValid( )를 구현한 예제가 있다.

```
#ifdef _DEBUG
void CMyClass::AssertValid()
{
        // Call inherited first
        CObject::AssertValid();
        ASSERT( m_wType > 0xff00 );
        ASSERT( m_dwData != 0 );
        ASSERT( m_ptMiddle.x != 0 && m_ptMiddle.y != 0 );
}
#endif // End _DEBUG
```

MFC는 ASSERT_VALID라는 편리한 macro를 제공한다. 이 macro는 모든 CObject-derived class에서 호출이 가능하다. 그리고 이 macro는 AssertValid( )를 호출하는 것 외에도, 몇몇 특별한 run-time check가 있다. 예를 들면, document가 CMyClass형 member를 갖고 있다면, document의 member function인 AssertValid( ) 내에서 다음과 같은 code를 사용할 수 있다.

```
ASSERT_VALID( m_myClass );
```

5.6.3 Memory 진단

debug mode로 build한 프로그램을 종료한 후 Listing 5-10과 같은 출력결과를 얻을 수 있다.

18) 현재 code가 위치한 file의 이름과 줄 번호(line number)를 나타낸다.

Listing 5-10 Sample memory diagnostic output

```
Detected momory leaks
Dumping object ->
{100} a CDialog at $659328

m_hWnd = 0x0m_lpDialogTemplate = 130
m_hDialogTemplate = 0x0
m_pParentWnd = $0
m_nIDHelp = 0x82
{96} a CDialog at $658A10
m_hWnd = 0x0m_lpDialogTemplate = 130
m_hDialogTemplate = 0x0
m_pParentWnd = $0
m_nIDHelp = 0x82

{92} a CDialog at $658454
m_hWnd = 0x0m_lpDialogTemplate = 130
m_hDialogTemplate = 0x0
m_pParentWnd = $0
m_nIDHelp = 0x82

{88} a CDialog at $657B28
m_hWnd = 0x0m_lpDialogTemplate = 130
m_hDialogTemplate = 0x0
m_pParentWnd = $0
m_nIDHelp = 0x82

{84} a CDialog at $657190
m_hWnd = 0x0m_lpDialogTemplate = 130
m_hDialogTemplate = 0x0
m_pParentWnd = $0
m_nIDHelp = 0x82

Object dump complete
Process 0xFFF35B63 terminated, exit code 0 (0x0)
```

앞의 예는 MFC의 memory-leak-detection 특성을 보여준다. 이것이 매우 편리한 특징이기는 하지만, MFC의 진보된 memory 진단(advanced-memory-diagnostics)이야 말로 실질적으로 매우 유용하다(곧 만나게 될 것이다).

① 응용프로그램의 최대 Memory 사용량 검사

MFC는 memory de-allocation(free나 delete)을 중지하라고 요청할 수 있다. 그것은 전역 변수인 afxMemDF에 열거형 값인 delayFreeMemDF를 bitwise-OR 연산을 하면 가능하다.
예를 보자.

```
afxMemDF |= delayFreeMemDF;
```

이렇게 함으로써, 응용프로그램이 얼마만큼의 memory를 사용하는지를 통계적으로 알 수 있다.

② Memory 검사

만약 MFC가 모든 memory의 allocation과 de-allocation을 검사하기를 원한다면 다음과 같이 해 주면 된다.

```
afxMemDF |= checkAlwaysMemDF;
```

5.7 CObject 진단(Diagnostics)의 내부

지금까지 CObject 진단의 사용 방법에 대하여 간단히 살펴보았다. 이제는 MFC내에서 CObject 진단이 어떻게 구현되었는지 분석해 보자. serialization과 마찬가지로 진단(diagnostics)내부도 매우 흥미롭다.
분석을 시작하기 전에, MFC version 정보에 대하여 살펴보자. MFC 4.0의 진단에서부터는 C Runtime library의 malloc/free 관련 진단을 모두 포함하게 되었다. MFC 3.x 이전에서는 MFC 객체에 대한 진단만 포함되어 있었다. 이러한 이유로, MFC version별 진단을 추가 설명한다.
우선, 기본 진단(basic diagnostics)구현에 대하여 살펴본다. 그러고 나서 좀더 진보된 진단(advanced memory diagnostic)을 살펴보자.
앞으로 나올 대부분의 macro와 함수는 AFX.H에 선언되어 있다. 구현 code는 AFXMEM.CPP나 AFXTLS.CPP에 있다.

5.7.1 진단 결과의 출력

AFX.H에 있는 TRACE의 선언을 먼저 살펴보도록 하자.

```
#define TRACE ::AfxTrace
```

따라서 TRACE macro는 전역함수인 AfxTrace( )을 호출하게 된다. Listing 5-11은 AfxTrace( )의 구현을 보여주고 있으며, DUMPOUT.CPP에서 찾아볼 수 있다.

Listing 5-11 AfxTrace() implementation from DUMPOUT.CPP

```
void AFX_CDECL AfxTrace(LPCTSTR lpszFormat, ...)
{
#ifdef _DEBUG // all AfxTrace output is controlled by afxTraceEnabled
      if (!afxTraceEnabled)
            return;
#endif
      va_list args;
      va_start(args, lpszFormat);
      int nBuf;
      TCHAR szBuffer[512];
      nBuf = _vsntprintf(szBuffer, _countof(szBuffer), lpszFormat, args);
      // was there an error? was the expanded string too long?
      ASSERT(nBuf >= 0);

      if ((afxTraceFlags & traceMultiApp) && (AfxGetApp() != NULL))
            afxDump << AfxGetApp()->m_pszExeName << ": ";
      afxDump << szBuffer;
      va_end(args);
}
#endif //_DEBUG
```

afxTraceEnabled는 AFX.H에 선언되어 있고, DUMPINIT.CPP에 있는 static 객체인 _AFX_DEBUG_STATE의 생성자(constructor)에서 초기화되는 Boolean형 변수이다. _AFX_DEBUG_STATE은 static 객체이기 때문에, 응용프로그램이 시작하기 전에 호출된다.

```
_AFX_DEBUG_STATE::_AFX_DEBUG_STATE()
{
      afxTraceEnable =  ::GetPrivateProfileInt( szDiagSection,
                                                szTraceEnable,
                                                !afxData.bWin31,
                                                szIniFile );
      afxTraceFlags = ::GetPrivateProfileInt( szDiagSection,
                                              szTraceFlags,
                                              0,
                                              szIniFile );
      //
}
```

DUPPINIT.CPP의 상단에 보면, GetPrivateProfileInt( ) 호출에 사용된 인자들을 발견할 수 있을 것이다 :

```
static const TCHAR szIniFile[]       = _T("AFX.INI");
static const TCHAR szDiagSection[]   = _T("Diagnostics");
static const TCHAR szTraceEnabled[]  = _T("TraceEnabled");
static const TCHAR szTraceFlags[]    = _T("TraceFlags");
```

즉, 전역 변수인 afxTraceEnable과 afxTraceFlags은 AFX.INI에서 여러 가지 값을 읽어 온다. 여러분은 이 AFX.INI내의 값을 사용하여 MFC의 trace의 설정을 변경할 수 있다.
TRACE[즉, AfxTrace( )]가 afxTraceEnable을 검사하여 출력 결과를 생성할지 결정한 후, _vstprintf( )[주19]의 결과를 afxDump로 출력한다.
그럼 afxDump와 << 연산자를 어떻게 다루고 있는지 살펴보자. 그리고 출력 결과를 어떻게 Visual C++ debugger window로 보내는지 살펴보자.

① afxDump와 CDumpContext

afxDump는 AFX.H에 다음과 같이 존재한다.

```
#ifdef _DEBUG
      extern AFX_DATA CDumpContext afxDump
#endif // End _DEBUG
```

CDumpContext는 AFX.H에 선언되어 있다. Listing 5-12에 있는 CDumpContext의 선언을 보자.

Listing 5-12 The CDumpContext class declaration

```
class CDumpContext
{
public:
      CDumpContext(CFile* pFile = NULL);

// Attributes
      int GetDepth() const;      // 0 => this object, 1 => children objects
      void SetDepth(int nNewDepth);

// Operations
      CDumpContext& operator<<(LPCTSTR lpsz);
```

19) _vstprintf( )는 printf( )가 가지는 모든 기능을 제공한다.

```
#ifdef _UNICODE
      CDumpContext& operator<<(LPCSTR lpsz);  // automatically widened
#else
      CDumpContext& operator<<(LPCWSTR lpsz); // automatically thinned
#endif
      CDumpContext& operator<<(const void* lp);
      CDumpContext& operator<<(const CObject* pOb);
      CDumpContext& operator<<(const CObject& ob);
      CDumpContext& operator<<(BYTE by);
      CDumpContext& operator<<(WORD w);
      CDumpContext& operator<<(UINT u);
      CDumpContext& operator<<(LONG l);
      CDumpContext& operator<<(DWORD dw);
      CDumpContext& operator<<(float f);
      CDumpContext& operator<<(double d);
      CDumpContext& operator<<(int n);
      void HexDump(LPCTSTR lpszLine, BYTE* pby, int nBytes, int nWidth);
      void Flush();

// Implementation
protected:
      // dump context objects cannot be copied or assigned
      CDumpContext(const CDumpContext& dcSrc);
      void operator=(const CDumpContext& dcSrc);
      void OutputString(LPCTSTR lpsz);
      int m_nDepth;
public:
      CFile* m_pFile;
};
```

CDumpContext에는 C++ type과 Windows type, 그리고 MFC type을 함께 사용할 수 있도록 << 연산자가 여러 가지 형태로 중복정의(overload)되어 있다. 그럼 CDumpContext의 << 연산자 중 하나의 구현을 살펴보자. 여기에 WORD에 대한 << 연산자가 있다.

```
CDumpContext& DumpContext::operator<<( WORD w )
{
      TCHAR szBuffer[32];
      wsprintf(szBuffer, _T(%u), (UINT)w);
      OutputString(szBuffer);
      return *this;
}
```

<< 연산자의 구현은 모두 비슷하다. wsprintf( )를 사용하여 WORD 값을 string으로 변화시킨다.

그 string을 실질적인 출력을 담당하는 CDumpContext::OutputString( )으로 보낸다. Listing 5-13에는 DUMPCONT.CPP에 있는 OutputString( )을 보여준다.

Listing 5-13 Pseudocode for CDumpContext::OutputString() from DUMPCONT.CPP

```
void CDumpContext::OutputString( LPCTSTR lpsz )
{
#ifdef _DEBUG
      // all CDumpContext output is controlled by afxTraceEnable
      if( !afxTraceEnable )
            return;
#endif
      // use C-Runtime/OutputDebugString when m_pFile is NULL
      if( m_pFile == NULL ) {
            AfxOutputDebugString(lpsz);
            return;
      }

      // otherwise, write the string to the file
      m_pFile->Write( lpsz, lstrlen(lpsz)*sizeof(TCHAR)):
}
```

전역 변수인 afxDump가 생성될 시점에는 m_pFile은 NULL(default 값)이다. 따라서 모든 출력결과는 AfxOutputDebugString( )로 보내진다. 만약, 개발자가 자신만의 CDumpContext를 정의하고 CFile pointer에 접근 할 수 있다면, OutputStirng( )은 file로 모든 출력 결과를 보낼 수 있다. 사실 AFX.H에 있는 AfxOutputDebugString( )은 macro이다.

```
#ifdef  _UNICODE
#define AfxOutputDebugString( lpsz )\
      do { \
            int _convert; \
            _convert = 0; \
            _RPT0( _CRT_WARN, W2CA(lpasz)); \
      } while( 0 )
#else
      #define AfxOutputDebugString(lpaz) _RPT0( _CRT_WARN, lpsz )
#endif
```

AfxOutputDebugString( )은 C Runtime library를 호출한다. 따라서 library 어딘가에서 CDumpContext의 출력 결과를 debug window로 보내고 있다고 확신한다.(주20)

20) 물론 굉장히 무책임한 내용이다. 원서에는 assume(근거는 없으나 사실이라고 생각한다)을 사용하고 있다.

② CObject Dump하기

지금까지 TRACE macro의 동작과 CDumpContex의 사용 방법, 그리고 profile string을 이용한 초기화 과정을 살펴보았다. 그럼 CObject dump 뒤에서 일어나는 과정을 살펴보자[여러분은 이미 5.6.1 ②에서 Dump( )를 살펴보았다].

Listing 5-1에 있는 CObject의 선언을 다시 살펴보자. CObject가 가지고 있는 가상 함수(virtual function)인 Dump( )에 주목하자. OBJCORE.CPP에 있는 CObject::Dump( )의 구현을 보자.

```
#ifdef _DEBUG
void CObject::Dump( CDumpContext& dc ) const
{
      dc    << a            << GetRuntimeClass()->m_lpszClassName <<  at
            << (void*)this  << \n;
}
#endif // _DEBUG
```

CObject::Dump( )는 CRuntime에 저장된 class의 이름과 this pointer의 주소를 출력한다. Dump( )는 TRACE macro가 사용하는 CDumpContext의 << 연산자를 사용한다. 따라서 Dump( )의 결과는 Visual C++의 debug window로 출력된다.

[잠깐! Dump() 호출 방법은]

Dump()의 호출 방법은 매우 간단하다.

```
CMyClass myClass;
myClass.Dump( afxDump ); // afxDump is global variable
```

③ AssertValid( )와 ASSERT_VALID

Dump와 비슷하게, AssertValid( )는 CObject내의 가상 함수이다. CObject::AssertValid( )의 구현은 OBJCORE.CPP에 있다. 단순히 this pointer가 NULL이 아님을 확인해 준다.

```
void CObject::AssertValid() const
{
      ASSERT(this != NULL)
}
```

그렇다면 AssertValid( )는 어떻게 호출되는가? AssertValid( )는 객체의 내부 상태가 유효한지 검사하는 ASSERT_VALID macro에 의해서 호출된다.

그럼 ASSERT_VALID macro를 보자. 다음은 ASSERT_VALID의 정의를 보여준다.

```
#define ASSERT_VALID(pOb) (::AfxAssertValidObject( pOb, THIS_FILE, __LINE__));
```

전역 함수인 AfxAssertValidObject( )는 OBJCORE.CPP에 있다. Listing 5-14는 AfxAssertValidObject( )의 pseudocode를 보여준다.

Listing 5-14 Pseudocode for AfxAssertValidObject( )

```
void AFXAPI AfxAssertValidObject( const CObject*   pOb,
                                  LPCSTR           lpszFileName,
                                  int              nLine)
{
      if (pOb == NULL) {
           if (AfxAssertFailedLine(lpszFileName, nLine))
                AfxDebugBreak();
           return;      // quick escape
      }

      if (!AfxIsValidAddress(pOb, sizeof(CObject))) {
           TRACE0("ASSERT_VALID fails with illegal pointer.\n");
           if (AfxAssertFailedLine(lpszFileName, nLine))
                AfxDebugBreak();
           return;      // quick escape
      }

      // check to make sure the VTable pointer is valid
      ASSERT(sizeof(CObject) == sizeof(void*));
      if (!AfxIsValidAddress(*(void**)pOb, sizeof(void*), FALSE)) {
           TRACE0("ASSERT_VALID fails with illegal vtable pointer.\n");
           if (AfxAssertFailedLine(lpszFileName, nLine))
                AfxDebugBreak();
           return;      // quick escape
      }

      if (!AfxIsValidAddress(pOb, pOb->GetRuntimeClass()->m_nObjectSize, FALSE)) {
           TRACE0("ASSERT_VALID fails with illegal pointer.\n");
           if (AfxAssertFailedLine(lpszFileName, nLine))
                AfxDebugBreak();
           return;      // quick escape
      }
      pOb->AssertValid();
}
```

우선 AfxAssertValidObject( )는 객체가 NULL이 아닌지 확인한다. 그 다음 AfxAssertValid( )는 객체의 크기와 주소를 확인하다. 마지막으로, 객체의 AssertValid()를 호출하여 객체의 크기와 CRuntimeClass::m_nObjectSize가 같은지 확인한다. 아마도 객체에는 객체의 상태를 표시하는 정보가 있을 것이다. AssertValid( )는 가상함수가 있으므로, 개발자는 객체를 올바른 상태로 유지하기 위해 AssertValid( )를 재정의(override)할 수 있다.

ASSERT_VALID macro는 분명히 부하가 큰 macro이다. 하지만, 이 macro는 까다로운 debug 환경에서는 매우 유용하게 사용된다.

ASSERT_VALID안에 있는 AfxIsValidAddress( )가 MFC memory check의 핵심인 듯 보인다. 이 함수를 알고 있으면, 나중에 큰 도움이 될 것이다.

[Version Note]

MFC 3.x와 그 이전 version에서는, CDumpContext::OutputString()은 AfxOutputDebugString()을 호출하는 대신 OutputDebugString()을 호출한다. 이 책에서는 AfxOutputDebugString()의 source code는 제공하지 않는다. 왜냐하면, 그 함수는 Windows API이기 때문이다.

④ AfxIsValidAddress( )

이 helper function은 AFX.H에 선언되어 있다.

```
BOOL AfxIsValidAddress( const void* lp, UINT nBytes, BOOL bReadWrite = TRUE );
```

다음은 VALIDADD.CPP에 있는 AfxIsValidAddress()의 구현이다.

```
BOOL AfxIsValidAddress( const void* lp, UINT nByte, BOOL bReadWrite )
{
        return (      lp != NULL
                  &&  !IsBadReadPtr( lp, nBytes)
                  &&  ( !bReadWrite || !IsBadWritePtr((LPVOID)lp, nBytes)));
}
```

이 함수는 인자로 들어온 pointer인 lp를 검사하기 위해 2개의 Win32 API를 사용한다: IsBadReadPtr( )과 IsBadWritePtr( ). 그 lp가 쓰기가능한(writable) pointer인지 확인하기 위해, 인자로 전달된 bReadWrite(default값은 TRUE)를 사용하였다.

MFC source code를 살펴보면, AfxIsValidAddress( )가 400번 이상 호출됨을 알 수 있다. 그것은 매우 중요한 함수임을 증명하는 것이다. 개발자는 자신의 응용프로그램에서 자유로이 이 함수를 사용할 수 있다.

일반적으로, MFC는 AfxIsValidAddress( )를 다음과 같이 ASSERT macro 안에서 사용한다.

```
ASSERT( AfxIsValidAddress( lpLogFont, sizeof( LOGFONT), FALSE));
```

개발자가 AfxIsValidAddress( )를 이용하여 함수의 인자로 사용되는 모든 pointer를 검사하는 것은 매우 좋은 습관이다. 왜냐하면 garbage pointer[(주21)]의 사용을 막을 수 있기 때문이다. ASSERT macro와 함께, AfxIsValidAddress( )는 응용프로그램을 매우 느리게 만든다. 하지만 release mode로 build하였을 경우에는 모두 사라지므로 걱정할 필요는 없다.
지금까지는 기본 진단(basic diagnostics)을 살펴보았다. 이제 좀더 진보된 Memory 진단(advanced memory diagnostics)을 살펴보자.

5.7.2 진보된 Memory 진단(Advanced Memory Diagnostic)

그럼 진보된 memory 진단의 핵심은 CMemoryState에 대해서 살펴보도록 하자.

① CMemoryState

진보된 진단(advanced diagnostics)의 사용에는 CMemoryState라는 helper class가 존재한다. Listing 5-15에 CMemoryState의 선언이 있다. 그리고 중요한 member function의 동작을 살펴보자.

Listing 5-15 The CMemoryState helper declaration

```
// Memory state for snapshots/leak detection
struct CMemoryState
{
// Attributes
      enum blockUsage
      {
            freeBlock,    // memory not used
            objectBlock,  // contains a CObject derived class object
            bitBlock,     // contains ::operator new data
            crtBlock,     // New in MFC 4.0
            ignoredBlock, // New in MFC 4.0
            nBlockUseMax  // total number of usages
```

21) garbage pointer : 프로그램 내에서 더 이상 사용하지 않는 쓰레기 pointer를 의미한다. 즉, garbage pointer는 memory 누수(leak)의 주 원인이 된다.

```
    };
    _CrtMemState m_memState;
    // Note : MFC 3.x had : CBlockHeader * m_pBlockHeader; instead
    LONG m_lCounts[nBlockUseMax];
    LONG m_lSizes[nBlockUseMax];
    LONG m_lHighWaterCount;
    LONG m_lTotalCount;

    CMemoryState();

// Operations
    void Checkpoint();  // fill with current state
    BOOL Difference( const CMemoryState& oldState,
                     const CMemoryState& newState);  // fill with difference
    void UpdateData();

    // Output to afxDump
    void DumpStatistics() const;
    void DumpAllObjectsSince() const;
};
```

CMemoryState는 할당된 memory block을 다음 목록 중 한 가지 상태에 이르게 한다.

- freeBlock – delayFreeMemDF의 설정에 의해서 해제가 연기된 memory block.
- objectBlock – 누수(leak)되거나 아직 해제(free)되지 않은, CObject-derived class형태로 할당된 memory block.
- bitBlock – 누수(leak)되거나 아직 해제(free)되지 않은, non-CObject-derived class형태로 할당된 memory block.
- crtBlock (only MFC 4.0 later) – C Runtime 함수를 통해 할당된 memory block.
- ignoredBlock(only MFC 4.0 later) – MFC의 memory 검사에서 무시된 memory block.

CMemoryState는, m_lCounts와 m_lSizes라는 member array에, 할당되어진 memory block들의 type에 대한 count과 size를 각각 저장한다.
m_lHighWaterCount는 가장 크게 할당된 memory block의 크기를 저장한다. m_lTotalCount는 할당된 memory block의 전체 크기를 저장한다.
m_memState나 m_pBlockHeader는 할당된 memory block으로 구성된 linked list의 header를 가리키고 있다.
앞에서 CMemoryState가 무엇을 저장하는지 설명하였다. 그렇다면 한 가지 의문이 생길 것이다.

CMemoryState가 객체의 할당을 전부 어떻게 알 수 있단 말인가? MFC는 new 연산자를 재정의(override)할 수 C++의 특징을 이용하여 memory 할당(allocation)과 제거(de-allocation)를 추적한다.

② Debug용 New 연산자

아마도 여러분은 ClassWizard에서 제공되는 source code에서 다음과 같은 문장을 본적이 있을 것이다.

```
#ifdef _DEBUG
     #define new DEBUG_NEW
#endif
```

_DEBUG가 정의되어져 있을 경우에는 모든 "new" 연산자를 DEBUG_NEW로 대체시킨다. 여기에 AFX.H에 있는 DEBUG_NEW의 정의가 있다.

```
#define DEBUG_NEW new( THIS_FILE, __LINE__)
```

debug mode로 build시에, 이 macro는 다소 색다른 new operator를 사용하도록 한다. 이 operator는 memory의 할당(allocation)/제거(de-allocation)를 추적하고 file의 이름과 줄 번호(line number)를 저장한다.
여기에 재정의(override)된 전역(global) debug용 new 연산자가 있다.

```
void* operator new( size_t nSize, LPCSTR lpszFileName, int nLine );
```

그럼 CMemoryState를 어떻게 사용하는지 살펴보도록 하자.

> **[Version Note]**
> Memory 진단의 구현은 MFC 3.x 와 MFC 4.0 사이에는 많은 변화가 있었다. 앞에서 언급한 것처럼, MFC 4.0 이상에서는 대부분의 C Runtime library routine을 지원하는 반면, MFC 3.x에서는 MFC 자신의 진단(diagnostics)만 지원한다.

③ Memory 누수 검출(Memory Leak Detection)

CMemoryState를 사용하여 memory 누수(leak)가 발생한 줄(line)의 위치를 지정할 수도 있으며, 응용프로그램의 memory 사용량을 결정할 수도 있으며, memory 사용량을 통계적으로 출력할 수도 있다.
Memory 누수를 검출해 내기 위해서는 CMemoryState의 Checkpoint( )를 사용한다. 그러고 나면, Difference( )라는 member function을 사용하여 두 checkpoint를 비교해 볼 수 있다. Listing 5-16은 이러한 기술의 예를 보여준다.

Listing 5-16 How to detect a memory leak

```
//
#ifdef _DEBUG
      CMemoryState startMemState, stopMemState, diffMemState;
      startMemState.Checkpoint(); // Start checking here
#endif // End _DEBUG
      CString abc = Free me!;
//
#ifdef _DEBUG
      stopMemState.Checkpoint();
      i f( differMemState.Difference(startMemState, stopMemState)) {
           TRACE(DANGER DANGER! Memory leak! ALERT!);
      }
#endif // End _DEBUG
```

④ Memory 사용량 통계 내기

CMemoryState는 다음과 같이 출력하는 DumpStatistics( )를 가지고 있다.

0 bytes in 0 Free Blocks.

52 bytes in 1 Object Blocks.

0 bytes in 0 Non-Object Blocks.

Largest number used : 52 bytes.

Total allocations : 52 bytes.

⑤ 모든 객체 Dump하기

CMemoryState는 모든 객체의 size, address, line을 dump할 수도 있다. Listing 5-17은 DumpAllObjectSince( )의 출력 결과의 예를 보여준다.

Listing 5-17 An example of dump of all objects

```
Dumping object ->
{34} strcore.cpp(78) : non-object block at $00651BE0, 8 bytes long
{31} plex.cpp(28) : non-object block at $00651AD4, 132 bytes long
```

```
{30} a CObjfunView object at $00651A78, 52 bytes long
{28} a CMDIChhildWnd object at $0065192C, 200 bytes long
{27} plex.cpp(28) : non-object block at $00651880, 132 bytes long
{26} a CObjfunDoc object at $006517F8, 96 byte long
{25} array_p.cpp(111) : non-object block at $006517BC, 20 bytes long
{24} array_p.cpp(72) : non-object block at $00651790, 4 bytes long
{23} winfrm2.cpp(66) : a CDockBar object at $006516E4, 132 bytes long
{22} array_p.cpp(72) : non-object block at $006516B8, 4 bytes long
{21} winfrm2.cpp(66) : a CDockBar object at $0065160C, 132 bytes long
{20} array_p.cpp(72) : non-object block at $00651E0, 4 bytes long
{19} winfrm2.cpp(66) : a CDockBar object at $00651534, 132 bytes long
{17} winfrm2.cpp(66) : a CDockBar object at $0065145C, 132 bytes long
{16} bardock.cpp(491) : non-object block at $006513AC, 136 bytes long
{13} plex.cpp(28) : non-object block at $00650FB0, 132 bytes long
{12} strcore.cpp(78) : non-object block at $00650B40, 7 bytes long
{10} a CMainFrame object block at $00650920, 456 bytes long
{9} plex.cpp(28) : non-object block at $00650874, 132 bytes long
{8} strcore.cpp(78) : non-object block at $00650818, 49 bytes long
{7} a CMultiDocTemplate object at $00650768, 136 bytes long
{5} strcore.cpp(78) : non-object block at $00650704, 7 bytes long
{4} strcore.cpp(78) : non-object block at $006506C8, 17 bytes long
{3} non-object block at $0065066C, 52bytes long
{2} non-object block at $00650618, 44bytes long
```

5.8 과연 CObject의 사용은 가치 있는가

지금까지 여러분은 CObject를 상속받음으로 해서 얻을 수 있는 특징에 대해서 살펴보았다. 그럼 앞에서 언급한 질문을 다시 떠올려 보자 : CObject를 base class로 두는 구조가 과연 성능 저하를 초래하지 않는가?

C++은 가상 함수를 관리하기 위해 run-time시 virtual table(vtable)을 구성한다. 앞으로 다시 돌아가 CObject는 5개의 가상함수를 가지고 있다. 그 중 2개는 debug mode일 경우에만 사용된다(따라서 release mode일 경우에는 프로그램의 성능에 아무런 영향을 미치지 않는다).

가상 함수의 사용에 따른 가장 큰 overhead는 virtual table의 크기에 따른 부하이다. 따라서, CObject의 3개의 가상 함수를 사용함으로 해서 생기는 장점(RTCI, Dynamic Creation, Serialize, Memory Diagnostics)과 그로 인해 유발되는 overhead 사이에는 분명 trade-off가 존재한다. 그 선택은 여러분의 몫이다. MFC의 몇몇 class만이 CObject에서 파생되지 않는다(그 class들 중 대부분은 매우 작고 어떠한 가상 함수도 사용하지 않는다).

5.9 결　론

이 시점에서 여러분은 non-GUI MFC header file인 AFX.H를 열어 보기 바란다. 그리고 그 file 안에 있는 모든 class와 helper function, 그리고 macro에 대해서 한번 살펴보기 바란다. 아마 어느 정도는 이해할 수 있을 것이다.

다음 장에서 MFC가 어떻게 dialog, control, document/view를 구현하고 있는지 살펴보도록 하자.

6장 MFC Dialog와 Control Class

이번 장에서는 MFC의 dialog와 control class에 대하여 살펴볼 것이다. MFC의 dialog와 control class를 살펴보기 전에 4장에서 살펴본 class들의 내부를 확실하게 이해하고 있어야 한다. 왜냐하면 이 class들은 CObject 외에도 CCmdTarget와 CWnd를 상속받기 때문이다.

우선, 여러분은 MFC가 Windows dialog를 구현한 방법과 더불어, DDX/DDV(dynamic data exchange/validation)를 살펴볼 것이다. 그 다음, 여러분은 MFC가 Windows 공용 대화상자(common dialog)와 OLE dialog를 encapsulation하고 있는 방법을 살펴볼 것이다. 공용 대화 상자를 살펴본 후 여러분은 MFC의 property sheet과 tab dialog를 살펴볼 것이다.

일단 dialog class의 내부를 살펴본 후 이번 장의 마지막 부분에서 MFC의 control class를 볼 것이다.

마지막으로, 여러분은 새롭고 흥미로운 Windows common control를 MFC가 어떻게 지원하고 있는지 살펴보게 될 것이다.

6.1 CDialog : Modal 그리고 Modeless Dialog

CDialog는 modal과 modeless dialog를 모두 지원한다. 우선, CDialog를 사용하는 방법에 대하여 간단히 살펴본 후, 이 class의 내부를 살펴보도록 하자. 또한 여러분은 dialog의 data를 초기화(initialization), 교환(exchange), 유효화(validation)시키는 과정을 살펴보게 될 것이다.

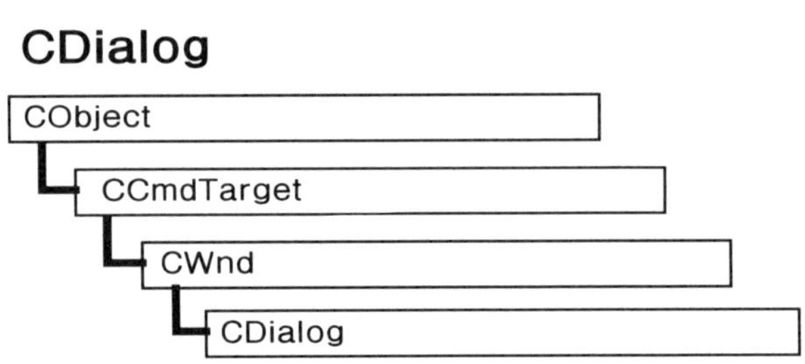

Figure 6-1 Hierarchy chart of MFC CDialog

6.1.1 CDialog 사용하기

일반적인 CDialog의 사용은 ClassWizard를 사용하여 CDialog 파생물를 생성하는 것이다. 그런 다음, CDialog 파생물과 dialog resource를 연결시키면 된다. Figure 6-2은 ClassWizard를 사용한 예를 보여준다.

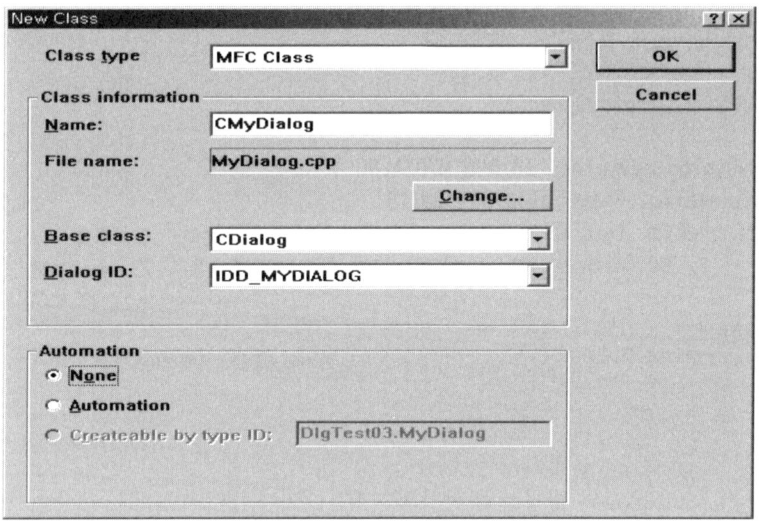

Figure 6-2 ClassWizard in action

CDialog는 modal dialog과 modeless dialog를 모두 지원한다. modal dialog는 프로그램의 나머지 부분을 고정(freeze)시켜 버리고, 사용자에게 dialog에서 무언가를 하기를 강요한다. Modal dialog의 좋은 예제로 common color dialog box를 들 수 있다. 이 dialog가 화면에 나타나면 이 dialog를 제거하기 위해서는 OK button을 눌러야 한다. 반면 modeless dialog에는 사용자는 dialog가 떠 있는 동안에도 프로그램을 계속 사용할 수 있다. modeless dialog의 좋은 예로 MS Word의 spell check dialog box를 들 수 있다. 그럼 CDialog의 modal과 modeless를 간단히 살펴보도록 하자.

```
#define CModalDialog  CDialog
```

[History Note]

MFC 1.0에서는 2개의 dialog class가 있었다. 바로 CDialog와 CModalDialog이다. MFC 1.0 이후 version에서는 두 class를 CDialog로 통합하였다. 오늘날에도 하위 호환을 유지하기 위해 MFC는 다음과 같은 #define 문을 AFXWIN.H에 정의하고 있다.

① Modal Dialog

여러분은 CDialog 파생물의 객체를 stack 영역[주1]에 생성하고 member function인 DoModal( )를 호출함으로써 modal dialog를 만들어 낼 수 있다. DoModal( )은 dialog를 초기화하고, 화면에 보여주고, 파괴한다.

또한 여러분은 DoModal( )을 종료한 후 그 결과값을 검사하여 사용자가 OK을 선택했는지, Cancel을 선택했는지 알 수 있다. 또 CDialog 파생물 안에 저장된 정보에 접근할 수도 있다. 다음은 MFC modal dialog의 전형적인 예제이다.

```
void CMyView::DisplayOrder()
{
        CMyDialog myDialog( ID_DLG_MYDIALOG );
        int nRetVal = myDialog.DoModal();
        if( nRetVal == IDOK ) {
                // Do OK processing, maybe retrieve a value from myDialog ?
        }
        else {
                // Do Cancel processing, maybe reset some values?
        }
}
```

앞의 예제에서 CMyDialog의 생성자로 전달되는 ID_DLG_MYDIALOG는 dialog template ID를 나타낸다. CDialog의 생성자는 인자로 dialog template ID나 dialog template name을 가진다. 다음은 CDialog 생성자의 원형(prototype)을 보여준다.

```
// CDialog's constructor
CDialog( LPCTSTR lpszTemplateName, CWnd* pParentWnd = NULL );
CDialog( UINT nIDTemplate, CWnd* pParentWnd = NULL );
```

② Modeless Dialog

보통 Modeless dialog는 그 수명이 다소 길기 때문에 new 연산자를 사용하여 heap영역[주2]에 생성한다. 대부분의 프로그램은 modeless dialog를 추적하기 위해 이 dialog가 생성될 때 member data에 그 pointer를 저장한다. 나중에 그 member data를 사용하여 modeless dialog를 파괴할 수 있다.

1) 지역 변수로서 model dialog객체를 생성함을 의미한다. 지역 변수는 자신이 선언된 범위를 벗어나면 자동으로 statck 영역에서 사라진다.
2) new 연산자를 사용하여 modeless dialog 객체를 생성함을 의미한다. 이렇게 생성된 객체는 delete 연산자를 사용하여 heap 영역에서 지우거나 응용프로그램이 종료할 때까지 사라지지 않는다.

modeless CDialog를 생성한 후 dialog를 화면에 보여주기 위해서 명시적으로 member function인 Create( )를 호출하여야 한다. modeless dialog는 상속받은 CWnd::DestroyWindow( )를 통해서 파괴된다.
다음 code는 modeless dialog를 생성하고 화면에 보여주고, 파괴하는 과정을 보여준다.

```
// construct it, store in a member variable.
m_pDlgMyDlgPtr = new CMyDialog;
// Display it, pass in the template reference
m_pDlgMyDlgPtr->Create( ID_DLG_MYDIALOG );
// Sometime later, nuke it
m_pDlgMyDlgPtr->DestroyWindow();
m_pDlgMyDlgPtr = NULL;
```

③ Dialog의 기능들

modal/modeless dialog를 생성하는 것 외에도 CDialog는 몇 가지 편리한 기능을 지원한다. 예를 들어 여러분은 NextDlgCtrl( )/PrevDlgCtrl( )/GotoDlgCtrl( )를 사용하여 dialog내의 control를 반복하여 방문할 수 있다.
또, CDialog는 OK/Cancel button을 눌렀을 때 일어나는 행동과 dialog의 초기화 과정을 재정의(override)할 수 있다.
여러분은 ClassWizard를 사용하여 CDialog 파생물를 쉽게 생성할 수 있다. 그럼, MFC가 CDialog를 어떻게 구현하였는지 살펴보도록 하자.

6.1.2 CDialog의 내부

dialog를 생성하는 데 도움을 주는 Win32 API는 다음과 같다.

- CreateDialog( ) dialog template으로부터 modeless dialog를 생성한다.
- CreateDialogIndirect( ) dialog template pointer[주3]로부터 modeless dialog를 생성한다.
- DialogBox dialog template로부터 modal dialog를 생성한다.
- DialogBoxIndirect( ) dialog template pointer로부터 modal dialog를 생성한다.

CDialog는 단지 CreateDialogIndirect( ) API를 호출하고, modality를 구현하기 위해 Windows dialog API를 사용하는 대신 스스로 modality를 구현한다. 따라서 MFC는 앞의 API 중 Indirect

3) dialog template pointer : 좀더 구체적으로 CDLGTEMPLATE pointer를 의미한다. CDLGTEMPLATE은 dialog를 생성하기 위해서 사용되는 구조체로써 MFC는 dialog template ID(또는 name)을 사용하여 이 구조체를 생성한다. 여러분은 CDialog::DoModal( )을 살펴볼 때 만나게 될 것이다.

version만을 호출한다.

MFC의 초기 version에서는 API인 CreateDialogIndirect( )를 호출하는 것이 CDialog가 하는 모든 일이었다. version이 올라가면서 새로운 특징이 추가되게 되었고, 그럴수록 CDialog는 더욱 복잡해졌다. 예를 들어 OLE control의 추가는 CDialog의 code를 2배 가까이 크게 만들었다. 왜냐하면 많은 수의 OLE interface들이 OLE control의 지원을 위해 필요하기 때문이다.

여러분은 15장에서 OLE control exception에 대하여 살펴볼 것이다. 따라서 여기서는 CDialog를 어떻게 포장(wrap)했으며, Win32 dialog API를 어떻게 향상시켰는지에 중점을 맞춘다.

CDialog는 AFXWIN.H에 선언되어 있고 그 구현은 DLGCORE.CPP에 있다. CDialog의 몇몇 member는 MFC inline file인 AFXWIN2.INL에 있다.

① 요약된 CDialog의 선언

CDialog가 어떻게 동작하는지 알기 위해, 우선 요약된 CDialog의 선언을 보자. Listing 6-1은 CDialog의 문서화되지 않은 구현부분에 대하여 초점을 맞추었기 때문에 많은 CDialog의 member를 생략하였다.

Listing 6-1 The abbreviated CDialog declaration, from AFXWIN.H

```
class CDialog : public CWnd
{
      DECLARE_DYNAMIC( CDialog )
// Construction **omitted
// Attributes **omitted
// Operations **omitted
// Overridables **omitted
// Implementation **The good stuff!!
public :
      virtual ~CDialog();
      virtual BOOL PreTranslateMessage( MSG* pMsg );
      virtual BOOL OnCmdMsg(  UINT                 nID,
                              int                  nCode,
                              void*                pExtra,
                              AFX_CMDHANDLERINFO* pHandlerInfo);
virtual BOOL CheckAutoCenter();
protected :
      UINT m_nIDHelp; // Help ID ( 0 for none, see HID_BASE_RESOURCE )
      // parameters for 'DoModal'
      LPCTSTR m_lpszTemplateName; // name or MAKEINTRESOURCE
      HGLOBAL m_hDialogTemplate; // indirect ( m_lpDialogTemplate == NULL )
      LPCDLGTEMPLATE m_lpDialogTemplate; // indirect if (    m_lpszTemplateName
```

```
                                    //                    == NULL )
    void* m_lpDialogInit; // DLGINT resource data
    CWnd* m_pParentWnd    // parent/owner window
    HWND  m_hWndTop;      // top level parent window ( may be disable )

    _AFX_OCC_DIALOG_INFO* m_pOccDialogInfo;
    virtual BOOL SetOccDialogInfo( _AFX_OCC_DIALOG_INFO* pOccDialogInfo );
    virtual void PreInitDialog();
// implementation helpers
    HWND PreModal();
    void PostModal();

protected : // ** some omitted
    afx_msg LRESULT OnCommandHelp( WPARAM wParam, LPARAM lParam);
    afx_msg LRESULT HandleInitDialog( WPARAM, LPARAM );
    afx_msg LRESULT HandleSetFont( WPARAM, LPARAM );
    DECLARE_MESSAGE_MAP()
};
```

다음은 CDialog의 문서화되지 않은 member에 대한 간단한 설명이다. 여러분은 CDialog의 다양한 특징을 알아보면서, 이들 member 중 몇몇은 더욱 자세하게 살펴보게 될 것이다.

①-1 문서화되지 않은 CDialog의 Member들

CDialog의 member data는 생성자(constructor)에 전달된 정보와 CDialog의 초기화 정보를 저장하는 데 사용된다. 이들 member data는 "protected"로 선언되어 있다. 따라서 이들 member data는 CDialog-derived class에서만 접근 가능하다.

- m_nIDHelp button에 대한 help ID. 보통 template ID로부터 결정된다.
- m_lpszTemplateName resource template의 이름. 만약 어떤 ID가 주어지면, m_lpszTemplateName은 MAKELONG(0, ID)가 될 것이다.
- m_hDialogTemplate load된 resource template의 handle.
- m_lpDialogInit dialog를 초기화하는 data의 pointer. 그 data는 resource file에서 load되고, resource ID를 통해서 해당 dialog와 연관된다. m_lpDialogInit은 dialog가 초기화될 때 사용되므로, 여러분은 m_lpDialogInit를 좀더 자세히 살펴보게 될 것이다.
- m_pParentWnd 부모(parent) window를 가리키는 CWnd형 pointer.
- m_hWndTop top-level의 parent window의 handle.
- m_pOccDialogInfo OLE control에서 필요로 하는 정보를 저장한다.

① -2 매우 흥미로운 CDialog의 Member Function들

- virtual PreTranslateMessage( ) – tool tip과 SHIFT-F1 context-sensitive help와 같은 특별한 경우의 message를 여과(filter)시켜준다.
- virtual OnCmdMsg( ) – 부모(parent) window와 현재의 CWinThread 객체에게 command message를 전달한다.
- virtual CheckAutoCenter( ) – 해당 dialog가 auto-center로 설정되었는지 검사한다(즉 window style에 DS_CENTER, DS_CENTERMOUSE 또는 DS_ABSALIGN가 설정되었는지 검사한다, 또한 x와 y는 zero여야 한다).
- virtual SetOccDialogInfo( ) – member data인 m_pOccDialogInfo를 설정한다.
- virtual PreInitDialog( ) – CDialog 파생물을 담아 두는 장소이다. PreInitDialog( )는 WM_INITDIALOG가 처리되기 전에[즉, OnInitDialog( )가 호출되기 전에] 호출된다. 이 함수는 어떤 초기화 보다도 더 먼저 초기화 작업을 하고자 할 때 편리하다.
- PreModal( ) – 생성된 dialog window에 CDialog 객체를 연결(attach)시킴으로써, 그 CDialog가 DoModal( )를 호출할 준비를 마련한다.
- PostModal( ) – DoModal( )가 종료한 후, CDialog에서 dialog window를 분리(detach)시키고 CDialog가 더 이상 message를 받지 못하도록 설정한다.

여러분은 CDialog의 핵심 member function을 살펴보면서, 이들 문서화되지 않은 member function을 다시 만나게 될 것이다.

② Modal CDialog의 일생

우선, dialog가 어떻게 생성되고 어떻게 전개되어 가는지 알아보기 위해 modal dialog의 일생에 대하여 살펴보도록 하자.

CDialog의 review에서 보았듯이 보통 여러분은 지역 변수로서 CDialog-derived 객체를 생성하고 나서, 그 객체의 DoModal( )을 호출한다. 따라서 여기서 관심 있는 CDialog의 member는 생성자(constructor)와 DoModal( )이다.

② -1 CDialog 생성자(Constructor)

CDialog는 2개의 중복 정의(overload)된 modal 생성자를 가지고 있다: (1) 하나는 첫번째 인자로서 string template name을 가지고, (2) 다른 하나는 첫번째 인자로서 resource ID를 가진다. 그 resource ID는 매우 종종 언급되고 있으므로, 생성자의 구현을 살펴보도록 하자. Listing 6-2는 modal CDialog 생성자의 pseudocode를 보여준다.

Listing 6-2 The CDialog constructor, from DLGCORE.CPP

```
CDialog::CDialog( UINT nIDTemplate, CWnd* pParentWnd )
{
	AFX_ZERO_INIT_OBJECT( CWnd );
	m_pParentWnd         = pParentWnd;
	m_lpszTemplateName   = MAKEINTRESOURCE( nIDTemplate );
	m_nIDHelp            = nIDTemplate;
}
```

Listing 6-2에서 알 수 있듯이, modal CDialog 생성자는 AFX_ZERO_INIT_OBJECT macro를 사용하여 그 instance를 zero로 만든다.(주4) 그러고 나서, 전달된 인자들은 해당되는 CDialog의 member data에 저장한다.

```
#define AFX_ZERO_INIT_OBJECT(base_class) \
	memset(((base_class*)this)+1, 0, sizeof(*this) - sizeof(class base_class));
```

②-2 DoModal( )

일단 CDialog 파생물이 생성되면, 여러분은 DoModal( )을 호출해야 한다. DoModal( )은 dialog를 생성하고(creation), 화면에 보여주고(display), 그리고 파괴하는(destruction)동작을 한다. 여러분은 이 함수가 매우 길 것이라 예상할 것이다. 맞다. Listing 6-3은 CDialog::DoModal( )의 pseudocode를 보여준다.

Listing 6-3 CDialog::DoModal() pseudocode, from DLGCORE.CPP

```
int CDialog::DoModal()
{
	// Code Block 1
	LPCDLGTEMPLATE  lpDialogTemplate = m_lpDialogTemplate;
	HINSTANCE       hInst            = AfxGetResourceHandle();
	HGLOBAL         hDialogTemplate  = m_hDialogTemplate;

	if( m_lpszTemplateName != NULL ) {
		HINSTANCE hInst = AfxFindResourcehandle( m_lpszTemplateName, RT_DIALOG );
		HRSRC hResource = ::FindResource( hInst, hResource, RT_DIALOG );
		hDialogTemplate = LoadResource( hInst, hResource );
	}
```

4) AFX_ZERO_INIT_OBJECT는 해당 객체의 member data들(virtual table 이후 부분)을 모두 zero로 만든다.

```
if( hDialogTemplate != NULL )
     lpDialogTemplate = (LPCDLGTEMPLATE ) LockResource( hDialogTemplate );
// return 1, in case of failure to load the dialog template resource
if( lpDialogTemplate == NULL )
     return 1;
// Code Block 2
HWND hWndParent = PreModal();
AfxUnhookWindowCreate();
BOOL bEnableParent = FALSE;
if( hWndParent != NULL && ::IsWindowEnabled( hWndParent ))
     ::EnableWindow( hWndParent, FALSE );
bEnableParent = TRUE;
// Code Block 3
// create modeless dialog
AfxHookWindowCreate( this );
if( CreateDlgIndirect( lpDialogTemplate,
                       CWnd::FromHandle( hWndParent ),
                       hInst )) {
     if( m_nFlag & WF_CONTINUEMODAL ) {
          // enter modal loop
          DWORD dwFlags = MLF_SHOWONIDLE;
          if( GetStyle() & DS_NOIDLEMSG)
               dwFlags |= MLF_NOIDLEMSG;
          VERIFY(RunModalLoop(dwFlags) == m_nModalResult);
     }
     if (m_hWnd != NULL)
          SetWindowPos( NULL, 0, 0, 0, 0,
                         SWP_HIDEWINDOW
                         |SWP_NOSIZE
                         |SWP_NOMOVE
                         |SWP_NOACTIVATE
                         |SWP_NOZORDER);
}
if (bEnableParent)
     ::EnableWindow(hWndParent, TRUE);
if (hWndParent != NULL && ::GetActiveWindow() == m_hWnd)
     ::SetActiveWindow(hWndParent);

// Code Block 4
DestroyWindow();
PostModal();

if (m_lpszTemplateName != NULL || m_hDialogTemplate != NULL)
     UnlockResource(hDialogTemplate);
```

```
        if (m_lpszTemplateName != NULL)
            FreeResource(hDialogTemplate);

        return m_nModalResult;
    }
```

CDialog::DoModal( )은 매우 긴 함수이다. 따라서 이 함수를 쉽게 살펴보기 위해 // Code Block 1과 같은 주석(comment)을 추가하였다.

Code Block 1 : dialog resource 읽어 들이기(Loading)
DoModal( )의 첫번째 부분은 응용프로그램의 resource file에서 dialog template을 찾고(find), 읽고(load), 잠그기(lock) 위해 dialog template name을 사용한다. 만약 DoModal( )이 resource를 읽어 들이지 못한다면, −1(error code)을 반환한다.

Code Block 2 : dialog 생성 준비하기
DoModal( )의 두 번째 부분에서는 우선 PreModal( )을 호출한다. PreModal( )은 몇 가지 안전 점검을 하고[예를 들어 DoModal( )이 modeless dialog에서 호출되지 않았는지 확인한다]parent window의 handle을 찾아서 반환한다[PreModal( )은 CWnd::GetSafeOwner( )를 호출하여 parent window의 handler을 찾아내고 m_hWndTop에 저장한다].
PreModal( )이 호출된 후 dialog의 parent를 disable시키기 위해 ::EnableWindow(FALSE)를 호출한다(따라서 parent window는 어떠한 message도 받을 수 없다). 이것을 parent window(보통 main window)를 얼려버린다(freeze)라고 한다.

Code Block 3 : dialog 보여 주기(Display)
DoModal( )의 세 번째 부분에서는 우선 DoModal( )은 AfxHookWindow( )를 호출하여 dialog에 MFC 객체를 첨부할 준비를 한다. 그런 다음 DoModal( )은 CWnd::CreateDlgIndirect( )를 호출한다. 이 함수는 문서화되지 않은 CWnd의 member function으로써 DLGCORE.CPP에서 찾을 수 있다. CWnd::CreateDlgIndirect( )은 몇가지 error 검사를 하고, dialog를 위한 기본 font를 구축한다. 기본 font가 구축된 후, CWnd::CreateDlgIndirect( )은 CWnd::m_nFlags와 WF_CONTINUEMODAL를 bitwise−OR 연산을 한다. 그리고 CWnd::CreateDlgIndirect( )는 Win32 API인 CreateDialogIndirect( )를 호출한다(이 때, 인자로서 dialog template, parent handle, 그리고 dialog procedure인 AfxDlgProc이 사용된다). 모든 것이 올바로 수행되었으면, CWnd::CreateDlgIndirect( )는 TRUE를 반환한다. 그렇지 않으면, FALSE를 반환한다.

만약 CWnd::CreateDlgIndirect( ) 호출이 성공적이면, DoModal( )은 CWnd::RunModalLoop( )을 호출한다. CWnd::RunModalLoop( )은 사용자가 OK나 Cancel button을 누를 때까지 계속해서 message를 처리한다. OnOK( )나 OnCancel( )은 모두 EndDialog( )를 호출한다. EndDialog( )는 다시 CWnd::EndModalLoop( )을 호출한다. 따라서 CWnd::RunModalLoop( )의 message 처리과정은 중지되고, 제어권은 DoModal( )로 되돌아간다.

일단 RunModalLoop( )가 종료되면, DoModal( )은 사용을 마친 modal dialog를 숨기기 위해 SetWindowPos( )를 호출한다. 그 dialog를 숨긴 후 DoModal( )은 EnableWindow(TRUE)를 호출하여 parent window를 다시 enable시키고, SetActivateWindow( )를 호출하여 parent window가 새로운 active window가 되게 한다.

Code block 4 : 모든 것이 잘 수행되었다. 마무리를 하자.

DoModal( )의 네 번째 부분은 다음과 같은 과정을 거친 상황이다 : (1) modal dialog는 화면에 보여지고 있었고, (2)사용자가 OK나 Cancel을 눌러서, (3) dialog가 감추어져 버렸다. 지금 DoModal( )은 window dialog 객체를 파괴하기 위해 DestoryWindow( )한 후 PostModal( )을 호출한다. PostModal( )은 Windows 객체에서 C++ 객체를 분리하고(detach), m_hWndTop을 NULL로 설정한다.

마지막으로, DoModal( )은 풀어주어야 할 resource를 unlock하고 memory상에서 해제한다. 그러고 나서 DoModal( )은 CWnd::RunDodalLoop( )의 결과값을 반환한다.

휴! 정말로 DoModal( )은 많은 일을 한다. 요약해 보면, DoModal( )은 Win32 API CreateDialogIndirect( )를 호출하고, 모든 message를 처리하기 위해 CWnd::RunModalLoop( )를 사용하고, dialog가 modality가 되게 한다. modal loop logic은 CWnd 안에 존재하기 때문에 여러분은 여러분 자신의 CWnd 파생물을 modal로 만들 수 있다(즉, CDialog를 생속받지 않고도 modal를 지원하는 window를 만들 수 있다). 나중에 살펴볼 MFC property sheet은 이러한 처리 과정을 보여주는 좋은 예이다.

3 Modeless CDialog의 일생

지금까지 modal dialog가 어떻게 생성되는지 살펴보았다. 그럼 modeless dialog가 어떻게 생성되는지 살펴보도록 하자. 보통 여러분은 new 연산자를 사용하여 modeless dialog를 생성한 후,CDialog::Create( )를 호출하여 초기화를 하고, 그 dialog를 화면에 보여준다. 여러분은 CDialog::EndDialog( )를 호출하여 dialog를 종료시킬 수 있다.

③-1 CDialog::Create( )

CDialog의 기본 생성자는 AFX_ZERO_INIT_OBJECT를 사용하여 자신을 zero로 만든다. 따라서 CDialog::Create( )로 곧바로 넘어가자. Listing 6-4는 CDialog::Create( )를 보여준다.

Listing 6-4 The CDialog::Create() implement, from DLGCORE.CPP

```
BOOL CDialog::Create(LPCTSTR lpszTemplateName, CWnd* pParentWnd)
{
        m_lpszTemplateName = lpszTemplateName;  // used for help
        if (HIWORD(m_lpszTemplateName) == 0 && m_nIDHelp == 0)
             m_nIDHelp = LOWORD((DWORD)m_lpszTemplateName);

#ifdef _DEBUG
        if (!_AfxCheckDialogTemplate(lpszTemplateName, FALSE)) {
             ASSERT(FALSE);            // invalid dialog template name
             PostNcDestroy();          // cleanup if Create fails too soon
             return FALSE;
        }
#endif //_DEBUG
        HINSTANCE hInst      = AfxFindResourceHandle(lpszTemplateName, RT_DIALOG);
        HRSRC     hResource  = ::FindResource(hInst, lpszTemplateName, RT_DIALOG);
        HGLOBAL   hTemplate  = LoadResource(hInst, hResource);
        BOOL      bResult    = CreateIndirect(hTemplate, pParentWnd, hInst);
        FreeResource(hTemplate);

        return bResult;
}
```

우선, Create( )는 template name과 help IDs를 해당 member data에 저장한다. 그 다음, Create( )는 그 template이 유효한지를 검사한다. 모든 검사가 끝나면, Create( )은 resource를 찾고(find) 읽어 들인다(load).

일단 resource가 제대로 읽혀지면, Create( )는 dialog를 생성하기 위해 CDialog::CreateIndirect( )는 호출한다. CreateIndirect( )는 AfxGetMainWnd( )를 호출하고, 그 반환값을 사용하여 parent window를 설정한 후, CWnd::CreateDlgIndirect( )를 호출한다[결국, CWnd::CreateDlgIndirect( )는 Win32 API CreateDialogIndirect( )를 호출한다]. 마지막으로, Create()는 FreeResource( )를 호출하여 읽어 들인 resource를 해제하고, CreaetIndirect( )의 호출 결과를 반환한다.

이 시점에서 modeless dialog는 화면에 나타난다. 따라서 사용자는 그 modeless dialog와 서로 대화할 수 있다. 그 modeless dialog는 사용자가 “OK”나 “Cancel” button을 누를 때까지 계속해서 화면에 보여진다. 사용자가 “OK”나 “Cancel” button을 누르면, EndDialog( )가 호출된다. 물론 여러분은 EndDialog( )를 직접 호출하여 modeless dialog를 종료시킬 수 있다.

[CDialog::Create( )의 흥미로운 기술]

CDialog:Create( )안을 살펴보면, DEBUG mode로 build시에 수행되는 몇 가지 검사과정이 있다. Create( )는 진단(diagnostics) 함수인 _AfxCheckDialogTemplate( )을 호출한다. 이 함수는 다양한 검사를 통해서 올바른 dialog template이 사용되고 있음을 보장해 준다. 여러분은 여러분 자신의 class에서 이 함수를 사용해 볼 수 있을 것이다.

③-2 CDialog::EndDialog( )

modal dialog에 대하여 이야기할 때, EndDialog( )에 대하여 간단히 살펴보았다. 여기선 좀더 자세히 살펴보도록 하자. Listing 6-5는 CDialog::EndDialog( )의 source code를 보여준다.

Listing 6-5 CDialog::EndDialog() pseudocode, from DLGCORE.CPP

```
void CDialog::EndDialog( int nResult )
{
        if( m_nFlags & ( WF_MODALLOOP | WF_CONTINUEMODAL ))
            EndModalLoop( nResult );
        ::EndDialog( m_hWnd, nResult );
}
```

modeless dialog의 경우, WF_MODALLOOP flag는 설정되어 있지 않을 것이다. 따라서 EndMoDalLoop()는 호출되지 않는다. Win32 API인 ::EndDialog()는 그 dialog가 파괴되었는지 확인한다.

6.1.3 CDialog Control 초기화

MFC CDialog control 초기화는 매우 투명해서(transparent) 여러분은 그것이 어떻게 구현되었는지에 대하여 너무 곰곰이 생각할 필요는 없다. 여러분은 단지 VC++ resource editor를 띄우고, dialog안에 one, two, three라는 string을 초기값으로 가지는 하나의 combo box를 올려 놓기 바란다.

MFC가 어떻게 이들 string값을 얻어온단 말인가? VC++이 생성해준 code를 살펴보아도 다음과 같은 code는 존재하지 않을 것이다.

```
m_pCombo->AddString(one);
m_pCombo->AddString(two);
m_pCombo->AddString(three);
```

여러분이 CDialog의 초기화를 추적해 본다면 아마 여러분은 MFC가 어떻게 CDialog의 초기화를 수행하는지 알 수 있을 것이다.

① WM_INITDIALOG

dialog가 생성될 때, Windows는 dialog가 화면에 보여지기 전에 WM_INITDIALOG message를 그 dialog에게 보낸다. 이는 control이 사용자에게 보여지기 전에, 응용프로그램이 그 control을 초기화할 수 있게 해준다.

CDialog message map은 WM_INITDIALOG를 CDialog::HandleInitDialog( )에 연계(map)시켜 준다. HandleInitDialog( )는 몇몇 OLE control의 초기화를 수행하고 CDialog::OnInitDialog( )가 호출되도록 해 준다[보통, CDialog::OnInitDialog( )는 WM_INITDIALOG의 handler이다]. CDialog::OnInitDialog( )는 CWnd::ExecuteDlgInit( )를 호출한다. CWnd::ExecuteDlgInit( )에서 실질적인 dialog의 초기화가 이루어진다.

[CWnd::ExecuteDlgInit()]

이 시점에서, 아마도 여러분은 왜 CWnd안에 CDialog에 특화된 많은 routine들이 존재하는가?라는 의문이 들 것이다. 좋은 지적이다. 그 이유는 그 routine을 필요로 하는 많은 CWnd-derived class들이 CDialog를 상속받지 않기 때문이다.[주5] 따라서 MFC 설계팀은 같은 code를 중복시키기보다는 공통된 부모인 CWnd에 몰아 넣기로 결정한 것이다. 이것은 다소 객체지향적으로 보이지는 않지만, 초기화 및 modality를 처리하는 많은 code들이 중복되는 문제를 해결해 준다. 나중에 배울 MFC property sheet을 살펴보게 되면, 그 이유를 더욱 명확히 알게 될 것이다.

①- 1 첫번째 CWnd::ExecuteDlginit( )

CWnd에는 2개의 중복 정의(overload)된 CWnd::ExecuteDlgInit( )이 있다. 첫번째 ExecuteDlgInit( )은 것은 인자로서 dialog template name(lpszResourceName)을 가진다. Listing 6-6은 첫번째 ExecuteDlgInit( )을 보여준다.

Listing 6-6 The first CWnd::ExecuteDlgInit( ) pseudocode, from WINCORE.CPP

```
BOOL CWnd::ExecuteDlgInit(LPCTSTR lpszResourceName)
{
      // find resource handle
      LPVOID lpResource = NULL;
      HGLOBAL hResource = NULL;
      if (lpszResourceName != NULL) {
            HINSTANCE hInst = AfxFindResourceHandle(lpszResourceName, RT_DLGINIT);
            HRSRC hDlgInit = ::FindResource(hInst, lpszResourceName, RT_DLGINIT);
            if (hDlgInit != NULL) {
                  // load it
                  hResource = LoadResource(hInst, hDlgInit);
```

5) 즉, 그 routine들은 단지 CDialog에 특화된 것이 아니라는 결론에 도달한다.

```
                if (hResource == NULL)
                    return FALSE
                // lock it
                lpResource = LockResource(hResource);
                ASSERT(lpResource != NULL);
            }
        }

        // execute it
        BOOL bResult = ExecuteDlgInit(lpResource);

        // cleanup
        if (lpResource != NULL && hResource != NULL ) {
            UnlockResource(hResource);
            FreeResource(hResource);
        }
        return bResult;
}
```

왜 그 인자를 가지는가?라고 여러분은 질문할 것이다. 아마도 여러분은 첫번째 ExecuteDlgInit( )가 dialog template를 가지고 뭔가를 할 것이라고 추측할 것이다. 하지만 그렇지는 않다. 첫번째 ExecuteDlgInit( )는 resource를 읽어 들일 뿐이다. 만약 여러분이 VC++에서 생성해 준 .RC file을 살펴본다면, Listing 6-7과 같은 모습의 resource를 발견하게 될 것이다.

Listing 6-7 DLGINIT resource data

```
IDD_ABOUTBOX DLGINIT
BEGIN
IDC_COMBO1, 0x403, 4, 0
0x6e6f, 0x0065,
IDC_COMBO1, 0x403, 4, 0
0x7774, 0x006f,
IDC_COMBO1, 0x403, 6, 0
0x6874, 0x6572, 0x0065
IDC_COMBO1, 0x403, 5, 0
0x6f66, 0x7275, \000
IDC_COMBO1, 0x403, 5, 0
0x6966, 0x6576, \000
IDC_COMBO1, 0x403, 4, 0
0x6973, 0x6578,
IDC_COMBO1, 0x403, 6, 0
0x6573, 0x6576, 0x006e
0
END
```

Listing 6-7은 사용자 정의 resource로서, 여러분이 직접 resource file에 여러분이 원하는 dialog name을 넣을 수 있다. 예를 들어, Listing 6-7의 경우는 dialog name은 DLGINIT이고 resource ID는 IDD_ABOUTBOX이다. MFC는 이러한 data가 존재한다는 것을 알고 있다. 따라서, 첫번째 ExecuteDlgInit( )은 주어진 lpszResourceName에 대한 dialog template를 찾는다. 만약 그 resource가 존재하면, ExecuteDlgInit( )은 그 resource를 잠그고(lock) 읽어 들인(load) 후, 그 resource가 저장된 곳의 pointer를 얻는다. 일단 그 pointer를 가지게 되면, 첫번째 ExcuteDlgInit( )은 두 번째 ExecuteDlgInit( )를 호출한다. 두 번째 ExecuteDlgInit( )는 읽어 들인 resource를 분석(parse)한다.

①-2 두 번째 ExcuteDlgInit( ) : DLGINIT Data 분석하기(Parse)

이로써 여러분은 MFC가 dialog를 초기화하는 데 필요한 resource를 어디(where)에 놓아 두는지 알게 되었다. 남아 있는 가장 큰 의문은 resource의 형식(format)이다. 그럼, 두 번째 ExecuteDlgInit( )가 읽어 들인 resource를 가지고 무엇을 하는지 살펴보도록 하자. Listing 6-8은 축약된 두번째 ExecuteDlgInit( )을 보여준다. code의 간소화를 위해 OLE control의 초기화 code는 생략하였다.

Listing 6-8 The second CWnd::ExecuteDlgInit( ), from WINCORE.CPP

```
BOOL CWnd::ExecuteDlgInit( LPVOID lpResource )
{
        BOOL bSuccess = TRUE;
        UNALIGNED WORD* lpnres = (WORD*)lpResource;
        while( bSuccess && *lpnRes != 0 ) {
              WORD nIDC = *lpnRes++;
              WORD nMsg = *lpnRes++;
              DWORD dwLen = *((UNALIGED WORD*)lpnRes)++;
              if( nMsg == LB_ADDSTRING || nMsg == CB_ADDSTRING ) {
                    if( ::SendDlgItemMessageA( m_hWnd,
                                               nIDC,
                                               nMsg,
                                               0,
                                               (LONG)lpnRes) == -1 )
                          bSuccess = FALSE;
              }
        // skip past data lpnRes = (WORD*)((LPBYTE)lpnRes + (UINT)dwLen );
        }
        return bSuccess;
}
```

ExcuteDlgInit( )은 읽어 들인 resource를 반복 탐색[주6]하기 위해 WORD형 pointer인 lpnRes를 사용한다. 우선, ExcuteDlgInit( )은 ID를 추출하여 nIDC에 넣는다. 그 다음 message를 추출하여 nMsg에 넣는다. 마지막으로, DWORD를 추출하여 dwLen에 넣는다.
만약 추출된 nMsg가 LB_ADDSTRING이나 CB_ADDSTRING이면, ExecuteDlgInit( )는 추출한 data와 함께 SendDlgItemMessageA( )를 호출한다.

② 지금까지 살펴본 code 조각을 맞추어 보자

지금까지 여러분은 MFC dialog control의 초기화 과정의 조각들을 모두 살펴보았다. 그럼, 이 나누어진 조각들을 맞추어 보도록 하자.
WM_INITDIALOG를 처리하는 dialog의 handler부분에서, MFC는 control message를 포함한 resource를 읽어 들인다. ExcuteDlgInit( )은 raw data를 반복 탐색하고, 그 message를 해독하고(decode), 그 해독된 message를 이미 생성되어 있는 dialog control에게 보낸다(하지만, 아직 그 control이 화면에 보이는 것은 아니다).
이러한 접근 방법의 또 다른 이득은 (1) 그 string들이 실행 code부분의 memory를 전혀 차지하지 않고, (2) 그 string들이 resource file에 있기 때문에 그 string들을 좀더 쉽게 다국어화할 수 있다.
이와 같은 방법을 사용하여 OLE control도 초기화된다는 사실을 기억하기 바란다. 여러분은 15장에서 좀더 자세히 OLE control의 내부에 대하여 살펴보게 될 것이다.
그럼, MFC dialog가 제공하는 또 다른 흥미로운 특징을 살펴보도록 하자: (1) MFC는 dialog member variable과 control 사이의 정보 교환을 쉽게 해줄 뿐만 아니라, (2) 사용자가 dialog control에 입력한 data를 유효하게 해주는 또 다른 dialog control을 초기화 방법을 제공한다.
이러한 MFC의 특징을 dynamic data exchange와 dialog data validation이라 부른다 : DDX/DDV.

6.1.4 DDX/DDV: Dynamic Data Exchange와 Dialog Data Validation

DDX/DDV가 어떻게 구현되었는지 알아보기 위해, 우선 여러분의 응용프로그램에서 DDX/DDV를 사용하는 방법을 살펴보도록 하자. 그런 다음, 여러분은 DDX/DDV가 어떻게 동작하는지를 보여주는 source code를 살펴보게 될 것이다.

---

6) 반복 탐색 : 이 책에서는 while문와 for문을 통하여 어떤 array나 linked list의 interation을 수행할 경우 이를 반복 탐색한다고 번역한다. 부디 혼동 없길….^^;;

① DDX/DDV 사용하기

이름이 암시하듯이, DDX/DDV는 2가지 특징이 모인 것이다.

첫번째는 dynamic data exchange이다. dialog가 화면에 보여질 때, member data의 초기값을 설정하고 그 값을 control에 복사할 수 있도록, DDX는 member data와 control을 연결시켜 준다. 또한, dialog가 파괴될 때, DDX는 control의 상태를 member data로 복사한다. 예를 들어, 여러분이 checkbox를 가지고 있다면(보통, checkbox는 2가지 상태를 가진다), checkbox를 boolean형 member data에 연결시켜 놓을 수 있다.

여러분의 dialog에 DDX를 사용하기 위해서, 여러분은 CDataExchange pointer를 인자로 가지는 DoDataExchange( )를 member data로 선언해야 한다. 그런 다음, member data와 control을 연계(map)시켜주는 DDX함수[주7]를 추가해야 한다. Listing 6-9는 2개의 edit control, 하나의 checkbox, 그리고 하나의 radio button을 가지는 dialog의 예를 보여준다.

Listing 6-9 An example CDialog-derivative DoDataExchange( ) member function

```
void CMyDlg::DoDataExchange( CDataExchange* pDX )
{
    CDialog::DoDataExchange( pDX ); // Call base first
    DDX_Text(  pDX, IDC_EDIT1, m_strEdit1);
    DDX_Text(  pDX, IDC_EDIT2, m_uEdit2);
    DDX_Check( pDX, IDC_CHECK, m_bCheckState);
    DDX_Text(  pDX, IDC_RADIO, m_RadioState);
}
```

예제에서 resource ID로 IDC_EDIT1을 가지는 edit는 CString형 member data(m_strEdit1)와 연결된다. resource ID로 IDC_EDIT2를 가지는 edit는 unsigned integer형 member data(m_uEdit2)와 연결된다. 마찬가지로, resource ID로 IDC_CHECK를 가지는 checkbox는 boolean형 member data(m_nCheckSatate)와 연결되고, resource ID로 IDC_RADIO를 가지는 radio button은 m_nRadioState와 연결된다.

각 Windows control 종류마다 적어도 하나의 DDX 함수를 가진다. 또한 각 control의 DDX 함수는 다양하게 중복정의(overload)되어 있어서, 여러분은 하나의 control에 대하여 다양한 종류의 member data를 적용시킬 수 있다. Listing 6-9 안의 두 번째 DDX_Text( )의 호출은 string 값을 자동으로 정수(integer)값으로 바꾸어 주는 중복정의된 DDX함수의 예를 보여준다.

아마 여러분은 DoDataExchange( )함수를 작성하는 것이 매우 지루하게 느껴질 것이다. 다행스

7) 이 함수는 각 control에 특화되어 있다. 예를 들어 edit control은 DDX_Text, checkbox는 DDX_Check이다.

럽게도, Visual C++의 ClassWizard는 control과 member data를 연결시켜 주는 DoDataExchange( ) 함수와 이를 호출하는 code를 자동으로 추가시켜준다. 단지 ClassWizard내의 "Member Variable" tab을 선택한다면, 여러분은 DoDataExchange( )에 DDX함수를 추가되는 방법을 알 수 있다. Figure 6-3는 ClassWizard의 Member Variable tab을 보여준다.

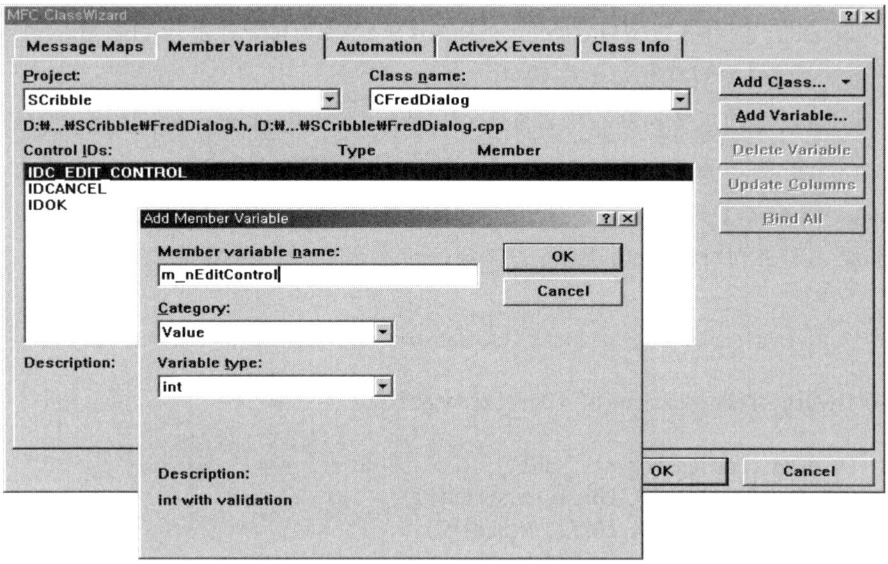

Figure 6-3 The ClassWizard Member Variable tab

일단 여러분이 DoDataExchange( )를 구현하면, MFC는 나머지 일을 해준다. 만약 여러분이 어떤 control을 초기화시키려 한다면, 여러분은 단지 여러분의 CDialog derived class의 생성자(constructor) 안에 해당하는 member data를 초기화하면 된다. 그러면 그 control은 화면에 보여질 때 여러분이 원하는 상태로 되어 있을 것이다. 여러분의 dialog가 "OK" button을 눌러서 사라질 때, member data는 그 control의 상태를 저장하게 될 것이다.

MFC dialog의 두번째 특징은 dialog data validate이다. 이 특징은 교환된 data를 유효화(validation)하기 위해 DDX와 함께 동작한다. 예를 들어, 만약 여러분이 edit box에 1~234 사이의 정수만을 넣는 제약 조건(constraint)을 주길 원한다면, DDV는 사용자가 입력한 것이 정수이고 1~234 사이인지 확인해 준다.

DDV을 사용하기 위해서, 여러분은 control/member data 쌍에 주어질 제약을 나타내는 DDV 함수를 사용해야 한다.

그럼 첫번째 edit control에는 들어갈 문자의 개수를 제약하고 두 번째 edit control에는 1~234 사이의 수만 넣을 수 있도록 앞의 예제를 확장해 보자.

Listing 6-10 Adding DDV control validation to the DDX example

```
void CMyDlg::DoDataExchange( CDataExchange* pDX )
{
      CDialog::DoDataExchange( pDX ); // Call base first.
      DDX_Text(        pDX, IDC_EDIT1, m_strEdit1 );
      DDX_MaxChars(    pDX, m_strEdit1, 20 );
      DDX_Text(        pDX, IDC_EDIT2, m_uEdit2 );
      DDX_MinMaxUInt ( pDX, m_strEdit2, 1, 234 );
      DDX_Check (      pDX, IDC_CHECK, m_bCheckState);
      DDX_Text(        pDX, IDC_RADIO, m_RadioState);
}
```

바로 이것이 사용자에게 어떤 제약을 주고자 할 때, 여러분이 해야 할 모든 것이다. 그럼, MFC가 어떻게 DDX/DDV 기능을 수행하고 있는지 살펴보도록 하자.

② DDX/DDV는 어떻게 동작하는가

아마 여러분은 DDX/DDV의 사용 방법을 살펴볼 때 다음과 같은 의문이 생겼을 것이다.

- 도대체 CDataExchange의 역할은 무엇이란 말인가?
- 언제, 어디서, 어떻게 MFC는 member data에서 control 정보를 얻어 오는가? 또는 member data에 control 정보를 저장하는가?
- DDX/DDV 함수는 무엇을 하는가?

그럼 한번에 하나씩 이 의문을 풀어가 보자. 새로운 helper class인 CDataExchange를 살펴보는 것으로 시작해 보자.

②-1 DDX/DDV Helper Class : CDataExchange

DDX/DDV helper class인 CDataExchange는 AFXWIN.H에서 찾을 수 있다. Listing 6-11은 이를 보여준다.

Listing 6-11 The declaration for the DDX/DDV helper class, CDataExchange

```
// CDataExchange - for data exchange and validation
class CDataExchange
{
// Attributes
```

```
public:
      BOOL m_bSaveAndValidate;   // TRUE => save and validate data
      CWnd* m_pDlgWnd;           // container usually a dialog

// Operations (for implementors of DDX and DDV procs)
      HWND PrepareCtrl(int nIDC);     // return HWND of control
      HWND PrepareEditCtrl(int nIDC); // return HWND of control
      void Fail();                    // will throw exception
// Implementation
      CDataExchange(CWnd* pDlgWnd, BOOL bSaveAndValidate);

      HWND m_hWndLastControl;    // last control used (for validation)
      BOOL m_bEditLastControl;   // last control was an edit item
};
```

CDataExchange의 member들이 어떤 일을 하는지 간단히 살펴보도록 하자. 만약 여러분이 이들 member에 대하여 자세히 알고 싶다면, DLGDATA.CPP를 살펴보기 바란다.(주8)

②-2 CDataExchange Member Function

- Constructor – 인자로 들어온 dialog pointer(m_pDlgWnd)와 bSaveAndValid를 member data에 저장한다.
- PrepareCtrl( ) – non-edit control의 DDX/DDV를 위한 준비를 한다. 기본적으로 이 함수는 GetDlgItem( )을 호출하여 해당 control의 window handle을 얻는다.
- PrepareEditCtrl( ) – edit control의 DDX/DDV를 위한 준비를 한다. 우선 PrepareCtrl( )을 호출하고 m_bEditLastControl을 TRUE로 설정한다[앞에서의 PrepareCtrl( )에서는 m_bEditLastControl을 FALSE로 설정한다].
- Fail( ) – validation이 실패되었을 때 호출된다. Fail( )은 이전에 focus가 있던 control로 focus를 되돌리고, CUserException이라는 예외(exception)를 던진다(throw).
- PrepareOleCtrl( ) – OLE control의 DDX/DDV를 위한 준비를 한다.

②-3 CDataExchange Member Variable

- m_bSaveAndValidate – DDX의 방향을 나타낸다 : FALSE일 경우, member data에서 control로 data가 복사된다. TRUE일 경우, control에서 member data로 data가 복사된다. DDV는 m_bSaveAndValidate가 TRUE일 때만 일어난다.

8) 단, CDataExchange의 생성자는 WINCORE.CPP에서 찾을 수 있다.

- m_pDlgWnd – 해당 dialog의 CWnd pointer를 나타낸다(이 dialog에는 DDX와 DDV를 수행할 control들이 포함되어 있다). CDataExchange의 생성자에서 m_pDlgWnd가 설정된다.
- m_hWndLastControl – 바로 전에 focus가 있던 control의 handle을 나타낸다. 사실 이 member data의 이름은 m_hWndPreviousControl이라는 이름이 더 잘 어울린다.
- m_bEditControl – 바로 전에 focus가 있던 control이 edit control인지 나타낸다.

DDX/DDV를 계속해서 살펴보면서, 여러분은 CDataExchange의 member들이 어떤 역할을 하는지 명확하게 알게 될 것이다.

②-4 DDX/DDV의 내부 routine

지금까지 CDataExchnage의 member에 대하여 간단히 살펴보았으므로, 여러분은 DDX/DDV의 내부를 살펴볼 준비가 되었다.

예제 Listing 6-10에서 사용된 DDX함수를 살펴보도록 하자. 우선 CString형 member data와 edit control 사이에서 data를 교환하는 DDX_Text( )를 살펴보도록 하자. Listing 6-12는 DDX_Text( )의 pseudocode를 보여준다.

Listing 6-12 The DDX_Text() routine pseudocode, from DLGDATA.CPP

```
void DDX_Text( CDataExchange* pDX, int nIDC, CString value )
{
      HWND hWndCtrl = pDX->PrepareEdit( nIDC );
      if( pDX->m_bSavedAndValidate ){
           int nLen = ::GetWindowTextLength( hWndCtrl );
           ::GetWindowText( hWndCtrl, value.GetBufferSetLength( nLen ), nLen + 1);
           value.ReleaseBuffer();
      }
      else
           AfxSetWindowText( hWndCtrl, value );
}
```

모든 DDX 함수는 PrepareEditCtrl( )이나 PrepareCtrl( )을 제일 먼저 호출한다.(주9) 그 다음, DDX_Text()는 m_bSaveAndValidate의 boolean 값을 검사한다. 만약 그 값이 TRUE이면(이는 control에서 member variable로 data가 복사됨을 의미한다는 것을 기억하기 바란다), DDX_Text( )는 control에서 data를 얻기 위해 Win32 API 사용하고, 그 data를 인자로 전달된 "value"에 위치시

9) 어떤 함수를 호출하느냐는 해당 control이 non-edit냐, 아니면 edit냐에 따라 틀리다.

킨다(Listing 6-10 안의 예제일 경우, "value"는 m_strEdit를 의미한다).
만약 그 값이 TRUE이면(이는 member variable에서 control로 data가 복사됨을 의미한다), DDX_Text()는 AFX utility 함수인 AfxSetWindowText()를 사용하여 "value"안에 저장된 data를 edit control에 넣는다. Figure 6-4는 DDX/DDV의 data 흐름을 그림으로 보여준다.

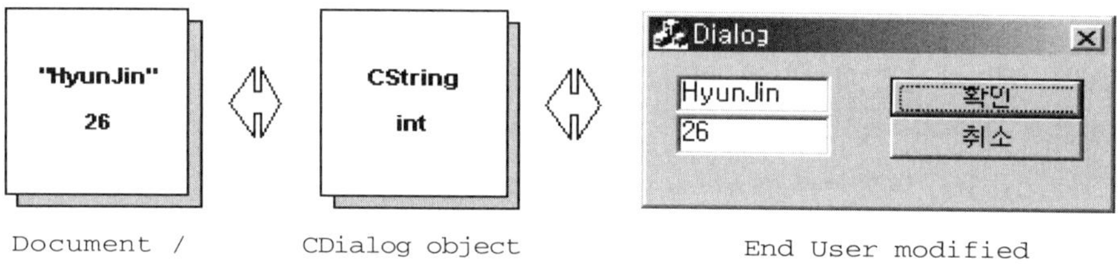

Figure 6-4 DDX/DDV의 제어 흐름(control flow)

다음으로, DDV_MaxChars( )를 살펴보도록 하자. 이 함수는 문자의 개수가 명시된 최대값을 넘지 못하도록 보장해 준다. Listing 6-13은 DDV_MaxChars( )를 보여준다.

[AfxSetWindowText()]

MFC 전반적으로, SetWindowText()를 직접 사용하기보다는 AfxSetWindowText()라는 utility 함수를 사용한다는 점을 알 수 있다. 왜 그럴까? WINUTIL.CPP 안의 AfxSetWidnowText()의 구현을 살펴보면, AfxSetWindowText( )는 기존의 string과 새로운 string이 다른지 검사한다. 이는 control내의 string을 변경하는 데 거리는 시간을 절약해 줄 뿐만 아니라, 그 control이 깜박거리는 것을 막아 준다. 이러한 이유에서 MFC가 AFX utility 함수를 사용한다고 생각하면 된다.

Listing 6-13 The DDV_MaxChars( ) pseudocode, from DLGDATA.CPP

```
void AFXAPI DDV_MaxChars(CDataExchange* pDX, CString const& value, int nChars)
{
	ASSERT(nChars >= 1); // allow them something
	if (pDX->m_bSaveAndValidate && value.GetLength() > nChars) {
		TCHAR szT[32];
		wsprintf(szT, _T("%d"), nChars);
		CString prompt;
		AfxFormatString1(prompt, AFX_IDP_PARSE_STRING_SIZE, szT);
		AfxMessageBox(prompt, MB_ICONEXCLAMATION, AFX_IDP_PARSE_STRING_SIZE);
		prompt.Empty(); // exception prep
		pDX->Fail();
	}
	else if (pDX->m_hWndLastControl != NULL && pDX->m_bEditLastControl) {
		// limit the control max-chars automatically
```

```
            ::SendMessage(pDX->m_hWndLastControl, EM_LIMITTEXT, nChars, 0);
        }
    }
```

우선, DDV_MaxChars( )는 CDataExchange::m_bSaveAndValidate가 TRUE인지 확인하는 검사를 한다(이는 validation해야 하는 경우임을 의미한다). 그런 다음 DDV_MaxChars( )는 string의 길이와 명시된 상한선(nChars)과 비교해 본다. 만약 그 string이 유효하다면, 아무런 일도 일어나지 않을 것이다. 만약 string의 크기가 상한선의 크기보다 더 크다면, "if"문이 수행될 것이다.

"if"문은 message box를 사용하여 그 string이 너무 크다고 사용자에게 알린다. 이때 사용되는 message(주10)는 AfxFormatString1( )이란 MFC utility 함수를 사용하여 resource에서 읽어 들인 message이다. 본 예제에서의 message는 "Please enter no more than %l character"이다.(주11) MFC는 사용자에게 보여주는 모든 message를 쉽게 지역화(예를 들어, 한글화)할 수 있도록 resource 내부에 위치시킨다. AfxFormatString1( )는 "%l"을 명시된 크기로 대체시킨다(본 예제에서는 "20").

일단, message box가 화면에 보여지면, DDV_MaxChars( )는 CDataExchange::Fail( )을 호출한다. CDataExchange::Fail( )은 문제가 발생한 control로 focus를 이동시키고(주12) CUserException exception을 던진다(throw).

DDV_MaxChars( )의 나머지 부분("else if"문)은 그 edit control의 handle이 NULL이 아닌지 확인하고, edit control에게 입력 상한선의 크기를 알려 주기 위해 EM_LIMITTEXT를 사용한다. 이로써 나머지 책임은 Windows control에게로 넘어간다. 기타 다른 DDX/DDV 함수들도 모두 이와 비슷한 방법을 사용하여 구현되어 있다.

[Notice]

다른 중복 정의된 DDV_MaxChars( )에서 사용되는 가장 중요한 helper 함수는 _Afx_DDX_TextWithFormat( )이다. 이 함수는 string을 integer로 변화(또는, integer를 string으로 변환)하기 위해 호출된다. 이 함수는 DLGDATA.CPP에서 찾을 수 있으며, 매우 흥미로운 함수이다. 만약 여러분이 AfxSimpleScanf( ) utility 함수가 어떻게 동작하는지 알고 싶다면, _Afx_DDX_TextWithFormat( )을 살펴보는 것도 좋을 것이다.

②-5 아직 답변되지 않은 질문들

여러분이 CDataExchange의 member들이 하는 역할에 대하여 이해하였다면, DDX/DDV에는 어떠한 마술과 같은 일도 없다는 것을 알 수 있을 것이다. 하지만, DDX/DDV에는 대답되지 않은 몇 가지 질문이 아직 존재한다.

10) 여기서의 message와 window message와는 전혀 다른 의미이다. 물론, 다 알고 있으리라…^^;;

11) ID는 AFX_IDP_PARSE_STRING_SIZE이고 AFXRES.RC에서 찾아볼 수 있다.

12) 예를 들어 edit control일 경우에는 caret이 그 control에서 깜박거리고 있다. 참고로 caret은 keyboard의 입력 위치를 의미하고, cursor는 mouse의 현재 위치를 의미한다.

- CDialog::DoDataExchange( )는 언제, 누구에 의해서 호출되는가?
- CDataExchange는 어디서 생성되는가?
- DDX/DDV을 일으키는 방아쇠(trigger)는 무엇인가?
- CDataExchange::Fail( )이 던지는(throw) 예외(exception)를 누가 받는가(catch)?

이에 대한 대답을 얻기 위해서 핵심이 되는 member function을 살펴보도록 하자 : CWnd::UpdateData( ).

②-6 해답을 찾아서

여러분은 DoDataExchange( )가 호출되는 2곳의 장소를 알고 있다 : OnInitDialog( )와 OnOK( ). OnInitDialog( )에서는 CWnd::UpdataData(FALSE)를 수행하고, OnOK( )에서는 CWnd::UpdataData (TRUE)를 수행한다.

Listing 6-14은 OK( )의 기본 구현인 CDialog::OK( )의 pseudocode를 보여준다.

Listing 6-14 Pseudocode for CDialog::OnOK( ), from DLGCORE.CPP

```
void CDialog::OnOK()
{
      if (!UpdateData(TRUE)) {
            TRACE0("UpdateData failed during dialog termination.\n");
            return;
      }
      EndDialog(IDOK);
}
```

와우! 여기서 DDX/DDV의 나머지 의문에 대한 대답을 찾을 수 있을 것처럼 보인다. OnOK( )은 UpdateData(TRUE)를 호출하고, 그 결과가 TRUE가 아니면, dialog를 닫지 않는다. 그럼, UpdateData( )가 어떻게 구현되어 있는지 살펴보고, DDX/DDV와는 어떤 관계가 있는지 살펴보도록 하자.

②-7 CWnd::UpdateData() : 끊어진 연결 고리를 찾아 보자!

CWnd::UpdateData()는 dialog에 특화된 CWnd의 member function이다.(주13)

그럼, Listing 6-15에 있는 CWnd::UpdateData()의 pseudocode를 살펴보도록 하자.

13) CWnd 파생물이 DDX/DDV를 사용할 수 있게 하기 위함이다. 이렇게 dialog에 특화된 CWnd의 member function은 CWnd::RunModalLoop()와 CWnd::ExcuteDlgInit( )가 있다.

Listing 6-15 The CWnd::UpdateData() psedocode, from WINCORE.CPP

```
BOOL CWnd::UpdateData(BOOL bSaveAndValidate)
{
      // Code Block 1
      CDataExchange dx(this, bSaveAndValidate);

      // Code Block 2
      _AFX_THREAD_STATE* pThreadState = AfxGetThreadState();
      HWND hWndOldLockout = pThreadState->m_hLockoutNotifyWindow;
      pThreadState->m_hLockoutNotifyWindow = m_hWnd;

      // Code Block 3
      BOOL bOK = FALSE;       // assume failure
      TRY  {
           DoDataExchange(&dx);
           bOK = TRUE;          // it worked
      }
      CATCH(CUserException, e) {
           // Code Block 4
           ASSERT(!bOK);
      }
      AND_CATCH_ALL(e) {
           // Code Block 5
           e->ReportError( MB_ICONEXCLAMATION,
                           AFX_IDP_INTERNAL_FAILURE);
           ASSERT(!bOK);
           DELETE_EXCEPTION(e);
      }
      END_CATCH_ALL
      // Code Block 6
      pThreadState->m_hLockoutNotifyWindow = hWndOldLockout;
      return bOK;
}
```

CWnd::UpdateData( )은 매우 긴 함수이다. 따라서 이해를 돕기 위해 다음과 같이 code block으로 나누어서 설명한다.

Code Block 1 :

우선, UpdateData( )는 CDialog pointer와 bSaveAndValidate flag을 인자로 CDataExchange의 instance를 생성한다. 그 다음 OnDialogInit( )는 FALSE 값을 인자로 UpdateData( )를 호출한다(이는 data가 member variable에서 control로 복사됨을 의미한다). 반면, OnOK( )는 TRUE 값을

가지고 UpdateData( )를 호출한다(이는 data가 control에서 member variable로 복사됨을 의미한다).

Code Block 2 :
그 다음, UpdateData( )는 현재의 thread가 더 이상의 control에서 발생한 notification message를 받지 못하도록 한다(10장에서 thread에 대해서 더욱 자세히 살펴보게 될 것이다).

Code Block 3 :
지역 변수인 bOK는 DDX/DDV의 결과를 저장한다. 일단 UpdateData( )는 bOK를 FALSE로 설정하고, 인자로 CDataExchange instance을 사용하여 여러분의 CDialog 파생물의 DoDataExchange( )를 호출한다. 이 호출은 "TRY"문안에서 호출되는데, 그 이유는 CDataExchange.Fail( )이 예외(exception)를 던질지도 모르기 때문이다. 만약 예외가 발생하지 않으면, bOK는 TRUE로 설정된다[여기서의 TRUE는 OnUpdateData( )의 반환값이기도 하며, 모든 data가 제대로 교환 되었고 유효하다는 것을 의미한다].

Code Block 4 :
이 block은 CUserException이 던져졌을 때 수행된다[즉, CDataExchange::Fail( )이 호출될 때 이 block이 수행된다]. 이 시점에서 bOK는 FALSE이고 UpdateData( )는 FALSE를 반환할 것이다. CUserException은 사용자가 발생하리라 예상하는 error로서, "CATCH"문에서 message box를 보여줄 필요가 없음을 의미한다.

Code Block 5 :
이 block은 DDX/DDV가 처리되는 동안 알 수 없는 예외(exception)가 발생할 때 수행된다. 따라서 이 block은 매우 심각한 error가 발생했다는 것을 사용자에게 알린다. 그리고 UpdateData( )는 FALSE를 반환할 것이다.

Code Block 6 :
이 마지막 block은 현재 thread가 control notification을 다시 처리하도록 설정한다. 그리고 UpdateData( )는 DoDataExchange( )의 결과에 따라 FALSE 또는 TRUE를 반환한다.
modal dialog의 경우 OnInitDialog( )와 OnOK( )안에서 UpdateData( )를 호출하는 것은 매우 바람직하다. 반면 modeless dialog의 경우, 사용자가 button 따위를 눌렀을 경우에 DDX/DDV가 발생하는 것이 바람직하다.

②-8 지금까지 살펴본 code 조각을 한곳에 모아 보자

이제까지 배운 DDV/DDX의 부분들을 한곳에 모으기 위해, 다음과 같은 시나리오를 생각해 보자. 우선, 전제 조건은 다음과 같다. 1~234범위의 정수만을 받을 수 있는 edit control이 있고, 그 edit control을 하나 가지고 있는 model dialog가 있다. 그 dialog의 DoDataExchange() 구현에는 DDX_Text( )의 호출과 DDV_MinMaxUInt( )의 호출을 포함한다. DDX_Text()는 edit control과 int형 member variable인 m_nEditValue를 연결시켜 준다. member variable인 m_nEditValue에는 64라는 값이 저장되어 있다고 가정한다.

이 시나리오는 일련의 event에 맞추어 진행된다.

dialog가 생성되는 동안, WM_INITDIALOG를 처리하는 OnInitDialog( )가 호출된다. 이 함수는 UpdateData(FALSE)를 호출한다. UpdateData( )는 그 dialog의 DoDataExchange( )를 호출한다. 이때, 인자로 CDataExchange가 전달되며, CDataExchange::m_bSaveAndValidate의 값은 FALSE이다. DoDataExchange( )에서 DDX_Text( )가 호출된다. DDX_Text( )는 m_bSaveAndValidate 값을 검사함으로써, m_nEditValue의 값으로 edit control을 초기화해야 한다는 것을 알게 된다(이때, AfxSetWindowText( )를 호출하여 이를 처리한다).(주14)

다음으로, DDV_MinMaxInt( )는 호출된다. 이 함수는 m_bSaveAndValidate를 검사한다. 그 값이 FALSE이므로, DDV_MinMaxInt( )는 아무 일도 하지 않는다.

사용자가 "356"이라는 값을 edit field에 넣었다고 가정해 보자. 일단 사용자는 "OK" button을 누를 것이다. 그럼, CDialog::OnOK( )가 호출된다. 다시 OnOK( )는 UpdateData(TRUE)를 호출한다. UpdateData()는 DoDataExchange( )를 호출하고, DoDataExchange( )는 DDX_Text( )를 호출한다. 이때, CDataExchange::m_bSaveAndValidate의 값은 TRUE이다. 따라서 DDX_Text( )는 string인 "356"을 unsigned integer로 변환하고, 그 값을 ::GetWindowText( )를 사용하여 m_nEditValue에 저장한다. 그 다음, DDV_MinMaxInt( )가 호출된다. DDV_MinMaxInt( )는 m_nEditValue 값이 유효한지는 판단한다. 하지만, m_nEditValue 값이 356이므로, 1~234범위를 넘는다. 따라서 DDV_MinMaxInt( )는 "Please enter an integer between 1 and 234"라는 message box를 띄운다. 사용자가 이 message box를 닫은 후, DDV_MinMaxInt()는 CDataExchange::Fail( )을 호출한다.

CDataExchange::Fail( )은 문제가 발생한 edit control로 focus를 옮기고 예외(exception)를 발생시킨다. 이 예외는 UpdateData( )에게 문제가 발생했음을 알린다. 그 다음, UpdateData( )는 OnOK()에게 FALSE를 반환한다. OnOK( )는 UpdateData(TRUE)가 실패하였음을 깨닫고,

---

14) 사실, DDX_Text( )는 단지 _Afx_DDX_TextWithFormat( )라는 static function을 호출할 뿐이다. 앞에서 설명한 DDX_Text가 하는 동작은 모두 이 함수에서 수행된다. 설명의 간결성을 위해 이 함수의 존재를 숨겼다. 이 함수에 대해 궁금하다면 DLGDATA.CPP 안에 있는 _Afx_DDX_TextWithFormat( )의 정의를 살펴보기 바란다.

EndDialog()를 호출하지 않는다. 따라서 dialog는 사라지지 않고, 사용자는 정확한 값을 control에 다시 넣을 수 있게 된다. Figure 6-5는 이러한 수행 과정을 보여준다.

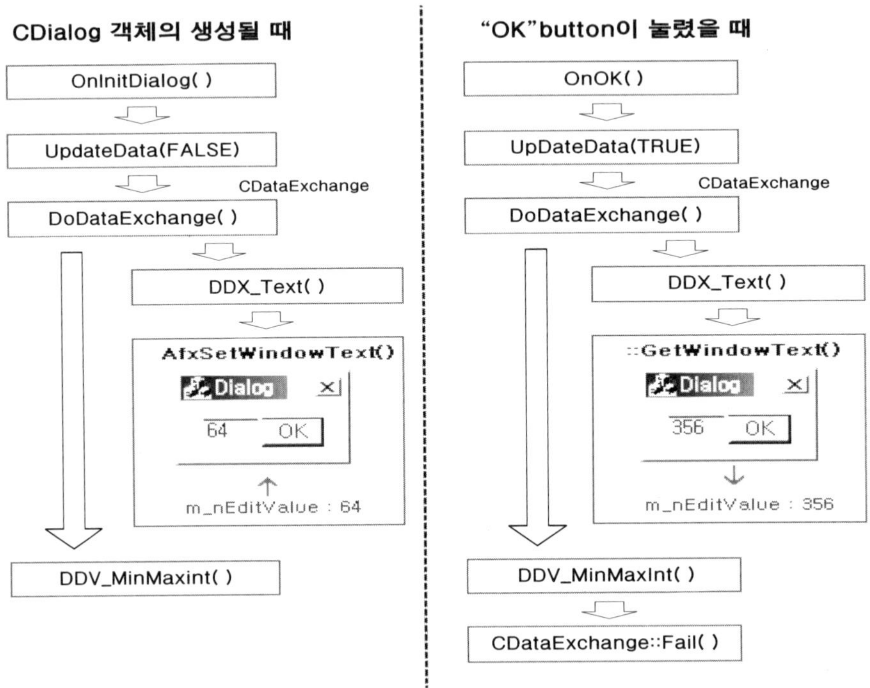

Figure 6-5 Example of DDX/DDV routine

와우! 이것으로 DDX/DDV의 전체적인 처리과정을 간단히 살펴보았다. 좀 DDX/DDV가 명확해지는가?

지금까지 CDialog의 흥미 있는 부분을 살펴보는 데 너무 많은 기력을 소비했다. 그럼, CDialog의 파생물에 대하여 살펴보도록 하자: MFC common dialog class들과 이들이 어떻게 CDialog를 향상시키는지 살펴보도록 하자.

6.2 MFC 공용 대화 상자(Common Dialog)

Figure 6-6는 MFC common dialog의 계층도를 보여준다.

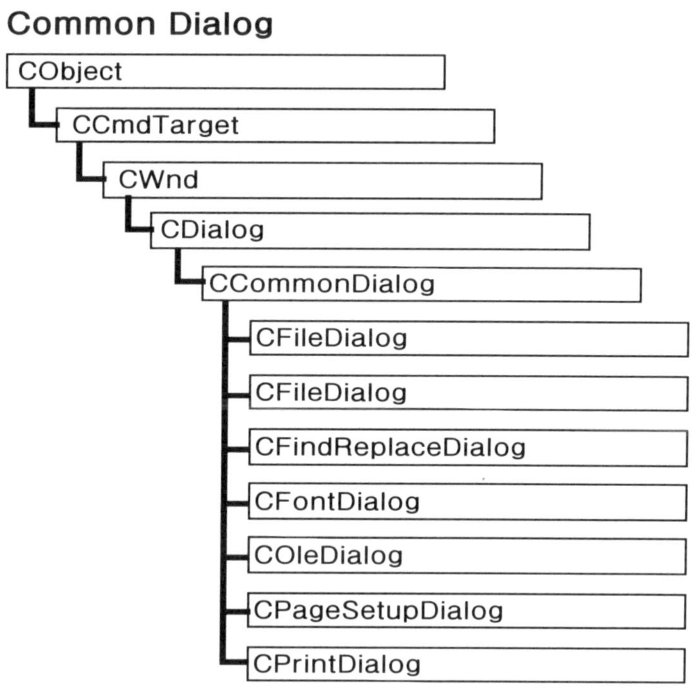

Figure 6-6 Hierarchy chart of MFC Common Dialog

Window 3.1부터 Microsoft는 공통으로 사용되는 기능(주15)에 대한 표준 UI(User-Interface)를 제공하기 위해 common dialog를 제공하기 시작했다. Windows 95의 등장하면서, 지금의 Windows95 Explorer style의 Look&Feel을 가지게 되었고, common dialog는 Windows의 얼굴 마담이 되었다. MFC common dialog는 Windows common dialog API들을 포장(wrap)하고 있으며, 이는 CDialog interface 형태[예를 들어, DoModal( ), OnInitDialog( ), 따위…]로 제공된다. Table 6-1은 MFC common dialog class와 그 동작을 보여준다.

15) 예를 들어 file의 open이나 save, font 설정, file/replace, printing, 그리고 color 선택 따위….

Table 6-1 The MFC common dialog classes

MFC Class Name	Operation
CColorDialog	Lets the user choose a color.
CFileDialog	Used fir opening and saving files.
CFindReplaceDialog	Allows the user to find and replace items.
CFontDialog	Provide a font-choosing dialog.
CPrintDialog	Lets the user choose a print, number of pages, orientation, and so on.
CPageSetupDialog	A Win95 common dialog that replaces CPrintDialog and adds some page setup option, such as page margins.

[Version Note]

MFC common dialog class는 MFC version 1.0때부터 MFC에 포함되었다(MFC version 2.0 때 문서화되었다). 단 CPageSetupDialog는 MFC version 4.0때 포함되었다.

그럼 MFC common dialog를 어떻게 사용하는지 간단히 살펴보고, MFC가 common dialog를 어떻게 구현되었는지 살펴보도록 하자.

6.2.1 MFC Common Dialog Class 사용하기

MFC common dialog를 사용하는 방법은 다음과 같은 단계를 거친다.

1) 여러분이 필요로 하는 인자와 함께 MFC common dialog class의 생성자를 호출한다(예를 들어 여러분은 file filter 및 다양한 flag를 인자로 사용할 수 있다).
2) DoModal( )을 호출한다.
3) DoModal( )의 반환값이 IDOK이면, 여러분은 사용자가 표시한 정보를 얻기 위해 그 MFC common dialog class의 member function을 호출할 수 있다.

Listing 6-16은 File Open dialog를 어떻게 생성하는 보여주는 간단한 예제이다.

Listing 6-16 An example usage of the MFC common dialog classes

```
CFileDialog myDialog( TRUE, NULL, NULL, OFN_FILEMUSTEXIST);
```

```
if( myDialog.DoModal() == IDOK ) {
      // Now we can get the filename, path and others.
      CString strPath = myDialog.GetPathName();
      CString strFile = myDialog.GetFileName();
}
else
      // User selected cancel...
```

이 예제가 CFileDialog에 초점이 맞추어져 있더라도, 다른 MFC common dialog class들도 같은 방법으로 동작한다.

이것으로 MFC common dialog class의 사용 방법을 간단히 살펴보았다. 그럼 MFC common dialog class와 관련된 MFC source code를 살펴보도록 하자.

[잠깐! MFC common dialog의 customize]

Windows common dialog를 customize하고 싶다면, 새로운 dialog template를 제공하고 message를 처리할 새로운 hook procedure(즉, window procedure)를 명시함으로써 가능하다.
반면 MFC common dialog를 멋지게 customize하고 싶다면, 여러분은 common dialog로부터 파생된 class를 생성하고, 그 class의 생성자에서 OPENFILENAME 구조체 안의 flag를 설정하면 된다(예를 들어, 여러분이 여러분 자신의 dialog template를 사용하도록 표시하기를 원한다면, 여러분은 OFN_ENABLETEMPLATE을 설정하면 된다). 그리고 다양한 message를 처리하기 위해서는 MFC common dialog의 몇몇 가상 함수를 재정의(override)하면 가능하다[예를 들어, 만약 여러분이 file의 이름을 검사하길 원하면, 여러분은 OnFileNameOK()를 재정의하고 dialog가 사라지기 전에 file 이름을 검사하면 된다].

6.2.2 Common Dialog의 내부

MFC common dialog class의 동작을 이해하기 위해서, 여러분은 Win32 API 관점에서 Windows common dialog가 어떻게 사용되는지 알아야만 한다. 각 Windows common dialog는 자신의 설정을 기술하는 구조체를 가지고 있다. 또한 각 Windows common dialog는 그 구조체를 인자로 가지고, dialog를 화면에 보여주고, 사용자와 대화하는 API를 가지고 있다. 예를 들어, Open File common dialog의 경우, 그 구조체는 OPENFILENAME이고 API는 GetOpenFileName(LPOPENFILENAME)이다.

각 구조체와 API는 Windows program 관련 서적에 매우 잘 문서화되어 있으므로, 여기서는 생략하기로 한다. 한 가지 주목해야 할 점은 Win32 common dialog 함수 안에 모든 중요한 기능이 존재한다는 점이다. 이러한 점을 명심해 두고 MFC common dialog class의 동작을 살펴보도록 하자.

MFC common dialog class의 선언은 AFXDLGS.H에 있고, 구현은 여러 개의 source file에 뿌려져 있다. Table 6-2는 각 MFC common dialog class의 구현을 찾을 수 있는 위치를 보여준다.

Table 6-2 Where to look for common dialog source

Class Name	Source File Name
CColorDialog	DLGCLR.CPP
CFileDialog	DLGFILE.CPP
CFindReplaceDialog	DLGFR.CPP
CFontDialog	DLGFNT.CPP
CPrintDialog	DLGPRNT.CPP
CPageSetupDialog	DLGPRNT.CPP

AFXDLGS.H를 살펴보면, 여러분은 CDialog를 상속받는 것이 아니라, CCommonDialog를 상속받는 common dialog class들을 모두 발견할 수 있을 것이다. 그럼, common dialog class의 base class인 CCommonDialog를 살펴보도록 하자.

① CCommonDialog: 모든 Common Dialog의 Base Class

모든 MFC common dialog는 CCommonDialog를 상속받는다. CCommonDialog는 2개의 가상 함수를 가지고 있는 아주 작은 class이다. Listing 6-17은 CCommonDialog의 선언을 보여준다.

Listing 6-17 CCommonDialog's declaration, from AFXDLGS.H

```
class CCommonDialog : public CDialog
{
public:
        CCommonDialog(CWnd* pParentWnd);

// Implementation
protected:
        virtual void OnOK();
        virtual void OnCancel();
        //{{AFX_MSG(CCommonDialog)
        afx_msg BOOL OnHelpInfo(HELPINFO*);
        //}}AFX_MSG
        DECLARE_MESSAGE_MAP()
};
```

CCommonDialog는 모든 common dialog가 처리해야 하는 공통된 OnOK( )와 OnCancel( )을 가지고 있다. 그럼 Listing 6-18에 있는 CCommonDialog::OnOK( )의 구현을 살펴보도록 하자.

Listing 6-18 CCommonDialog::OnOK()'s implementation, from DLGCOMM.CPP

```
void CCommonDialog::OnOK()
{
	if (!UpdateData(TRUE)) {
		TRACE0("UpdateData failed during dialog termination.\n");
		// the UpdateData routine will set focus to correct item
		return;
	}

	// Common dialogs do not require ::EndDialog
	Default();
}
```

우선 CCommonDialog::OnOK( )는 여러분에게 매우 익숙해진 UpdateData( )를 호출한다. 그런데 CCommonDialog과 CCommonDialog 파생물들은 DoDataExchange( )를 member로 가지지 않는다. 그 의미는 여기서의 UpdateData( ) 호출이 common dialog의 DDX를 위한 것이 아님을 의미한다. 그럼 왜 UpdateData( )를 호출하는가? 그 이유는 여러분이 common dialog를 customize할 경우, 그 common dialog의 DoDataExchange( )의 호출을 보장해 주기 위해서다. 마지막으로, Default( )는 CWnd::DefWindowProc( )을 호출하여 현재 message에 대한 default 동작을 한다.

② CFileDialog 살펴보기

common dialog들은 모두 비슷하게 구현되어 있다. 따라서 모든 common dialog들을 살펴보는 대신, CFileDialog common dialog를 살펴보도록 하자. 여러분이 CFileDailog 안에서 살펴볼 사항들은 모두 다른 common dialog에도 똑같이 적용된다. Listing 6-19는 축약된 CFileDialog의 선언을 보여준다.

Listing 6-19 The CFileDialog class declaration, from AFXDLGS.H

```
class CFileDialog : public CCommonDialog
{
public:
// Attributes
	OPENFILENAME m_ofn; // open file parameter block

// Constructors **ommited
// Operations **ommited
// Overridable callbacks
protected:
```

```
        friend UINT CALLBACK _AfxCommDlgProc(HWND, UINT, WPARAM, LPARAM);
        virtual UINT OnShareViolation(LPCTSTR lpszPathName);
        virtual BOOL OnFileNameOK();
        virtual void OnLBSelChangedNotify(UINT nIDBox, UINT iCurSel, UINT nCode);

        // only called back if OFN_EXPLORER is set
        virtual void OnInitDone();
        virtual void OnFileNameChange();
        virtual void OnFolderChange();
        virtual void OnTypeChange();

// Implementation
protected:
        BOOL     m_bOpenFileDialog; // TRUE for file open, FALSE for file save
        CString  m_strFilter;       // filter string
        // separate fields with '|', terminate with '||\0'
        TCHAR    m_szFileTitle[64];        // contains file title after return
        TCHAR    m_szFileName[_MAX_PATH]; // contains full path name after return

        OPENFILENAME*  m_pofnTemp;

        virtual BOOL OnNotify(WPARAM wParam, LPARAM lParam, LRESULT* pResult);
};
```

"// Attribute" 부분에 보면, 여러분은 public으로 선언된 OPENFILENAME형 member variable을 발견할 수 있을 것이다 : m_ofn. 그것은 GetOpenFileName( )에게 전달될 구조체이다.(주16) CFileDialog의 대부분의 code는 어떠한 형태로든 이 구조체를 조작한다.

CFileDialog의 선언에서 그 다음으로 흥미 있는 부분은 protected로 선언된 가상함수(virtual function)들이다. 이들 가상함수들 중에서는 문서화되지 않은 몇 개의 가상함수가 있다. 나중에 이들 문서화되지 않을 가상함수를 살펴보게 될 것이다. 또 주목할 만한 점은 이 class에 friend로 선언된 _AfxCommDlgProc( )이다.

마지막으로, "// Implementaion" 부분에서, 여러분은 filter, file title, file name 따위를 저장하는 몇 개의 표준 member variable을 찾을 수 있다. DoModal( )이 수행된 후 사용자가 GetFileName( )과 같은 함수를 호출할 때, 이들 member variable은 요구된 정보를 포함하게 될 것이다.

또한, "// Implementaion" 부분에는 그 정체를 알 수 없는 OPENFILENAME형 pointer인 m_pofnTemp가 있고, 가상 함수인 OnNotify( )가 있다.

CFileDialg의 신비로움을 탐험하기 전에, 어떻게 common dialog가 생성되고 화면에 보여지는지 알기 위해 생성자와 DoModal( )의 구현을 살펴보도록 하자.

---

16) Listing 6-21안의 "::Get OpenFileName(&m_ofn)"를 호출하는 부분을 참조하기 바란다.

②-1 CFileDialog의 생성과 DoModal( )
Listing 6-20은 CFileDialog의 생성자(constructor)를 보여준다.

Listing 6-20 CFileDialog's constructor, from DLGFILE.CPP

```
CFileDialog::CFileDialog( BOOL     bOpenFileDialog,
                          LPCTSTR  lpszDefExt,
                          LPCTSTR  lpszFileName,
                          DWORD    dwFlags,
                          LPCTSTR  lpszFilter,
                          CWnd*    pParentWnd) : CCommonDialog(pParentWnd)
{
      memset(&m_ofn, 0, sizeof(m_ofn)); // initialize structure to 0/NULL
      // ...
      m_ofn.lpstrFile = m_szFileName;
      m_ofn.lpstrDefExt = lpszDefExt;

      // Works only if we're Windows 95 capable
      if ( afxData.bWin4 ) {
           m_ofn.Flags |= OFN_EXPLORER;
           //...
      }
      // ...
      m_ofn.Flags |= dwFlags | OFN_ENABLEHOOK | OFN_ENABLESIZING;
      m_ofn.lpfnHook = (COMMDLGPROC)_AfxCommDlgProc;
      //...
}
```

CFileDialog 생성자는 member들을 초기화하고, 전달받은 인자들을 OPENFILENAME(즉, m_ofn)의 적당한 field에 저장한다.
게다가 만약 이 생성자가 Windows 95환경에서 호출되면, OFN_EXPLORER flag를 설정한다. OFN_EXPLORER flag는 dialog가 Window 95의 Look & Feel을 가지고 생성되는 것을 보장한다. 그 다음 이 생성자는 OFN_ENABLEHOOK flag를 설정한다(MFC가 common dialog의 hook procedure를 제공하기 위해서는 OFN_ENABLEHOOK flag가 설정되어야 한다).
M_OFN_ENABLEHOOK flag가 설정된 후 CFileDialog 생성자는 m_ofn의 hook field(즉, lpfnHook)에 _AfxCommonDlgPorc( )의 pointer를 설정한다. m_ofn는 public으로 선언되었기 때문에, 여러분은 CFileDialog 파생물의 생성자나 CFileDialog instance에서 직접 m_ofn를 설정해 줄 수 있다.
CFileDialog 생성자의 동작을 염두해 두고, Listing 6-21에 있는 CFileDialog::DoModal( )의 pseudocode를 살펴보도록 하자.

Listing 6-21 CFileDialog::DoModal( ) pseudocode, from DLGFILE.CPP

```
int CFileDialog::DoModal()
{
      BOOL bEnableParent  = FALSE;
      m_ofn.hwndOwner     = PreModal();
      AfxUnhookWindowCreate();
      if (m_ofn.hwndOwner != NULL && ::IsWindowEnabled(m_ofn.hwndOwner)) {
            bEnableParent = TRUE;
            ::EnableWindow(m_ofn.hwndOwner, FALSE);
      }

      if (m_ofn.Flags & OFN_EXPLORER)
            pThreadState->m_pAlternateWndInit = this;
      else
            AfxHookWindowCreate(this);

      int nResult;
      if (m_bOpenFileDialog)
            nResult = ::GetOpenFileName(&m_ofn);
      else
            nResult = ::GetSaveFileName(&m_ofn);

      if (bEnableParent)
            ::EnableWindow(m_ofn.hwndOwner, TRUE);
      PostModal();
      return nResult ? nResult : IDCANCEL;
}
```

우선, CFileDialog::DoModal( )은 CDialog::PreModal( )을 호출하고 그 결과를 m_ofn.hwndOwner에 저장한다(여기서는 owner widnow와 parent widnow는 같다).

다음으로, DoModal( )은 modality 상태가 되기 위해 parent window를 disable시킨다(물론, parent window가 존재할 경우).

parent window를 disable시킨 후 DoModal( )은 CFileDialog 생성자에서 설정된 m_bOpenFileDialog를 검사한다. 만약 m_bOpenFileDialog가 TRUE일 경우, 사용자가 Open File common dialog를 사용하길 원하는 것이므로, Win32 API ::GetOpenFileName( )을 호출한다.

만약 m_bOpenFileDialog가 FALSE일 경우, 사용자가 Save File common dialog를 사용하길 원하는 것이므로, Win32 API인 ::GetSaveFileName( )을 호출한다. 이때 DoModal( )은 인자로서 m_ofn을 전달한다.

이 시점에서, common dialog는 사용자가 "OK"나 "Cancel" button을 누를 때까지 화면에 나타나 있다. GetOpenFileName( )/GetSaveFileName( )의 반환값은 지역 변수인 nResult에 저장한다. 일단 common dialog APIs가 return되면, DoModal( )은 parent window를 다시 enable시킨다(물론, parent window가 disable 상태이면). 그리고 PostModal( )을 호출하고, nResult가 0보다 크면 nResult를 반환하고, 그렇지 않으면 IDCANCEL을 반환한다.

②-2 그럼 CFileDialog의 핵심은 어디인가!?

지금까지 살펴본 CFileDialog의 진행 과정은 대충 예상할 수 있는 과정이었다. 생성자는 m_ofn의 field를 설정하고, DoModal( )은 common dialog API를 호출하고…, 뭐 대충 그렇게 진행된다. 그렇다고 해서 흥미를 잃어 버리지 말기 바란다. 왜냐하면, 앞서 보았던 CFileDialog의 선언에는 문서화되지 않은 아주 흥미로운 가상 함수들이 존재하기 때문이다.

이들 가상 함수의 중심에는 hook procedure인 _AfxCommDlgProc( )가 있다[_AfxCommDlgProc( )은 CDialogDialog( ) 생성자에서 설정된다].

_AfxCommDlgProc( )는 모든 common dialog에 대한 공통된 hook procedure이므로, 아마도 여러분은 _AfxCommDlgProc( )가 매우 긴 함수라는 것을 충분히 짐작할 수 있을 것이다. Listing 6-22는 _AfxCommDlgProc( )의 code 중 CFileDialog와 관련된 부분만을 축약하여 보여준다.

Listing 6-22 The _AfxCommDlgProc() MFC common dialog hook utility function, from DLGCOMM.CPP

```
UINT CALLBACK _AfxCommDlgProc( HWND    hWnd,
                               UINT    message,
                               WPARAM  wParam,
                               LPARAM  lParam )
{
      // Lost of code omitted, included pDlg declaration.
      if (message == _afxMsgSHAREVI) {
           return ((CFileDialog*)pDlg)->OnShareViolation((LPCTSTR)lParam);
      }
      else if (message == _afxMsgFILEOK) {
           if (afxData.bWin4)
                ((CFileDialog*)pDlg)->m_pofnTemp = (OPENFILENAME*)lParam;

           BOOL bResult = ((CFileDialog*)pDlg)->OnFileNameOK();
           ((CFileDialog*)pDlg)->m_pofnTemp = NULL;
           return bResult;
      }
      else if (message == _afxMsgLBSELCHANGE) {
           ((CFileDialog*)pDlg)->OnLBSelChangedNotify( wParam,
```

```
                                              LOWORD(lParam),
                                              HIWORD(lParam));
            return 0;
        }
        else if (message == _afxMsgSETRGB) {
            return 0;
        }
        return 0;
    }
```

_AfxCommDlgProc( )는 인자로 들어온 message의 값을 검사하여 message type에 맞는 적당한 virtual callback function을 호출한다. 어떤 virtual callback function의 경우에는 그냥 단순히 호출되고, 또 어떤 virtual callback function의 경우에는 호출 전후에서 약간의 작업이 존재한다. OnFileNameOK( )의 경우, _AfxCommonDlgProc( )는 lParam 인자를 통해서 들어온 OPENFILENAME을 dialog의 m_pofnTemp에 저장하고 나서 OnFileNameOK( )를 호출한다.[주17]
그럼 왜 MFC는 OPENFILENAME pointer를 m_pofnTemp를 저장하는가? 아마도 MFC는 Windows bug를 수정하기 위해서나 Machintosh와의 호환성을 유지하기 위해 그렇게 했을 것이다.
간단하고 평이한 질문이지만, 큰 의미를 내포한 질문이 있다 : " _AfxCommDlgProc( )에서 비교되는 _afxMsgSHAREVI와 같은 message 값은 도대체 무엇이란 말인가?"
여러분이 DLGCOMM.CPP의 위 부분을 살펴보면, 이 질문에 대한 답을 얻을 수 있다. MFC는 common dialog에서 정의된 string형태의 message를 등록한다. 예를 들어 sharing violation(공유 위반)을 발생했음을 나타내는 message를 선언한 code는 다음과 같다.

```
AFX_COMDAT UINT _afxMsgSHAREVI = 0;
_afxMsgSHAREVI = ::RegisterWindowMessage(SHAREVISTRING); // in _AfxCommDlgProc()
```

SHAREVISTRING은 Win32 common dialog에서 정의된 macro이다. 이들 message는 모든 MFC 프로그램이 시작할 때 등록된다. 이렇게 등록된 message들은 _AfxCommDlgProc( )가 common dialog class의 가상 함수를 호출할 때 사용된다.
하지만 여전히 의문은 남아 있다. _AfxCommonDlgProc( )은 3개의 가상 함수를 호출할 수 있다 : OnShareViolation( ), OnFileNameOK( ), 그리고 OnLBSelChangedNotify( ). 그럼 문서화되지 않은 CFileDialog의 나머지 가상 함수는 어떻게 호출된단 말인가? : OnInitDone( ), OnFileNameChange( ), OnFolderChange( ), 그리고 OnTypeChange( ).

17) 만약 여러분이 여러분만의 File Open common dialog를 생성하고자 한다면(물론, CFileDialog를 상속받아서), 여러분은 OnFileNameOK( )를 재정의(override)해야 한다. 그리고 그 재정의된 함수 안에서, m_ofn.lpszFileName에서 선택한 file의 이름을 찾을 수 있을 것이다.

이 질문에 대한 대답은 WM_NOTIFY message를 처리하는 CFileDialog::OnNotify( )에서 찾을 수 있다. 이는 Windows common dialog가 앞에서 등록된 message뿐만 아니라 WM_NOTIFY message를 발생한다는 사실에 기인한다.

②-3 CFileDialog::OnNotify( ) : Windows 95 Callback Generator

문서화되지 않은 CFileDialog::OnNotify( )는 WM_NOTIFY message와 연계된 가상 함수를 호출하는 일을 한다. Listing 6-23은 축약된 CFileDialog::OnNotify( )를 보여준다.

[Version Note]

이러한 방법은 MFC 4.0 이후부터 적용된다.

Listing 6-23 CDialog::OnNofity() pseudocode, from DLGFILE.CPP

```
BOOL CFileDialog::OnNotify(WPARAM wParam, LPARAM lParam, LRESULT* pResult)
{
      OFNOTIFY* pNotify = (OFNOTIFY*)lParam;
      switch(pNotify->hdr.code){
           case CDN_INITDONE:
                OnInitDone();
                return TRUE;
           case CDN_SELCHANGE:
                OnFileNameChange();
                return TRUE;
           case CDN_FOLDERCHANGE:
                OnFolderChange();
                return TRUE;
           case CDN_SHAREVIOLATION:
                *pResult = OnShareViolation(pNotify->pszFile);
                return TRUE;
           case CDN_FILEOK:
                *pResult = OnFileNameOK();
                return TRUE;
           case CDN_TYPECHANGE:
                OnTypeChange();
                return TRUE;
      }
      return FALSE;    // not handled
}
```

우선 OnNotify( )는 lParam인자에서 OFNOTIFY pointer를 추출해 낸다. 여기서 주목할 만한

field는 pNotify->ndr.code이다(이것은 notification code를 나타낸다). 그 다음, OnNotify( )는 notification code에 맞추어 "switch"문을 수행하고 적절한 virtual callback function을 호출한다. OnNotify( )가 반환하는 값이 TRUE이면, 그 message는 처리되었음을 의미한다.

여러분은 아마 이런 의문이 들지도 모른다 : 왜 _AfxCommDlgProc( )은 "switch"문을 사용하지 않고 "if/else if/else"문을 사용했단 말인가? _AfxCommDlgProc( )에서 검사되는 값은 compile 시에는 알 수가 없다. 따라서 MFC는 "switch"문 대신에 "if/else if/else"문을 사용해야 한다.

CDialog::OnNotify( )의 접근 방법은 예전의 _AfxCommDlgProc( ) hook의 접근 방법보다 더 많은 notification을 처리할 뿐만 아니라, MFC common dialog의 customize를 더 쉽게 해 준다.

②-4 CFileDialog의 문서화되지 않은 또 다른 특징

MFC CFileDialog class는 file common dialog를 customize하는 방법으로 old-방법과 new-방법을 함께 제공한다. 이는 dialog의 style에 따라 MFC에 의해 선택되어진다. 물론 여러분이 이를 결정할 수도 있다.

예를 들어, member function인 SetTemplate( )는 인자로 2개의 dialog template를 가진다 : 하나는 old-style file dialog이고, 다른 하나는 new-style file dialog이다. SetTemplate()는 조심스럽게 적당한 dialog template을 결정하고 사용하므로, 여러분은 전혀 걱정할 필요 없다. 이는 여러분이 old-style dialog를 지원하고자 할 때 매우 편리하게 사용할 수 있다.

또 다른 예로 CFileDialog에서 정보를 얻을 수 있는 member function 중 하나를 살펴보도록 하자. GetFileName()은 common dialog에서 사용자가 입력한 file 이름(단, path 없이)을 얻어 내는 member function이다. Listing 6-24는 GetFileName( )의 구현을 보여준다. 예를 들어 여러분이 "C:\SCOT\BOOK\CHAP6.DOC"를 입력한다면, GetFileName( )에 의해서 반환되는 string은 "CHAP6.DOC"이다.

Listing 6-24 The CFileDialog::GetFileName( ) implementation, from DLGFILE.CPP

```
CString CFileDialog::GetFileName() const
{
      if ((m_ofn.Flags & OFN_EXPLORER) && m_hWnd != NULL) {
            CString strResult;
            if (GetParent()->SendMessage(
                              CDM_GETSPEC,
                              (WPARAM)MAX_PATH,
                              (LPARAM)strResult.GetBuffer(MAX_PATH)) < 0) {
                  strResult.Empty();
            }
            else {
```

```
                strStrResult.ReleaseBuffer();
                return strResult;
            }
        }
        return m_ofn.lpstrFileTitle;
    }
```

GetFileName( )은 common dialog가 OFN_EXPLORER인지를 확인하고,(주18) 자신이 유효한 window handle을 가지고 있는지 확인한다. 만약 모두 TRUE이면, GetFileName( )은 CDM_GETSPEC message(주19)를 보내는 new-방법을 사용한다. 만약 CDM_GETSPEC message를 보낸 후 0보다 큰 값을 반환하면(즉, SendMessage가 성공적으로 수행되었으면), GetFileName( )은 file name을 가진 string을 반환한다. 만약 그렇지 않거나[즉, SendMessage( )가 실패하였을 경우] dialog가 OFN_EXPLORER가 아니라면, GetFileName( )은 예전의 방법으로 되돌아가서 m_ofn.lpstrFileTitle을 반환한다.

Windows 95 common dialog의 경우 dialog에게 message를 보내는 new-방법을 쓰는 것이 좀 더 안정적이다 : Microsoft는 m_ofn의 field를 검사하는 예전의 방법보다는 이 새로운 방법을 사용하도록 개발자들에게 권유하고 있다.

6.2.3 잘 포장(wrap)된 MFC Common Dialog

지금까지 CFileDialog class의 가장 흥미로운 부분에 대하여 살펴보았다. 그럼 OLE dialog에 대하여 살펴보도록 하자. 그 전에, MFC common dialog class에 대한 핵심 사항들을 명심해 두자.

- 모든 MFC common dialog는 CCommonDialog를 상속받는다(따라서 모든 MFC common dialog는 OnOK( )와 OnCancel( )을 제공한다).
- 기본적으로 MFC common dialog는 Win32 구조체와 API를 살짝 포장한다. 본 예제에서, OPENFILE 구조체와 GetOpenFile( )/GetSaveFile( ) API가 사용된다. OFN_EXPLORER flag와 그 결과에 근거한 적당한 함수의 호출을 통해 내부 검사를 한다. 그 결과에 따라서, MFC는 old-style common dialog와 new-style common dialog를 선택적으로 사용한다. 특히 hook procedure와 dialog template를 사용하여 common dialog를 customize할 때 매우 유용하다.

18) OFN_EXPLORER은 해당 common dialog가 Explorer style인지를 나타낸다(앞서 CFileDialog 생성자에서 이 값이 설정된다고 설명한 바 있다).
19) CDM_GETSPEC은 file name을 얻어 내기 위한 message이다.

- 공통된 dialog routine을 통해서 호출되는 몇 개의 가상 함수가 있다.

① 더 많은 정보를 원한다면…

불행하게도, 여기서는 MFC common dialog에 대한 모든 것을 보여주지는 않는다. 어찌 되었건, 여러분에게 MFC common dialog를 살펴보는 올바른 방향을 몇 가지 제시하려 한다.

만약 여러분이 Scribble(낙서장) tutorial을 살펴본 적이 있다면, 여러분은 Scribble 프로그램이 File Open common dialog를 가진다는 점이 떠오를 것이다. 하지만, source code에는 CFileDialog에 대한 아무런 언급은 없었다.

그럼, 다음 질문에 대하여 고찰해 보기 바란다.

- CFileDialog는 어디에 존재하는가?
- 만약 여러분이 특별한 기능을 가진 CFileDialog 파생물을 가지고 있다면, 어떻게 CFileDialog대신 여러분의 CFileDialog 파생물을 Scribble에 적용시킬 것인가?
- CFileDialog는 m_ofnTemp라는 member data를 왜 가지고 있는가?

또 다른 common dialog의 구현을 살펴보라. 그리고 거기에도 문서화되지 않은 member function과 member data가 존재하는지 살펴보라. 그들이 어디에 사용되는지 짐작할 수 있겠는가? 여러분은 아마도 다음과 같은 질문을 하게 될 것이다.

- 왜 CFontDialog는 문서화되지 않은 LOGFONT형 member data를 가지고 있는가?
- 왜 CColorDialog는 OnCtlColor( )를 필요로 하는가? 그리고 그 함수가 하는 일은 무엇인가?
- _AFC_COLOR_STATE란 무엇이며, 어떤 목적을 위해 사용되는가?
- CPageSetupDialog::PaintHookProc( )는 무엇이며, 어떤 목적을 위해 사용되는가?
- DLGPRNT.CPP내에 정의된 AfxCreateDC( ) utility 함수는 어떤 목적으로 사용된다고 생각하는가?

MFC source code에는 파헤쳐 보아야 할 많은 황금과 같은 정보가 있다. 앞에서 언급한 질문들은 여러분이 MFC source code를 살펴보는 데 큰 도움이 되리라 믿는다.

6.3 OLE Dialog

Figure 6-7은 Ole Dialog의 계층도를 보여준다.

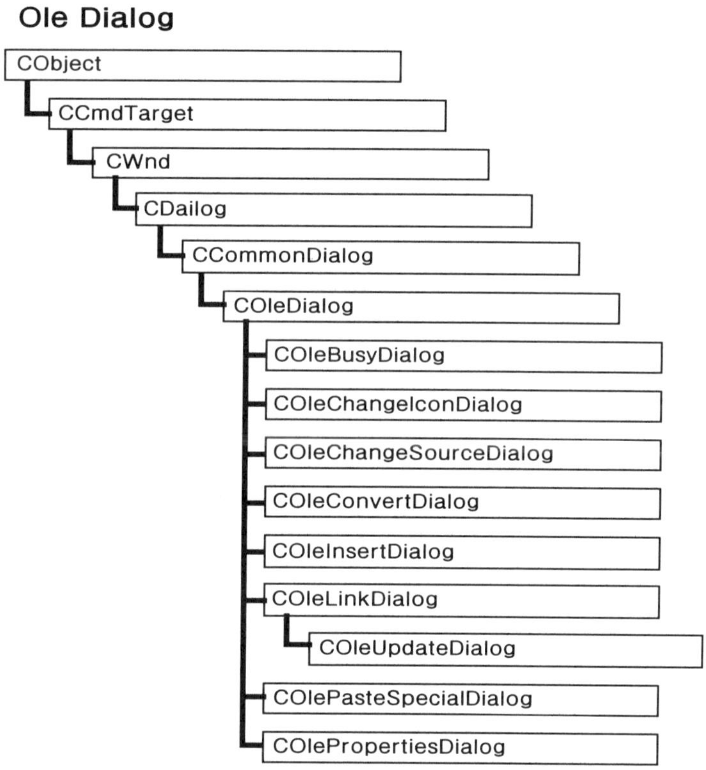

Figure 6-7 Hierarchy chart of Ole Dialog

OLE dynamic link library(OLEDLG.DLL)는 다양한 "OLE" common dialog를 가지고 이다. "OLE" common dialog는 사용자가 OLE 기능을 선택할 수 있게 해 준다. 예를 들어, 사용자가 새로운 OLE 객체를 추가하고 할 때, Windows registry에 등록된 OLE 종류를 사용자에게 보여주는 dialog가 있다.

[Version Note]

MFC 3.0과 그 이전 version에서, OLE dialog code는 MFCUI32.DLL에 존재했다. 하지만, Window 95와 Window NT에서부터는 OS(Operating System)에 통합되었다.

다음은 OLE dialog와 그 기능에 대한 간단한 설명이다.

- COleDialog – OLE dialog의 base class이다.
- COleBusyDialog – OLE server가 바쁘거나 요청에 반응할 수 없을 때 화면에 나타난다.
- COleChangeIconDialog – 내장된 OLE 객체의 종류를 표시해 주는 icon을 변화시켜 줄 수 있게 해준다.
- COleChangeSourceDialog – 사용자가 link의 source나 destination을 변경할 수 있게 해준다.
- COleConvertDialog – 내장된 OLE 객체의 종류를 변화시킬 수 있게 해준다.
- COleInsertDialog – 추가할 OLE 객체의 종류를 사용자에게 선택할 수 있게 해준다. 보통 메뉴에서 "Edit/Insert Object"를 선택하면 이 dialog가 나타난다.
- COleLinksDialog – 사용자가 OLE link를 변경할 수 있게 해준다.
- COleUpdateDialog – 사용자가 OLE link를 변경하도록 한다.
- COlePasteSpecialDialog – 어떤 문서 안에 OLE 객체를 paste, link, copy할 수 있도록 해준다. 보통, 이 dialog는 특별한 Edit/Paste menu를 통해서 화면상에 나타난다.
- COlePropertiesDialog – OLE 객체에 대한 property page를 화면에 보여준다.

6.3.1 OLE Dialog 사용하기

대부분의 경우 MFC common OLE dialog class는 OLE dialog를 생성하는 데 사용된다. MFC common OLE dialog는 보통의 common dialog와 사용하는 방법이 같다 : MFC common OLE dialog의 객체를 생성하고, DoModal( )을 호출하고, 마지막에 DoModal( )이 IDOK를 반환하면, 사용자가 선택한 정보를 얻어내면 된다.

6.3.2 MFC OLE Dialog Class의 내부

OLE common dialog의 선언은 AFXODLGS.H에 선언되어 있고, 구현은 여러 file에 나누어져 있다: OLEDLGS1.CPP, OLEDLG32.CPP 그리고 OLEDLG3.CPP. 다음은 각 OLE common dialog class의 구현이 어디에서 찾을 수 있는지 보여준다.

- OLEDLGS1.CPP – COleInsertDialog, COleConvertDialog, COleChangeIconDialog, COleLinkDialog, COleUpateDialog, COlePasteSpecialDialog

• OLEDLGS2.CPP – COleDialog, COleBusyDialog
• OLEDLGS3.CPP – COleProperties, COleChangeSourceDialog

또한, OLE dialog의 일부 member는 inline file인 AFXOLE.INI에서 찾을 수 있다.
OLE common dialog class는 앞에서 배웠던 common dialog와 매우 유사하다. 각 OLE dialog는 dialog의 속성을 정의한 구조체와 그 구조체를 사용하여 화면상에 dialog를 보여주는 API를 가지고 있다. 예를 들어 COlePasteSpecialDialog는 OLEUIPASTESPECIAL 구조체와 OleUIPasteSpecial() OLE API를 포장하고 있다.
MFC common dialog과 OLE common dialog class와의 가장 큰 차이점은 OLE dialog class는 CCommonDialog를 직접 상속받는 것이 아니라, 중간에 CCommonDialog를 상속받는 COleDialog를 상속 받는다는 점이다.

① Inside COleDialog : OLE Dialog의 Base Class

Listing 6-25는 축약된 COleDialog의 선언을 보여준다.

Listing 6-25 The declaration of the COleDialog OLE dialog base class, from AFXODLGS.H

```
class AFX_NOVTABLE(주20) COleDialog : public CCommonDialog
{
	DECLARE_DYNAMIC(COleDialog)
// Attributes
public:
	UINT GetLastError() const;
// Implementation
public:
	int MapResult(UINT nResult);
	COleDialog(CWnd* pParentWnd);
protected:
	UINT m_nLastError;

protected:
	friend UINT CALLBACK _AfxOleHookProc(HWND, UINT, WPARAM, LPARAM);
};
```

20) AFX_NOVTABLE 은 AFXVER_.H 안에 다음과 같이 정의 되어 있다. 자세한 사항을 MSND를 참조하기 바란다.
#define AFX_NOVTABLE __declspec(novtable)

COleDialog는 단지 member로서 UINT형 m_nLastError와 MapResult( )가 추가된 자그마한 base class이다 : m_nLastError는 error code를 저장하고, MapResult( )는 OLE return code를 IDOC와 IDCANCEL에 연계(map)시켜 준다. GetLastError( )는 m_nLastError의 값을 반환하는 member function이다.

hook procedure로서 _AfxOleHookProc( )를 "friend"로 선언하고 있다[일반 MFC common control에서는 hook procedure로 _AfxCommDlgProc( )를 "friend"로 선언하고 있다].

6.3.3 OLE Dialog 요약

OLE common dialog에 대해서 무엇을 알게 되었는지 복습해 보자.

- OLE common dialog는 사용면에서나 구현면에서 common dialog와 매우 유사하다.
- 모든 OLE common dialog는 COleDialog를 상속받는다.
- MFC는 이미 기본적인 환경에서 사용할 만한 다양한 OLE common dialog를 생성해 놓았다. 이것들은 여러분의 응용프로그램 환경에 맞게 처리하는 것은 여러분의 몫이다.

① 더 많은 정보를 원한다면…

만약 여러분이 OLE의 도사가 되길 희망한다면, 더 많은 공부를 위해 여러분이 해결해야 할 몇 가지 질문을 제시한다.

- 2개의 utility function인 _AfxOlePropertiesEnable( )과 _AfxParseDiaplayName( )이 하는 일은 무엇이란 말인가?
- COleUILinkInfo라는 문서화되지 않은 class가 있다. 무엇을 위한 것인가? 왜 이 class는 문서화되지 않았는가? 여러분의 응용프로그램에서 문서화되지 않은 이 class를 사용할 수 있겠는가?
- COlePropertiesDialog의 각 member가 어디에 사용되는지 추론할 수 있겠는가?
- COlePropertyPage와 COlePropertiesDialog는 어떻게 연결되어 있는가?

지금까지 여러분의 CDialog 파생물을 거의 다 살펴보았다. 하지만, 여러분이 MFC 계층도를 가지고 있다면, 여러분은 CPropertyPage라는 CDialog-derived class가 있다는 것을 발견할 것이다. CPropertyPage는 property sheet 또는 tabbed dialog라 불리는 MFC의 특징을 구현하는 핵심 열쇠이다.

6.4 Property Sheet(또는, Tabbed Dialog)

Figure 6-8은 MFC property sheet/page의 계층도를 보여준다.

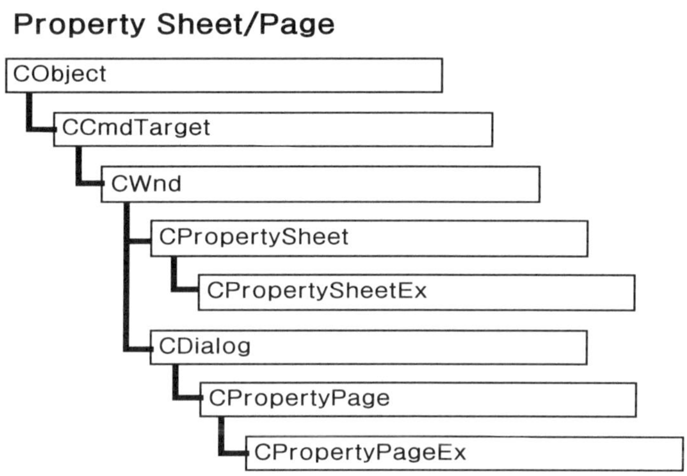

Figure 6-8 Hierarchy chart of MFC Property Sheet/Page

MFC property sheet는 MFC 3.0에서 처음 소개되었다. Figure 6-9는 property sheet의 예를 보여준다. property sheet는 한 sheet 안에 여러 개의 다양한 dialog를 설정할 수 있으므로 매우 널리 사용된다. 예를 들어, Visual C++은 Project/Option에 tabbed dialog를 가지고 있다. 만약 각 tab이 각기 다른 dialog에 존재한다면, 사용자는 그 dialog들을 모두 띄우기 위해 시간을 낭비하게 될 것이다.

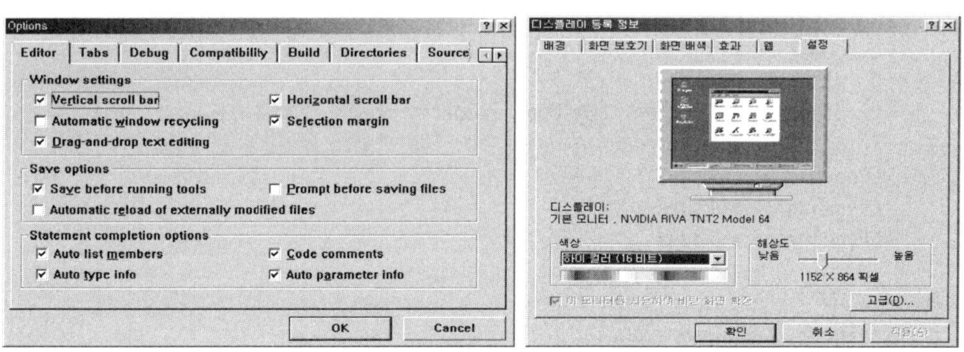

Figure 6-9 Examples of a property sheet

6.4.1 MFC Tabbed Dialog 사용하기

tabbed dialog의 구현은 2개의 class에 근거한다: CPropertySheet와 CPropertyPage. CPropertySheet는 tabbed dialog class이고, CPropertyPage는 tab 또는 page class이다. 이들 MFC class를 사용하기 위해서, 여러분은 다음과 같은 단계를 밟아야 한다.

1 단계 : control과 layout을 묘사하는 dialog template를 생성한다.

2 단계 : 각 template마다 CPropertyPage 파생물을 생성하고, property page의 상태를 나타내는 member data를 추가한다(물론 나타낼 상태가 없으면 추가할 필요 없음).

3a 단계 : modal property sheet를 생성하기 위해, CPropertySheet의 instance를 생성하고 CPropertySheet::AddPage( )를 사용하여 앞의 1, 2 단계에서 생성된 property page를 추가한다. property page를 추가한 후, property sheet를 화면에 보이기 위해 CDialog::DoModal( )을 호출한다. MFC는 자동적으로 OK(확인)/Apply(적용)/Cancel(취소) button을 추가해 준다.

3b 단계 : modeless dialog를 원한다면, 여러분은 dialog를 사라지게 하는 방법이 추가된 CPropertySheet 파생물을 생성해야 한다. 여러분이 modeless CPropertySheet를 생성하였다면, MFC는 자동으로 OK(확인)/Apply(적용)/Cancel(취소) button을 추가시켜 주지 않는다. 그 다음, 여러분의 CPropertySheet의 instance를 생성하고, modeless property sheet를 화면에 보이기 위해 CPropertySheet::Creat( )를 호출한다.

Listing 6-26은 3개의 page를 가진 property sheet를 생성하는 예를 보여준다. CPageOne, CPageTwo, CPageThree는 모두 CPropertyPage 파생물이다.

Listing 6-26 An example of how to create a modal property sheet with three pages(tabs)

```
//
CPropertySheet mySheet (My Cool Property Sheet, this );
// Now create the property pages for the sheet.
CPageOne    myPage1;
CPageTwo    myPage2;
CPageThree  myPage3;

// and insert them into the sheet
mySheet.AddPage(&myPage1);
mySheet.AddPage(&myPage2);
mySheet.AddPage(&myPage3);
// DoModal
mySheet.DoModal();
```

여러분이 조작하고자 하는 모든 data가 property page 안에 존재한다. 하지만 걱정하지 마라 : 여러분은 property sheet에서 DDX와 DDV를 사용할 수 있다. 단지 여러분은 각 property page 마다 DoDataExchange( )를 구현하면 된다.
property sheet는 몇 가지 특징을 가지고 있다.

1) property sheet는 dialog를 닫지 않고도 사용자가 변경한 option을 적용(apply)시킬 수 있다. 즉, "Apply" button을 동작시키기 위해서는 여러분은 단지 CPropertyPage::SetModitfied(TRUE)를 호출하여 그 option 값이 변화되었음을 MFC에 알리면 된다. 이로써 사용자가 "Apply" button을 누르면, 해당 member variable은 사용자가 입력한 새로운 값으로 변경된다.
2) "modify" flag(주21)는 property page마다 존재하기 때문에, 사용자가 "Apply" button을 누르면 현재의 page에서 변경된 option 값만 적용된다(즉, 다른 page의 option 값은 변경되었더라도 적용되지 않는다).

property sheet는 개발자에게 매우 유용한 도구이다. 그럼 MFC property sheet와 property page가 어떻게 구현되었는지 살펴보도록 하자.

[Version Note]
MFC 6.0에는 기존의 CPropertySheet/CPropertyPage를 확장한 CPropertySheetEx/CPropertyPageEx를 새로 제공한다. 이는 Windows 98과 Window NT 5.0 이상에서 소개된 property sheet의 새로운 특징을 지원하기 위한 class이다. 이 책에서는 property sheet/page의 동작 원리를 파악하기 위한 것이므로 CPropertySheet/CPropertyPage만 살펴보도록 한다.

6.4.2 Property Sheet/Page의 내부

2개의 property sheet class(CPropertySheet과 CPropertyPage)는 다소 이상한 구성을 가지고 있다 : CPropertySheet는 CDialog를 상속받지 않는다. 하지만, CPropertyPage는 CDialog를 상속받는다.
CPropertySheet는 CDialog가 아니라 CWnd를 상속받는다. 왜냐하면, CDialog는 Windows dialog를 encapsulation화하고 있고, Windows dialog는 dialog template와 매우 긴밀하게 관련되어 있다. 하지만, CPropertySheet는 dialog template를 전혀 사용하지 않는다. 따라서 CPropertySheet는 가장 일반적인 window인 CWnd을 상속받는 것이 바람직하다. 사실 MFC 설

21) property page내의 어떤 값이 변경되었음을 나타내는 flag.

계팀이 CDialog에 있어야 할 많은 routine들[예를 들어, RunModalLoop( ) 따위…]을 CWnd으로 옮긴 시기도 CPropertySheet가 나타났을 때이다(이것은 같은 기능을 가지는 2개의 routine이 중복되지 않도록 해준다).

또한 이것은 CPropertyPage가 왜 CDialog를 상속받는지도 설명해 준다. 왜냐하면, CPropertyPage는 dialog template를 사용하고 있고, 따라서 MFC 계층도 상에서 CDialog의 아래에 위치하는 것은 아주 딱 들어맞는다.

① Source Code 그리고 version에 대한 이야기

여러분은 CPropertySheet와 CPropertyPage의 선언을 AFXDLGS.H에서 찾을 수 있다. 이 두 class의 구현은 DLGPROP.CPP와 AFXDLGS.INL에서 찾을 수 있다.

MFC 4.0에서 CPropertySheet와 CPropertyPage의 내부는 완전히 변경되었다. MFC 3.0에서 property sheet의 모든 구현은 MFC내에 존재했다. MFC는 직접 "tab"을 그리고(draw) 관리했다(property sheet는 Windows 95에서 처음으로 common control형태로 제공되었다).

Windows common control에서 가져온 Win32 property sheet를 사용하기 위해 MFC 설계팀은 property sheet을 완전히 다시 작성하였다. 현재, MFC가 property sheet의 모든 구현을 관리하는 대신, Windows common control이 property sheet의 많은 부분을 관리하고 있다. MFC 4.x 이상에서는 단지 MFC 3.0에서 제공했던 interface와 똑같은 interface를 가지는 새로운 Windows common control을 제공할 뿐이다. 또한 MFC 4.0에서부터 MFC property sheet에 "wizard" mode가 추가되었다. 이것은 MFC property sheet를 이용하여 wizard를 쉽게 만들도록 해준다. 또한 Visual C++ 6.0과 함께 등장한 MFC 6.0 안에는 새로운 특징이 추가된 CPropertySheetEx와 CPropertyPageEx가 추가되었다(MSND에서 제공하는 sample 인 Wizard97을 꼭 실행해 보기 바란다).

단지 MFC property sheet만이 이러한 환경의 변화에 맞추어 재작성된 MFC class는 아니다. 9장에서 여러분이 살펴볼 몇몇 class(toolbar, status bar, 따위…)도 새로운 Windows common control을 사용하기 위해 재작성되었다. 이러한 이유로 인해, MFC는 Windows common control을 살짝 encapsulation하는 class를 제공한다(property sheet의 경우는 CTabCtrl. 잠시 후에 여러분은 CTabCtrl을 살펴볼 것이다. 하지만 대부분의 경우 CTabCtrl을 사용하는 것보다는 CPropertySheet/CPropertyPage를 사용하는 것이 훨씬 쉽다).

MFC 설계팀이 CPropertySheet/CPropertyPage를 재작성할 때, 엄청난 code가 거짓말처럼 사라졌다. 만약 여러분이 예전의 MFC version을 가지고 있다면, AFXDLGS.H를 열고 CPropetySheet의 선언을 살펴보기 바란다.

② Windows Property Sheet Common Control 다시 보기

지금까지 Windows common control을 포장하고 있는 MFC property sheet에 대하여 살펴보았다. 이제 MFC CPropetySheet/CPropertyPage를 이해하기 위해, property sheet control이 어떻게 사용되는지 살펴보도록 하자.

Windows common control인 property sheet를 사용하는 것은 다른 common dialog를 사용하는 것과 매우 유사하다. 우선, 여러분은 PROPSHEETHEADER 구조체의 field를 채워 여러분이 원하는 property sheet의 상태를 설정한다. 일단 그 구조체가 채워지면, 여러분은 그 구조체를 인자로 Win32 API PropertyPage( )를 호출하여 property sheet를 생성한다.

PROPSHEETHEADER 구조체는 다소 복잡하다. 하지만, 이 구조체에는 MFC property sheet class를 이해하는 데 매우 중요한 2개의 field가 있다: ppsp와 dwFlags.

(1) "ppsp"는 property page 구조체(즉, PROPSHEETPAGE) 배열의 pointer이다. 각 PROPSHEETPAGE 구조체는 property sheet내의 page(또는 tab)를 정의한다. PROPSHEETHEADER의 nPage는 그 배열 안에 몇 개의 PROPSHEETPAGE 구조체가 있는지 나타낸다.

(2) dwFlags는 property sheet의 다양한 mode를 나타내는 flag이다. property sheet는 2가지 방법으로 tab을 화면상에 보여준다 : stacked tab과 scrolled tab. stacked tab은 각 tab들이 서로 위아래로 나타나며, 항상 보이는 상태이다. scrolled tab은 각 tab들이 서로 옆에 나타나며, 필요에 따라 tab들을 scroll할 수 있는 작은 scroll bar가 있다. Figure 6-10과 Figure 6-11은 각각 stacked tab과 scrolled tab의 예를 보여준다.

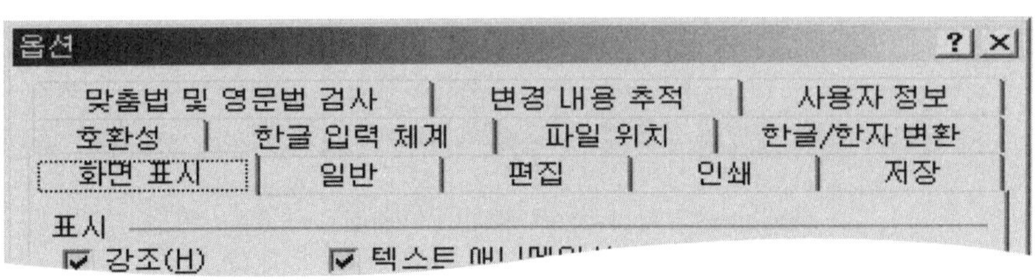

Figure 6-10 Examples of stacked tab, from Microsoft Word

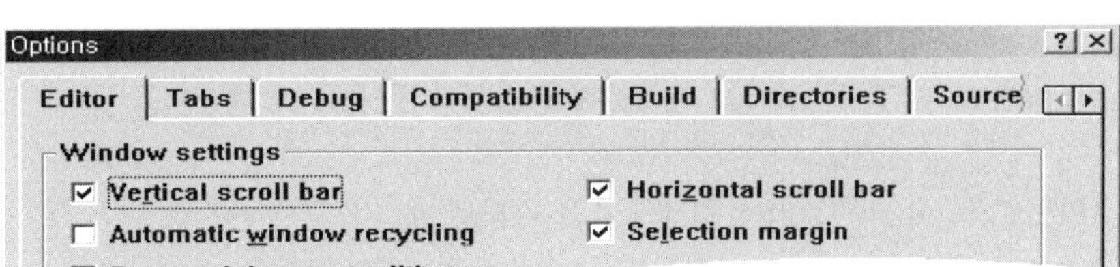

Figure 6-11 Examples of scrolled tab, from Visual C++ 6.0

dwFlags의 값은 "PSH"라는 머리 글자를 가진다. 다음은 MFC property sheet class에서 사용되는 dwFlags의 값을 나타낸다.

- PSH_MODELESS – property sheet가 modal 대신 modeless가 되도록 한다.
- PSH_PROPSHEETPAGE – property page 구조체가 존재한다는 것을 property sheet에게 알린다. 만약 이 값이 설정되지 않으면, property page 구조체는 무시된다.
- PSH_MULTILINETABS – scrolled tab 대신 stacked tab을 화면에 보여준다.
- PSH_WIZARD – property sheet를 wizard mode로 설정한다. property sheet가 wizard mode가 되면, wizard내의 각 page로 이동하기 위해 tab을 사용하는 것이 아니라 Next와 Previous(또는 Back) button을 사용한다. Figure 6-12는 property sheet가 wizard mode일 경우의 예를 보여준다.

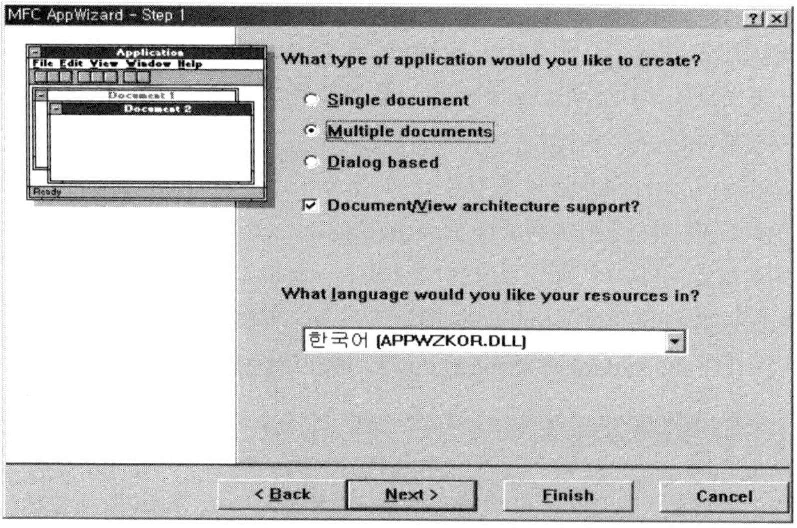

Figure 6-12 Applicatioin Wizard of Visual C++ 6.0

PropertySheet() API를 통하여 property sheet를 생성한 후 그 property sheet는 어떤 흥미 있는 일이 발생할 때마다 여러분의 응용프로그램에게 WM_NOTIFY message를 보낸다. 이 notification message는 "PSN"이라는 머릿글자를 가진다. 다음은 그 예이다.

- PSN_APPLY – "Apply" button을 눌렀음을 나타낼 때.
- PSN_WIZBACK – wizard mode일 때, 사용자가 "Previous(또는 Back)" button을 눌렀음을 나타낼 때.

- PSN_WIZNEXT – wizard mode일 때, 사용자가 "Next" button을 눌렀음을 나타낼 때.
- PSN_WIZFINISH – wizard mode 일 때, 사용자가 "Finish" button을 눌렀음을 나타낼 때.

또한, 여러분은 어떤 정보를 얻기 위해 property sheet control에게 message를 보낼 수 있다. 이 message의 머릿글자는 "PSM"을 가진다. 다음은 그 예이다.

- PSM_SETTILE – property sheet의 title을 설정한다.
- PSM_ADDPAGE – property sheet에 page를 추가한다. 이 message의 lParam은 CreatePropertySheetPage()를 통해서 호출된 property page의 handle이다.
- PSM_REMOVEDPAGE – property sheet에서 page를 제거한다.

이 정도면 CPropertySheet와 CPropertyPage가 무엇을 하는지에 대해서 충분히 살펴보았다. 만약 여러분이 MFC property sheet를 customize하길 원하거나 Windows common control에 대하여 좀 더 공부하고 싶다면, on-line 정보를 이용하거나 이러한 주제로 된 책을 살펴보기 바란다. 그럼 MFC property sheet class를 살펴볼 준비를 하자. 우선 CPropertySheet에 대하여 살펴본 후 CPropertyPage를 살펴보도록 하자.

③ Inside CPropertySheet

CPropertySheet는 CDialog와 비슷한 interface를 제공하는 CWnd 파생물이다. Listing 6-27은 축약된 CPropertySheet의 선언을 보여준다.

Listing 6-27 The abbreviated CPropertySheet declaration, from AFXDLGS.H

```
class CPropertySheet : public CWnd
{
// Construction ** omitted
// Attributes ** mostly omitted
public:
        AFX_OLDPROPSHEETHEADER m_psh; // MFC 4.0에서는 "PROPSHEETHEADER m_psh"이었다.
// Operations ** omitted
// Implementation **some omitted
public:
        void CommonConstruct(CWnd* pParentWnd, UINT iSelectPage);
        void EnableStackedTabs(BOOL bStacked);
        virtual void BuildPropPageArray();
        virtual BOOL OnInitDialog();
```

```
protected:
    CPtrArray  m_pages;          // array of CPropertyPage pointers
    CString    m_strCaption;     // caption of the pseudo-dialog
    CWnd*      m_pParentWnd;     // parent window of property sheet
    BOOL       m_bStacked;       // EnableStackedTabs sets this
    BOOL       m_bModeless;      // TRUE when Create called instead of DoModal

    // Generated message map functions
    friend class CPropertyPage;
};
```

보통 가장 흥미 있는 부분인 "// implementation"을 제외한 대부분은 생략하였다. public으로 선언된 "// Attributes"부분에 주목하자. 그곳에 AFX_OLDPROPSHEETHEADER형 member variable은 m_psh가 있다. 여러분이 CFileDialog에 대한 설명을 잘 읽어 보았다면 여러분은 아마 "deja vu"와 같은 경험을 가질 것이다. 여러분은 CFileDialog와 똑같은 방법을 사용하여 m_psh를 변경하고 접근할 수 있다.

"// Implementation"부분으로 넘어가 보자. 그곳에는 많은 member function/data가 있다. 다음은 그 member에 대한 간단한 설명이다.

- CommonConstruct( ) – CPropertySheet는 많은 생성자를 가지고 있다. 그 생성자들은 자신의 인자들을 약간 주물러 주고, 그 인자들을 CommonConstruct( )에게 보낸다. 따라서 code의 중복을 막을 수 있다. 우선 CommonConstruct( )는 m_psh의 dwFlags를 PSH_PROPSHEETPAGE값으로 설정한다. 그러고 나서 m_psh의 다른 몇 개의 field는 초기화한다.

  또한 CommonConstruct( )는 m_bStacked를 TRUE로, m_bModeless를 FALSE로 설정한다.
- EnableStackedTabs( ) – CPropertySheet를 stacked tab이 되도록 한다. 이 inline function은 m_bStacked를 설정한다.
- BuildPropPageArray( ) – 이 함수는 나중에 설명하기로 한다.
- OnInitDialog() – 다음과 같은 단계를 밟는 아주 긴 함수다.

1 단계 : 만약 wizard mode이면, 각 page들이 서로 연결되어 엉겨 붙지 않도록 전체 property sheet를 재배치한다.

2 단계 : member data인 m_bStacked에 근거한 tab style을 변경한다[EnableStackedTabs( )를 통해서 이루어진다].

3 단계 : 만약 property sheet가 modeless이고 wizard mode가 아니면, OnInitDialog( )는 표준 button을 제거한다[modeless property sheet는 OK/Cancel/Apply button을 가지고 있지 않음을 상기하기 바란다].
4 단계 : CWnd::CenterWindow( )를 사용하여 property sheet를 중앙에 위치시킨다.

- m_pages – CPropertyPage의 pointer들을 저장하는 pointer 배열(CPtrArray).
- m_strCaption – property sheet의 caption.
- m_pParentWnd – parent window의 pointer.
- m_bStacked – stacked tab인지 scrolled tab인지 나타내는 boolean 값.
- m_bModeless – property sheet가 modal인지 modeless인지 나타내는 boolean 값.

④ CPropertySheet::DoModal( )

어떻게 이들 member들이 어우러져 돌아가는지 알기 위해 CPropertySheet::DoModal()을 살펴보자. Listing 6–28은 CPropertySheet::DoModal( )의 pseudocode를 보여준다.

Listing 6–28 The CPropertySheet::DoModal() pseudocode, from DLGPROP.CPP

```
int CPropertySheet::DoModal()
{
      // register common controls
      VERIFY(AfxDeferRegisterClass(AFX_WNDCOMMCTLS_REG));
      // register new common controls
      AfxDeferRegisterClass(AFX_WNDCOMMCTLSNEW_REG);

      // finish building PROPSHEETHEADER structure
      BuildPropPageArray();

      // disable parent window
      ::EnableWindow(hWndParent, FALSE);

      AFX_OLDPROPSHEETHEADER* psh = GetPropSheetHeader();
      HWND hWnd = (HWND)::PropertySheet((PROPSHEETHEADER*)psh);

      if (ContinueModal()) {
            // enter modal loop
            nResult = RunModalLoop(dwFlags);
      }

      // re-active parent window
```

```
        ::EnableWindow(hWndParent, TRUE);
        ::SetActiveWindow(hWndParent);
        // cleanup
        DestroyWindow();
        return nResult;
  }
```

우선 DoModal( )은 의미를 알 수 없는 함수인 AfxDeferRegisterClass( )를 호출한다. 이 함수는 MFC가 InitCommonControl( )을 호출하도록 한다[InitCommonControl( )은 Windows common control DLL을 초기화하는 함수이다].

그 다음 DoModal( )은 BuildPropPageArray( )를 호출한다. 곧 여러분은 이 함수에 대해 살펴보게 될 것이다.

BuildPropPageArray( )를 호출한 후 DoModal( )은 CFileDialog와 똑같은 동작을 수행한다: modality 상태가 되기 위해 parent window를 비활성화시킨다. 그 다음 common control property sheet를 생성하고 보여주기 위해::PropertySheet( )를 호출한다. 그런 다음 DoModal( )은 modality 상태로 있는 동안 발생하는 message를 처리하기 위해, CWnd::RunModalLoop( )를 호출한다. RunModalLoop( )가 종료하게 되면,(주22) DoModal( )은 parent window를 다시 활성화시키고 자신의 window를 파괴한다. 그러고 나서 RunModalLoop()의 반환값을 반환하고 종료한다[여기서는 RunModalLoop( )에 대한 자세한 설명을 생략한다. 보다 자세한 내용을 원한다면, WINCORE.CPP 안에 있는 int CWnd::RunModalLoop(DWORD dwFlags)를 살펴보기 바란다].

CPropertySheet에서 기억해야 할 중요한 점이 있다 : DoModal( )이나 Create( )가 호출되기 전까지,(주23) CPropertySheet가 아직 window handle과 연계되지 않았다는 점이다. ::PropertySheet( )가 호출된 후에야, CPropertySheet는 window handle과 연계된다(만약 여러분이 CPropertySheet의 다른 member function을 살펴본다면, m_hWnd != NULL라는 검사를 발견할 수 있을 것이다. 보통 이 검사는 property sheet가 modal일 때보다는 modeless일 때 그 의미가 더 중요하다. 왜냐하면, modeless인 경우가 modal인 경우보다 수명이 길기 때문이다).

5 CPropertySheet::AddPage( )

CPropertySheet가 어떻게 page를 추가하는지 알아보기 위해 AddPage( )를 분석해 보자. Listing 6-29는 CPropertySheet::AddPage( )의 pseudocode를 보여준다.

---

22) 물론, 사용자가 OK나 Cancel button을 눌렀을 때 RunModalLoop( )는 종료한다.
23) modal일 경우는 DoMal( )이 호출되고, modeless일 경우는 Create( )가 호출된다.

Listing 6-29 The CPropertySheet::AddPage( ) pseudocode, from DLGPROP.CPP

```
void CPropertySheet::AddPage(CPropertyPage* pPage)
{
      m_pages.Add(pPage);

      // add page externally
      if (m_hWnd != NULL) {
            HPROPSHEETPAGE hPSP = CreatePropertySheetPage((PROPSHEETPAGE*)ppsp);
            if (!SendMessage(PSM_ADDPAGE, 0, (LPARAM)hPSP)) {
                  DestroyPropertySheetPage(hPSP);
                  AfxThrowMemoryException();
            }
      }
}
```

우선, AddPage( )는 인자로 들어온 CPropertyPage pointer를 m_page에 저장한다. 그 다음, m_hWnd가 NULL이 아님을 검사한 후, AddPage( )는::CreatePropertyPage( )를 호출한다. 그리고 그 결과로 반환된 page를 property sheet에 추가하기 위해, AddPage( )는 PSM_ADDPAGE라는 message를 property sheet에게 보낸다.

여러분은 아마도 이런 의문이 들 것이다. "property sheet 안에 저장된 property page를 얻어낼 수 있는 데도 불구하고, 왜 CPropertySheet는 m_pages를 관리하는가?". 좋다. 그 이유를 알아보자. 대부분의 경우, "m_hWnd != NULL" 검사의 결과는 FALSE이다. 왜냐하면, 대부분의 MFC 개발자는 각 property page마다 AddPage( )를 호출한 후, DoModal( )이나 Create( )를 호출한다.(주24) m_pages는 property sheet가 생성되기 전에 property page를 저장해 두는 buffer와 같은 역할을 한다.

여러분이 예상하는 것처럼, BuildPropPageArray( )는 m_pages를 PROPSHEETPAGE 구조체로 변경시킨다(왜냐하면, PROPSHEETHEADER 구조체는 CPropertyPage가 필요한 것이 아니라 PROPSHEETPAGE가 필요하기 때문이다). 그럼, BuildPropPageArray( )를 살펴보면서, 어떻게 이러한 변경이 이루어지는지 살펴보자.

⑥ CPropertySheet::BuildPropPageArray( )

Listing 6-30은 BuildPropPageArray( )의 pseudocode를 보여준다.

24) 즉, DoModal( )이나 Create( )가 호출되어야 window handle이 할당된다. 하지만, 그 전에 AddPage( )를 사용한다면 당연히 m_hWnd는 NULL이다. 따라서 Listing 6-29의 "if"문은 수행되지 않는다.

Listing 6-30 The CPropertySheet::BuildPropPageArray() pseudocode, from DLGPROP.CPP

```
void CPropertySheet::BuildPropPageArray()
{
      delete[] (PROPSHEETPAGE*)m_psh.ppsp;
      m_psh.ppsp = NULL;

      // build new prop page array
      AFX_OLDPROPSHEETPAGE* ppsp = new AFX_OLDPROPSHEETPAGE[m_pages.GetSize()];
      m_psh.ppsp = (LPPROPSHEETPAGE)ppsp;
      for (int i = 0; i < m_pages.GetSize(); i++) {
           CPropertyPage* pPage = GetPage(i);
           memcpy(&ppsp[i], &pPage->m_psp, sizeof(pPage->m_psp));
           //...
      }
      m_psh.nPages = m_pages.GetSize();
}
```

우선, BuildPropPageArray( )는 m_psh.ppsp field를 delete한 후, NULL로 설정해 버린다(이는 m_pages를 사용하여 만들어질 새로운 PROPSHEETPAGE 배열을 위해서다).

다음으로, BuildPropPageArray( )는 새로운 PROPSHEETPAGES 배열을 할당하고, 그 memory 위치를 m_psh.ppsp가 가리키도록 한다. 그 다음 BuildPropPageArray( )는 m_pages 안에 있는 CPropertyPage를 반복 탐색하여, 각 CPropertyPage의 PROPSHEETPAGE 구조체(즉, pPage->m_psp)를 PPROPSHEETHEADER의 ppsp 배열(즉, m_psh.ppsp[i] 또는 ppsp[i])에 복사한다.

일단 모든 page가 m_psh.ppsp에 복사되면, BuildPropPageArray( )는 m_pages의 크기와 일치하도록 m_psh.nPages를 변경한다.

⑦ CPropertySheet Notification

CPropertySheet는 property sheet내의 control에서 발생한 notification message를 가상 함수와 연계(map)시킨다. 예를 들어 보자. wizard mode일 경우 CPropertySheet는 OnNotify( )에서 처리하는 WM_NOTIFY message를 받을 것이다. PSN_WIZNEXT를 받았다고 가정하면, OnNotify( )는 Next button이 호출되었음을 알리기 위해 가상 함수인 OnWizardNext( )를 호출한다.

⑧ CProperetyPage

CPropertyPage는 PROPSHEETPAGE를 encapsulation한다(반면, CPropertySheet는 PROPSHEETHEADER을 encapsulation한다). PROPSHEETPAGE 구조체는 매우 명료하고 분명하다. CPropertyPage는 이 구조체를 살짝 포장하고 있다 : CPropertyPage는 PROPSHEETPAGE

에 약간의 code을 추가했을 뿐이다.

따라서 CPropertyPage를 살펴보는 것은 여러분에게 맡긴다. CPropertyPage의 선언은 AFXDLGS.H에 있고, 구현은 DLGPROP.CPP에 있다.

6.4.3 Property Sheet 다시 살펴보기

지금까지 살펴본 MFC property sheet에 대한 기본적인 사항은 다음과 같다.

- MFC property sheet class들은 CDialog interface 형태로 property sheet common control의 기능을 제공한다. 이러한 기능을 제공하기 위해, MFC property sheet class들은 몇 가지 기교한 변환과정을 수행한다.
- common dialog와 마찬가지로, MFC property sheet class들은 Win32 구조체와 API를 encapsulation화 한다. 그 구조체는 public으로 선언되어 있기 때문에 어디에서도 조작되어 질 수 있다. 이러한 지식을 바탕으로, 여러분은 여러분의 응용프로그램에 맞게 그 구조체를 변경할 수 있을 것이다.

① 더 많은 정보를 원한다면…

만약 여러분이 property sheet에 대하여 더 살펴보고 싶다면, 여기서는 다루지 않은 흥미로운 사항들을 여러분에게 소개한다.

* AfxDeferRegisterClass( )를 살펴보기 바란다.
* CPropertySheet는 GetTabControl( )이라는 member function을 가지고 있다. 이 함수는 CPropertySheet에 의해서 사용되는 CTabCtrl(주25) pointer를 반환한다.

1) GetTabCtrl()은 어떻게 동작하는가?
2) CPropertySheet는 CTabCtrl을 사용하지 않고 property sheet관련 API를 직접 호출한다고 생각하는가?

지금까지 여러분은 MFC Dialog 파생물에 대하여 살펴보았다. 그럼 MFC control class에 대하여 살펴볼 시간이다.

---

25) CTabCtrl은 Windows common control이 아니라 MFC common control이다. CTabCtrl에 대하여 좀더 깊이 있게 살펴보기 바란다.

6.5 MFC Control Class

Figure 6-13은 MFC control의 계층도를 보여준다.

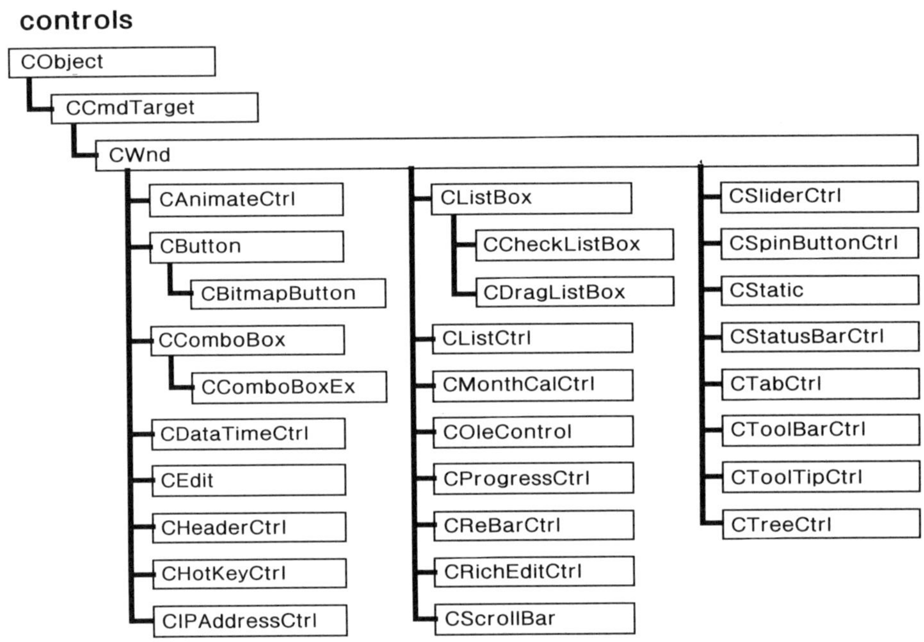

Figure 6-13 Hierarchy chart of MFC controls

MFC common control control은 편의상 4부류로 나누어서 설명하도록 한다.

1) "구(old-fashioned)" class: Windows가 처음 생길 때부터 존재하던 여러 개의 control (button, combo box, edit, list box, scroll bar, static)을 encapsulation한 MFC control class. MFC 4.0에서, 기존의 control을 확장한 새로운 control을 소개하였다: drag & drop list와 check list box. 참고로, MFC 2.0에서부터 bitmap button을 제공하고 있다.
2) "신(new-fangled)" class: Windows 95의 등장함께 새로 선보인 common control들을 encapsulation한 MFC control class.
3) MFC 6.0의 common control class: MFC 6.0에 새로 포함된 MFC common control class.
4) OLE control: OLE control은 15장에서 다루도록 한다.

일단 여러분은 "구" control을 살펴보고, 그 다음 "신" control을 살펴보도록 하자.

6.5.1 구(Old-Fashioned) Windows Control Class

Figure 6-14는 구 control class의 계층도를 보여준다.

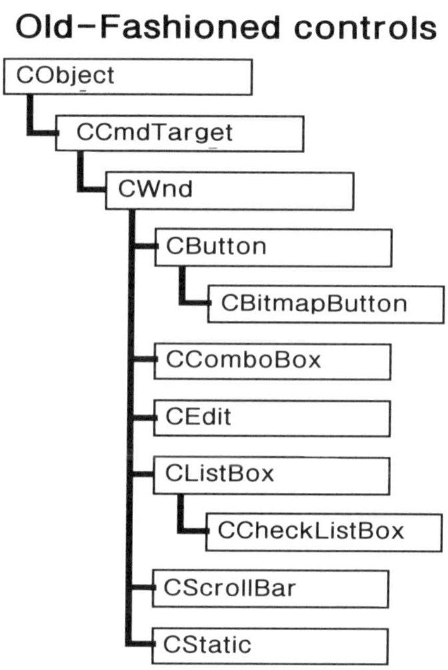

Figure 6-14 Hierarchy chart of Ole-Fashioned controls

이 class들의 이름은 매우 self-description[주26]하다. 구 MFC control을 사용하는 방법 중 하나는 dialog 안에 있는 기존의 control로부터 생성하는 것이다.

```
CButton* pButton = (CButton *)pDialog->GetDialogItem( IDC_CHECK );
ASSERT( pButton != NULL );
pButton->SetCheck( m_bShowState );
```

또 다른 방법은 객체를 명시적으로 생성한 후, Create()를 호출하는 것이다. 다음은 CView 안에 button을 생성하는 예제이다.

```
CRect rectButton( 10, 10, 50, 50 );
CButton* pButton = new CButton;
pButton->Create( "Button text",
```

26) self-description : 이름 그 자체만으로도 그 class가 어떤 일을 하는지 알 수 있음을 의미한다.

```
                    WS_CHILD | BS_PUSHBUTTON,
                    rectButton,
                    pView,
                    ID_BUTTON );
// Later that same day
pButton->DestroyWindow();
delete pButton;
```

control을 생성한 후, 여러분은 각 control마다 특화된 다양한 member function을 호출할 수 있다. 자세한 사항은 MFC 관련 문서를 참조하기 바란다.

① 구 Control Class의 내부

모든 MFC control class는 CWnd-derived class이다. 모든 MFC control class의 선언은 AFXWIN.H에 있고, 구현은 여러 file에 나누어져 있다.

- AFXWIN2.INI – 모든 control class의 inline function.
- WINCTRL1.CPP – CStatic, CButton, CListBox, CComboBox, CEdit 그리고 CScrollBar.
- WINCTRL2.CPP – CDialogListBox.
- WINCTRL3.CPP – CCheckListBox.
- WINBTN.CPP – CBitmamButton.

구 control의 구현은 매우 간결하며, 분명할 뿐만 아니라 매우 훌륭하다. control class의 Create( )가 호출될 때, MFC는 그 control과 해당 Windows 객체와 연계(map)시킨다. control class에는 각 control이 지원해야 하는 message와 연계되는 모든 function이 존재한다. 예를 들어, CListBox::AddString( )을 사용하여 CListBox에 string을 넣으면, AFXWIN2.INL에 있는 다음과 같은 code가 호출된다.

```
ASSERT( ::IsWindow( m_hWnd );
return (int)::SendMessage( m_hWnd, LB_ADDSTRING, 0, LPARAM)lpszItem);
```

이게 전부다. 뭐 대단한 것은 없다. 하지만 실망하지 마라. CCheckListBox는 다소 흥미롭다. CCheckListBox의 내부를 살펴봄으로써 여러분의 기존의 control class를 어떻게 customize해야 할지 알게 될 것이다.

CCheckListBox의 선언을 살펴보기 전에 몇 가지 사항을 점검해 보자. check list box는 check box로 구성된 list이다. CCheckListBox의 사용 방법은 checkbox의 상태를 다루는 몇 개의

member function을 제외한다면 CListBox의 사용 방법과 유사하다. 예를 들어 SetCheck( )는 item위의 check를 설정하는 member function이고, GetCheck( )는 check된 상태를 가져온다. 또한, 여러분은 check box list안의 모든 button에 적용되는 button style을 설정할 수 있다 : BS_CHECKBOX, BS_AUTOCHECKBOX, BS_AUTO3STATE 그리고 BS_3STATE.

② CCheckListBox를 살펴보자

Listing 6-31은 축약된 CCheckListBox의 선언을 보여준다.

Listing 6-31 the abbreviated CCheckListBox declaration, from AFXWIN.H

```
class CCheckListBox : public CListBox
{
// Constructors **omitted
// Attributes **omitted
// Overridables **omitted
// Implementation
protected:
	void PreDrawItem(LPDRAWITEMSTRUCT lpDrawItemStruct);
	void PreMeasureItem(LPMEASUREITEMSTRUCT lpMeasureItemStruct);
	int PreCompareItem(LPCOMPAREITEMSTRUCT lpCompareItemStruct);
	void PreDeleteItem(LPDELETEITEMSTRUCT lpDeleteItemStruct);

	virtual BOOL OnChildNotify(UINT, WPARAM, LPARAM, LRESULT*);
	void SetSelectionCheck( int nCheck );
	int CalcMinimumItemHeight();
	void InvalidateCheck(int nIndex);
	void InvalidateItem(int nIndex);
	int CheckFromPoint(CPoint point, BOOL& bInCheck);

	int m_cyText;
	UINT m_nStyle;

// Message map functions ** some omitted
protected:
	afx_msg void OnLButtonDown(UINT nFlags, CPoint point);
	afx_msg LRESULT OnLBSetItemData(WPARAM wParam, LPARAM lParam);
	afx_msg LRESULT OnLBSetItemHeight(WPARAM wParam, LPARAM lParam);
	DECLARE_MESSAGE_MAP()
};
```

CCheckList는 checkbox로 구성된 list를 구현하기 위해, 표준 list box의 owner-draw 특징을 사용한다. 처음 4개 member function(머릿글자로 Pre를 가진다)은 owner-draw mode인 list box에서 보내진 다양한 message에 반응한다. OnChildNotify( )는 owner-drawer message와 member function를 연계시켜 준다.

그 다음 부분에는 몇 개의 utility function이 있다. CalcMinimumItemHeight( )는 list 안의 각 item에 대한 최소 크기를 계산하기 위해 font metrics를 사용한다. InvalidateCheck()는 모든 item의 영역을 무효화(invalidation)하고, InvalidataItem( )은 하나의 item영역을 무효화한다.

CCheckListBox는 2개의 member data를 가진다. m_cyText는 check list 안의 text의 높이를 저장하고, m_nStyle은 check box list에 적용된 button style을 저장한다.

CCheckListBox는 많은 CListBox message를 subclass하여 사용하는 message map을 가진다. 예를 들어, 만약 여러분이 checkbox 중 하나를 check한 후, 그 변화된 값을 적용시키고 싶다면, OnLButtonDown( )의 구현부분에 여러분이 원하는 code를 추가하여야 한다. 보통 OnLButtonDown( )은 list box내의 item이 선택될 때 호출된다.

그럼, CCheckListBox 구현부분을 살펴보도록 하자. Listing 6-32는 CCheckListbox ::SetCheck( )를 보여준다. 이 함수를 살펴봄으로써, 여러분은 checkbox에 대한 정보가 어디에 저장되는지 알 수 있다.

Listing 6-32 The abbreviatd CCheckListbox::SetCheck() implementation, from WINCTRL3.CPP

```
void CCheckListBox::SetCheck(int nIndex, int nCheck)
{
        LRESULT lResult = DefWindowProc(LB_GETITEMDATA, nIndex, 0);
        // if no error
        if (lResult != LB_ERR) {
             AFX_CHECK_DATA* pState = (AFX_CHECK_DATA*)lResult;
             if (pState == NULL)
                  pState = new AFX_CHECK_DATA;
             pState->m_nCheck = nCheck;
             VERIFY(DefWindowProc( LB_SETITEMDATA,
                                   nIndex,
                                   (LPARAM)pState) != LB_ERR );
             InvalidateCheck(nIndex);
        }
}
```

우선 SetCheck( )는 해당 item에 대한 AFX_CHECK_DATA pointer가 이미 생성되었는지 알아내기 위해 LB_GETITEM인자와 함께 DefWindowProc( )를 호출한다. 만약 그 pointer가 생성되지 않았으면 새로운 AFX_CHECK_DATA를 생성한다.

그 다음 SetCheck( )는 AFX_CHECK_DATA의 m_nCheck를 변화시키고, DefWindowProc (LB_SETITEMDATA)를 사용하여 그 새로운 pointer를 해당 item과 연계시킨다.
마지막으로, SetCheck( )은 InvalidateCheck( )를 호출한다. 이 함수는 해당 item의 check표시 영역을 무효화한다. 따라서 Windows로부터 WM_DRAWITEM이 전달되고, 이로 인해 호출된 PreDrawItem( )은 새로 설정된 AFX_CHECK_DATA의 m_nCheck 값에 맞도록 해당 item을 다시 그린다.
여러분이 짐작할 수 있듯이, AFX_CHECK_DATA는 각 item의 상태를 저장한다. Listing 6-33은 WINCTRL3.CPP에 있는 AFX_CHECK_DATA의 선언을 보여준다.

Listing 6-33 AFX_CHECK_DATA structure, from WINCTRL3.CPP

```
struct AFX_CHECK_DATA
{
public:
        int     m_nCheck;
        BOOL    m_bEnabled;
        DWORD   m_dwUserData;

        AFX_CHECK_DATA()
        {
                m_nCheck      = 0;
                m_bEnabled    = TRUE;
                m_dwUserData  = 0;
        };
};
```

checklist 안에 있는 각 item(즉, checkbox)마다, CCheckList는 check 상태를 관리한다(즉, AFX_CHECK_DATA 안의 m_nCheck에 해당 item의 check상태를 저장한다).
m_bEnabled은 item가 enable 상태인지를 나타내고, m_dwUserData는 사용자가 원하는 대로 사용할 수 있는 DWORD형 변수이다.
CCheckList::PreDrawItem( )은 CCheckList의 핵심 열쇠이다. 이 함수는 CCheckList를 그리는 역할을 한다. 불행하게도 이 함수는 여기에 나타내기엔 너무 길다. 다음은 이 함수가 어떤 일을 하는지에 대한 간단한 설명이다.

1) pCheckListState라 불리는 static _AFX_CHECKLIST_STATE의 pointer를 얻는다.
2) check box의 전체 영역(check 영역과 text영역)과 위치가 그려져야(draw) 하는지 결정한다.

3) 만약 check가 다시 그려져야 한다면, compatible DC[주27]를 만들고, pCheckListState에서 bitmap을 선택하고, 그 bitmap을 가지고 check를 그린다(이때, BitBlt을 이용한다).
4) 이때 PreDrawItem( )은 DrawItem( )을 호출한다.

CCheckListBox::DrawItem( )은 어느 정도 진행되다가, 적당한 font와 또 다른 DC를 선택한 후,

---

27) compatible DC란 : 특정 device context와 호환가능한(compatible) memory device context를 의미한다. 주로 device context에 image를 그려주고자 할 때 사용된다. 여기까지는 MSDN에 나온 내용이다. 그렇다면 여기서 호환가능한(compatible)의 의미는 무엇이고 compatible DC의 목적은 무엇이란 말인가? 우선 compatible DC에 사용 예를 보자. 다음은 view에 1000개의 line을 그려주는 code이다.

```
void CMyView::OnDraw(CDC* pDC)
{
    //...
    CDC memDC;
    CBitmap tempBitmap;

    RECT rect;
    GetClientRect(&rect); // Client Area

     // create compatible device context
     memDC.CreateCompatibleDC(pDC);
     tempBitmap.CreateCompatibleBitmap(pDC, rect.right, rect.bottom );
             memDC.SelectObject(&tempBitmap);

             // clear memery device context
      memDC.FillRect( &rect, memDC.GetCurrentBrush());

     // Seed the random-number
     srand( (unsigned)time( NULL ) );

             // draw line
            for(int i= 0; i < 1000; i++) {
                int x0 = rand()%rect.right;
       int y0 = rand()%rect.bottom;
                memDC.MoveTo(x0, y0);

                int x1 = rand()%rect.right;
                int y1 = rand()%rect.bottom;
                memDC.LineTo(x1, y1);
     }

             // Bit Block Transfer
             pDC->BitBlt(0,0, rect.right, rect.bottom, &memDC , 0,0, SRCCOPY);

     // delete
     tempBitmap.DeleteObject();
     memDC.DeleteDC();
}
```

checkbox내의 text를 그리기 위해 ExtTextOut( )을 호출한다.

CCheckListBox에서 채택한 재미있는 기술 중에 하나는 _AFX_CHECKLIST_STATE의 사용이다. 그럼 이 class를 좀더 자세히 살펴보도록 하자.

Listing 6-34는 _AFX_CHECKLIST_STATE의 선언은 WINCTRL3.CPP에서 찾을 수 있다.

중요 부분만 살펴보도록 하자.

11 줄 : memDC를 현재의 DC(pDC)와 호환되는(compatible) memory device context로 설정한다(이렇게 얻은 memDC의 속성들은 모두 default 값을 가진다). 이제부터는 memDC를 사용하여 그려진 결과와 pDC를 사용하여 그려진 결과와는 완전히 일치한다(이 말은 오해의 소지가 있다. 예를 들어 pDC의 pen이 빨간색이었다고 가정하자. memDC의 pen은 default pen인 검은색이다. 그럼 결과가 일치하지 않는다. 뭐야! 완전히 일치한다고 하더니…??? 여기서 일치한다는 의미는 두 DC의 속성을 똑같이 하였을 때 그 결과가 일치한다는 것이다). 어찌 되었건, 여기서 호환(compatiblity)이란 의미는 memDC에서 그린 결과를 pDC가 나타내는 device로 복사시켰을 때 아무런 왜곡이 일어나지 않음을 의미한다. 물론 그 반대도 마찬가지다.

12 줄 : pDC가 나타내는 device의 color plane과 bits-per-pixel을 가지는 bitmap으로 tempBitmap을 설정된다. 물론 tempBitmap의 폭은 rect.left이고 높이는 rect.bottom이다.

13 줄 : memDC가 나타내는 memory device 영역을 tempBitmap과 동일한 폭, 높이, color plane, bits-per-pixel로 설정한다. 간단히 말해, tempBitmap이 memDC의 memory device 영역이 되는 것이다.

33 줄 : memDC에 그려진 그림(raster image)을 pDC가 나타내는 device로 복사한다.

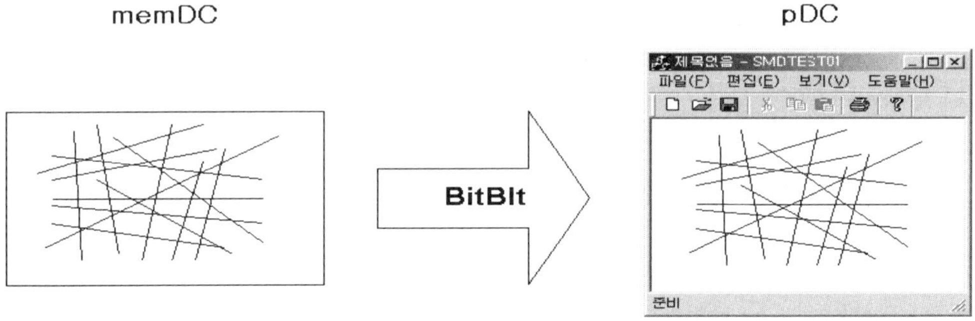

Figure 6-16 Bimmap Block Transfer(BitBlt)

왜 pDC를 사용하여 view에 직접 그리지 않고 memDC를 사용하여 memory device에 그린 후 다시 복사하는 것일까? 바로 이 질문에 대한 해답이 compatible DC를 사용하는 이유다. 1000개의 line을 view에 그리기 위해 매번 pDC를 사용하는 것은 무척 부하가 큰 작업이다. 왜냐하면 pDC는 비교적 속도가 느린 물리적인 video memory를 접근하기 때문이다. 하지만, 보다 접근 속도가 빠른 RAM에 1000개의 line을 그린 후, 그 결과를 video memory로 이동시킨다면 보다 빠르게 1000개의 line을 그릴 수 있을 것이다. 이것이 바로 compatible DC를 사용하는 이유이다. 물론, compatible DC의 사용은 개발자의 선택 사항이다.

이 외에도 compatible DC는 여러 가지 용도로 사용된다. 예를 들어, view에 그려진 그림을 이동시키거나 image file로 저장할 목적으로 사용할 수 있을 것이다.

Listing 6-34 _AFX_CHECKLIST_STATE's declaration, from WINCTRL3.CPP

```
class _AFX_CHECKLIST_STATE : public CNoTrackObject
{
public:
      _AFX_CHECKLIST_STATE();
      virtual ~_AFX_CHECKLIST_STATE();

      HBITMAP m_hbitmapCheck;
      CSize   m_sizeCheck;
};
```

CNoTrackObject를 상속받는다는 것은 memory diagnostic을 원치 않는다는 것이다. static으로 선언된 _AFX_CHECKLIST_STATE는 프로그램이 종료할 때까지 memory에서 사라지지 않는다.(주28) 따라서 MFC는 _AFX_CHECKLIST_STATE에한 memory leak에 대한 어떠한 보고서도 여러분에게 보여주지 않는다.

_AFX_CHECKLIST_STATE::m_hbitmapCheck가 PreDrawItem()에서 사용했던 bitmap handle임을 주목하기 바란다. 그리고 _AFX_CHECKLIST_STATE::m_sizeCheck는 bitmap의 크기를 나타낸다. Listing 6-35는 _AFX_CHECKLIST_STATE 생성자에서 발췌한 것으로, bitmap의 handle과 크기를 얻는 방법을 보여준다.

Listing 6-35 How to get handle and size of Bitmap, from _AFX_CHECKLIST_STATE's constructor

```
CBitmap bitmap;

if (afxData.bWin4 || AfxGetCtl3dState()->m_pfnSubclassDlgEx != NULL)
      VERIFY(bitmap.LoadBitmap(AFX_IDB_CHECKLISTBOX_95));
else
      VERIFY(bitmap.LoadBitmap(AFX_IDB_CHECKLISTBOX_NT));

BITMAP bm;
bitmap.GetObject( sizeof(BITMAP), &bm);
m_sizeCheck.cx = bm.bmWidth / 3;
m_sizeCheck.cy = bm.bmHeight;
m_hbitmapCheck = (HBITMAP)bitmap.Detach();
```

OS의 환경에 따라(즉, Window 95냐 아니냐), _AFX_CHECKLIST_STATE의 생성자는 다른 방법으로 bitmap을 읽어 들인다. 일단 resource에서 bitmap이 읽혀지면, GetObject()를 사용하여

28) CCheckList:: PreDrawItem()에 대한 설명을 할 때, pCheckListState가 static으로 선언된 _AFX_CHECKLIST_STATE를 가리키고 있다고 언급한 바 있다.

bitmap의 width와 height를 결정하고, 이를 m_sizeCheck에 저장한다. 마지막으로, CBitmap::Detach()를 사용하여 얻은 bitmap handle을 m_nbitmapCheck에 저장한다.

Windows 95 환경에 맞는 check bitmap은 MFC/INCLUDE/RES/95CHECK.BMP에 있고, 그외 환경에 맞는 check bitmap은 MFC/INCLUDE/RES/NTCHECK.BMP에 있다. Figure 6-15는 각 check bitmap을 보여준다. check bitmap의 각 마디는 하나의 상태를 나타낸다. PreDrawItem()은 각 상태에 맞게 그 bitmap을 자른다. 흥미있는 사람은 PreDrawItem()을 살펴보기 바란다.

Figure 6-15 NT and Window 95 version of the check bitmaps

6.5.2 신(New-Fangled) MFC Windows Common Control Class

Figure 6-17은 신 control class의 계층도를 보여준다.

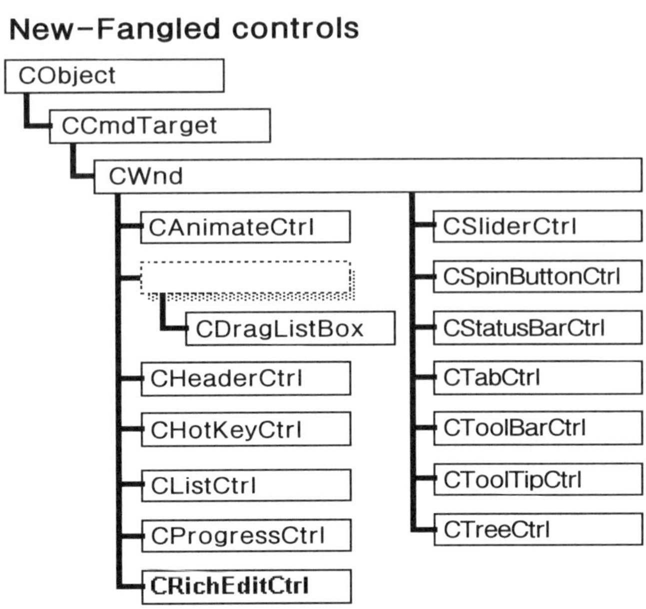

Figure 6-17 Hierarchy chart of New-Fangled controls

구 control class와 마찬가지로, 대부분의 신 control도 CWnd를 상속받는다. 다음은 신 common control class와 그 설명을 나열하고 있다. CWnd를 상속받지 않는 경우는 그 base class를 표시한다.

- CAnimateCtrl – animation을 보여주는 control
- CDragListBox – list box 안으로 drag-and-drop이 가능한 CListBox 파생물.
- CHeaderCtrl – CListCtrl의 column 정보를 보여주기 위해 사용된다.
- CHotKeyCtrl – 사용자가 입력한 일련의 key(주29)를 얻기 위한 interface를 제공한다.
- CListCtrl – list item들을 생동감 있게(graphically) 보여준다(마치 Explorer의 list item처럼).
- CProgressCtrl – progress bar를 표시한다.
- CRichEditCtrl – 기본적인 RTF format을 이해하고, 다양한 font와 color 등을 지원하는 rich edit control
- CSliderCtrl – 특정 범위의 값을 선택할 수 있는 slider.
- CSpinButtonCtrl – spinner를 나타낸다.
- CStatusBarCtrl – status bar를 나타낸다.
- CTabCtrl – tab control을 나타낸다.
- CToolBarCtrl – toolbar를 구현한다.
- CToolTipCtrl – tool tip을 제공한다.
- CTreeCtrl – 탐색기와 비슷한 모양의 tree control.

① 신 Common Control Class 사용하기

신 MFC common control class를 사용하는 방법은 구 MFC common control class를 사용하는 방법과 다를 게 없다. 여러분은 resource editor를 사용하여 dialog 안에 control을 넣을 수도 있고,::Create( )를 사용하여 child window로서 control을 사용할 수도 있다[다 사용한 후 ::Destroy( )을 사용하여 control을 파괴할 수 있다].

② 신 Common Control Class의 내부

신 MFC common control class의 선언은 AFXCMN.H에 있고, 구현은 다음 file에 나누어져 있다.

- AFXCMN.INL – 많은 inline 함수가 있다.
- WINCTRL2.CPP – CRichEditCtrl을 제외한 모든 common control class.
- WINCTRL4.CPP – CRichEditCtrl.

---

29) 예를 들어, Ctrl-Alt-Del 따위….

신 MFC common control class는 해당 control을 살짝 포장하고 있다. 구 MFC common control class와 마찬가지로, 신 MFC common control class도 생성될 때 Windows control과 연계될 뿐만 아니라, member function들도 message를 사용하여 control의 정보를 설정하고 얻어 낸다.

예를 들어, CTreeCtrl::InsertItem()은 AFXCMN.INL에 있고, 다음과 같다.

```
HTREEITEM CTreeCtrl::InsertItem(LPTVINSERTSTRUCT lpInsertStruct)
{
      ASSERT(::IsWindow(m_hWnd));
      return( HTREEITEM)::SendMessage( m_hWnd,
                                        TVM_INSERTITEM,
                                        0,
                                        (LPARAM)lpInsertStruct);
}
```

MFC가 어떻게 Windows control을 encapsulation하는지를 알기를 원한다면, 다음의 file을 살펴보는 것은 매우 가치 있는 일일 것이다 : AFXCMN.H, AFXCMN.INL, WINCTRL2.CPP 그리고 WINCTRL4.CPP.

6.5.3 MFC 6.0에서 새로 등장한 common control class

Figure 6-18은 MFC 6.0에서 새로 등장한 common control class의 계층도를 보여준다.

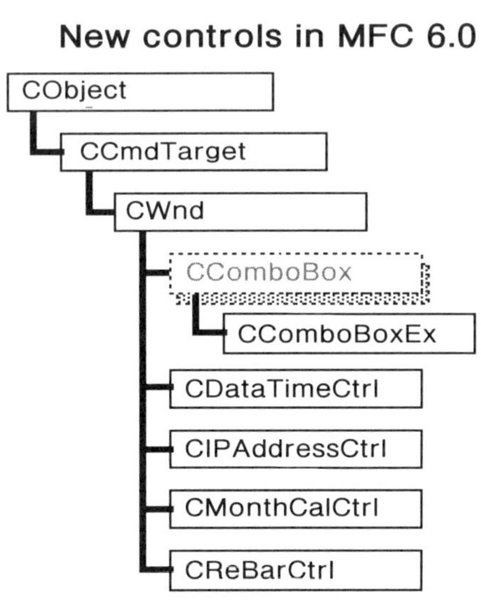

Figure 6-18 Hierarchy chart of New Common control class in MFC 6.0

- CComboBoxEx – combo box내 image list를 지원하기 위해 기존의 CComboBox를 확장한 control class.
- CDateTimeCtrl – 날짜와 시간을 고를 수 있는 기능을 제공하는 control class(data and time picker control)
- CIPAddressCtrl – Internet Protocol Address를 형식에 맞게 입력할 수 있는 기능을 제공하는 control class.
- CMonthCalCtrl – 달력(calendar)의 기능을 제공하는 control class.
- CReBarCtrl – Rebar의 기능을 제공하는 control class.

① MFC 6.0에서 새로 등장한 common control class

MFC 6.0에서 새로 등장한 control class를 사용하는 방법은 앞에서 살펴본 구/신 control class를 사용하는 방법과 크게 다르지 않다. 이들 class의 사용방법에 대해서는 MSDN에 너무나도 잘 문서화되어 있으므로, 더 많은 정보를 원한다면 꼭 MSDN을 찾아보기 바란다.

② MFC 6.0에서 새로 등장한 common control class의 내부

Table 6–3은 MFC에서 새로 등장한 common control class가 각각 어떤 file에 선언되고 구현되어 있는지를 보여준다.

Table 6–3 Where to look for new control in MFC 6.0

Class Name	Header File Name	Source File Name
CComboBoxEx	AFXCMN.H	WINCTRL6.CPP, AFXCMN2.INL
CDataTimeCtrl	AFXDTCTL.H	WINCTRL5.CPP, AFXDTCTL.INL
CIPAddressCtrl	AFXCMN.H	WINCTRL6.CPP, AFXCMN2.INL
CMonthCalCtrl	AFXDTCTL.H	WINCTRL5.CPP, AFXDTCTL.INL
CReBarCtrl	AFXMN.H	WINCTRL6.CPP, AFXCMN2.INL

6.5.4 OLE control

OLE control에 대해서는 단일 주제로서 15장에서 자세히 다루도록 한다.

6.6 결 론

다음 장에서 여러분은 MFC tree와 document/view architecture에 대하여 살펴보게 될 것이다. 이는 MFC 내부에서 모두 구현되어 있기 때문에, 여러분의 흥미를 충분히 끌 것이다.

7장 MFC의 Document View Architecture

MFC는 응용프로그램의 framework으로서 매우 다양하고 강력하다. Windows SDK를 포장(wrap)하는 것 외에도, MFC는 개발자의 삶을 간편하게 해주는 여러 가지 특징을 제공한다. 그 특징들은 비교적 구현하기 쉬운 요소[주1]를 사용하여 구성된다. MFC의 가장 중요한 특징 중 하나는 data를 관리하는 부분과 그 data를 보여주는 부분을 분리하는 일반적인 방법을 제공한다는 점이다. 바로 이 특징이 MFC에서 제공하는 document/view architecture이다.

document/view architecture는 MFC의 초석이다. 이를 이해해야지만 MFC를 보다 효과적으로 이용할 수 있다. 예를 들어, MFC는 OLE compound document를 구현함에 있어서 전적으로 document/view에 의존하고 있다. 또한, MFC를 사용하여 다양한 document를 관리하는 프로그램을 구현하고자 한다면, 반드시 이 architecture를 통달하고 있어야 한다.

7.1 왜 Document/View Aritecture가 필요한가

거의 모든 software 개발에서, data를 어떤 형태로 관리할지 결정하는 데 많은 시간과 노력을 기울인다. 산업의 역사를 통해서, data를 관리하는 체계적인 방법의 구상이 개발자들에게는 큰 문제거리였다. 결국, 정보와 data를 관리하는 방법은 전산학분야 기술의 가장 중요한 부분이 되었다. data와 user-interface를 분리함에 있어서 고려해야 할 많은 사항이 무엇인지 살펴보자.

1) 응용프로그램의 어떤 부분에 data를 위치시킬 것인가?
2) 응용프로그램의 어떤 부분이 data를 관리(변경, 삭제, 추가, …)하는 일을 담당할 것인가?
3) data에 대한 multiple rendering을 어떻게 구현할 것인가?
4) 잦은 data의 변경에 따른 data의 일치성을 어떻게 보장할 것인가?
5) data 저장에는 어떤 방법을 사용할 것인가?
6) user-interface는 어떻게 관리할 것인가?

1) toolbar, status bar, message routing, collection class*, assignment/concatenation연산을 포함하고 있는 string class 따위.

그 중 6)이 가장 까다롭다(특히, multiple document type일 경우에는 toolbar와 menu가 상황에 맞추어 변경되어야 하기 때문이다).
만약 C/SDK에 익숙한 독자라면, data를 관리하는 것이 얼마나 힘든지 잘 알고 있을 것이다. 왜냐하면, SDK의 구조에는 data 관리를 위한 특별한 code가 없기 때문이다.

7.2 또 다른 이유

GUI와 data의 분리는 매우 중요하다. 하지만, MFC의 document/view architecture가 가지는 또 다른 장점이 있다. 바로 붙박이형태(build-in)의 printing/print-preview가 지원된다는 점이다. 여러분이 좀더 좋은 프로그램을 만들려고 노력하다 보면, OLE의 특징(compound document나 in-place editing)을 필요로 하게 될 것이다. MFC는 document/view architecture에 근거하여 OLE의 특징을 지원한다.

7.3 예전의 방법

C나 SDK를 사용하여 응용프로그램을 만들었던 시절을 기억하는가? 개발자는 data를 표현하는 여러 가지 방법들을 생각해 내야만 했다. 그리고 그 data를 화면에 rendering하는 방법을 구현해야만 했다. 이것은 매우 어려운 과정이었다. 그리고 개발자마다 data를 관리하는 많은 방법들이 존재했다.
만약 응용프로그램이 단 한 종류의 data를 사용한다면(예를 들어, text를 편집하는 notepad와 같은 text editor), 문제는 그리 어렵지 않다. 그리 복잡하지 않은 구조를 가지는 프로그램은 data를 전역변수로 사용하는 것만으로도 충분히 구현할 수 있다. 예를 들어, 간단한 text editor의 경우, 아마도 text의 표현은 string 배열이면 충분할 것이다.
그렇다면, 다양한 data type을 사용하는 프로그램을 만들 경우에는 어떻게 한단 말인가? 한 가지 예로, database의 여러 가지 type을 관리하는 프로그램을 만든다고 가정하자. 각각의 document는 자신만의 menu resource와 toolbar를 가지길 원할 것이다. 개발자는 각기 다른 종류의 document와 resource를 위한 UI(user-interface)를 구성하여야만 한다.
그림 다음으로, data를 다양한 방법을 사용하여 rendering하는 프로그램을 만든다고 상상해 보자. 아마도 그 프로그램은 table 또는 graph를 사용하여 data를 표현하는 spreadsheet나 database 프로그램일 것이다. 더 나아가 rendering된 data를 바꾸어 주었을 때 내부 data도 바뀌고, 따라서 모든 rendering된 data로 함께 바뀌어야 한다고 상상해 보자. 이런 프로그램을 만들기 위해서는, data의 관리, user-interface와의 상호 작용, data의 rendering 과정까지도 고려하여 프로그램을 개발하여야 한다.
해야 할 것이 태산같다는 것을 느낄 수 있을 것이다. 다행스럽게도, 이러한 고려사항을 다루는 일반적인 방법이 있다. 바로 document/view architecture이다.
이 방법은 data 관리를 2부분으로 나누어서 관리하자는 데 기본 개념을 두고 있다. 바로 data를 관리하는 부분과 UI(user-interface)를 관리하는 부분이다.

[이야기]

인간이 하는 걱정 중에 40%는 과거에 대한 걱정이고, 30%는 일어나지 않을 일에 대한 걱정이고, 18%는 일어나도 어쩔 수 없는 것이고, 8%는 남들도 다 하는 걱정이고, 4%만이 걱정다운 걱정이라 한다. 하지만 나머지 4%도 자신의 노력에 따라 걱정하지 않을 수도 있다고 한다.

7.4 Document/View Architecture

data와 rendering이 잘 조정되도록 지원하는 것은 전적으로 framework의 의무이다. 1993년 초, MFC는 version 2.0 발표와 함께 document/view architecture를 MFC에 포함시켰다.
물론, MFC의 document/view architectur는 새로운 개념은 아니다. Xerox PARC[주2]의 사람들이 처음으로 도안해 냈고 SmallTalk 환경의 중요한 부분이기도 하다. SmallTalk의 document/view를 model-view-controller(MVC)라 불렀다. SmalTalk의 MVC는 document와 view사이에 보호막(shield)과 같은 controller를 가지고 있다. 왜냐하면, 서로간에 너무 많은 종속관계(dependency)를 가지지 않게 하기 위해서다.

7.4.1 Document와 View

MFC의 document/view architecture는 data와 rendering을 조정하는, 유일하고 일관된 방법을 제공한다. document는 data 관리를 담당하고 view는 user-interface 관리를 담당한다. 즉, 프로그램 data는 한곳에 집중되고, user-interface code는 개별적인 package가 된다.
document/view architecture의 가장 중요한 장점은 프로그램을 data(또는 document)와 data를

2) GUI(Graphical User Interface)를 처음 도안한 회사이기도 하다.

표현하는 부분(view)으로 나누어 지도록 유도한다는 점이다. document란 용어는 다소 잘못된 표현이다. 왜냐하면, document란 용어는 마치 word processor나 spreadsheet 같은 프로그램안에 있는 data와 같은 느낌을 준다. "Data Set"이나 "Data Source"가 더 어울린다. 하여간 document는 data를 유지하는 장소이고, view는 그 data를 표현하는 장소이다.

이러한 분리는 매우 중요하다(특히, data를 다양한 방법을 사용하여 표현될 때). 독자 중에는 스스로 이러한 분리를 할 수 있는 능력이 있는 사람도 있을 것이다. 하지만, document/view를 사용하기를 권장한다. document/view는 유일하고 일관될 뿐만 아니라, document와 view를 관리하는 기본 기능(예를 들어, file 관리 기능, 화면에 그리는 기능, resource 관리 기능 등등)을 제공하기 때문이다. 개발자는 단지 자신의 프로그램에 맞지 않는 부분만 고치면 된다.

만약 framework가 이러한 분리를 지원하지 않는다면, 개발자가 해야 할 일은 무척 많아질 것이다. 예를 들어, data를 표현하는 방법이 하나 이상일 경우, 현재의 표현(view)이 현재의 data를 정확하게 접근하고 있는지 보장해 주어야 한다. 또, 사용자가 data를 바꾸어 주었을 경우, 모든 view를 변경해 주어야 한다. MFC의 document/view architecture는 이미 이런 일을 할 준비가 끝나 있다.

[이야기]

네 번째 손가락에 결혼 반지를 끼는 이유.
네 번째 손가락은 혼자서는 펼 수 없고 다른 손가락과 함께 펼 수 있다.
따라서 결혼도 혼자 사는 것이 아니라 타인과 함께 서로 도우면서 살라고 네 번째 손가락에 반지를 끼는 것이다.

7.4.2 Document/View Component

MFC의 document/view architecture에는 중요한 4개의 component가 있다.

1) document.
2) view.
3) document/view frame.
4) document template.

그럼 4개의 component에 대하여 알아보자.

① Document

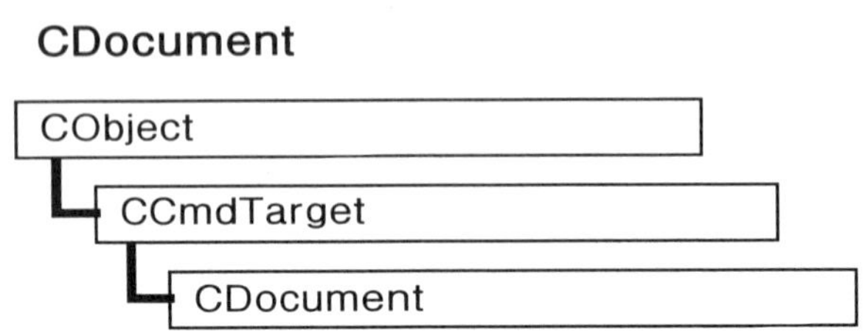

Figure 7-1 Hierarchy chart of CDocument

document는 document/view architecture의 중심에 있다. MFC는 document를 CDocument로 구체화하였다. CDocument는 다양한 기능(file I/O, Data Rendering, …)을 가지고 있다. 개발자가 MFC로 프로그램을 만들 때에는 반드시 CDocument에서부터 파생된 document를 사용해야만 한다. 사실, AppWizard를 사용하여 code를 생성하면, AppWizard는 CDocument를 상속받은 class를 하나 생성한다.

CDocument는 혼자서는 그리 유용하지 않다. 보통 MFC를 사용하여 프로그램을 만들 때, 개발자는 document(즉, CDocument-derived class)에 여러 가지 member를 추가한다. 예를 들어, 여러분이 spreadsheet형태의 프로그램을 만든다면, document에 cell들을 표현하는 구조체(structure)를 array형태로 관리할 것이다. 그리고 여러분이 그림을 그리는 프로그램을 만든다면, 다양한 그림을 표현할 수 있는 구조체를 array나 linked list형태로 관리할 것이다. 물론, MFC 프로그램의 입문서격인 낙서장(Scribble)을 만든다고 생각해볼 수도 있다. 아마도 그 프로그램은 좌표값을 array 형태로 보관할 것이다.

CDocument는 CCmdTarget을 상속받았다. 그리고 CmdTarget은 CObject를 상속받았다. 결과적으로 CDoument는 CObject가 제공하는 모든 기능[주3]을 사용할 수 있다. 또, CDocument는 CCmdTarget을 상속받았기 때문에 command message(즉, WM_COMMAND message)를 받을 수 있다.[주4] 이는 여러분이 document에게 프로그램적으로 어떤 명령을 내리고자 할 때 매우 요긴하게 사용될 수 있다.[주5] 예를 들어, 여러분이 과학 도구에 대한 정보를 실시간(real-time)으로 수집하는 응용프로그램을 작성한다고 상상해 보자. 여러분은 어떤 작업을 수행하던 중 Start Instument나 Stop Instrument와 같은 command message를 document(이 document는 과학기구의 정보를 관리한다)로 보낼 수 있다. 따라서 document는 그 message에 따라 과학 기구 정보의

---

3) CObject는 기본적으로 Run-time type information, dynamic creation 따위의 기능 등을 제공한다.
4) 뿐만 아니라, CDocument는 Component Object Model(COM)과 OLE Automation을 지원할 수 있다(물론 이것도 CCmdTarget을 상속받았기 때문이다)
5) 즉, 프로그램 수행 도중에 document로 message 보내는 것을 의미한다. 좀더 구체적으로 예를 들면 다음과 같다.

수집을 시작할 수도 멈출 수도 있게 된다.

CDocument가 CCmdTarget을 상속받음으로 해서 생기는 또 다른 장점은 document의 기능과 user-interface를 직접 연결시킬 수 있다는 점이다. 즉, 개발자는 document 안에 UI에서 발생한 command message를 처리하는 handler를 직접 구현할 수 있다. 3장에서 살펴본 command routing architecture에 기인하여, command는 user-interface요소(toolbar나 menu 따위…)에서부터 document까지 돌아다니며 자신을 처리하는 handler를 찾는다. 사실, document의 이러한 사용을 남용했을 경우에는 매우 위험하다. 하지만 잘만 이용하면 아주 편리하게 사용할 수 있는 방법이기도 하다.

```
{
    CDocument pDocument = GetDocument();
    // UI에서 발생하는 event에 의해서가 아니라,
    // 개발자가 직접 document로 message를 보낸다.
    pDocument->SendMessage( WM_COMMAND, NULL, NULL );
}
```

② View

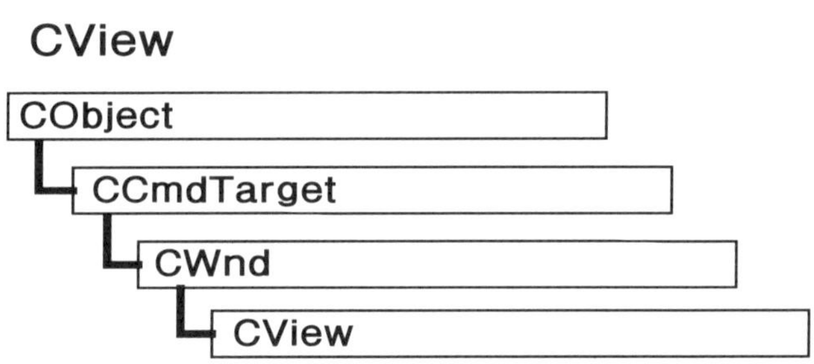

Figure 7-2 Hierarchy chart of CView

단지 document만을 가지고 있는 프로그램이라면 그리 흥미롭지 않다. 완전한 프로그램은 data를 조작할 수 있도록 user interface를 제공해야 할 뿐만 아니라, 화면에 data를 rendering하는 여러 가지 방법을 제공해야만 한다. 바로 MFC의 CView가 이런 기능을 담당한다.

document/view를 사용하는 MFC 프로그램에서 view는 document의 data를 rendering해야만 한다. CView는 CWnd를 상속받았고, CWnd는 CCmdTarget을 상속받았고, CCmdTarget은 CObject를 상속받았다(마치 성경과 비슷하지 않은가…^^). 따라서, CView는 menu와 control에서 발생한 command message를 받을 수 있다. 또, CView는 CWnd를 상속받았기 때문에, window message(WM_PAINT, WM_SIZE 따위…)를 받을 수 있다.

C/SDK 프로그램에서는 WM_PAINT를 사용하여 rendering을 구현하고, BeginPaint( )를 호출

하여 device context의 handle(HDC)을 생성한다. 한편 device context를 가지기만 하면, window 안에서 그릴 수 있는 많은 함수를 사용할 수 있다.

document/view architecture를 사용한 MFC 프로그램은 view 안에서 그릴 수 있다. CView는 OnDraw( )를 가지고 있다. view가 다시 그려져야만 할 경우가 발생할 때마다 framework에 의해서 OnDraw( )를 호출한다.

MFC view는 단지 data를 rendering하는 border 없는 window이다. 어찌 되었건, MFC로 만든 프로그램은 border와 menu를 가진 window를 가지고 있다. 바로 그 window를 frame window라고 부른다. 이 frame window는 document/view가 올바른 동작을 하기 위해서는 반드시 필요하다.

실질적으로 CView는 몇 개의 특별한 가상 함수를 가지고 있는 CWnd-derived class이다. 참고로, 여러분이 CView-derived class를 잘만 조작하면 다소 비정상적인 환경(예를 들어, dialog의 child window)에서도 사용할 수 있다. CView의 parent(주6)가 frame이 아닐 경우 몇몇 기능을 사용할 수 없다. 하지만, CView는 parent인 CFramWnd과 아무런 의존 관계(dependency)가 없는 것이 일반적이다.

③ Document/View Frame

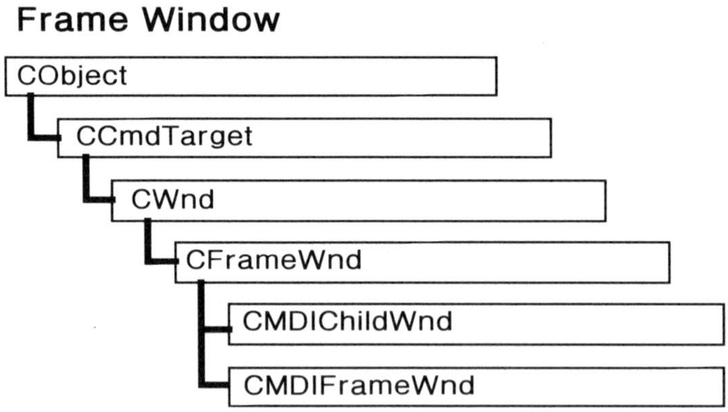

Figure 7-3 Hierarchy chart of Frame Window

지금까지 document/view architecture가 어떻게 data의 관리와 rendering을 분리하는지 간단히 살펴보았다. 어찌 되었건, 이 시나리오에는 또 다른 중요한 조건이 존재한다 : 각기 다른 view

6) 여기서 parent는 class의 상속 관계를 나타내는 용어가 아니다. component와 container의 관계를 나타내는 용어다(container가 component를 포함할 수 있으니 parent이다).

에 각기 다른 user-interface(menu, control 따위)를 적용시켜야만 한다.
document는 하나지만, 2가지의 다른 방법으로 data를 rendering하는 spreadsheet를 개발한다고 상상해 보자. 아마도 그 프로그램은 data를 격자 형태(grid view)와 graph 형태(grahp view)로 보여줄 것이다. 당연히 각 view는 서로 다른 menu를 가지고 있을 것이다. grid view에서는 grid 상의 data를 질의하고 정렬하는 menu item이 있을 것이다. graph view에서는 graph의 색과 형식(format)을 바꾸는 menu item이 있어야 할 것이다. 다행히도, 각 view의 frame은 이러한 user-interface code를 다룬다.
아마 여러분은 왜 view가 아니라 frame에서 menu를 관리하는지 궁금할 것이다. menu를 view와 묶지 않고 분리한 설계는 무척 잘된 설계이다. 이러한 설계는 SDI, MDI, 그리고 OLE in-place editing(주7) 사이의 차이를 분리해 주는 기초 단계이기도 하다. CView(즉, view)와 frame의 분리는 CView를 더욱 융통성 있게 만들었다. 따라서 이러한 분리는 다른 환경에서 사용될 수 있다. Figure 7-4는 frame과 view사이의 관계를 보여준다.

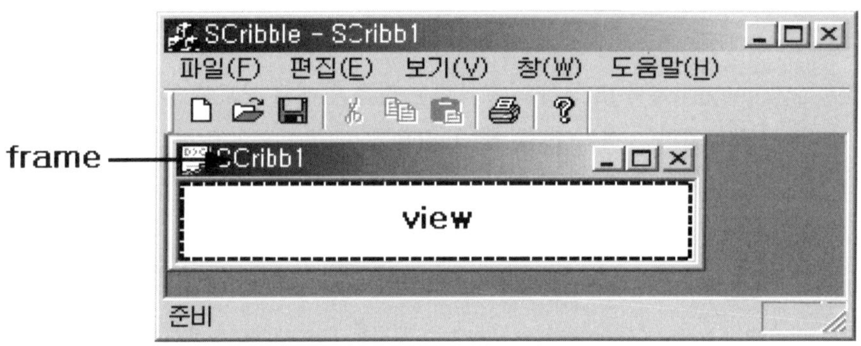

Figure 7-4 A view within a frame window

Single Document Interface(SDI)와 Multiple Document Interface(MDI)는 각기 다른 방법을 사용하여 document, view, frame을 다룬다. 물론, SDI 프로그램은 한번에 오직 한 가지 종류의 document만을 처리한다. Microsoft의 paint나 WordPad는 SDI프로그램의 좋은 예이다. 여러분이 새로운 document를 열 때마다, 처음 document는 닫히고 새로 연 document가 열리게 된다. 반면, MDI 프로그램은 동시에 많은 document를 열 수 있다. Microsoft의 Excel과 Novell의 Quattro Pro는 MDI 프로그램의 좋은 예제이다.
SDI 프로그램은 view를 둘러싸는 frame으로 CFrameWnd에서 파생된 class를 사용한다. MDI

7) OLE in-place editing에 대해선 13장에서 OLE document를 살펴볼 때 자세히 살펴보게 될 것이다.

프로그램은 각 document의 view를 둘러싸는 frame으로 CMDIChildWnd에서 파생된 class를 사용한다.

④ Document Template

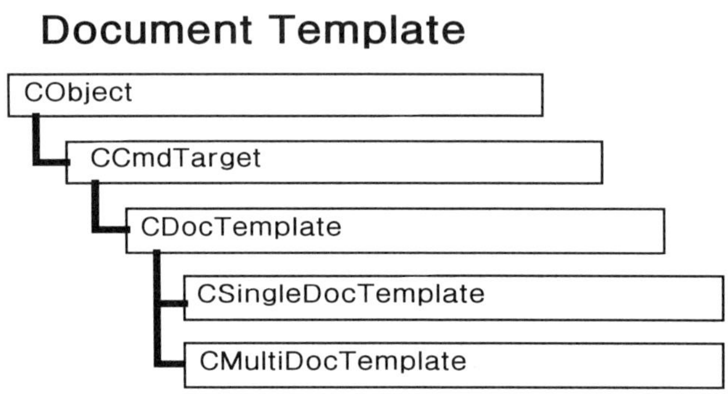

Figure 7-5 Hierarchy chart of Document Template

document/view architecture에서 또 하나의 흥미로운 점은 앞에서 살펴본 3가지의 component가 하나의 덩어리처럼 행동한다는 점이다. 즉, document/view/frame이 전적으로 하나로 다루어짐을 의미한다. 바로 document template(주8)(즉, CDocTemplate)가 이러한 일은 담당한다.

[Document Template : 꼭 사용해야만 하는 것일까??]

여러분은 CDocTemplate(또는, CDocTemplate-derived class) 없이도 frames/views/documents를 사용할 수 있다. CDocTemplate은 document/view architecture의 공통된 몇 가지 기능을 encapsulation하는 것 외에는 특별한 어떠한 역할도 하지 않는다. 좀 특이한 프로그램은 대부분 색다른(또는, 완전히 다른) document template class를 사용한다.
MFC는 document template을 통하여 많은 command(File|New, File|Open 따위)에 대한 처리를 구현한다. 따라서, 여러분은 이러한 command를 자신이 원하는 대로 구현할 수 있다.

프로그램은 한 종류의 document에 대하여 하나의 document template을 가진다. 예를 들어, 프로그램이 spreadsheet와 database를 지원한다면, 그 프로그램은 2개의 document template을 가진다. 각 document template은 자신의 document를 생성하고 관리할 책임이 있다.
CDocTemplate은 document, frame, view를 다루기 위한 기본적인 기능을 정의하고 있는

8) 앞의 6장에서 dialog template을 dialog template resource의 약어로서 사용했다. 그렇다면 document template도 document template resource의 약어인가? 물론 그렇지 않다. 부디 혼동이 없길…^^;;

abstract base class이다. GetFirstDocPosition( ), GetNextDocPosition( ) 그리고 OpenDocumentFile( )은 CDocTamplate을 abstraction base class로 만드는 순수 가상함수(pure virtual function)이다. MFC는 여러분의 프로그램에서 사용할 수 있는 2개의 document template을 정의하고 있다: CSingleDocTemplate과 CMultiDocTemplate.

④-1 CSingleDocTemplate

단 한 종류의 document를 사용하는 프로그램을 위해, MFC는 CSingleDocTemplate class를 제공한다. CSingleDocTemplate의 생성자(constructor)는 4개의 인자를 가진다.

1) document template과 관련 있는 다양한 resource를 가리키는 resource ID.
2) CDocument-derived class의 run-time class.
3) frame의 rum-time class.
4) view의 run-time class.

이 resource ID는 프로그램의 string table내의 특정 entry를 가리킨다. 이 entry는 7가지의 document 정보를 포함한 하나의 string을 가리킨다.

1) window title.
2) document name.
3) 새로운 document를 생성할 때 사용할 document type에 대한 설명.
4) 표준 File Open dialog에서 사용할 file type에 대한 설명.
5) file extension filter.
6) FileManager에서 사용할 file type에 대한 설명.
7) Windows Registry에 등록할 ProgID.

④-2 CMultiDocTemplate.

MFC는 하나 이상의 document를 사용하는 프로그램을 위해 CMultiDocTemplate을 제공한다. CMultiDocTemplate은 CSingleDocTemplate과 매우 유사하다. 이 class의 생성자(constructor)는 CSingleDocTemplate의 생성자와 같은 인자를 가진다. 두 class의 가장 큰 차이점은 CMultiDocTemplate은 여러 개의 document로 구성된 list를 포함할 수 있는 반면, CSingleDocTemplate은 단지 하나의 document만을 포함할 수 있다.

5 CWinApp의 역할

앞에서 살펴본 바와 같이, MFC는 document/view/frame의 결합체을 관리하기 위해 CSingleDocTemplate과 CMultiDocTemplate을 제공한다. 그럼, document template은 누가 관리한단 말인가? MFC 프로그램에서는 CWinApp가 document template을 관리한다.

CWinApp::InitInstance( )는 document template을 생성하는 장소이다. AppWizard는 이곳에서 single document template(CSingleDocTemplate)의 생성과 관련된 code를 넣어 준다. document template이 생성되자마자, InitInstance( )는 CWinApp::AddDocTemplate을 이용하여 CWinApp의 document template list에 생성된 document template을 추가시킨다.

CWinApp는 document template을 어떻게 사용할까? 보통의 MFC 프로그램에서는 application object(즉, CWinApp의 객체)가 File|New와 File|Open command message를 처리한다. 하지만 좀더 깊숙히 살펴보면, document template이 새로운 file의 생성과 기존 file의 open에 대한 처리 부분을 담당한다.

CWinApp는 menu item(특히, file 처리와 관련된 item)에서 발생하는 command message에 반응하는 함수를 가지고 있다: OnFileNew( )와 OnFileOpen( ). 이 함수들은 CWinApp에서 발견할 수 있다. 이 함수들은 message map entry에 추가됨으로써 그 생명력을 얻게 된다. 물론, 여러분이 AppWizard를 사용하여 프로그램을 생성하였다면, AppWizard는 자동으로 이 함수들을 message map entry에 넣어준다. 일단 두 함수를 message map entry에 넣기만 하면, 나머지는 CWinApp가 알아서 처리한다. 이 함수들의 구현 부분이 여러분의 프로그램과는 안 맞을 수 있다. 따라서 여러분은 이 함수들을 재정의(override)하여 자신이 원하는 기능을 추가시킬 수 있다.

지금까지 MFC의 document/view architecture를 전체적으로 살펴보았다. 그럼 그 내부에는 무엇이 일어나는지 살펴보도록 하자.

7.5 Document/View Architecture의 내부

이번에는 document/view architecture 내의 class들을 분해하여, CWinApp를 출발점으로 그 class들이 어떤 구성을 가지고 있는지 살펴보자. 그러고 나서 document/view의 또 다른 특징을 더 살펴보자. 이 과정에서 document/view architecture내의 class들간에 존재하는 상호의존관계에 대해서 알게 될 것이며, 이러한 지식은 개발자가 document/view architecture를 보다 효율적으로 사용할 수 있도록 도와줄 것이다.

CWinApp는 document template을 관리하고, document template은 frame/view/document를 관리한다. document/view의 계층을 이해하는 첫단계로 CWinApp와 CDocTemplate 사이의 interface에 대하여 배워보도록 하자.

[잠깐! Document/View Architecture Internal]

Figure 7-6는 docuemnt/view archtecture 내부의 전반적인 모습을 보여준다[단, CDocTemplate과 C[Single/Multi]DocTemplate은 상속관계를 나타나고, 1..*은 '일대다'의 관계를 나타낸다. 그리고 CFrame-derived class와 CView의 관계는 parent/child(또는 container/component)관계이다]. 여러분은 이 그림을 차츰 이해하게 될 것이다.

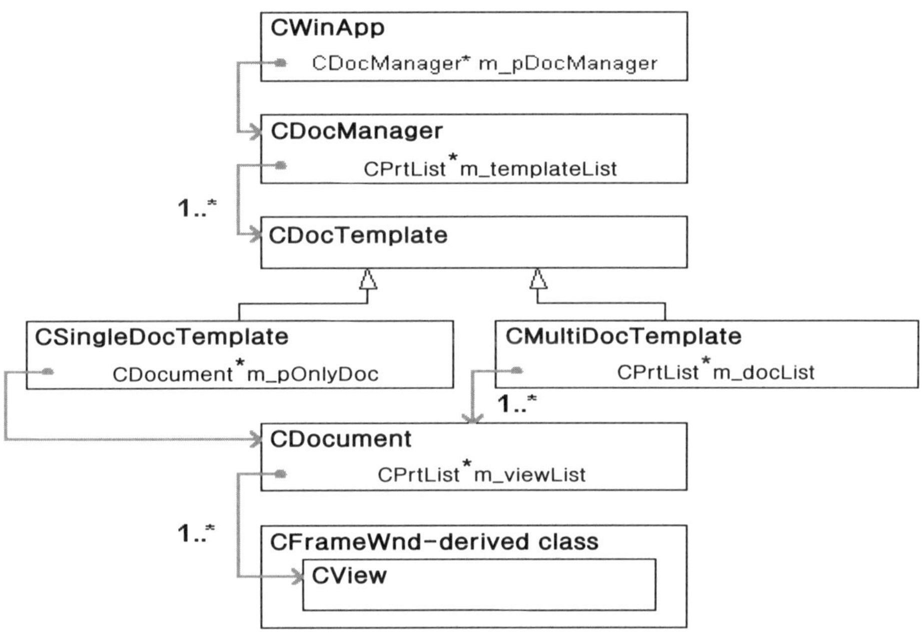

Figure 7-6 Document/View Architecture Internal

7.5.1 CWinApp/CDocTemplate Interface: CDocManage

MFC프로그램은 하나 이상의 document template을 가질 수 있다. 따라서 document/view architecture는 여러 개의 document template을 list형태(이하 document template list)로 간직하고 있어야만 한다. 그럼 이 list는 어디에 있단 말인가? 짐작으로는 CWinApp에 있을 것 같다. 하지만, AFXWIN.H 안에 있는 CWinApp의 선언을 보면 document template list를 전혀 찾아볼 수 없다.

어찌 되었건, CWinApp의 선언에 보면 CWinApp와 CDocTemplate 사이를 연결해 주는 member가 있다.

```
CDocManager* m_pDocManager;
```

CDocMananger는 현재로서는 문서화되지 않았다. 따라서 이 class의 역할을 알기 위해 이 class의 선언을 보자. Listing 7-1은 CDocManager의 선언을 보여준다.

Listing 7-1 The undocumented CDocManager declaration, from AFXWIN.H

```
class CDocManager : public CObject
{
    DECLARE_DYNAMIC(CDocManager)
public:

// Constructor
    CDocManager();

    //Document functions
    virtual void AddDocTemplate(CDocTemplate* pTemplate);
    virtual POSITION GetFirstDocTemplatePosition() const;
    virtual CDocTemplate* GetNextDocTemplate(POSITION& pos) const;
    virtual void RegisterShellFileTypes(BOOL bCompat);
    void UnregisterShellFileTypes();
    virtual CDocument* OpenDocumentFile(LPCTSTR lpszFileName); // open named file
    virtual BOOL SaveAllModified(); // save before exit
    // close documents before exiting
    virtual void CloseAllDocuments(BOOL bEndSession);
    virtual int GetOpenDocumentCount();

    // helper for standard commdlg dialogs
    virtual BOOL DoPromptFileName( CString&      fileName,
                                   UINT          nIDSTitle,
                                   DWORD         lFlags,
                                   BOOL          bOpenFileDialog,
                                   CDocTemplate* pTemplate);

//Commands
    // Advanced: process async DDE request
    virtual BOOL OnDDECommand(LPTSTR lpszCommand);
    virtual void OnFileNew();
    virtual void OnFileOpen();

// Implementation
protected:
    CPtrList m_templateList;
```

```
    int GetDocumentCount(); // helper to count number of total documents

public:
    static CPtrList* pStaticList;       // for static CDocTemplate objects
    static BOOL bStaticInit;            // TRUE during static initialization
    static CDocManager* pStaticDocManager;  // for static CDocTemplate objects

public:
    virtual ~CDocManager();
#ifdef _DEBUG
    virtual void AssertValid() const;
    virtual void Dump(CDumpContext& dc) const;
#endif
};
```

CDocMananger 안에 보면, CPtrList형의 m_templateList를 찾아볼 수 있다. 바로 CWinApp에서 사라진 document template list를 발견한 것이다. 대부분의 CDocMananger의 member function은 이 list의 관리와 더불어, CWinApp가 CDocTemplate의 기능을 사용할 수 있도록 하는 interface를 제공한다.

CDocManager의 기능 중 대부분은 CWinApp에서 사용되기 때문에, 상당수의 CWinApp의 member function들은 m_pDocManager pointer를 직접 사용한다.(주9) Listing 7-2에 있는 CWinApp::AddDocTemplate()의 구현은 이러한 예를 보여준다.

Listing 7-2 CWinApp::AddDocTemplate() pseudocode, from APPUI2.CPP

```
void CWinApp::AddDocTemplate( CDocTemplate* pTemplate)
{
    if( m_pDocManager == NULL )
            m_pDocManager = new CDocMananger;
    m_pDocManager->AddDocTemplate( pTemplate);
}
```

다음은 CWinApp::m_pDocManager를 직접 접근하는 CWinApp의 member function의 목록을 보여준다.

- CWinApp::AddDocTemplate()
- CWinApp::CloseAllDocuments()

9) 원칙적으로, m_pDocMananger를 접근하기 위해서는 m_pDocManager의 pointer를 반환하는 GetDocMananger()함수를 만들어 사용해야 한다.

```
¡/ CWinApp::DoPromptFileName()
¡/ CWinApp::GetFirstDocTemplatePosition()
¡/ CWinApp::GetNextDocTemplate()
¡/ CWinApp::GetOpenDocumentCount()
¡/ CWinApp::OnFileNew()
¡/ CWinApp::OnFileOpen()
¡/ CWinApp::OpenDocumentFile()
¡/ CWinApp::RegisterShellFileTypes()
¡/ CWinApp::SaveAllModified()
```

CWinApp의 대부분의 member function은 너무나도 잘 문서화되어 있으므로, CDocManager의 member data로 넘어가자.

- m_templateList – 앞에서 살펴보았듯이, 이 pointer는 document template list를 가리키고 있다. 여기서 흥미로운 사실은 "protected"로 선언되어 있다는 점이다. 따라서 여러분이 m_templateList에 접근하는 방법은 (1) friend로 선언을 사용하거나 (2) CDocManager의 파생물을 만들어 CWinApp::m_templateList를 대체하는 것이다. 불행하게도, MFC 응용프로그램에서 friend를 사용하여 m_templateList를 직접 접근하는 것은 거의 불가능하다. 차라리 CDocManager 파생물을 만드는 것이 쉬울 것이다. 하지만, 기존의 CDocManager형 member data를 CDocManager-derived class형 member로 바꾸는 것도 그리 쉬운 일도 아니다.

다행스럽게도, CWinApp의 member function인 GetNextDocTemplate( )과 GetFirstDocTemplate( )을 통해서 document template list를 탐색해 볼 수 있다.

① CDocManager::OnFileNew( )의 내부

CDocManager의 중요한 member function 중 하나로 OnFileNew( )가 있다. OnFileNew( )는 새로운 document template을 선택한다. Listing 7-3은 CDocManager::OnFileNew( )의 pseudocode를 보여준다.

Listing 7-3 The CDocMananger::OnFileNew() pseudocode, from DOCMGR.CPP

```
void CDocManager::OnFileNew()
{
    CDocTemplate* pTemplate = (CDocTemplate*)m_templateList.GetHead();
    if( m_templateList.GetCount() > 1 ) {
            CNewTypeDlg dlg(&m_templateList );
            int nID = dlg.DoModal();
```

```
            if( nID == IDOK )
                pTemplate = dlg.m_pSelectedTemplate;
            else
                return; // none  cancel operation
        }

        pTemplate->OpenDocumentFile( NULL);
    }
```

우선, OnFileNew( )는 m_templateList 안에 하나 이상의 document template이 존재하는지 검사한다. 만약 하나 이상이라면, OnFileNew( )는 CNewTypeDlg dialog를 생성한다. 그 dialog는 사용자가 원하는 document를 선택할 수 있도록, document 목록을 보여준다.

사용자가 적당한 document template을 선택하면, OnFileNew( )는 CDocTemplate ::OpenDocumentFile( )을 호출한다. CDocTempate::OpenDocumentFile( )은 나중에 CDocTempate을 살펴볼 때 함께 살펴보자.

OnFileNew( ) 안을 자세히 살펴보면, CNewTypeDlg의 생성자가 document template pointer로 구성된 list(즉, m_templateList)를 인자로 취하고 있음을 알 수 있다. 또한, DoModal( )이 종료된 후, OnFileNew( )는 CNewTypeDlg::m_pSelectedTemplate을 통하여 사용자가 선택한 document template을 얻어낸다.

CNewTypeDlg는 프로그램이 사용자에게 원하는 사항을 선택하도록 요구하는 아주 좋은 예제이다. 물론 여기선 document template을 고르는 것이다. 그럼 이 dialog의 구현을 보도록 하자.

② 또 다른 문서화되지 않은 Helper Class : CNewTypeDlg

Figure 7-7은 CNewTypeDlg의 실행 장면을 보여준다. Listing 7-4은 DOCMGR.CPP 안에 있는 CNewTypeDlg의 선언을 보여준다.

Figure 7-7 The CNewTypeDlg

Listing 7-4 The CNewTypeDlg declaration, from DOCMGR.CPP

```
class CNewTypeDlg : public CDialog
{
protected :
    CPtrList*    m_pList;
public :
    CDocTemplate*  m_pSelectedTemplate;
    enum { IDD = AFX_IDD_NEWTYPEDLG };
    CNewTypeDlg( CPtrList* pList ) : CDialog( CNewTypeDlg::IDD ) {
            m_pList = pList;
            m_pSelectedTemplate = NULL;
    }
    ~CMewTypeDlg() {}
protected:
    BOOL OnInitDialog();
    void OnOK();
    DECLARE_MESSAGE_MAP()
};
```

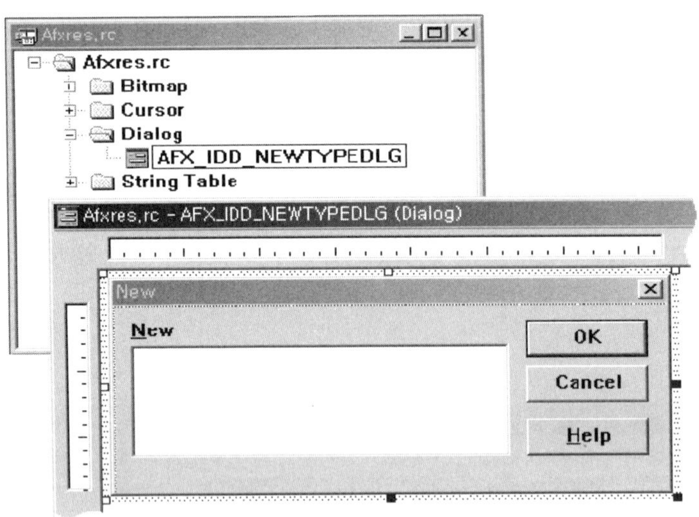

Figure 7-8 The layout of CNewTypeDlg

CNewTypeDlg의 선언을 보면, CNewTypeDlg는 CDialog를 상속받고 있으며 2개의 member data를 가지고 있음을 알 수 있다. 바로 m_pList와 m_pSelectedTeplate이다. 또 이 dialog는

resource ID로 AFX_IDD_NEWTYPEDLG를 가지고 있다. AFX_IDD_NEWTYPEDLG는 IINCLUDE\AFXRES.RC에 있고 그 배치(layout)는 Figure 7-8과 같다.

inline 함수인 CNewTypeDlg의 생성자를 보면, document template list를 인자로 넘겨서 m_pList가 가리키도록 한다.

그럼, CNewTypeDlg가 document template list를 보여주는 과정과 사용자의 선택을 반환(return)하는 과정을 살펴보자. CNewTypeDlg::OnInitDialog( )의 pseudocode가 Listing 7-5에 있다.

Listing 7-5 The CNewTypeDlg::OnInitInitDialog() pseudocode, from DOCMGR.CPP

```
BOOL CNewTypeDlg::OnInitDialog()
{
     CListBox* pListBox = (CListBox*)GetDlgItem(AFX_IDC_LISTBOX);
     POSITION pos = m_pList->GetHeadPosition();
     while( pos != NULL ) {
            CDocTemplate* pTemplate = (CDocTemplate*)m_pList->GetNext(pos);
            CString strTypeName;
            if(  pTemplate->GetDocString( strTypeName, CDocTemplate::fileNewName )
              && !strTypeName.IsEmpty()) {
                  // add it to the listbox
                  int nIndex = pListBox->AddString( strTypeName );
                  pListBox->SetItemDataPtr( nIndex, pTemplate );
            } // end if
     } // end while
     return CDialog::OnInitDialog();
}
```

우선 OnInitDialog( )는 GetDlgItem( )을 호출하여 list box의 pointer를 얻고, 그 pointer를 CListBox형 pointer로 형변환(typecasting)한다.

CListBox의 pointer를 얻은 후, OnInitDialog( )는 document template list를 반복문을 통해서 탐색한다. 탐색하는 동안, OnInitDialog( )는 CDocTemplate::GetDocString( )을 호출하여 document type의 version을 나타내는 string을 얻어 온다. OnInitDialog( )는 각 document type의 string을 list box에 추가시킨다. 그리고 CListBox::SetItemDataPtr( )을 사용하여 list box의 item에 document template pointer를 추가시킨다.

일단 OnInitDilaog( )가 list box에 document template을 추가시키면, CDialog::OnInitDialog( )를 호출하고 그 결과를 반환한다.

CNewType::OnOK( )는 사용자가 dialog 안에 있는 OK button을 눌렀을 때 호출되는 함수이다.

Listing 7-6은 CNewType::OnOK()의 구현을 보여준다.

Listing 7-6 CNewTypeDlg::OnOK() pseudocode, from DOCMGR

```
void CNewTypeDlg::OnOK()
{
      CListBox* pListBox = (CListBox*)GetDlgItem(AFX_IDC_LISTBOX);
      ASSERT(pListBox != NULL);
      // if listbox has selection, set the selected template
      int nIndex;
      if ((nIndex = pListBox->GetCurSel()) == -1) {
            // no selection
            m_pSelectedTemplate = NULL;
      }
      else {
            m_pSelectedTemplate = (CDocTemplate*)pListBox->GetItemDataPtr(nIndex);
            ASSERT_VALID(m_pSelectedTemplate);
            ASSERT_KINDOF(CDocTemplate, m_pSelectedTemplate);
      }
      CDialog::OnOK();
}
```

CNewType::OnOK( )는 ListBox에서 사용자가 선택한 item을 얻은 후, Listbox::GetItemDataPtr( )를 호출하여 document template의 pointer를 얻는다. 또 OnOK( )은 선택된 document template pointer를 m_pSelectedTemplate에 저장하여, DoModal( )이 종료한 후에 사용자가 무엇을 선택했는지 알 수 있도록 한다.

이 시점에서 여러분은 CDocManager의 내부를 모두 살펴보았다. 그럼 document/view architecture 내의 document template을 살펴보도록 하자.

7.5.2 CDocTemplate : CDocument, CView, 그리고 CFrameWnd Manager

앞에서도 언급했듯이, CDocTemplate은 document/view/frame을 묶어 주는 역할을 한다. CDocTemplate의 선언은 AFXWIN.H에 있고, 구현은 DOCTEMPL.CPP에 있다. 기억하고 있겠지만, CDocTemplate은 abstract base class이며, MFC 프로그램은 CSingleDocTemplate이나 CMultiDocTemplate 중 하나를 사용한다. CSingleDocTemplate은 DOCSINGL.CPP에 있고, CMultiDocTemplate은 DOCMULTI.CPP에 있다.

AFXWIN.H에 있는 CDocTemplate의 선언을 살펴봄으로써 그 동작을 이해하도록 하자. Listing 7-7은 그 선언을 보여준다(CDocTemplate의 선언은 매우 긴 code이다. 따라서 OLE member와 기타 다른 member는 생략하도록 한다).

Listing 7-7 A very abbreviated CDocTemplate declaration.

```
class CDocTemplate : public CCmdTarget
{
DECLARE_DYNAMIC( CDocTemplate )
// Constructors ** omitted.
// Attributes ** omitted.
// Operations ** omitted.
// Overridables ** omitted.
// Implementation ** omitted.
protected :
    UINT            m_nIDResource;      // IDR_ for frame/menu/accel as well
    CRuntimeClass*  m_pDocClass;        // class for creation new documents
    CRuntimeClass*  m_pFrameClass;      // class for creation new frames
    CRuntimeClass*  m_pViewClass;       // class for creation new views
    CString         m_strDocStrings;    // '\n' separated names
}
```

앞의 요약된 CDocTemplate의 선언은 문서화되지 않은 CDocTemplate의 member data 중 핵심적인 것만 보여주고 있다. 다음은 각 member data의 설명과 목적을 보여준다.

- m_nIDResource　CDocTemplate 생성자의 첫번째 인자를 저장한다. 그 첫번째 인자는 document template과 관련된 다양한 resource를 참조하는 resource ID를 나타낸다.
- m_pDocClass　CDocument-derived class를 동적 생성할 때 사용할 CRuntimeClass형 pointer. CDocManager-derived class의 생성자에서 설정된다.
- m_pFrameClass - CFrameWnd-derived class를 동적 생성할 때 사용할 CRuntimeClass형 pointer. CDocManager-derived class의 생성자에서 설정된다.
- m_pViewClass - 이 pointer는 CCreateContext의 field 중 하나인 m_pNewViewClass에 저장되어 view를 동적 생성할 때 사용된다. CDocManager-derived class의 생성자에서 설정된다.
- m_strDocStrings　모든 document template과 관련된 7개의 string을 정의한 string table을 포함하는 CString 객체. CDocTemplate::LoadTemplate( )에서 초기화된다.

앞에서 설명한 member data의 용도에 대하여 자세히 알아보기 위해 CDocTemplate의 핵심 member function을 살펴 보도록 하자.

① CDocTemplate은 어떻게 새로운 Document/View/Frame을 생성하는가

CDocTemplate은 어떻게 새로운 document/view/frame을 생성하는가? 이 중요한 질문에 대한 답변은 다음 두 member function에서 찾아볼 수 있다: CDocTemplate::CreateNewDocument( )와 CDocTemplate::CreateNewFrame( ).

함수의 이름이 암시하듯이, CreateNewDocument( )는 document를 생성하고, CreateNewFrame( )은 frame을 생성한다. 하지만 view를 생성하는 함수는 없다. 도대체 view는 어디서 생성한단 말인가? 지금 당장은 view의 생성을 수수께끼속에 남겨두자.

우선 CreateNewDocument( )를 보고 나서, CreateNewFrame( )을 보자. Listing 7-8은 CreateNewDocument( )의 선언을 보여준다.

Listing 7-8 The pseudocode for CDocTemplate::CreateNewDocument(), from DOCTEMP.CPP

```
CDocument* CDocTemplate::CreateNewDocument()
{
      CDocument* pDocument = (CDocument*)m_pDocClass->CreateObject();
      if( pDocument == NULL ) {
            TRACE1( "Warning: Dynamic create of document type %hs failed.\n",
                  m_pDocClass->m_lpszClassName);
            return NULL:
      }
      AddDocument( pDocument );
      return pDocument;
}
```

우선 CreateNewDocument( )는 m_pDocClass를 경유한 CRuntimeClass::CreateObject( )의 호출을 통해 새로운 document를 생성한다. 만약 MFC의 동적 생성(dynamic creation)에 대한 자세한 내용을 기억하지 못한다면, 5장을 다시 살펴보기 바란다. MFC document/view architecture는 동적 생성(dynamic creation)을 빈번히 사용하기 때문이다.

pDocument가 CDocument의 pointer를 지시하도록 한 후 CreateNewDocument( )는 CreateObject( )가 제대로 동작하는지 확인한다. 만약 CreateObject( )가 제대로 동작하지 않을 경우에는, CreateNewDocument( )는 debug 정보를 출력하고 NULL을 반환한다. 이는 새로운 document의 생성이 실패했음을 의미한다. CreateObject( )가 제대로 동작할 경우, CreateNewDocument( )는 AddDocument( )를 호출하여 open document list에 새로 생성된 document를 추가한다. 마지막으로, CreateNewDocument( )는 새로 생성된 document의 pointer를 반환한다.

CreateNewDocument( )의 동작은 명확해졌지만 view는 아직 생성하지 않았다. 그럼 CreateNewFrame( )을 주시하면서 살펴보자. Listing 7-9은 CreateNewFrame( )의 pseudocode를 보여준다.

Listing 7-9 The CDocTempalte::CreateNewFrame() pseodocode, from DOCTEMPL.CPP

```
CFrameWnd* CDocTemplate::CreateNewFrame( CDocument* pDoc, CFrameWnd* pOther)
{
     CCreateContext context;
     context.m_pCurrentFrame       = pOther;
     context.m_pCurrentDoc         = pDoc;
     context.m_pNewViewClass       = m_pViewClass;
     context.m_pNewDocTemplate     = this;
     CFrameWnd* pFrame             = (CFrameWnd*) m_pFrameClass->CreateObject();

     // create new frame from resource
     if( !pFrame->LoadFrame(  m_nIDResource,
                              WS_OVERLAPPEDWINDOW
                              | FWS_ADDTOTITLE, // default frame styles
                              NULL,
                              &context)) {
          TRACE0( "Waring : CDocTemplate could'nt create a frame.\n");
          return NULL;
     }
     return pFrame;
}
```

우선, CreateNewFrame( )은 frame을 생성하는 데 필요한 정보로 CCreateContext(이 class는 잠시 후에 살펴볼 것이다)를 채운다. pOther는 MDI에서만 사용되고 여기선 그리 중요하지 않다. 다음으로, CreateNewFrame( )은 CRuntimeClass::CreateObject( )를 호출하여 frame을 생성한다[m_pFrameClass->CreateObject( )]. 그 후, CreateNewFrame( )은 frame의 resource를 읽어 들이고 frame의 여러 가지 특징을 설정하기 위해 LoadFrame( )을 호출한다. 마지막으로, CreateNewFrame( )은 새로 생성된 frame의 pointer를 반환한다.

그럼 "view는 어디에서 생성되는가?"라는 의문을 해결하기 전에, CCreateContext를 살펴보자.

①-1 Helper Structure : CCreateContext

document/view architecture는 다양한 구성요소의 생성에 필요한 정보를 저장하는 장소로서 CCreateContext라는 helper structure를 사용한다. Listing 7-10은 CCreateContext의 선언을 보여준다.

Listing 7-10 The CCreateContext declaration, from AFXEXT.H

```
struct CCreateContext // Creation information helper
{
```

```
        CRuntimeClass*  m_pNewViewClass;
        CDocument*      m_pCurrentDoc;
        CDocTemplate*   m_pNewDocTemplate;
        CView*          m_pLastView;
        CFrameWnd*      m_pCurrentFrame;
// Implementation
        CCreateContext();
}
```

다음은 CCreateContext의 각 member가 무엇을 저장하는지 보여준다.

- m_pNewViewClass – view를 동적 생성할 때 사용된는 CRuntimeClass pointer.
- m_pCurrentDoc – 현재 document 객체의 pointer.
- m_pCurrentFrame – 현재 frame 객체의 pointer.
- m_pNewDocTemplate – multiple document일 경우, 마지막으로 사용했던 document 객체의 pointer.
- m_pLastView – multiple documents일 경우, 마지막으로 사용했던 view 객체의 pointer.

분명 이러한 정보는 유용하다. 하지만, 이 정보는 document template에 이미 존재한다. 따라서 CCreateContext를 일일이 살펴보는 것은 그리 큰 의미가 없다. 문제는 document template, frame, view, document들이 서로간에 이 정보를 어떻게 전달하는가이다. 이 정보를 전역 변수로 두기보다는, MFC는 이 정보를 CCreateContext에 저장(주10)하고 그 pointer를 전달하는 방법을 사용한다. 앞으로도 다양한 document/view architecture의 특징들을 살펴보면서 CCreateContext를 만나게 될 것이다. 때론, MFC는 CCreateContext의 pointer를 전달하기 위해 message의 LPARAM을 사용한다. 다음의 code를 보면, 이 사실이 그리 놀랄 일도 아니다.

```
int CView::OnCreate( LPCREATESTRUCT lpcs )
{
    //…
    CCreateContext* pContext = (CCreateContext*)lpcs->lpCreateParams;
    //…
}
```

10) CCreateContext에 정보를 저장하는 과정은 Listing 7-9에 나와 있다.

①-2 CView는 언제/어디서 생성되는가

CCreateContext::m_pNewViewClass는 view의 생성에 대한 강력한 실마리를 제공한다. 궁극적으로, 이 실마리는 CFrameWnd class에 도달하게 한다. 그러나 아직 CDocTemplate에 대하여 알아야 할 사항이 더 있다. 나중에 CFrameWnd를 살펴볼 때, CView의 생성에 대하여 살펴볼 것이다.

② CSingleDocTemplate와 CMultiDocTemplate

CreateNewDocument( )와 CreateNewFrame( )에 대하여 면밀히 살펴보았다면, 아마도 "어디에 열린 document[주11]로 구성된 list(이하 open document list)를 저장하고 있는가"라는 의문이 생길 것이다. 분명히 CDocTemplate의 선언에는 없다. 그 list는 CDocTemplate의 하위 class인 CSingleDocTemplate와 CMultiDocTemplate에 각기 다른 형태로 존재한다. 그럼 두 class가 각각 어떠한 방법으로 open document list를 관리하는지 살펴보자.

CSingleDocTemplate의 선언에서 여러분은 다음과 같은 member data를 발견할 수 있다.

```
CDocument* m_pOnlyDoc;
```

반면, CMultiDocTemplate은 하나 이상의 document를 관리할 수 있도록 다음과 같은 member가 있다.

```
CPtrList m_docList; // open document of this type
```

이 변수는 CObject의 list이다. 더 정확히 얘기하면 CDocument의 list이다.

CSingleDocTemplate일 경우, CSingleDocTemplate::AddDocument( )가 자신의 인자를 사용하여 m_pOnlyDoc을 설정한다. CMultiDocTemplate일 경우, CMultiDocTemplate::AddDocument( )가 m_docList.AddTail(pDocument)를 호출하여 m_docList에 새로운 document를 추가한다.

m_docList 외에도, CMultiDocTemplate은 또 다른 member data를 가지고 있다.

```
int m_nUntitledCount;
```

이 member data는 untitle window의 개수를 추적할 때 사용된다. 사용자가 여러 개의 이름없는 document를 만들었을 경우, MFC는 자동적으로 Untitled[X][주12]라고 이름을 붙인다.

---

11) 열린(open) document란 File|New에 의해서 새로 생성된 document와 File|Open에 의해서 열린 document를 총칭하는 용어다.

12) X는 unnamed document의 생성 순번을 나타낸다.

②-1 CMultiDocTemplate::OpenDocumentFile( )

CDocTemplate이 어떻게 document를 여는지 이해하기 위해, CMultiDocTemplate ::OpenDocumentFile( )을 살펴보자. CMultiDocTemplate에는 CSingleDocTemplate보다 더욱 흥미로운 처리과정이 있다. 따라서 CMultiDocTemplate::OpenDocumentFile( )을 살펴보기로 결정한다. Listing 7-11은 DOCMULTI.CPP에 있는 OpenDocumentFile( )을 보여준다.

Listing 7-11 The CMultiDocTemplate::OpenDocumentFile() pseudocode, from DOCMULTI.CPP

```
CDocument* CMultiDocTemplate::OpenDocumentFile( LPCTSTR lpszPathName,
                                                BOOL    bMakeVisible)
{
     // Hey reader -> Remember these from earlier?!
     CDocument* pDocument  = CreateNewDocument();
     CFrameWnd* pFrame   = CreateNewFrame(pDocument, NULL);

     if (lpszPathName == NULL) {
             // create a new document - with default document name
             SetDefaultTitle(pDocument);

             if (!pDocument->OnNewDocument()) {
                     // user has be alerted to what failed in OnNewDocument
                     pFrame->DestroyWindow();
                     return NULL;
             }

             // it worked, now bump untitled count
             m_nUntitledCount++;
     }
     else {
             // open an existing document
             CWaitCursor wait;
             if (!pDocument->OnOpenDocument(lpszPathName)) {
                     // user has be alerted to what failed in OnOpenDocument
                     pFrame->DestroyWindow();
                     return NULL;
             }
             pDocument->SetPathName(lpszPathName);
     }

     InitialUpdateFrame(pFrame, pDocument, bMakeVisible);
     return pDocument;
}
```

OpenDocumentFile( )은 새로운 document(CDocument-derived class)를 생성하기 위해 CreateNewDocument( )를 호출한다. 그 다음, CreateNewFrame( )을 호출하여 새로운 frame을 생성한다. 그 다음에 어떤 일이 일어날지는 인자로 들어온 lpszPathName에 의해서 결정된다. 만약 lpszPathName이 NULL이면,(주13) OpenDocumentFile( )은 새로운 document가 생성되었다는 것을 알고 SetDefaultTilte을 호출하여 그 document에 이름을 부여한다(document에 이름은 Untitled과 m_nUntileCount의 조합으로 이루어진다). 마지막으로, OpenDocumentFile()은 OnOpenDocument()를 호출하고, m_nUntitledCount를 증가시킨다.
만약 lpszPathName이 NULL이 아니면,(주14) OpenDocumentFile( )은 명시된 file을 열려고 시도한다. 우선 OpenDocumentFile( )은 wait cursor를 화면에 표시하고, CDocument::OnOpenDocument( )를 호출한다(이때, 인자로는 file의 이름이 사용된다). 만약 CDocument::OnOpenDocument( )가 실패하면, OpenDocumentFile( )은 생성된 frame을 파괴하고 NULL을 반환한다(NULL은 실패를 의미한다). 반면 CDocument::OnOpenDocument( )가 성공하면, OpenDocumentFile( )은 CDocument의 path를 변경해 주기 위해 CDocument::SetPathName( )을 호출한다.
lpszPathName과는 관계없이, OpenDocument( )는 CDocTemplate::InitialUpdateFrame( )을 호출한다. 이 함수는 인자로 전달된 frame의 pointer를 통해서 그 frame의 InitUpdateFrame( )을 호출한다. Listing 7-12는 CDocTemplate::InitialUpdateFrame( )의 구현을 보여준다.

Listing 7-12 CDocTemplate::InitialUpdateFrame() pseudocode, from DOCTEMPL.CPP

```
void CDocTemplate::InitialUpdateFrame( CFrameWnd*  pFrame,
                                       CDocument*  pDoc,
                                       BOOL        bMakeVisible)
{
    // just delagate to implementation in CFrameWnd
    pFrame->InitialUpdateFrame(pDoc, bMakeVisible);
}
```

이미 여러분은 2장에서 CFrameWnd에 대해서 많은 것을 살펴보았다. 그럼 여기서는 CFrameWnd가 어떻게 document/view architecture의 한 부분으로서 동작하는지 살펴보도록 하자.

13) MS Word를 예로 들어보자. 사용자가 menu에서 File/New를 선택하였을 경우, lpszPathName는 NULL이다.
14) 예를 들어 사용자가 menu에서 File/Open를 선택하여 어떤 file을 열 경우, lpszPathName은 NULL이 아니라 그 file의 이름이다.

7.5.3 CFrameWnd의 내부

CFrameWnd가 CDocument와 CView에 연결되기 위해서는, 몇 가지 과정이 우선되어야 한다.

1) CView가 생성되어야 한다(당연하지 않은가! CView가 없는데 어떻게 연결되겠는가!). 아직 CView의 생성과정에 대해서는 다루지 않았다.
2) CFrameWnd는 CView의 pointer형을 member data(m_pViewActive)로 가지고 있어야 한다. 이 member data통해서 어떤 view가 활성화된(active) view인지 알 수 있다. 또, 이 member data는 CFrameWnd::GetActiveView( )를 통해서 얻을 수 있으며, CFrameWnd::SetActiveView( )를 통해서 설정할 수 있다.
3) CFrameWnd::InitialUpdateFrame( )은 모든 View의 CView::OnInitialUpdate()을 호출할 수 있어야 한다(Single Frame안에 여러 개의 view가 포함될 수 있는 splitter window는 Chapter 9에서 살펴본다).

① CFrameWnd와 CView의 생성

정말로 오래 기다렸다. 드디어 CView가 언제/어디서 생성되는가에 대한 해답을 알 차례이다. 마지막으로 이 문제의 해답을 보류했던 때가 CDocTemplate::CreateNewDocument( )와 CDocTemplate::CreateNewFrame( )을 살펴보기 전이었다. 또한, CreateNewFrame( )가 view의 CRuntimeClass information을 CCreateContext::m_pNewViewClass에 저장한 후, CFrameWnd::LoadFrame( )에게 넘기는 것도 기억날 것이다.[주15]

WINFRM.CPP 안을 살펴보면, CCreateContext::m_pNewClass를 사용하는 CFrameWnd의 member는 단 하나밖에 없다. 바로 CFrameWnd::CreateView()이다.

일단, 다음 단계로 넘어가자.

①-1 View Creation: CFrameWnd::CreateView( )

Listing 7-13은 CFrameWnd::CreateView( )의 pseudocode를 보여준다.

Listing 7-13 The CFrameWnd::CreateView() pseudocode, from WINFRM.CPP

```
CWnd* CFrameWnd::CreateView( CCreateContext* pContext, UINT nID)
{
    CWnd* pView = (CWnd*)pContext->m_pNewViewClass->CreateObject();
```

15) Listing 7-9를 상기하기 바란다.

```
    if( pView == NULL )
        return NULL;
    if( !pView->Create( NULL,
                        NULL,
                        AFX_WS_DEFAULT_VIEW,
                        CRect( 0, 0, 0, 0),
                        this,
                        nID,
                        pContext))
        return NULL; // can't continue without a view

    return pView;
}
```

장담하건대, CreateView( )는 CCreateContext::m_pNewViewClass 안에 있는 CRuntimeClass를 사용하여 view를 생성한다. view를 생성한 후, CWnd::Create( )를 호출한다. 모든 조사는 끝났다. CView의 생성은 매우 간단하다. 그러나…

[잠깐! frame과 view의 parent/child관계는 언제, 어디서 설정되는가?]

앞의 Figure 7-6를 보면 frame과 view는 parent/child(또는 container/component)관계이다. 그렇다면 어디서 이러한 관계가 설정되는가? Listing 7-13안에서 this(즉, frame의 pointer)를 인자로 호출된 CWnd::Create()을 찾을 수 있다 : pView->Create(). 다음은 CWnd::Create()의 일부를 보여준다.

```
BOOL CWnd::Create(  CWnd* pParentWnd, // this passed by caller
                    /* other parameters omitted */ )
{
    //...
    return CreateEx(  pParentWnd->GetSafeHwnd(), /* other parameters omitted */ );
}
```

CWnd::Create( )는 다시 CWnd::CreateEx( )를 호출한다(이때 전달받은 this인자는 window handle로 바뀌어 전달된다). 다음은 CWnd::CreateEx( )의 일부를 보여준다.

```
BOOL CWnd::CreateEx( HWND hWndParent, /* other parameters omitted */ )
{
    CREATESTRUCT cs;
    //...
    cs.hwndParent = hWndParent; // frame과 view의 parent/child관계 설정.
    //...
}
```

view는 인자로 전달받은 frame의 window handle을 parent window로 설정함으로써, frame과 view 사이에 parent/child관계가 설립되게 된다. 이로써 view의 CWnd::GetParentFrame( )을 통하여 frame에 접근할 수 있게 되었다.

①-2 기다려라. 아직 남아 있는 것이 있다!
중요한 문제가 하나 남아 있다. 누가 CreateView( )를 호출한단 말인가? CreateNewDocument( )와 CreateNewFrame( )은 C[Single/Multiple]DocTemplate-::OpenDocumentFile( )에 의해서 호출된다는 것을 알고 있을 것이다. 하지만, CreateView( )는 결코 호출하지 않는다.
해답을 찾기 위해, Visual C++의 debug 기능 중 calling stack을 사용하자. WINFRM.CPP 안에서 CreateView( )를 호출하는 유일한 함수는 OnCreateClinet( )이다. OnCreateClinet()은 OnCreateHelper( )가 호출한다. OnCreateHelper( )는 OnCreate( )가 호출한다.
CFrameWnd::OnCreate( )은 frame이 WM_CREATE message를 받을 때 호출되도록 message map entry에 포함되어 있다. document template이 CreateNewFrame( )을 사용하여 frame을 생성할 때, Windows는 WM_CREATE를 CFrameWnd으로 보낸다. 이 message는 Figure 7-9에서 보이는 일련 과정을 유발한다[사실, splitter window에는 CreateView( )를 직접적으로 호출한다. 하지만, 이에 대해서는 9장까지 기다리기 바란다].

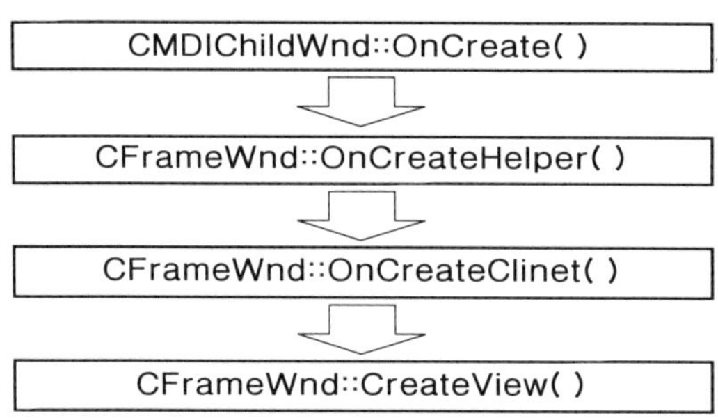

Figure 7-9 Call paths of CFrameWnd::CreateView( )

이제 View가 어떻게 생성되는지 알았다. 다시 CFrameWnd를 살펴보고 이 class가 어떻게 document/view와 조화를 이루는지 살펴보자. 이미 앞에서 m_pViewActive 역할을 설명하였으므로, CFrameWnd::InitialUpdateFrame( )으로 곧장 옮겨 가자.

② CFrameWnd::InitialUpdateFrame( )
InitialUpdateFrame( )이 frame 안의 모든 view의 update함을 상기하기 바란다. Listing 7-14은 CFrameWnd::InitialUpdateFrame( )의 pseudocode를 보여준다.

Listing 7-14 The CFrameWnd::InitialUpdateFrame() pseudocode, from WINFRM.CPP

```
void CFrameWnd::InitialUpdateFrame( CDocument* pDoc, BOOL bMakeVisible )
{
    CView* pView =  // ** omitted it determines the active view or gets
                    // first splitter window
    if( bMakeVisible ) {
            // send initial update to all views (and other controls) in the frame
            SendMessageToDescendants( WM_INITIALUPDATE, 0, 0, TRUE, TRUE );
            ActivateFrame();
            pView->OnActivateView(TRUE, pView, pView );
    }

    // update frame counts and frame title( may already have been visible )
    if( pDoc != NULL )
            pDoc->UpdateFrameCounts();
    OnUpdateFrameTitle( TRUE );
}
```

우선, InitialUpdateFrame( )은 active view의 pointer를 얻어서 pView에 저장한다. 다음으로, bMakeVisible인자가 TRUE이면, WM_INITIALUPDATE(주16)를 frame 안의 모든 descendant(주17)들에게 보낸다. 이 message는 CView::OnInitialUpdate( )를 호출한다. InitialUpdateFrame( )은 WM_INITIALUPDATE를 보낸 후 frame과 view를 활성화시킨다.

다음으로 InitialUpdateFrame( )은 document 안에 있는 frame count를 변경시킨다. 마지막으로, InitialUpdateFrame( )은 document의 이름을 사용하여 frame의 tittle를 변경한다.

이런 과정 속에 존재하는 변수 형(type)은 오직 CDocument과 CView이다. 그럼 CDocument를 살펴보고 CView를 살펴보자.

7.5.4 CDocument의 내부

Listing 7-15는 AFXWIN.H에 있는 CDocument를 보여준다. CDocument의 구현은 DOCCORE.CPP에 있다.

16) Windows에서 정의한 message가 아니라, MFC에서 정의한 message이다.

17) 여기서 descendant는 frame내에 포함된 모든 CWnd-derived 객체를 의미한다. 즉, 모든 frame내의 모든 control과 view를 의미한다.

Listing 7-15 The abbreviated CDocumented declaration, from AFXWIN.H

```
class CDocument : public CCmdTarget
{
     DECLARE_DYNAMIC( CDocument )
// Constructors **omitted
// Attributes **omitted
// Operations **omitted
// Overridable **omitted
// Implementatin **Some omitted
protected :
     CString        m_strTitile;
     CString        m_srPathName;
     CDocTemplate*  m_pDocTemplate;
     CPtrList       m_viewList;   // list of views
     BOOL           m_Modified;  // changed since last saved
public :
     BOOL           m_bAutoDelete;  // TRUE => delete document when no more views
     virtual ~CDocument();
// Implementation helpers
     virtual BOOL DoSave( LPCTSTR lpszPathName, BOOL bReplace = TRUE );
     virtual BOOL DoFileSave();
     virtual void UpdateFrameCounts();
     void DisconnectViews();
     void SendInitialUpdate();
     friend class CDocTemplate;

// Messsage handlers **omitted

     DECLARE_MESSAGE_MAP()
}
```

와우! CDocument에는 문서화되지 않은 member가 무척 많다. 여러분이 그 member들을 자세히 살펴볼 필요는 없다. 따라서 각 member를 요약해서 설명한다.

- m_strTitle – document의 이름. SetTitle( )을 통해서설정된다. framw window의 title로서 뿐만 아니라, 저장시 file의 이름으로도 사용된다.
- m_strPathName – 현재 document의 path(file 이름도 포함되어 있다). SetPathName( )을 통해서 설정된다. m_strPathName은 MRU(Most Recently Used) menu와 file을 저장할 때 사용된다.
- m_pDocTemplate – 해당 document의 document template를 나타내는 pointer.

CDocTemplate::AddDocument( )내에서 설정된다. 여러분은 CDocument::GetDocTemplate( )을 통해서 m_pDocTemplate에 접근할 수 있다.

- m_viewList – 모든 MFC document는 무제한의 view를 가질 수 있다. m_viewList는 해당 document와 관련된 모든 view pointer를 관리한다. document는 자신과 연관된 모든 view에게 자신의 변화를 알리기 위해서 m_viewList를 사용한다(view에는 document의 변화가 반영되어야 한다). view들은 AddView( )/RemoveView( )를 통해서 추가/삭제된다. 여러분은 GetFirstViewPosition( )과 GetNextView( )를 통해서 m_viewList를 탐색해 볼 수 있다. 또한 document는 frame window를 접근하기 위해서 m_viewList를 사용한다. 다음에 나올 UpdataFrameCount( )의 설명에서 m_viewList를 다시 만나게 될 것이다.
- m_bModified – 해당 document가 변화될 때 설정되는 좀 지저분한 flag. 이 flag가 설정되면, framework는 해당 document를 닫기 전에 저장할 여부를 사용자에게 물어 본다. 여러분은 IsModified( )를 통해서 이 flag의 상태를 알 수 있고, SetModifiedFlag( )를 통해서 설정된다.
- m_bAutoDelete – 이 flag는 framework에 의해서 TRUE로 설정된다(이는 해당 document와 관련된 모든 view가 닫힐 때, document가 삭제된다는 것을 의미한다). 만약 여러분이 해당 document의 모든 view가 닫힌 후에도 그 document가 계속 유지되도록 하고 싶다면, 이 flag를 FALSE로 설정하면 된다.
- DisconnectViews( ) – 이 함수는 m_viewList에 저장된 view들을 반복 탐색하고 CView::m_pDocument를 NULL로 설정한다. 따라서 이 함수는 document와 view(물론, 해당 document와 관련된 view)의 관계를 끊어 버리는 기능을 한다.
- DoSave( ) – 이 함수는 document를 저장하는 핵심 code이다. CDocument의 member인 OnFileSave( )와 OnFileSaveAs( )는 DoSave( )를 호출한다. 다시 DoSave( )는 OnSaveDocument( )를 호출한다.
- DoFileSave( ) – CDocument::OnFileSave( )는 바로 이 DoFileSave( )를 호출한다. DoFileSave( )는 document가 어떻게 저장될지를 나타내는 몇개의 속성을 검사한 후 DoSave( )를 호출한다.
- UpdateFrameCounts( ) – 이 함수는 여기에서 자세히 다루어지기에는 너무 긴 함수이다. 여러분에게 DOCCORE.CPP에 있는 이 함수의 source code를 간단히 살펴보기 권장한다. UpdateFrameCounts( )는 해당 document와 관련된 모든 view에 대한 frame의 개수를 세고, 또한 그 frame의 개수에 근거한 window title을 변경하도록 frame에게 요구한다. UpdateFrameCounts( )가 매우 흥미로운 이유는 document가 어떻게 view와 frame에 접근하는지 잘 설명해 주고 있기 때문이다.

또한, UpdateFrameCounts()는 mark&sweep[주18]라는 매우 흥미로운 알고리즘을 보여준다. 알고리즘은 frame window들을 두 번 통과(pass)한다. 첫번째는 frame들을 mark하기 위해 통과(pass)하고, 두 번째는 mark된 frame을 변경하기 위해 통과(pass)한다.

· SendInitialUpdate()－m_viewList를 반복 탐색[주19]하면서 CView::OnInitialUpdate()를 호출한다.

앞에서 CDocument의 문서화되지 않은 member에 대하여 알아보았다. 그럼 CDocument의 3가지 핵심적인 기능을 보자.

1) document 생성하기(File|Open이나 File|New를 통해서)
2) document 저장하기
3) view끼리 통신하기

[이봐요, 나 죽었어요…!!!]

document/view architecture내의 class들이 어떤 방법을 사용하여 서로를 감시하는지는 매우 흥미로운 점이 아닐 수 없다. 예를 들어, 사용자가 document를 닫았을 경우, document template을 사용하여 그 document가 사라졌는지 어떻게 알 수 있단 말인가? MFC Document/View architecture에서 주로 사용하는 방법은, document의 죽음을 알리기 위한 pointer를 유지하는 것이다. 즉, CDocument는 CDocTemplate의 pointer를 가지고 있다. 그 pointer는 창조자(creator)에 의해서 설정되어지며, 피창조 객체가 죽었을 경우 그 죽음을 창조자(creator)에게 알릴 때 사용된다. 구체적으로 CDocument와 CDocTemplate일 경우에는, CDocTemplate은 CDocument::m_pDocment를 설정한다.[주20] CDocment가 파괴될 때는 m_pDocTemplate이 NULL이 아님을 검사한 후, m_pDocTemplate->RemoveDocument(this)를 호출하여 CDocTemplate에게 자신의 죽음을 알린다.

document와 view도 비슷한 방법을 사용한다. 모든 CView는 CDocument의 관련된 pointer를 간직하고 있기 때문에, 그 pointer를 사용하여 CView가 파괴됨을 CDocument에게 알릴 수 있다.

① Document 생성하기

document는 file에서 만들어지거나(File|Open의 경우) empty document로 만들어진다(File|New의 경우). 만약 empty document가 생성될 경우에는 CDocument::OnNewDocument()가 호출된다. 우선 이 함수는 DeleteContents()를 호출하여 그 document 안에 혹시나 있을 수 있는 쓰레기를 깨끗이 청소한다. DeleteContents()의 기본 구현은 아무런 일도 하지 않는다. 만약 새로

18) mark&sweep algorithm : 이 algorithm은 주로 memory의 쓰레기 값을 수집하기 위해 사용된다(gabage collection). 더 많은 정보를 원하는 독자는 gababe colletion에 대해서 조사해 보기 바란다. 워낙 유명한 algorithm이므로 쉽게 Internet에서 찾을 수 있을 것이다.
19) 반복 탐색 : 앞에서도 언급한 바 있지만 확인차 다시 얘기한다. 이 책에서는 while문와 for문을 통하여 어떤 array나 linked list의 interation을 수행할 경우 이를 반복 탐색한다고 번역한다. 부디 혼동 없기를…^^;;
20) CDocTemplate::AddDocument()내에서 CDocument::m_pDocment를 설정한다.

생성된 document에 대한 특별한 청소를 하고 싶다면, DeleteContents( )를 재정의(override)하기 바란다. DeleteContents( )가 호출된 후, OnNewDocument()는 modified flag를 FLASE로 설정한 다음 m_strPathName이 empty 상태인지 확인한다.

CDocument::OnOpenDocument( )는 file에서 생성되는 document를 처리한다. 여러분이 CDocTemplate의 내부를 살펴볼 때, C[Multi/Single]DocTemplate::OpenDocumentFile( )이 CDocument::OnOpenDocument( )를 호출하는 것을 보았을 것이다. OnOpenDocument( )는 아주 중요한 함수이다. Listing 7-16은 CDocument::OnOpenDocument( )의 pseudocode를 보여준다.

Listing 7-16 The CDocument::OnOpenDocument() pseudocode, from DOCCORE.CPP

```
BOOL CDocument::OnOpenDocument( LPCTSTR lpszPathName )
{
    CFileException fe;
    CFile* pFile = GetFile(  lpszPathName,
                             CFile::modeRead|CFile::shareDenyWrite, &fe );
    // **omitted, checks on pFile, assume it work..
    DeleteContents();
    SetModifiedFlag(); // dirty during de-serialize
    CArchive loadArchive( pFile, CArchive::load | CArchive::bNoFlushOnDelete);
    loadArchive.m_pDocument = this;
    loadArchive.m_bForceFlat = FALSE;

    TRY {
            CWaitCursor wait;
            if( pFile->GetLength() != 0)
                    Serialize( loadArchive); // load me ( de-serialization )
            loadArchive.Close();
            ReleaseFile( pFile, FALSE );
    }
    CATCH_ALL( e ) {
            //**omitted, catch for archive failure, see code if interested.
    }
    END_CATCH_ALL
    SetModifiedFlag( FALSE ); // start off with unmodified
    return TRUE;
}
```

5장을 살펴보았다면, 이 함수는 매우 친근하게 느껴질 것이다. CDocument::OnOpenDocument( )는 CArchive가 생성되고 serialization이 시작하는 곳이다.

우선, OnOpenDocument( )는 CDocument::GetFile( )을 호출하여 file을 연다. 그 file이 성공적으로 열였다면, OnOpenDocument( )는 de-serialization을 준비하기 위해 DeleteContents( )를 호출한다. 그 다음, de-serialization하는 동안 document에는 쓰레기 값들이 설정될 수 있으므로, OnOpenDocument( )는 SetModified( )를 호출한다. 만약 de-serialization이 실패하면, 이 SetModified( )는 document가 modified 상태임을 나타내도록 해준다.
다음으로, OnOpenDocument( )는 pFile을 사용하여 CArchive를 생성한다. 그리고 그 CArchive는 CDocument::Serialize( )에 전달한다. 5장에 CDocument::Serialize( )의 자세한 내용이 있다. 일단 document가 de-serialization이 끝나면, OnOpenDocument( )은 archive를 닫고 file을 풀어 준다.
마지막으로, OnOpenDocument( )는 modified flag를 끄고 TRUE를 반환한다. 이는 성공적으로 file을 읽어 들였음을 의미한다.
그럼 이러한 공식의 반대 과정인 file을 저장하는 과정을 살펴보자.

② Document 저장하기

document를 저장하는 방법에는 2가지가 있다.

1) OnFileSave( ) – File|Save menu를 선택하였을 때 호출된다.
   DoFileSave( ) – 해당 file이 read-only인지 확인한다.
   DoSave(file name) – error 처리와 함께 OnSaveDocument( )를 호출한다.
   OnSaveDocument( ) – 실질적인 file의 저장을 수행한다.
2) OnFileSaveAs( ) – File|Save As menu를 선택하였을 때 호출된다.
   DoSave(NULL) – NULL 인자는 DoSave( )가 사용자에게 file 이름을 입력하도록 요구하도록 한다. 일단 사용자가 common diloag[(주21)]를 통해서 file 이름을 입력하면, OnFileSaveAs( )는 OnSaveDocument( )를 호출한다.
   OnSaveDocument( ) – 실질적인 file 저장을 수행한다.

②-1 모든 길은 OnSaveDocument( )로 통한다

2가지 방법 모두, OnSaveDocument( )가 중심적인 역할을 한다. Listing 7-17은 CDocument::OnSaveDocument( )의 pseudocode를 보여준다.

21) 이 common dialog는 CWinApp::DoPropFileName( )를 통해서 생성된다.

Listing 7-17 The CDocument::OnSaveDocument() pseudocode, from DOCCORE.CPP

```
BOOL CDocument::OnSaveDocument( LPCTSTR lpszPathName )
{
    CFileException fe;
    CFile* pFile = NULL;
    pFile = GetFile( lpszPathName,
                     CFile::modeCreate
                     | CFile::modeReadWrite
                     | CFile::shareExclusive,
                     &fe );
    //**omitted, checks on pFile, assume it's cool.
    CArchive saveArchive( pFile, CArchive::store | CAchive::bNoFlushOnDelete );
    saveArchive.m_pDocument = this;
    saveArchive.m_bForceFlat = FALSE;
    TRY {
        CWaitCursor wait;
        Serialize( saveArchive); // save me
        saveArchive.Close();
        ReleaseFile( pFile, FALSE );
    } CATCH_ALL( e ) {
        //**omitted, handling of archive exception.
    }
    END_CATCH_ALL

    SetModifiedFlag( FALSE ); // back to unmodified
    return TRUE; // success
}
```

OnSaveDocument( )는 OnOpenDocument( )의 거울의 반대편이다.

OnOpenDocument( )에서처럼, OnSaveDocument( )는 GetFile( )을 호출하여 file을 연다. 하지만, OnSaveDocument( )는 좀 다른 file flag를 사용하여 GetFile( )을 호출한다.[주22] 다음으로, CArchive를 생성하고, 이를 Serialize( )에게 전달한다.

마지막으로, 모든 것이 정확하게 serialization되었다면, archive를 닫고 modified flag를 FALSE로 설정한 후, TRUE를 반환한다. 이는 document가 성공적으로 save되었음을 의미한다.

그럼 세 번째 핵심적인 기능인 view와 통신(communication)하는 방법을 살펴보자.

22) OnOpenDocument( )의 경우는 CFile::modeRead|CFile::shareDenyWrite flag를 인자로 GetFile( )을 호출한다. 반면 OnSaveDocument( )의 경우는 CFile::modeCreate|CFile::modeReadWrite|CFile::shareExclusive flag를 인자로 GetFile( )을 호출한다.

②-2 View들간의 통신

CDocument의 선언에서 살펴본 바와 같이, m_viewList는 CDocument가 view와 통신하는 매개체로 사용된다.

document가 view와의 통신을 필요로 하는 몇 가지 경우가 있다.

1) document가 죽었음을 view에게 알리는 경우. CDocument의 파괴자(destructor)는 DisconnectViews( )를 호출한다. DisconnectViews( )는 m_viewList를 사용하여 CView::pDocument를 NULL로 설정한다.
2) frame을 return하는 CView::GetParentFrame( )을 호출하기 위해 view를 사용하는 경우. 예를 들어, UpdateFrameCounts( ), CandCloseFrame( ) 그리고 OnCloseDocument( )가 이 경우에 해당한다.
3) Document가 변경되거나 변경되어져야 함을 view에게 알려야 할 경우, UpdateAllViews( )가 이 경우에 해당한다.

CDocument와 CView 사이의 통신이 어떻게 이루어지는지 이해하기 위해, Listing 7-18에 있는 CDocument::UpdateAllViews( )를 살펴보자.

Listing 7-18 CDocument::UpdateAllViews(), from DOCCORE.CPP

```
void CDocument::UpdateAllViews( CView* pSender, LPARAM lHint, CObject* pHint )
{
    POSITION pos = GetFirstViewPosition();
    while( pos != NULL ) {
        CView* pView = GetNextView(pos);
        if( pView != pSender )
            pView->OnUpdate(pSender, lHint, pHint );
    }
}
```

UpdateAllViews( )는 CDocument나 CView에서 호출 될 수 있다.[주23] 만약 view에서 호출되면 첫번째 인자(pSender)는 UpdateAllViews( )를 호출한 view를 의미한다.

우선, UpdateAllViews( )는 GetFirstViewPosition( )을 호출하여 m_viewList의 head를 얻는다. 그 다음, UpdateAllVeiws( )는 view list의 view중 pSender와 같지 않은 view의 CView::OnUpdate( )를 호출한다. pSender의 Update( )를 호출되지 않는다. 그 이유는

23) view에서 호출된다는 의미는 view가 document를 이용하여 UpdateAllViews()를 호출하는 경우이다.

pSender[UpdateAllViews()를 호출한 view]는 스스로 자신을 변경시켜야 할 의무를 가지고 있기 때문이다.

UpdateAllViews()에서 알 수 있는 핵심적인 내용은 document가 view와 통신하기 위해 view list를 사용한다는 점이다.

그럼, 아직 살펴보지 않은 CView를 살펴보자.

7.5.5 CView의 내부

CView는 view와 관련된 class중에서는 맨 위에 위치하고 있다. 따라서 CView에 초점을 맞추자. 8장에서 CView의 진보된 특징(print, print preview 기능 따위…)과 CView-derived class에 대하여 살펴볼 것이다.

CView의 선언은 AFXWIN.H에 살고 있다. CView는 매우 문서화가 잘된 class이므로, 그 선언을 여기서 살펴보진 않겠다. 단지 문서화되지 않은 단 하나의 member data인 m_pDocument만을 살펴보자. m_pDocument는 CDocument형 pointer로서 CDocument::m_pDocTemplate와 그 기능이 유사하다. m_pDocument는 CView가 CDocument에게 자신의 죽음을 알릴 때 사용된다. 또, m_pDocument는 message routing architecture에서 사용되기도 한다. m_pDocument는 CView::GetDocument()를 사용하여 얻을 수 있다.

여러분은 CFrameWnd의 내부를 살펴볼 때 이미 view가 어떻게 생성되는지 살펴보았다. 그럼 view의 동작방법을 이해하기 위해 CView의 그리는(draw) 함수인 OnDraw()가 어떻게 호출되고, frame이 어떻게 변경되는지 알아보자.

① CView 그리기(Drawing)

이미 앞에서 CView-derived class는 자신에게 맞는 OnDraw()를 재정의하여 구현해야 한다고 언급하였다. 그럼, view의 그리는 기능을 하는 OnDraw()가 언제/어떻게 호출되는지 알아보자.

Windows의 drawing mechanism은 WM_PAINT의 처리에 달려 있다. MFC에서는 OnPaint()가 WM_PAINT를 처리하기 위해 message map entry에 포함되어 있다. 그럼, CView::OnPaint()에서는 어떤 일이 일어나는지 살펴보자. Listing 7-19은 CView::OnPaint()의 pseudocode를 보여준다.

Listing 7-19 The CView::OnPaint() pseudocode, from VIEWCORE.CPP

```
void CView::OnPaint()
{
     CPaintDC dc(this);
     OnPrepareDC( &dc);
     OnDraw( &dc );
}
```

우선, CView::OnPaint( )는 CPaintDC를 생성한다. 생성된 deivce context(간단히 DC라고 부른다)에는 다시 그려주어야 할 영역이 포함되어 있다. 다음으로, DC를 OnPrepareDC( )를 전달하고, 마지막으로 OnPaint( )에게 전달한다.

OnPrepareDC( )와 OnDraw( )의 기본 구현은 아무런 일도 하지 않는다. CView-derived class의 OnPrepareDC와 OnDraw( )의 구현에는 여러분이 원하는 기능을 넣을 수 있다.

일단, CView와 CView-derived class의 다른 특징들은 8장에서 살펴보도록 하자. 지금까지 배워온 것들을 복습해 보기로 하자. CDocTemplate, CDocManager, CFrameWnd, CDocument, CView의 내부를 마음속에 떠올려 보자.

7.6 Document/View Architecture의 내부를 정리해 보자

휴! 이번 장에서 정말로 많은 class의 내부를 살펴보았다: CDocTemplate, CDocManager, CFrameWnd, CDocument, CView. 이 class들을 간단히 정리해 보도록 하자.

우선, document/view architecture내에 있는 class들간의 상호의존관계(interdependency)를 다시 살펴보도록 하자. 그 다음, 모든 class의 생성을 다시 살펴보자. 마지막으로, 예제를 통하여 새로운 document가 생성되는 과정을 추적해 보자.

7.6.1 Document/View 상호의존관계

다음의 목록은, 지금까지 살펴보았던, document/view architecture내의 상호의존관계를 나열하고 있다.

- CWinApp은 CDocManager형 pointer를 포함하고 있다.
- CDocManager는 document template list를 간직하고 있다. 응용프로그램이 지원하는 각

type마다 document template을 가지고 있다. CWinApp::InitInstance( )에서 몇 개의 document template을 추가하느냐는 개발자의 몫이다.

- document template은 3개의 class를 묶는다: CView/CDocument/CFrameWnd. 이 class 들은 document template의 생성될 때 전달된 CRuntimeClass information을 사용하여 생성된다.
- MDI document template은 open document list를 유지/관리하는 반면, SDI document template은 단 하나의 open document의 pointer만 유지/관리한다.
- document는 open view list를 유지/관리한다. 이 list는 document가 view와 통신하기 위해 사용된다.
- document는 document template의 pointer를 유지/관리한다. 이 pointer는 title을 설정하고, command를 전달하고, 자신의 죽음을 document template에게 알리기 위해 사용된다.
- frame은 현재 활성화된(active) view의 pointer를 유지/관리한다.
- frame이 생성되는 동안, frame은 CCreateContext구조체를 인자로 전달받는다. CCreateContext구조체에는 frame과 관련된 document의 pointer, view의 CRuntimeClass information, document template의 pointer가 포함되어 있다.
- view는 document의 pointer를 유지/관리한다. 이 pointer는 view가 제거될 경우[view는 RemoveView( )를 통해서 제거된다], 그 사실을 document에게 알리기 위해 사용된다. 또, command routing architecture에서도 사용된다.
- view는 CWnd::GetParentFrame( )을 사용하여 frame window를 얻을 수 있다.
- document는 view list를 사용하여 view를 얻은 후, 그 view의 CWnd::GetParentFrame( )을 호출하여 frame을 얻을 수 있다.

여러분이 document/view architecture를 사용하여 작업을 할 경우, 이 class들이 어떻게 조화를 이루어 동작하는지 이해하는 것은 무척 중요하다.

7.6.2 각 class는 어디에서 생성되는가

다음으로 각 class가 어디에서 생성되는지 다시 한번 살펴보도록 하자.

- CDocManager – CWinApp내에서 생성되고, CWinApp::m_pDocMananger에 저장된다.
- CDocTemplate – 여러분의 CWinApp::InitInstance( )내에서 생성된다.
- CFrameWnd – CDocTemplate::CreateNewFrame( )내에서 생성된다.

- CDocument – CDocTemplate::CreateNewDocument( )를 통해서 생성된다.
- CView – CFrameWnd::OnCreate( )를 통해서 생성된다.

7.6.3 지금까지 살펴본 code 조각들을 한곳에 모아보자

이렇게 MFC document/view architecture의 내부 과정을 살펴보는 것은 마치 소방 호수에 기름을 넣고 불을 끄는 것과 같이 여러분을 더욱 어렵게 만들 것이다. 여러분에게 숨을 돌릴 기회를 주기 위해, framework상에서 새로운 document가 생성되는 과정을 추적해 보자.
빈(empty) document를 생성하는 과정과 기존의 file을 열어 document를 생성하는 과정은 매우 비슷하게 때문에, 동시에 두 과정을 함께 살펴보도록 하자. 이 추적과정은 MFC에서 기본적으로 제공하는 message map과 member function을 사용한다는 점을 명심하기 바란다.

① 추적을 시작해 보자

document가 생성되는 과정은 여러분의 CWinApp–derived class내에서 시작한다. 만약 여러분이 AppWizard를 사용하여 응용프로그램을 생성하였다면, 여러분의 CWinApp–derived class의 구현부분에 다음과 같은 2줄의 code가 존재할 것이다

```
ON_COMMAND( ID_FILE_NEW, CWinApp::OnFileNew );
ON_COMMAND( ID_FILE_OPEN, CWinApp::OnFileOpen );
```

사용자가 New와 Open menu를 선택하였을 때 이들 message map entry는 각각 CWinApp::OnFileNew( )와 CWinApp::OnFileOpen( )이 호출되도록 한다. 다음은 이들 member function을 보여준다.

```
void CWinApp::OnFileNew()
{
    if (m_pDocManager != NULL)
        m_pDocManager->OnFileNew();
}

void CWinApp::OnFileOpen()
{
    ASSERT(m_pDocManager != NULL);
    m_pDocManager->OnFileOpen();
}
```

이들 member function은 CWinApp의 CDocManager pointer(즉, m_pDocMananger)를 통해서 CDocManager의 해당 member function을 호출한다.

①-1 New menu를 따라가 보자

이 시점에서 New와 Open menu는 서로 다른 과정을 밟게 된다. 그럼, New를 먼저 보고 Open을 보도록 하자.

CWinApp::OnFileNew( )에서 호출된 CDocManager::OnFileNew()은 Listing 7-20에 나와 있다.

Listing 7-20 CDocManager::OnFileNew() pseudocode, from DOCMGR.CPP

```
void CDocManager::OnFileNew()
{
    CDocTemplate* pTemplate = (CDocTemplate*)m_templateList.GetHead();
    if (m_templateList.GetCount() > 1) {
            // more than one document template to choose from
            // bring up dialog prompting user
            CNewTypeDlg dlg(&m_templateList);
            int nID = dlg.DoModal();
            if (nID == IDOK)
                    pTemplate = dlg.m_pSelectedTemplate;
            else
                    return;     // none - cancel operation
    }

    pTemplate->OpenDocumentFile(NULL);
}
```

CDocManager::OnFileNew( )는 자신의 m_templateList[주24]를 살펴본다. 만약 2개 이상의 document template이 존재한다면(즉, MDI 응용프로그램의 경우), CDocManager::OnFileNew( )는 CNewTypeDlg를 생성하고 사용자가 새로운 document의 type(즉, file의 확장자)을 선택하도록 한다. 일단 사용자가 document type을 선택하면, CDocManager::OnFileNew( )는, 선택된 type에 맞는 document template을 사용하여,[주25] CDocTemplate::OpenDocumentFile(NULL)을 호출한다.

①-2 Open menu를 따라가 보자

CWinApp::OnFileOpen( )에서 호출된 CDocManager::OnFileOpen( )은 Listing 7-21과 같다.

24) CDocManager::m_templateList는 CWinApp-derived class의 OnInitDialog( )에서 초기화된다.

25) CDocManager::m_templateList에서 사용자가 선택한 type에 맞게 document template을 찾는 일은 CNewTypeDlg가 한다. 자세한 것은 source를 참조하기 바란다.

Listing 7-21 CDocManager::OnFileOpen() pseudocode, from DOCMGR.CPP

```
void CDocManager::OnFileOpen()
{
    // prompt the user (with all document templates)
    CString newName;
    if (!DoPromptFileName( newName,
                           AFX_IDS_OPENFILE,
                           OFN_HIDEREADONLY | OFN_FILEMUSTEXIST,
                           TRUE,
                           NULL))
        return; // open cancelled

    AfxGetApp()->OpenDocumentFile(newName);
}
```

Open의 경우, CDocManager::OnFileOpen( )은 DoPromptFileName( )를 사용하여 common dialog인 CFileDialog를 생성하고, 사용자에게 어떤 file을 열 것인지 물어 본다. 사용자가 하나의 file을 선택하면, CDocManager::OnFileOpen( )은 CWinApp::OpenDocumentFile( )을 호출한다. 다시 CWinApp::OpenDocumentFile( )은 CDocManager::OpenDocumentFile( )을 호출한다. Listing 7-22는 CDocManager::OpenDocumentFile( )을 보여준다.

Listing 7-22 CDocManager::DoPromptFileName() pseudocode, from DOCMGR.CPP

```
BOOL CDocManager::DoPromptFileName( CString&      fileName,
                                    UINT          nIDSTitle,
                                    DWORD         lFlags,
                                    BOOL          bOpenFileDialog,
                                    CDocTemplate* pTemplate)
{
    CFileDialog dlgFile(bOpenFileDialog);

    CString title;
    VERIFY(title.LoadString(nIDSTitle));

    dlgFile.m_ofn.Flags |= lFlags;

    CString strFilter;
    CString strDefault;
    if (pTemplate != NULL) {
        ASSERT_VALID(pTemplate);
        _AfxAppendFilterSuffix(strFilter, dlgFile.m_ofn, pTemplate, &strDefault);
```

```
        }
        else {
            // do for all doc template
            POSITION pos = m_templateList.GetHeadPosition();
            BOOL bFirst = TRUE;
            while (pos != NULL) {
                    CDocTemplate* pTemplate = (CDocTemplate*)m_templateList.GetNext(pos);
                    _AfxAppendFilterSuffix( strFilter,
                                            dlgFile.m_ofn,
                                            pTemplate,
                                            bFirst ? &strDefault : NULL);
                    bFirst = FALSE;
            }
        }
        // append the "*.*" all files filter
        CString allFilter;
        VERIFY(allFilter.LoadString(AFX_IDS_ALLFILTER));
        strFilter += allFilter;
        strFilter += (TCHAR)'\0';    // next string please
        strFilter += _T("*.*");
        strFilter += (TCHAR)'\0';    // last string
        dlgFile.m_ofn.nMaxCustFilter++;

        dlgFile.m_ofn.lpstrFilter = strFilter;
        dlgFile.m_ofn.lpstrTitle  = title;
        dlgFile.m_ofn.lpstrFile   = fileName.GetBuffer(_MAX_PATH);

        int nResult = dlgFile.DoModal();
        fileName.ReleaseBuffer();
        return nResult == IDOK;
    }
```

CDocManager::OpenDocumentFile( )은 사용자가 선택한 file의 확장자에 맞는 document template을 선택한다. 그 다음, CDocManager::OnFileOpen( )은 선택된 document template의 pointer를 사용하여 CDocTemplate::OpenDocumentFile(file name)을 호출한다.

이 시점부터 New와 Open은 같은 과정을 밟게 된다[단지, 틀린 점은 CDocTemplate::OpenDocumentFile( )의 호출시 사용되는 인자가 틀리다는 점이다. New는 NULL을 인자로, Open은 file 이름을 인자로 사용한다]. Figure 7-10는 이러한 과정을 보여준다.

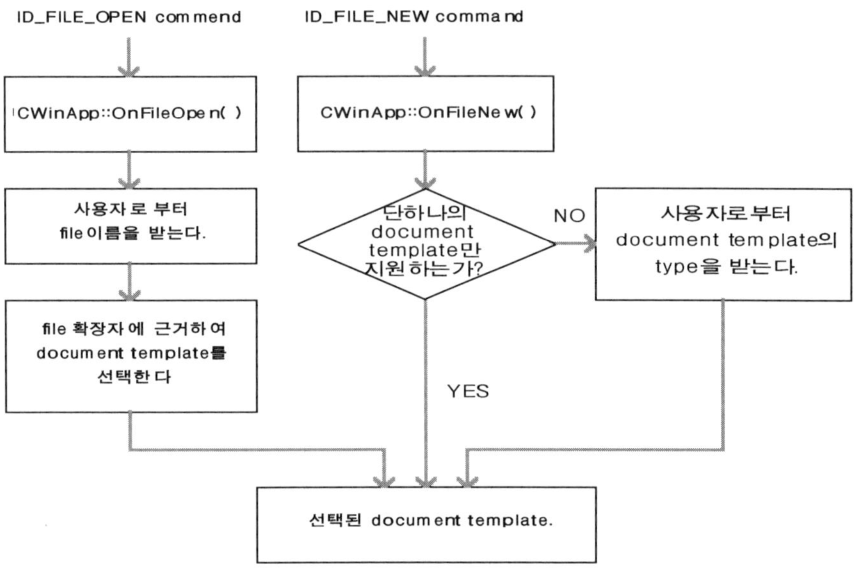

Figure 7-10 The first steps in creating/opening a document where the goal is selecting a document template

①-3 다시 한 길로 모이자 : CDocTemplate::OpenDocumentFile( )

이 시점에서 여러분의 응용프로그램이 SDI냐 MDI냐에 따라, CSingleDocTemplate-::OpenDocumentFile( )이나 CMultiDocTemplate::OpenDocumentFile( )이 호출된다.

우선, CMultiDocTemplate::OpenDocumentFile( )은 CDocTemplate-::CreateNewDocument( )(주26)를 호출하여 새로운 document를 생성한다. 그 다음, CMultiDocTemplate::OpenDocumentFile( )은 CDocTemplate::CreateNewFrame( )(주27)을 사용하여 frame을 생성한다.

새로운 frame의 생성은 event chain(주28)이 수행되고, 결국 이 event chain은 새로운 view를 생성하게 된다.

이 시점에서, 만약 file 이름이 CDocTemplate::OpenDocumentFile()의 인자로 전달되었다면, CMyDoc::OnOpenDocument( )를 호출하여 serialize된 document를 읽어 들인다(즉, serialize로 출력된 file을 읽어 들인다). 일단 document가 읽혀 지면(즉, de-serialize되면), 또 다시 New와

26) CDocTemplate::CreateNewDocument( )는 document template에 저장된 run-time information에서 document 객체를 생성해 낸다.

27) CDocTemplate::CreateNewFrame( )는 document template에 저장된 run-time information에서 frame 객체를 생성해 낸다.

28) 새로운 frame이 생성될 때, Window는 그 frame에게 WM_CREATE message를 보낸다. 이 message로 인해 CFrameWnd::OnCreate( ), CFrameWnd::OnCreateHelper( ), CFrameWnd::OnCreateClient( ), CFrameWnd::CreateView( )가 차례로 호출된다.

Open은 같은 처리 과정를 밟게 된다.
마지막으로, CDocTemplate::OpenDocumentFile()은 CMyDocument::OnNewDocument()를 호출한다(이 함수는 약간의 초기화 과정을 수행한다).
이제 3개의 객체가 생성되었다 : CDocument, CFrameWnd, CView. Figure 7-11은 New와 Open 처리 과정을 보여준다.

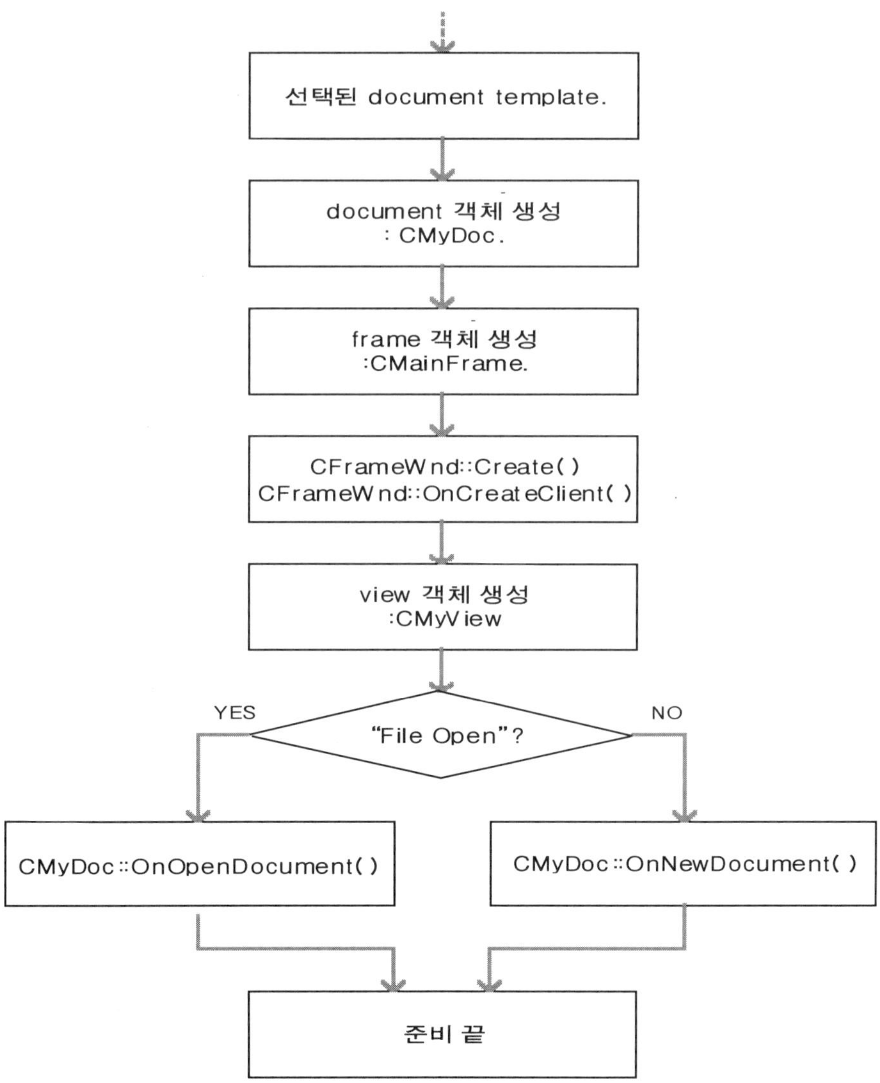

Figure 7-11 The flow of control after a template is selected

이러한 과정을 더욱 확실히 이해하기 위해, Figure 7-12는 실질적으로 호출되는 함수와 함께 제어 흐름을 보여주고 있다.

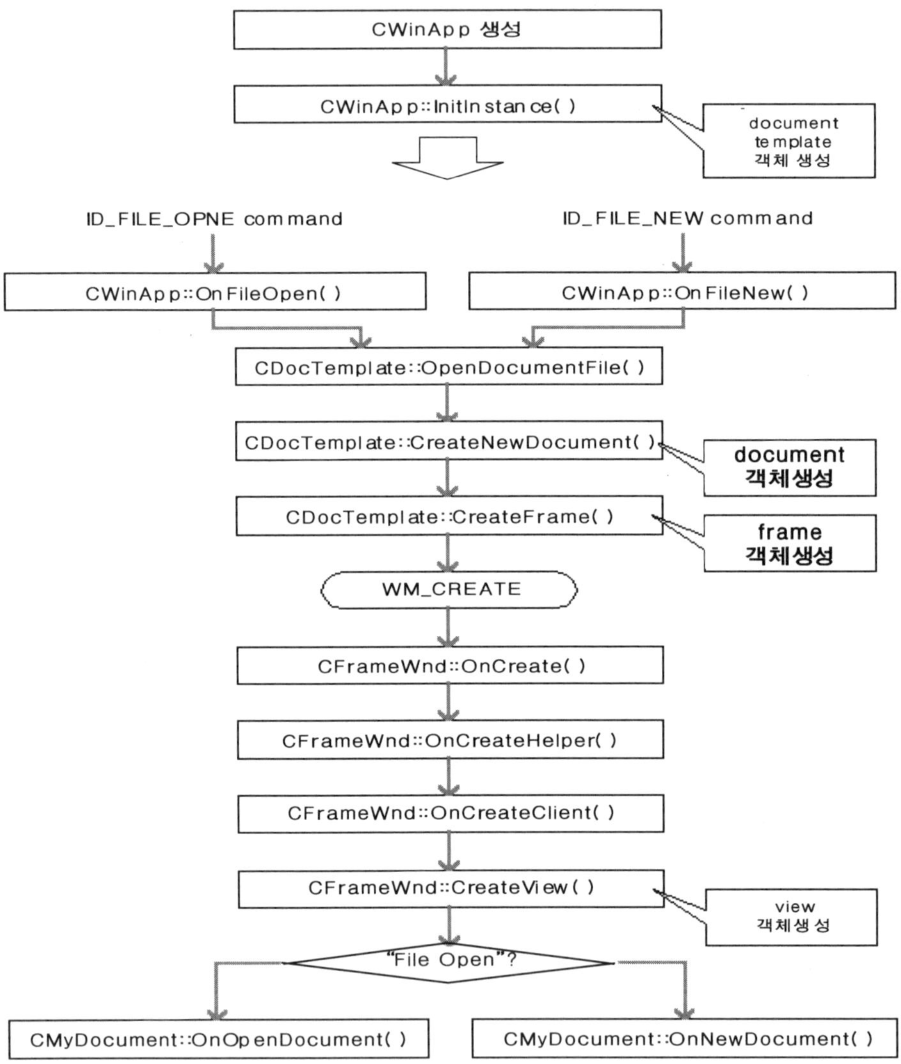

Figure 7-12 Function calls that create all of the objects for the document/view architecture

7.7 결 론

지금까지 여러분은 MFC document/view archtectur가 무엇이고 어떻게 동작하는지 살펴보았다. 다음 장에서는 좀더 깊게 MFC document/view archtectur를 살펴보도록 하자. 앞으로 여러분이 살펴볼 document/view의 특징들은 문서화되지 않은 CDocument, CMirrorFile, 그리고 향상된 CView에 대한 것들이다.

[확인! 확인! 확인!]

7장을 마무리짓기 전에, document/view architecture의 내부를 보여주는 Figure 7-6를 이해하였는가? 한 가지 예를 들어 보자. 여러분이 만든 응용프로그램은 3종류의 data type을 다룰 수 MDI이다 : A type, B type, C type. 그리고 여러분은 그 응용프로그램을 사용하여 A type 문서를 3개 열고, B type 문서는 0개 열고, C type 문서는 1개 열었다. 또한 C type 문서는 view를 2개 가진다고 가정하자. Figure 7-13은 그 결과로 인한 document/view architecture의 내부를 보여준다.

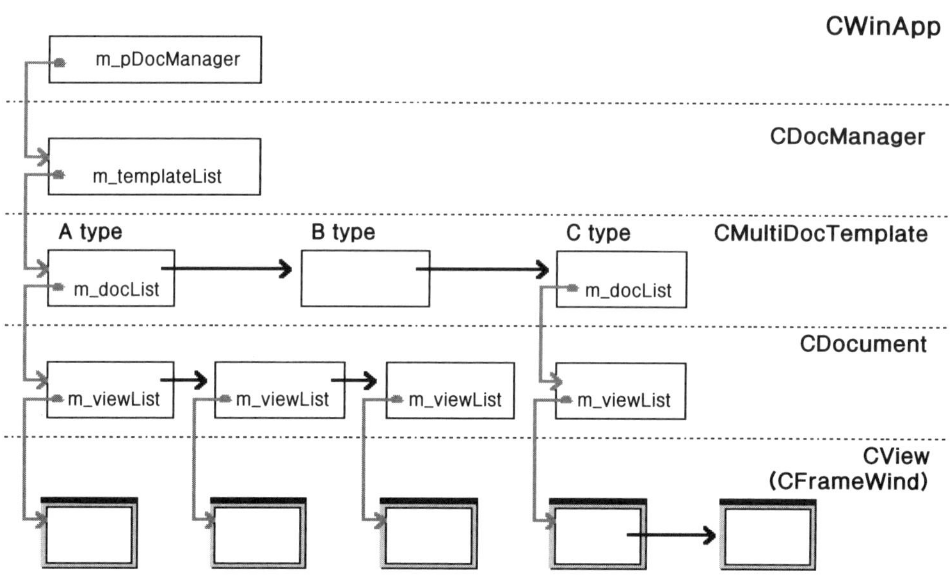

Figure 7-13 Example of document/view architecture internal

Appendix

만약 여러분이 캠핑이나 하이킹을 떠난 적이 있는가? 만약 그렇다면, 아마도 여러분은 “자연에서 생활하기”나 “야생에서 살아 남기” 등의 field guide를 함께 가지고 떠났을 것이다.
MPC의 어마어마한 code를 탐험하다 보면, 때론 여러분은 무척 혼란스러움을 경험하게 될 것이다. 여기서 제공하는 field guide는 여러분이 MFC 정글에서 올바른 길을 찾도록 도와줄 것이다.

MFC의 Code 표기법

Microsoft가 MFC Code를 작성할 때 사용한 code 표기법을 살펴보자. 이러한 표기법을 숙지함으로써, 여러분은 MFC내부의 code를 빠르고 쉽게 살펴볼 수 있을 것이다.

1. class선언

MFC 설계팀은 수많은 class를 선언함에 있어서 매우 규칙화된 표준을 적용시키고 있다 : “key” comment block단위로 member들을 분류하여 선언하는 방법이다. key commen는 다음과 같다.

* “//Constructor” block – 분명하게 C++생성자가 위치하는 block 이다. 하지만, 이 block에는 초기화를 담당하는 몇몇 member function을 가진다.
* “// Attributes” block – 문서화된 member data가 위치하는 block이다. 이 member data는 Get()/Set() member function을 가진다.
* “// Opertions” block – MFC 개발자나 다른 MFC class에 의해서 호출되는 문서화된 member function이 위치하는 blockdlek.
* “// Implementation”block – 가장 흥미 있는 block이다. 이 block에 있는 member들은 해당 class의 구체적인 구현과 관계된 것이고 대부분 문서화되지 않았다.

2. 변수 이름 붙이기

만약 여러분이 “Windows Programming(Petzod저)”이란 책을 읽어 본 적이 있다면 Hungarian

Table 1 Help with Hungarian

Type	prefix	Example	Comment
char	c	cDirSeparator	
BOOL	b	bIsSending	
int	n	nVariableCount	
UINT	n	nMyUnsignedInt	
WORD	w	wListID	
LONG	l	lAxisRadio	
DWORD	dw	dwPackedMessage	
*(pointer)	p	pWnd	
FAR*	lp	lpWnd	
LPSTR	lpsz	lpszFileName	z indicateds NULL terminated
handle	h	hWnd	
callback	lpfn	lpfnHookProc	Pointer to a function

표기법에 매우 익숙해 있을 것이다. 이 표기법은 변수의 type에 맞추어 변수의 이름을 지어주는 방법이다 : 변수의 머릿글자(prefix)를 지어준다 .

어떤 사람은 Hungarian표기법을 싫어하는 사람도 있다. 하지만 여러분이 MFC를 사용하기로 결정했다면, Hungarian표기법을 숙지해야 하는 일은 피할 수 없다.

또한 Microsoft는 MFC type에 맞는 몇가지 prefix를 추가시켰다(예를 들어, member data에는 "m_"붙인다) Table 2는 MFC에서 사용되는 표준 prefix를 보여준다.

Table 2 MFC extensions to Hungarian

Class	prefix	Example
CRect	rect	rectScroll
CPoint	pt	ptMouseClick
CSize	sz	szRectangle
CString	str	strFind
CWnd	Wnd	WndControl
CWnd*	pWnd	pWndDialog

3. Resource Symbol 이름 붙이기

MFC는 resource symbol 에 prefix 이름을 붙이는 표기법을 제공한다. 여러분은 이 prefix의 통해서 해당 resource symbol 이 가지는 값의 범위를 알 수 있다.

Table 3 MFC Symbol conventions

Type	prefix	Example	Range
Shared by multiple resource	IDR_	IDR_MAINFRAME	1~0x6FFF
Dialog resource	IDD_	IDD_ABOUT	1~0x6FFF
Dialog resource help context ID	HIDD_	HIDD_HELP_ABOUT	0x2001~0x26FF
(for context sensitive help)			
Bitmap resource	IDB_	IDB_SMILEY	1~0x6FFF
Cursor resource	IDC_	IDC_HAND	1~0x6FFF
Icon resource			
Menu or toolbar command	ID_	ID_CIRCLE_TOOL	0x8000~0xDFFF
Command help context	HID_	HID_CIRCLE_TOOL	0x1800~0x1DFF
Message box prompt	IDP_	IDP_FATALERROR	8~0xDFFF
Massage box help context	HIDP_	HIDP_FATALERROR	0x3008~0x3DFF
String resource	IDS_	IDS_ERROR12	1~0x7FFF
Control in dialog template	IDC_	IDC_COMBO1	8~0xDFFF